微型客车使用与维修

杨智勇　朱玉平　主编

金盾出版社

内 容 提 要

本书详细介绍了五菱、长安和哈飞等微型客车的基本结构、使用与维护,以及常见故障诊断与排除方法;重点介绍了电控燃油喷射发动机的结构、故障诊断、拆装与检修方法,以及底盘、电气设备和空调系统的结构、故障检测与排除方法。书中配有大量维修技术数据和插图,通俗易懂。

本书可供微型客车的用户、车辆管理及维修人员使用,也可供大中专院校相关专业师生阅读参考。

图书在版编目(CIP)数据

微型客车使用与维修/杨智勇,朱玉平主编. -- 北京:金盾出版社,2011.2
ISBN 978-7-5082-6729-6

Ⅰ.①微… Ⅱ.①杨…②朱… Ⅲ.①微型—客车—使用②微型—客车—车辆修理 Ⅳ.
①U469.1

中国版本图书馆 CIP 数据核字(2010)第 237645 号

金盾出版社出版、总发行

北京太平路 5 号(地铁万寿路站往南)
邮政编码:100036 电话:68214039 83219215
传真:68276683 网址:www.jdcbs.cn
封面印刷:北京蓝迪彩色印务有限公司
正文印刷:北京华正印刷有限公司
装订:北京华正印刷有限公司
各地新华书店经销
开本:787×1092 1/16 印张:22 字数:546 千字
2011 年 2 月第 1 版第 1 次印刷
印数:1~8 000 册 定价:42.00 元

前　言

　　以五菱、长安和哈飞等为代表的微型客车，由于其机动灵活、价格低、油耗少、使用方便等特点，越来越受到人们的喜爱。特别是近年来，受汽车下乡优惠等政策的推动，极大地刺激了农村及广大城乡汽车消费市场，农村购车者的比例大幅增加。

　　随着通用五菱、长安和哈飞等微型客车社会保有量的增加，广大用户迫切需要深入了解车辆的结构特点和维修方法。为帮助微型客车的使用人员和维修人员以科学、实用、简洁的方法了解、掌握使用方法和汽车故障的排除，更好地发挥汽车的使用性能，提高其工作可靠性，以实际行动为维修技术下乡、为"三农"服务，特编写本书。

　　本书从实用角度出发，详细地介绍了通用五菱、长安和哈飞等微型客车的基本结构、使用与维护，以及常见故障诊断与排除方法，尤其重点介绍了发动机电控燃油喷射系统的结构原理、故障检测与排除方法，内容包括使用基础知识、发动机机械部分、电控燃油喷射系统、传动系统、行驶系统、转向系统、制动系统、电气设备、空调系统等共九章。

　　本书可供通用五菱、长安和哈飞等微型客车的用户、车辆管理人员及维修人员使用，也可供大中专院校相关专业师生阅读参考。

　　本书由杨智勇、朱玉平主编，李晓峰、姜忠彬、韩伟副主编。参加编写的还有杨曼、李成华、马选钢、李国明、杜弘、李立军、张刚、金雷、朱晓红、侯福广、徐厚生、赵家成、马维丰、李培军、徐广勇、李国明、余建辉等。由于水平有限，书中错误和不足在所难免，恳请读者批评指正。

作　者

目　　录

第一章 微型客车使用基础知识

第一节 车辆驾驶

一、新车驾驶

新车开始使用时需经走合期(也称磨合期),就是让汽车在较小的负荷、较低的速度下运行,使整车零部件的配合经过一个阶段的磨合,避免早期磨损,延长车辆的使用寿命。微型客车在最初行驶 2000～2500km 为走合期。走合期间需注意以下事项。

1. 保持中速行驶

新车初驶阶段有明确的车速规定,且要求在使用中注意观察发动机转速表和车速表,使发动机转速和车速都在中速下工作。微型客车在走合期应按表 1-1 所示的规定车速行驶。

表 1-1　走合期微型客车规定的车速

变速器档位	限速(km/h)
一档	15
二档	25
三档	40
四档	60
五档	75

2. 保持中等负荷运行

新车或刚大修的车辆初始满载运行将会对机件造成损坏。因此,在最初的 400km 内要空载,400～2000km 之内载荷不得超过 300kg。另外,最好不要让车坐满人,并且要保证车内无额外增加重量的重物、杂物。

3. 避免长途行驶

新车在走合期内长途行驶,会使发动机连续工作的时间增长,造成机件磨损加剧。在情况允许时,建议首先要控制一个匀速行驶的范围,比如保持 70km/h。另外,在每行驶 3h 左右,应停车到服务区怠速不熄火休息 10～15min,让发动机做适当调整后再继续行驶。

4. 避免紧急制动

紧急制动不但使走合中的车辆制动系统受到冲击,而且加大了底盘和发动机的冲击负荷。所以,在最初行驶的 2000km 内尽量避免紧急制动。同样,在走合期内,也应尽量避免急加速行驶。

5. 及时变换档位

行驶中应及时换档,不能使用高速低档行驶或低速高档行驶,也不宜长时间使用一个档位。

6. 按规定加注燃油

新车使用的燃油不能低于厂家规定的标号。加燃油应到有质量保障的加油站。

7. 严格按驾驶规程操作

发动机起动后应原地升温,待水温达到起步要求后再行驶。驾驶中要选择良好路面,操作要轻,同时还应随时注意发动机的声音、温度等。

8. 按时进行初驶保养

按照厂家要求及时进行初驶保养，有利于延长车辆使用寿命。

9. 严禁做教练车使用

新车在走合期内严禁做教练车使用，否则，将严重影响车辆使用寿命。

二、特殊路况驾驶

1. 乡村道路驾驶

（1）临近村口，减速行驶。村口有限速标志的，按标志要求行驶。如果没有标志要求的，应减速慢行，提前按响喇叭，做好随时制动的准备。

（2）通过乡村公路时，注意车速不能太快，防止人、畜突然出现。如果发现有人、畜横穿公路时，要提前减速，按响喇叭，切不可抢道行驶。

（3）见到牲畜时少按喇叭。遇有赶着牲畜在路边行走的村民时要低速通过，特别当汽车驶近时牲畜极易受到惊吓，容易发生事故。

（4）遇有晾晒的谷物，要放慢车速，选择较薄的一侧通过，并提防晾晒谷物人员突然做出有碍通行的举动，或有小猫、小狗或小孩隐藏在谷草之中。

（5）乡村路坑洼、碎石等障碍物较多，行驶速度不能过快，否则车震动加剧，不仅造成车辆传动系、行走系等机件损坏，而且威胁行车安全。特别是雨天在有积水和泥泞的路段行车，更要稳住油门，控制车速，用中低档通过。注意在通过溜滑地段时，不得加减档位变速和紧急制动，即使需要减速也要靠减小油门来控制。路面上有坑洼、乱石时，还应考虑到车辆的离地面间隙，转动转向盘小心避让。在通过松软、泥泞积水路段时，应特别谨慎，必要时下车观察，当判明车轮确实不会陷入泥土中时，方可挂低档缓缓通过。新开通的土路，若路面有车辙，应尽量沿着车辙行驶，不可盲目冒险。

（6）下坡路段应选择中低速档位，减小油门缓缓下坡，不得空档溜坡。因为土路上坑洼、乱石较多，情况复杂，下坡途中常需制动减速来避让，特别是有些土路下坡途中有急弯，若空档溜坡，制动时极易造成车辆跑偏、横甩甚至翻车的重大事故。

（7）在泥路上行驶时，避免猛打转向盘，踩制动踏板时应柔和。遇较大的水洼时，应躲避行驶；无法躲过时，应判明是否可以通过；通过时，应保持直线行驶，尽快通过；遇到路上有凹陷的泥坑无法躲过时，应以较低的车速缓慢通过；通过较大的横向凹坑时，必须先降低车速，等前轮慢慢溜进坑底后再加速，当前轮上坑后立即放松油门，用同样的方法使后轮过坑。

（8）穿村过镇，减速礼让。乡村道路多数不设分道线，各种车辆和行人混在一起，行车时要主动减速礼让，尽量避免超车。行至拥挤街道，行车比较困难，要按喇叭减速行驶。在村、镇、小县城停车，要遵守停车规定，没有停车规定设施的要妥善选择停车地点，并向附近村民打招呼，以防阻塞交通或受刮碰。

2. 城区道路驾驶

（1）保持车距。城市交通事故多数是车辆追尾和刮碰，为避免类似事故，要时刻注意前车的距离和速度，通过后视镜观察后车的动态。必要时应踩一下制动，提醒后车注意与前车的距离。尤其是夜间行车时，踩制动预防追尾的办法是非常实用的。

（2）路口慢行。城市道路多为行人、非机动车、机动车并行，特别是在没有隔离带或隔离墩道路行驶时，靠近路口时车速要放慢，防止过往行人及非机动车乘隙穿行通过。

（3）不抢红绿灯。有些驾驶人在远处见到绿灯就拼命加油提速，往往还未驶到路口停车线,绿灯却变成了红灯,不得不仓促制动,这是非常不可取的。最好在远处见到绿灯时逐渐减缓车速,保持低速前进,以备接近路口时变灯。在远处见到红灯时,则应保持正常车速进入路口停车线位置。

(4)安全超车。超车必须在有把握的情况下进行,当确定要超车后,应先打开左转向灯并示意(夜间超车时应变换灯光示意),待前车有让路表示后,方可从前车的左侧超越。超越前车后,不能马上驶回原来的行驶路线,避免影响后车正常行驶。

(5)谨慎掉头。道路中间画实线的路段是不能掉头的,如果万不得已必须掉头,应选择允许掉头路段,在不影响对面车辆正常行驶时,适时选择掉头。

(6)低档下桥。很多城市都建了立交桥和高架路,上下桥的高差比较大,在开车下坡时,不要空档滑行,要低档下桥。

3. 崎岖山路驾驶

山路行车,依山傍崖,沟深坡陡,弯多路险,崎岖不平,除要求车况良好外,驾驶人必须掌握一定的驾驶技巧,才能保证行车安全。

(1)驾驶姿势。山路行车,驾驶人的操作强度要比在一般道路大。行车前应调整好驾驶姿势,尽量创造一个舒适、宽松的驾驶环境。

(2)弯道行车。转弯道路行车最重要的是正确操纵转向盘。山路行驶时,可打开车窗便于听到车外的声音,面临有可能落石的崖壁应关闭车窗。在转弯的同时应做到减速、鸣喇叭、靠右行,并随时做好对面有来车的准备。

(3)通过陡坡。上坡时,要视坡道长度和车辆的装载质量选择合适的档位,以便使车辆保持足够的动力;下长坡时,车辆要禁止空档滑行,充分利用发动机的牵阻作用,不能长时间使用脚制动。驾驶过程中,应注意查看仪表的工作情况,特别是水温和油压。

(4)会车与超车。会车要选择相对宽阔、平直的路面交会,如在险要路段会车要发扬风格,傍山一侧行驶的车辆主动让车,待他车通过后再前进,确保两车交会安全。山路超车危险性最大,应尽量避让,如确需要超车,应选择较好的路段,待前车让出道路后方可超越。严禁在转弯时超越车辆。

(5)夜间驾驶。在山路上夜间驾驶更要注意控制好车速,在转弯或弯多的路面开近光灯。车辆在行驶中若发现灯光越来越近,说明车辆正在上坡,反之则为下坡;当灯光离开行驶路线,说明车辆就要转弯。夜间会车,应在两车相距100~150 m时互换近光灯。夜间应尽量避免超车,如确实需要超越,应按超车要求选择相对宽阔、平直的路面,按几下喇叭或变换远近灯光提示前车,待前车让路后再超越,被超车辆应主动靠右并开近光灯让超越车辆通过。

(6)通过傍山险路时,特别是刮台风、雷雨天后,路况差,要注意减速、鸣喇叭、靠右行驶,发现没有会车条件的,应做到"先让、先慢、先停",选择安全地点会车;发现有塌方,应查明情况,确认能安全通过后,才慢慢通行。如有指挥应服从工作人员的指挥。

(7)尽量避免在山路上停车,必要时应选择相对平直、视线好的安全地段。

4. 冰雪路面驾驶

(1)冬季冰雪路面附着系数非常低,车轮容易打滑,行车的危险性更大,所以,行车速度要更低,以确保安全。行进中车速要平稳,防止车速过快,避免猛加速。需要加速或减速时,油门应缓缓踩下或松开,以防驱动轮因突然加速或减速而打滑。

(2)冰雪路上行驶,容易发生追尾事故,所以,要增大行车间距,行车间距要比无雪干燥路面时增大4～5倍。雪天地面的阻力很小,只有干燥沥青路面的四分之一。跟车太近,很难在短距离内刹住车,一旦出现情况很容易造成追尾,一般应与前车拉开正常行驶距离的2倍以上。用脚制动时,应以点刹方式,即轻踩轻抬,不要一脚踩死。没有ABS防抱死系统的车尤其要注意防止侧滑。

(3)雪融化后再次结冰,路面更滑,汽车行驶时车轮打滑,制动时更容易溜,给汽车行驶和制动都带来困难。为确保行驶安全,车速应控制在安全速度以内。

(4)在积雪较深的路面上行驶,要沿着前车的车辙行驶,因为前车已把雪压实,可防止陷入深雪之中。

(5)尽量避免在冰雪路上超车,一是因为冰雪路上不宜加速;二是清扫路面积雪时把雪堆在路边,使路面变窄,这些都是超车的不利因素。实在需要超车时,一定要选择宽敞、平坦、冰雪较少的路段,不得强行超车,超车后千万不要马上向回变线,而要尽量给被超车留出安全距离。

(6)雪后路滑,起步时若发现轮胎已被冻结于地面,应先用十字镐挖开轮胎周围的冰雪、泥土,以防损坏轮胎和传动机件。若驱动轮打滑,应铲除车轮下的冰雪,并在驱动轮下撒些干沙、煤渣、柴草等物,以提高附着性。

(7)驾车拐弯要特别注意避开弯道内的积雪、结冰,无法避开时,一定要提早减档减速、缓慢通过。车速降下来后,应采取转大弯、走缓弯的办法,不可急转方向,更不可在弯道上制动或挂空档。

(8)要尽量选没有冰雪的空地停车,拉紧驻车制动并挂入档位。需要在冰雪路面上停车时,应选择朝阳、避风、平坦干燥处停放,不得紧靠建筑物、电线杆或其他车辆,以防侧滑时碰撞。若必须在坡道上停车时,应拉紧驻车制动,挂入档位,并在车轮下填塞三角木、石块等,以防汽车溜坡。

5. 雨天驾驶

(1)保持良好的视野。雨天开车上路除谨慎驾驶以外,要及时打开雨刷器,天气昏暗时还应开启近光灯和防雾灯。如果前挡风玻璃有雾气,则需开冷气,并将冷气吹向前挡风玻璃;如果后挡风玻璃有加热器,应开启并尽快消除雾气,以免看不清后面的车辆。

(2)防止车轮侧滑。雨中行车时,路面上的雨水与轮胎之间形成"润滑剂",使汽车的制动性变差,容易产生侧滑。因此,驾驶人要双手平衡握住转向盘,保持直线和低速行驶。需要转弯时,应当缓踩制动,以防车轮抱死而造成车辆侧滑。如果是前轮侧滑,应当将方向朝侧滑的相反方向纠正;如果是后轮侧滑,要将方向朝侧滑的一侧纠正,切不可反方向。

(3)低速档缓慢行驶。有经验的驾驶人都知道,无论道路的宽窄、路面状况好坏,雨中开车尽量使用二或三档、不超过30或40km的时速,随时注意观察前后车辆与自己车的距离,提前做好采取各种应急措施的心理准备。如需停车时,尽量提前100m左右减速、轻点制动,使后面来车有足够的应急准备时间,避免由于制动过急造成碰撞或者追尾。

(4)防止涉水陷车。当车经过有积水或者立交桥下、深槽隧道等有大水漫溢的路面时,首先要停车查看积水的深度,最简单的方法是水深不能超过排气管的高度,如果超了,应选择其他路线绕行;如水深只淹没少半个轮胎,可以挂一档,稳住油门,低速直行,一气通过,切不可中途停车、换档或急转方向,防止因操作失误而导致车辆熄灭、发动机损坏。

(5)不宜加速超车。雨中行车,要随时注意前车的行驶速度和方向,绝不可因前车速度慢而加速超车。尤其是在高速公路上,由于各车道的车速相对较高,驾驶人的视角变窄,加上路面湿滑,强行越线超车时,稍动方向就很容易造成车轮打滑,极易造成与其他车辆发生剐蹭,引发车辆侧翻等意外事故。

(6)防止行车中撞人。由于雨中的行人撑伞、骑车人着雨披,视线、听觉、反应等受到限制,有时还为了赶路、争抢超车横穿猛拐,往往是车辆临近时惊慌失措而滑倒,使驾驶人措手不及。遇到这种情况时,驾驶人应减速慢行多鸣笛,耐心避让,必要时可选择安全地点停车,切不可急躁地与行人和自行车抢行,防止撞倒行人。

(7)车陷泥坑的自救方法。下雨天或在乡间土路上行车时,经常遇到车轮陷入泥坑的情况。一旦发生这种情况,可以挂上一档或倒档,试探性地缓踩油门。当汽车能前行或者后退时,要保持加速踏板位置不变,低速开出泥泞路段。如果汽车无法前后移动,可以在驱动轮前后垫石块、砖头、木板或树枝等,以增加车轮与地面的附着力,使汽车平稳开出泥坑。

6. 雾天驾驶

(1)要经常注意天气预报,及时收听当地的交通电台,随时了解路况信息,以便提前做好行车计划,尽量避免在大雾天气出行。

(2)在雾中行驶时要遵守灯光使用规定,打开前后雾灯、尾灯、示宽灯和近光灯,利用灯光来提高能见度。出车前,应检查车辆雾灯是否正常。未按国家标准安装雾灯的机动车不能进入高速公路。需要特别注意的是,雾天行车不要使用远光灯,因为远光灯射出的光线容易被雾气漫反射,会在车前形成白茫茫一片,开车的人反而什么都看不见。

(3)限速行驶,保持车距,禁止超车。雾中行车,在打开雾灯和近光灯的同时,应注意限速行驶,留意观察路边关于雾天的限速标志,即使在轻雾区,也要适当降低行驶速度,适当加大行车间距。

(4)在雾中行驶要勤按喇叭。听到其他车的喇叭声,应当立刻鸣笛回应,示意自己车辆的位置。

(5)要靠中间行车。在大雾中,可以尽量利用尚存的视距,盯住路中的行驶线行驶。千万不要沿着路边行驶,以防不小心与路边临时停车等待雾散的车相撞。

(6)发生事故后应迅速采取安全措施,保护好现场,及时报案。后面来的车辆不要挤占紧急停车道,以免给交通管理部门疏导交通、抢救伤员、清障救援等工作造成不便。

7. 高速公路驾驶

(1)在上高速公路前一定要对车辆进行一番细致地检查。高速行驶时,燃料要准备充足;重点检查轮胎的气压。在高速行驶前,轮胎的气压要比平时高一些,避免在行驶中引起爆胎,发生车辆事故;要检查制动效果,在高速公路上行驶,更要注意制动效果;对机油、冷却液、风扇皮带、转向、传动、灯光、信号等一些部位的检查也不容忽视。

(2)正确进入行车道。车辆从匝道入口进入高速路,必须在加速车道提高车速,并打开左转向灯,在不影响行车道上车辆正常行驶时,从加速车道进入行车道,尔后关闭转向灯。

(3)保持安全距离。车辆高速行驶中,同一车道内的后车必须与前车保持足够的安全距离。经验做法是,安全距离约等于车速,当车速为 100km/h 时,安全距离为 100m,车速为 70km/h 时,安全距离为 70m,若遇雨、雪、雾等不良天气,更需加大行车间隔,同时也要适当降低车速。

(4)谨慎超越车辆。需超车时,首先应注意观察前、后车状态,同时打开左转向灯,确认安全后,再缓慢向左转动转向盘,使车辆平顺地进入超车道。超越被超车辆后,打开右转向灯,待被超车辆全部进入后视镜后,再平滑地操作转向盘,进入右侧行车道,关闭转向灯。严禁在超车过程中急打方向。

(5)正确使用制动。高速公路上行车,使用紧急制动是非常危险的。因为随着车速的提高,轮胎对路面的附着能力下降,制动跑偏、侧滑的几率增大,使汽车的方向难以控制,同时,若后车来不及采取措施,将发生多车相撞事故。行车中需制动时,首先松开加速踏板,然后小行程、多次轻踩制动踏板。这样点刹的做法,能够使制动灯快速闪亮,有利于引起后车的注意。

8. 交叉路口驾驶

(1)机动车通过有交通信号灯控制的交叉路口时,应当按照下列规定通行:

①在划有导向车道的路口,按所需行进方向驶入导向车道;

②准备进入环形路口的让已在路口内的机动车先行;

③向左转弯时,靠路口中心点左侧转弯。转弯时开启转向灯,夜间行驶开启近光灯;

④遇放行信号时,依次通过;

⑤遇停止信号时,依次停在停止线以外。没有停止线的,停在路口以外;

⑥向右转弯、遇有同车道前车正在等候放行信号时,依次停车等候;

⑦在没有方向指示信号灯的交叉路口,转弯的机动车让直行的车辆、行人先行。相对方向行驶的右转弯机动车让左转弯车辆先行。

(2)机动车通过没有交通信号灯控制、也没有交通警察指挥的交叉路口时,应当遵守下列规定:

①准备进入环形路口的让已在路口内的机动车先行;

②向左转弯时,靠路口中心点左侧转弯。转弯时开启转向灯,夜间行驶开启近光灯;

③有交通标志、标线控制的,让优先通行的一方先行;

④没有交通标志、标线控制的,在进入路口前停车瞭望,让右方道路的来车先行;

⑤转弯的机动车让直行的车辆先行;

⑥相对方向行驶的右转弯的机动车让左转弯的车辆先行。

9. 铁道路口驾驶

(1)汽车通过铁道路口时,要听从道口管理人员的指挥。

(2)在行驶到无人看守的铁路道口的时候,更应该格外小心,要认真做到"一慢、二看、三通过"。先要停车观察,在确认没有火车通过的时候才能通行,在通行过程中不要变换档位,不要踩下离合器,也不要突然加速或减速,而是一气通过,以免车辆在铁路上熄火。

三、特殊操作驾驶

1. 牵引(被牵引)驾驶

对汽车的牵引,可分为软牵引(牵引绳)和硬牵引(牵引杆)两种。

(1)不管用何方式牵引,驾车之前要制定好牵引中起步、行驶、转向、减速、停车及遇特殊情况的联络方式和信号(可利用喇叭、灯光或由驾驶人身旁的乘车者用移动电话保持联络)。

(2)在雨天、大雾天或夜里以及道路条件、亮度较差的情况下牵引时,更要谨慎驾驶。

(3)当采用软牵引方式牵引时,牵引软绳的长度 5m 为宜,被牵引车的驾驶人在行车中要注意保持牵引软绳时刻拉直。

(4)对转向系统失灵的车,要将转向盘做固定处理。

(5)被牵引车是重载时应先卸载,装危险品的车不准承担牵引任务。

(6)在夜间牵引或牵引喇叭失效、转向失灵的车时需用硬牵引。

2. 会车驾驶

(1)会车时及时调整车的速度和行驶位置。

(2)选择有利的会车位置。

(3)降低车速,握稳转向盘。

(4)根据道路两侧情况,保持两车间足够的横向距离(最小 0.5m)。

(5)会车有困难时,有让路条件的一方让对方先行。

(6)会车有障碍时,有障碍的一方让对方先行。

(7)突遇对方强行时,较好的办法是尽可能地让出车道。

3. 超车驾驶

(1)减档加速。超车时应该减一档,然后加油门全速超车。虽然此时发动机转速高了一点,噪声大了一点,可超车的距离短了,超车所需的时间短了。如果是自动档车,此时只需将油门踩到底,变速器便会降低一档,以提供足够的扭力减档。这样,在超车时才能够快速、安全超车。

(2)瞻前顾后。驾驶人在超车时,除了确认前方可以超车外,更需要确认后车有无超车行为,并提前打开转向灯,鸣笛提醒前、后方车辆自己要超车,然后再果断地全速超车。超车后并线时,还要注意驶过必要的安全距离后,再回到行车道,以防止擦刮被超的车辆。

(3)特殊路段谨慎超车。超车时,还需要把握好超车时机,做到准确判断,尤其是在一些较窄又是双向行驶的道路上,若在超车过程中与对面来车有会车可能性时,则不应超车。在起伏道路及山区道路行驶,遇有坡顶的地方,由于坡顶的阻挡,看不见对面有无来车,成为视觉盲区,此时不应超车。不可存侥幸心理盲目超车,否则极有可能与对面奔驰而来的车辆发生相撞。超车时,应该选择在路面平直宽阔、视线良好、左右无障碍且前方路段 200m 范围内没有来车的状况下进行。

(4)超越路边车要提防。因为路边停靠的车辆随时有起步的可能,很多交通事故就是由此引发的。当超车驾驶人临近超越时,对方正好起步并要向左驶入行车道,由于超车驾驶人思想准备不足,未先采取必要的停车或避让措施,从而使得两车发生擦刮。遇到这类车辆,应提前减速,缓慢超越,并随时准备停车。

4. 转弯驾驶

(1)街道或出入小区时的转弯。驾驶人应特别注意路旁障碍物,在 50～100m 内减速,用转向灯或手势表示行进方向。夜间用小灯光,密切注意汽车转弯内侧,谨防同方向并行的行人、自行车、摩托车争道抢行;同时,还要注意前轮外侧和后轮内侧及防止汽车尾部与障碍物碰擦。

(2)狭窄道路上的转弯。驾驶人应视道路情况在开始转弯前 50～100m 处鸣喇叭,减速慢行。当汽车行至弯道视线不良时,应把汽车迅速驶向道路右侧,以免妨碍对方车辆的正常行驶。不可争道抢行,因为争道抢行中发现过不去,必然要紧急制动,后面的车辆停不住,容易发生追尾。

(3)交叉路口的转弯。左转弯时,驾驶人要提前发出转向信号,转向时,尽可能靠道路中心,为后车和右转弯的车提供方便;右转弯时,同样要先发出转向信号,转弯要缓慢,同时注意转向时内轮差的影响,防止右后轮驶出路外擦碰行人和障碍物。

(4)大雾、风沙天的转弯。驾驶人在这种天气下驾车转弯,一定要心中有数,及早打开前小灯和防雾灯,勤按喇叭,以引起行人及其他车辆的注意,勤于观察,缓慢前进,并随时做好制动停车的准备。

(5)雨雪泥道上的转弯。驾驶人应提前利用发动机牵引阻力作用来降低车速、缓慢前进,并尽量避免猛打方向和急制动。转上坡弯时,如遇其他车辆因打滑上不去坡而造成弯道堵塞的情况,应将车提前靠右停稳,待前方车通过后再前进;遇转弯下坡路打滑时,用手制动控制车速,车尾往哪侧滑,方向就往哪边打,防止汽车横滑而发生碰撞事故。

(6)陡坡处的转弯。临近弯道时,要减速、鸣号慢行。在陡坡处转弯时,预先换入低速档,以求有足够的爬坡动力,避免在转弯中换档,以防意外。转向时机要选择适当,应做到一次性转弯,避免因转向不当造成不能一次转过而需倒一次车后再转弯,增加了危险性。

(7)傍山险路上的转弯。此种路况地形复杂,视距较短、行进前方情况不明,应把稳方向、控制车速、勤按喇叭,并随时选择前方路基坚实、路面较宽的地点准备会车。如弯道前方发现对方来车信号而车尚未见到时,应提前选择适当地点主动礼让,使对方来车方便通过。

5. 掉头驾驶

汽车掉头,必须严格遵守道路交通管理条例的规定:"机动车在铁路道口、人行横道、弯路、窄路、桥梁、陡坡、斜道或容易发生危险的路段,不准掉头。"因此,掉头必须选择交通流量小的路口,或平坦、宽阔、路面坚实的安全地段;根据路面宽度和交通情况,汽车掉头可分一次顺车掉头或顺车与倒车相结合掉头。如无上述条件,可选择利用路旁的空地或有缺口的地方进行掉头。

(1)一次顺车掉头。在较宽阔的道路上,要尽量应用大迂回一次顺车掉头(注意,如有条件尽量贴中线掉头)。此法迅速、方便、经济、安全。如在有交通指挥人员的地方,事先发出掉头信号,得到指挥人员的许可并示意后,降低车速,使用低速档,鸣喇叭慢行掉头。

(2)顺车与倒车相结合掉头。如果道路狭窄不能一次顺车掉头,可运用前进与后退相结合的方法掉头。? 掉头过程中,向前要进足,后退要留余地,切勿与障碍物触碰。宁可多进行几次进、退,也不可过分驶近路边,以保证安全掉头。

6. 倒车驾驶

(1)无论何时,倒车前,如果对车后的路面没事先留意,一定要下车先查看,确认无危险后方可倒车。比如地面露出的矮钢筋头,水泥墩,没有井盖的马葫芦等都是危险因素。

(2)移库或掉头需要倒车时,在停车前,一定要尽可能地"回轮",即向相反的方向打轮。很多人倒车不知道回轮。回轮的好处是抢得了下一次转动方向的先机,利于更好地达到下次要去的方向。

(3)不可原地打轮。很多人都在这么做,既伤害轮胎又损坏转向系统。

(4)一般倒车档的设计扭矩都较大(大于前进的一档),所以,倒车时一般不用加油,用离合器控制速度足够,倒车距离较长时可松离合加油。

(5)倒车时躲过与车身极近的障碍的技巧是:先尽可能地贴近障碍,待车后门与障碍平行后,往有障碍的方向打轮。

7. 正确停车

(1)在街道上停车时,要靠右侧停正,不得并排停放。同时驾驶人不准离开车辆,妨碍交通时须迅速驶离。

(2)在停车场停放时,要听从管理人员指挥,停放要整齐,并要保持车能驶出的间隔距离。

(3)在夜间或遇风、雨、雪、雾天时,需停车时,要打开示宽灯和尾灯,并靠路边停放。

(4)因故必须在坡道上停车时,要选择安全位置,停好后,要在拉紧手制动的同时挂上一档或倒档,并用三角垫木或石块塞住车轮,将方向打向靠山体的一边,以防车辆溜滑。

(5)汽车因故障停在道路中央时,应设法及时地将车辆推移到道路右侧,以免阻碍交通。

(6)为减轻车辆载荷,重载车停放一夜以上时,应用支车木在车后拖车钩处将车顶起。

(7)下雨天气,在傍山路、堤路或沿河道上不要靠边停放。被暴风雨困在途中时,要将车顺着公路停放。

(8)在高速公路上停车时,驾驶人要摆好三角停车标识板,夜间开小灯或尾灯,还须有人在后方监视情况,以防后来车辆被停在路肩上的尾灯吸引,而径直撞上来。

第二节　日常检查与维护

一、车辆的日常检查

为保障车辆安全、可靠地运行,要使车辆经常处于良好的技术状况,符合机动车安全运行技术标准,除应对车辆进行定期的检修保养外,还应进行预防性的日常检查维护,由驾驶人在出车前、行驶途中、收车后三个阶段进行,重点是清洁、检查和补给燃料及润滑油。当车辆准备长途行驶或您首次接任该车驾驶时,尤为需要进行出车前的检查工作,做到掌握车辆技术状况和熟悉车辆各操纵装置。

1. 出车前检查

(1)检查行车证件、牌照是否齐全,并检查随车装置、工具及备件等是否齐全带足。

(2)环绕车辆一周,检视车身外表情况和各部机件完好状况,是否有漏油、漏水、漏气、漏电现象。

(3)擦拭门窗玻璃,清洁车身外表,保持灯光照明装置和车辆号牌清晰。

(4)检查燃油箱储油量、散热器的冷却液量、曲轴箱内机油量、制动液量(液压制动车)、蓄电池内电解液量等是否合乎要求。

(5)检查发动机风扇皮带是否有老化、断裂、起毛线等现象,松紧度是否合适。

(6)检查轮胎外表和气压。剔除胎间及嵌入胎纹间的杂物、小石子。轮胎气压应符合规定。还要注意带好备胎,放置要牢靠。

(7)检查转向机构是否灵活,横、直拉杆等各连接部位是否有松旷。

(8)检查轮毂轴承、转向节主销是否松动,轮胎、半轴、传动轴、钢板弹簧等处的螺母是否紧固。

(9)检视驾驶室内各个仪表和操纵装置的完好情况。检查灯光、刮水器、室内镜、后视镜、门锁与升降器手摇柄等是否齐全有效。

(10)检查转向盘、离合器、制动踏板自由行程和驻车制动器是否正常,离合器踏板与制动踏板自由行程应符合正常规定值。注意转向盘自由转动量不得超过30°。

(11)起动发动机后,检查发动机有无异响和异常气味,察看仪表工作是否正常。

(12)检查车厢栏板及后门栏板是否牢固、可靠,货物的装载必须捆扎牢固、平稳安全。对拖带挂车的汽车,还应检查连接装置有无裂损、松旷、变形等现象,各种辅助设施是否符合规定,以保证牵引装置安全可靠。

2. 行驶途中检查

(1)车辆起步后,应缓慢行驶一段距离,其间应检查离合器、转向、制动等各部分的工作性能。

(2)在行驶中,应注意观察车上各种仪表、驾驶机件,察听发动机及底盘声音;如发觉操纵困难、车身跳动或抖动、机件有异响或焦臭味时,即应停车检查进行必要的调整和修理。

(3)车辆行驶涉水路段后应注意检查行车制动器的效能。

(4)行驶中发动机动力突然下降,应检查是否冷却液或机油量不足引致发动机过热(注意水温高时不准打开水箱盖)。

(5)行驶中,转向盘的操纵忽然变得沉重并偏向一侧,应检查是否因其中一边轮胎泄气所致。

(6)检查轮胎的外表和气压及温度,清除胎间和胎纹中的杂物。

(7)检查冷却液和机油量,有无漏水、漏油,气压制动有无漏气现象。

(8)检查车轮制动器有无拖滞、发咬或发热现象,驻车制动器作用是否可靠。

(9)检查轮毂、制动毂(盘)、变速器、分动器和驱动桥温度有无异常。

(10)检查转向、制动装置和传动轴、轮胎、钢板弹簧各连接部位是否牢固可靠。

(11)检查装载和拖挂装置是否安全可靠。

上述6～11项可在途中停车进行检查。

3. 收车后保养

(1)停车后,应将手制动杆拉紧,并把变速杆挂入一档或倒档,以防止汽车自动滑移,发生危险。

(2)检查轮胎气压,清除胎间及表面的杂物。

(3)检查有无漏油、漏水、漏气现象,视需要补充燃油、润滑油、制动液和冷却液。

(4)检查风扇皮带和空压机皮带的松紧度以及完好情况,必要时应进行调整。

(5)检查轮胎螺母和半轴螺母是否松动,并查看检查钢板弹簧总成是否有折断及U形螺栓是否松动。

(6)检查、整理随车的工具、附件。

(7)打扫车厢和驾驶室,清洗底盘,擦拭发动机、各部附件和清洁整车外表。同时查看各部有无破损。

(8)及时排除已发现的故障,为下次出车作好准备。

二、车辆的定期检查与维护

(一)五菱微型客车的定期维护

五菱微型客车的正常使用定期维护见表1-2。项目上注有距离和时间,以先到者为准进行保养。表中所规定的保养除走合期(2000km)为一次性保养外,其余均是循环保养,即每隔相应时间(里程),进行相应保养。如在环境差的条件下使用,则保养周期应视情况缩短。

表1-2　五菱微型客车正常使用定期维护表

检查保养项目	使用间隔时间(月)	走合期	3	6	12	18	24
	使用间隔里程(公里)	2000	5000	10000	20000	30000	40000
发动机　风扇皮带;松紧,损坏		J.T		J.T	J.T.G		G

续表 1-2

检查保养项目	使用间隔时间(月)	走合期	3	6	12	18	24
	使用间隔里程(公里)	2000	5000	10000	20000	30000	40000
发动机	正时皮带:松紧,损坏				J.T.G		
	缸盖、进排气管连接螺栓及发动机悬挂螺栓:紧固	N			N		
	机油滤清器:更换	G	每隔 5000km　G				
	机油:更换	G	每隔 5000km　G				
	燃油滤清器:更换				G		
	空气滤清器滤芯:清洁、更换	Q	Q				G
	冷却液:补充、更换	J.B	J.B				G
	冷却系统软管和接头:泄漏,损坏	J.T			J.T.G		
	燃油管道和接头:泄漏,损坏	J.T			J.T.G		
	曲轴箱通风软管与接头:检查、更换	J.T			J.T.G		
	PCV 阀:检查、更换		J.Q		J.Q.C		
	高压导线:变质,损坏				J.T.G		
	火花塞:间隙清理和调整	J.T		Q.T.G			
	点火正时:检查、调整	J.T		J.T			
	进排气门:间隙调整	J.T			J.T		
	怠速及排放:检查、调整	J.T			J.T		
	喷油器:清洗				Q		
	放出燃油箱内沉积物			Q			
	冷却水套、散热器、水泵、节温器:检查、清洗					J.Q	
	燃油蒸气存储系统、管路与接头:检查				J.T.G		
	燃油蒸发回收炭罐	每行驶 5000km 更换一次,对于恶劣环境应经常检查,发现堵塞或浸入液态燃油应及时更换					
	发动机管理系统(EMS)	由故障灯显示决定					
操纵	加速器、离合器、变速箱操纵线索,轴:检查、调整、润滑、更换				J.T.R.G		
	离合器踏板自由行程(15~25mm)调整	J.T	每隔 5000kmJ.T(根据需要可缩短或延长周期)				
传动	变速箱润滑油	G			J.B		G
	传动轴:检查				J		J.G
	减速器润滑油	G			J.B		G
	连接螺栓:紧固	N	N				
车轮	车轮螺母:松紧(按规定扭矩,且数量完整齐全)	J.N	N				
	前轮轮毂扭矩检查				J.T		Q.T
	前束调整	J.T	J.T				
	轮胎换位			T			

续表 1-2

检查保养项目	使用间隔时间(月)　使用间隔里程(公里)	走合期 2000	3 5000	6 10000	12 20000	18 30000	24 40000
转向	方向盘自由行程检查调整	J.T			J.T		
转向	转向轴与转向齿轮连接的塑料剪切式锁销完好性,横、直拉杆球接头,左右转向摇臂轴等处的磨损或橡胶老化破裂,转向齿轮、齿条啮合间隙:检查、调整、更换				J.T.G		
转向	连接螺栓:紧固	N	N				
制动	制动管路检查,手脚制动(包括真空助力器)性能检查调整、润滑,制动踏板自由行程检查调整	J.T	J.T.R				
制动	制动液检查,补足更换	J.B	J.B				G
制动	主缸和轮缸皮碗:更换						G
制动	盘式或鼓式制动器摩擦片检查					J.T.G	
制动	连接螺栓:紧固	N	N				
悬架	前后减振器工作性能检查				J		
悬架	下摆臂轴套、球销;支撑杆衬套;钢板弹簧吊耳内侧板焊合件、U形螺栓、橡胶衬套、缓冲橡胶总成;前悬挂的缓冲胶垫、平面轴承、防尘罩等件的磨损,橡胶件的破裂老化检查				J	J.G	
悬架	钢板弹簧检查、润滑,螺旋弹簧:检查				J.R		
悬架	连接螺栓:紧固	N	N				
车架	车架车厢:校正、焊接					J.T.H	
电气	蓄电池检查和充电,桩头涂润滑脂,疏通通气孔				J		
电气	发电机,起动电机工作性能检查,调整保养			J.T.R			
电气	电缆线,接头完好性能检查				J		
电气	照明设备,各种信号灯,指示灯、组合仪表,开关等完好性检查		J.G				
空调(制冷系统)	制冷剂			随时补充			
空调(制冷系统)	制冷系统			J.T	J.T	J.T.G	J.T
空调(制冷系统)	压缩机						J.T.R.G
空调(制冷系统)	冷凝器			随时检查清洗			
空调(制冷系统)	空调蒸发器						J.T
空调(制冷系统)	储液干燥器						G
空调(制冷系统)	制冷管路拧紧				N		N

注:表中符号含义:J——检查;J.T——检查或调整,如有需要则更换;J.B——检查和补足液面;N——拧紧至规定力矩;R——润滑;G——更换;Q——清洁;H——焊接。

(二)长安微型客车的定期维护

1. 车辆正常使用的定期维护

长安微型客车正常使用定期维护见表1-3。项目上注有距离和时间,以先到者为准。如在环境差的条件下使用时,则保养周期应视情况缩短。

表 1-3　长安微型客车正常使用定期维护表

维护保养间隔: 本间隔应根据里程表读数或使用月份来确定,以先到者为准	本表列举了行驶里程长达 80000km 的车辆维护保养要求,对 80000km 以上者, 应按相同间隔进行相同的维护保养							
	公里(×1000)	10	20	30	40	50	60	70	80
	英里(×1000)	6	12	18	24	30	36	42	48
	月　　数	6	12	18	24	30	36	42	48

	10	20	30	40	50	60	70	80
1. 发动机								
1-1. 传动皮带	—	—	—	I	—	—	—	R
1-2. 凸轮轴正时皮带	每隔 10000km 更换一次							
1-3. 气门间隙	—	I	—	I	—	I	—	I
1-4. 发动机机油及发动机机油滤清器(SE/SF/SG/SH/SJ)	R	R	R	R	R	R	R	R
1-5. 冷却系统软管及接头	—	—	—	I	—	—	—	I
1-6. 发动机冷却液	—	—	—	R	—	—	—	R
1-7. 排气管与安装件(不包括催化式排气净化器)	—	—	—	I	—	—	—	I&(R)
2. 排气控制系统								
2-1. 曲轴箱通气软管与接头	—	I	—	I	—	I	—	I
2-2. 曲轴箱通气量控制阀	—	—	—	I	—	—	—	I
2-3. 燃油蒸发排气控制系统	—	I	—	I	—	I	—	I
2-4. 燃油断开系统	—	—	—	I	—	—	—	I
3. 电气系统								
3-1. 线束与接头	—	—	—	I	—	—	—	I
4. 点火系统								
4-1. 火花塞　如使用无铅汽油	—	R	—	R	—	R	—	R
4-1. 火花塞　如使用含铅汽油,则参见"恶劣条件下行驶"表								
4-2. 分电器盖与分电头	—	—	—	I	—	—	—	I
4-3. 点火系统线路	—	—	—	I	—	—	—	R
4-4. 点火正时	—	—	—	I	—	—	—	I
4-5. 分电器提前角调节装置	—	—	—	I	—	—	—	I
5. 燃油								
5-1. 发动机怠速转速与怠速混合比	(I)	I	—	I	—	I	—	I
5-2. 燃油箱盖	—	—	—	I	—	—	—	R
5-3. 空气滤清器滤芯	I	I	I	R	I	I	I	R
5-4. 加油口	每隔 10000km 更换一次								
5-5. 燃油管及接头/油箱	—	—	—	I	—	—	—	I
6. 制动器								
6-1 制动盘与衬垫(前)	I	—	I	—	I	—	I	—
6-1 制动鼓与制动蹄片	I	—	I	—	I	—	I	—
6-2. 制动软管及管道	I	—	I	—	I	—	I	—

续表 1-3

维护保养间隔：本间隔应根据里程表读数或使用月份来确定，以先到者为准	本表列举了行驶里程长达80000km的车辆维护保养要求，对80000km以上者，应按相同间隔进行相同的维护保养								
	公里（×1000）	10	20	30	40	50	60	70	80
	英里（×1000）	6	12	18	24	30	36	42	48
	月　数	6	12	18	24	30	36	42	48
6-3. 制动液		—	I	—	R	—	I	—	R
6-4. 制动踏板		—	I	—	I	—	I	—	I
6-5. 制动杆与拉索		I	—	I	—	I	—	I	—
7. 底盘与车身									
7-1. 离合器		I	I	I	I	I	I	I	I
7-2. 轮胎		I	I	I	I	I	I	I	I
7-3. 车轮轮盘		I	I	I	I	I	I	I	I
7-4. 悬架装置		I	I	I	I	I	I	I	I
7-5. 传动轴		—	I	—	I	—	I	—	I
7-6. 手动变速器油		I	I	I	R	I	I	I	R
7-7. 差速器油		I	I	I	R	I	I	I	R
7-8. 转向系统		I	I	I	I	I	I	I	I
7-9. 所有锁扣、铰链及锁									
7-10. 变速控制杆与轴		I	I	I	I	I	I	I	I

注：R——更换。I——检查修理，必要时更换。

2. 汽车在恶劣条件下行驶的维护

如果汽车在下述恶劣条件下行驶，建议按特别的维护保养时间间隔进行维护（如表 1-4）。表中恶劣条件代码含义如下：

A——重复短途行驶

B——在不平或泥泞的道路上行驶

C——在多尘道路上行驶

D——在十分寒冷的气候条件下或盐质道路上行驶

E——在十分寒冷的气候条件下重复短途行驶

F——使用含铅燃油

表 1-4　汽车在恶劣条件下行驶的维护表

恶劣条件代码		维护操作	维护时间间隔	
BC	传动皮带	I	每隔 20000km	或 12 个月
		R	每隔 40000km	或 24 个月
ACDE	发动机油与机油滤清器	R	每隔 5000km	或 3 个月
ABD	排放管与安装件	I	每隔 10000km	或 6 个月
C	空气滤清器滤芯＊1	R	每隔 2500km	
		I	每隔 20000km	或 12 个月
ABCEF	火花塞	R	每隔 10000km	或 6 个月
ABD	传动轴	I	每隔 10000km	或 6 个月
BE	变速器（手动）和差速器油	R	每隔 20000km	或 12 个月
B	底盘螺栓与螺母	T	每隔 10000km	或 6 个月
ABC	制动盘与衬垫（前）制动鼓与制动蹄片（后）	I	每隔 10000km	或 6 个月

注：R——更换。I——检查修理，必要时更换。　＊1——车辆在多尘的道路上行驶时，检查或更换应更频繁。

（三）哈飞微型客车的定期维护

车辆正常使用的定期维护见表1-5。表内上注有距离和时间，以先到者为准。如在环境差的条件下使用，则保养周期应视情况缩短。

表 1-5 车辆正常使用的定期维护表

使用周期应按里程表读数或月数判断，以两者先到者为准	km×1000	2.5	10	20	30	40	50	60	70	80
	月数	2	6	12	18	24	30	36	42	48
发动机										
1　风扇皮带（张力和磨损）		A	—	I	—	R	—	I	—	R
2　同步齿形带（磨损和损坏）		I	—	I	—	I	—	I	—	I
3　进、排气门间隙		A	—	A	—	A	—	A	—	A
4　气缸盖螺栓、支管固定螺母及螺栓的拧紧力矩		T	—	T	—	T	—	T	—	T
5　发动机机油滤清器		R	R	R	R	R	R	R	R	R
6　发动机润滑油		每行驶5000km更换一次，在恶劣沙土路面行驶时应经常检查，及时更换								
7　燃油胶管和接头（胶管老化、接头开裂、损坏或松动）		I	I	I	I	I	I	I	I	I
8　冷却系统胶管和接头（漏水及损坏等）		—	—	I	—	I	—	I	—	I
9　高压导缆（老化和损坏等）		—	—	I	—	I	—	I	—	I
10　火花塞		—	R	R	R	R	R	R	R	R
11　空气滤清器		沥青路面，每10000km清理一次；尘土路，每2500km清理一次								
12　油门控制拉线和节气门体轴		—	I.L	I.L	I.L	I.L	I.L	I.L	I.L	I.L
13　燃油滤清器		—	—	—	—	R	—	—	—	R
14　PCV阀		—	—	I	—	I	—	I	—	I
15　变速器齿轮油（检查水平状态下漏油情况）		R	I	I	R	I	I	I	I	R
16　线束是否破损、搭铁是否牢靠		I	I	I	I	I	I	I	I	I
17　发动机冷却液		—	—	—	—	R	—	—	—	R
18　催化转化器		—	—	—	—	—	—	—	—	I
19　摇臂室盖通气软管和接头		—	—	I	—	I	—	I	—	I
20　曲轴箱通风管及接头		—	—	I	—	I	—	—	—	I
21　爆燃传动器紧固力矩		A	A	A	A	A	A	A	A	A
22　分电器盖和分火头（磨损和损坏等）		—	—	I	—	—	I	—	—	I
23　活性炭罐		每行驶50000km更换一次，恶劣环境行驶时应经常检查，如发现堵塞或侵入液态燃油应及时更换								
24　离合器踏板空行程		I	I	I	I	I	I	I	I	I
25　制动盘和摩擦块（磨损、损坏）／制动鼓和制动蹄（磨损、损坏）		—	I	I	I	I	I	I	I	I
26　制动软管和制动管（泄漏、损坏、挤瘪）		—	I	I	I	I	I	I	I	I
27　制动液（液位、泄漏）		I	I	I	I	R	I	I	I	I
28　制动踏板（踏板与地板的间隙）		I	I	I	I	I	I	I	I	I
29　驻车操纵杆钢索（行程、损坏）		I	I	I	I	I	I	I	I	I

续表 1-5

使用周期应按里程表读数或月数判断,以两者先到者为准	km×1000	2.5	10	20	30	40	50	60	70	80
	月数	2	6	12	18	24	30	36	42	48
30	轮胎(异常磨损、气压)	—	I	I	I	I	I	I	I	I
31	车轮、车轮螺母(损坏、力矩)	I	I	I	I	I	I	I	I	I
32	减振器(漏油、损坏)	I	I	I	I	I	I	I	I	I
33	传动轴(损坏、松紧)	—	—	I	—	I	—	I	—	I
34	差速器(泄漏、油位)	R	I	I	I	R	I	I	I	R
35	悬架及转向(松紧、损坏、咯咔声、断裂)	I	I	I	I	I	I	I	I	I
36	试验运转	每次检修工作结束后进行试验运转								

注:R——更换或修理;I——检查、调整或更换;T——按规定力矩拧紧;L——润滑;A——检查与调整。

第三节　随车工具的使用

一、常见随车工具

车辆在使用过程中,难免会出现故障,了解随车工具,在出现故障时,方便使用。

微型客车常见的随车工具如表 1-6 所示,包括千斤顶、车轮扳手、一字旋具和十字旋具、鲤鱼钳、开口扳手等。

表 1-6　微型客车常见的随车工具

序　号	内　　容
1	工具袋
2	开口扳手 8×10
3	开口扳手 12×14
4	开口扳手 13×16
5	两用旋具
6	旋具手柄
7	鲤鱼钳
8	套筒扳手—火花塞用
9	柄—火花塞套筒扳手
10	四方头扳手
11	车轮扳手
12	千斤顶
13	千斤顶手柄

二、千斤顶的使用

(1)千斤顶臂上的支撑条应插入固定支撑点的凹槽中保持固定。

(2)使用千斤顶时,应放到车下指定的支撑位置上,否则,易损坏车辆,甚至造成伤人事故。

(3)转动摇臂支起汽车时,支撑臂上的支撑条始终不能从支撑点内滑脱出来。

（4）如图 1-1 所示，转动摇臂一直到千斤顶的脚撑在地上为止。此时，应保证顶脚大面积撑地且地面必须坚硬。若发现地面松软时，应事先垫上结实的面积较大的垫板或平整的硬物。

（5）收千斤顶时，仍应注意车辆的安全平衡。

三、开口扳手的使用

开口扳手主要用于拆装一般标准规格的螺栓或螺母。使用时可以上、下套入或直接插入，具有使用方便的特点。

图 1-1　千斤顶的支撑

（1）使用开口扳手旋紧螺栓时，应均匀用力，不得用冲击力。

（2）为防止扳手损坏和滑脱，应使拉力作用在开口较厚的一边。这一点对受力较大的活动扳手尤其应该注意，以防开口出现"八"字形，损坏螺母和扳手。

（3）开口扳手是按人手的力量来设计的，遇到较紧的螺纹件时，不能用锤击打扳手；除套筒扳手外，其他扳手都不能套装加力杆，以防损坏扳手或螺纹连接件。

（4）使用时应当注意：一定要选择与所拆装螺栓（螺母）相同规格的扳手，如图 1-2 所示。不要使用尺寸过大的扳手，以免因扳手尺寸过大而损坏螺栓（螺母）的棱角，如图 1-3 所示。

图 1-2　开口扳手的正确使用

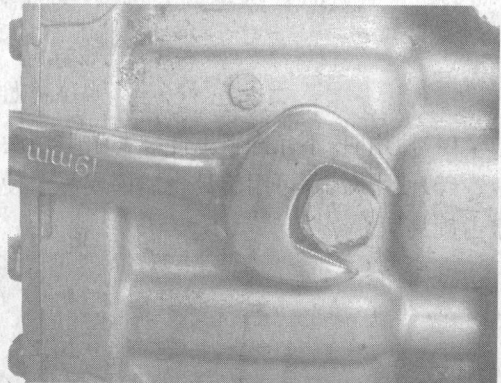

图 1-3　开口扳手的错误使用

（5）当使用推力拆装时，应用手掌力来推动，如图 1-4 所示；不能采用握推的方式，以免碰伤手指，如图 1-5 所示。

（6）不能采用两个扳手对接或用套筒等套接的方式来加长扳手，以免损坏扳手或发生事故，如图 1-6 所示。

四、旋具的使用

旋具主要用于拆装一字或十字槽的螺钉等。使用注意事项有：

（1）旋具有木柄和塑料柄之分，塑料柄具有一定的绝缘性，适宜电工使用。

（2）使用前，应先擦净旋具柄和口端的油污，以免工作时滑脱而发生意外。

（3）选用的旋具口端应与螺栓（钉）上的槽口相吻合（图 1-7），刀口端太薄易折断，太厚不能完全嵌入槽口内，而易使旋具口和螺栓（钉）槽口损坏。

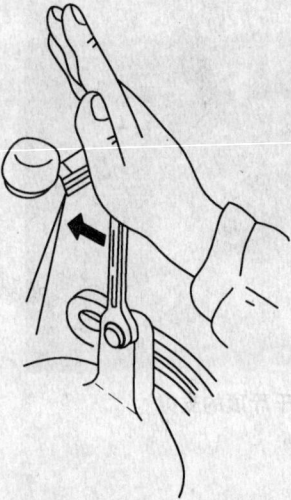

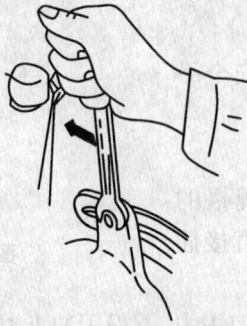

图 1-4　手掌力来推动　　　图 1-5　不能采用握推的方式　　　图 1-6　错误加长扳手的方法

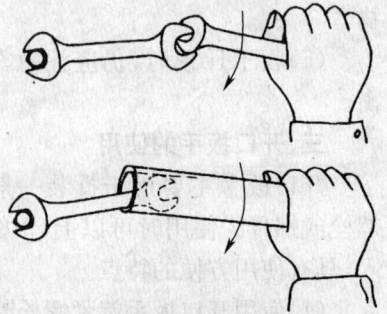

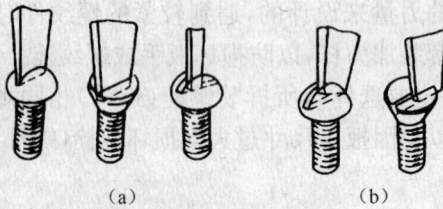

（a）　　　　　　　　　　（b）

图 1-7　旋具的使用
(a)正确使用　(b)错误使用

（4）使用时,不允许将工件拿在手上用旋具拆装螺栓(钉),以免旋具从槽口中滑出伤手。

（5）使用时,不可用旋具当撬棒或錾子使用(图 1-8)。除夹柄螺钉旋具外,不允许用锤子敲击旋具柄。

图 1-8　旋具的错误使用

（6）不允许用扳手或钳子扳转旋具口端的方法来增大扭力,以免使旋具发生弯曲或扭曲变形。

（7）正确的握持方法应以右手握持旋具,手心抵住旋具柄端,让旋具口端与螺栓(钉)槽口处于垂直吻合状态,如图1-9所示。当开始拧松或最后紧时,应用力将旋具压紧后再用手腕力按需要的力矩扭转旋具。当螺栓(钉)松动后,即可使手心轻压住旋具柄,用拇指、中指和食指快速扭转。使用较长的螺钉旋具时,可用右手压紧和转动旋具柄,左手握在旋具柄中部,防止旋具滑脱,以保证安全工作。

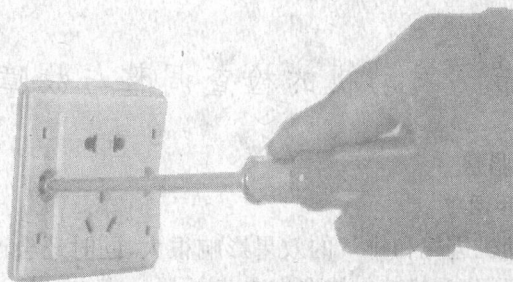

图1-9　旋具的正确握持方法

(8)使用完毕,应将旋具擦拭干净。

第二章 发动机机械零部件的维修

第一节 发动机的检查调整与故障诊断

一、发动机的检查与调整

1. 气门间隙的检查和调整

由于气门间隙对发动机进气和排气的效果影响很大,同时还会产生不正常的噪声,因此需要经常检查和调整气门间隙,使其保持在规定范围内。

下面以哈飞微型客车为例,介绍气门间隙的检查和调整方法。

(1)翻转驾驶人座椅和前乘客座椅。

(2)拆下气缸盖罩总成。

(3)取下检修孔盖,从变速器壳体上的离合器壳上取下点火正时检查塞。

(4)顺时针方向转动曲轴(从曲轴皮带轮侧观察),使飞轮上冲压的"T"标记下面的刻线与变速器壳体上的标线对准,如图 2-1 所示,即一缸活塞到达上止点位置。

(5)检查一缸的摇臂,看摇臂是否离开凸轮轴相应的凸轮,如果是这样,就可对图 2-2 中的 1、2、5 和 7 气门共 8 个气门进行间隙检查调整,然后转动曲轴 360°,调整其余的气门;如果四缸的摇臂与相应的凸轮离开,就可检查和调整 3、4、6 和 8 气门的气门间隙,然后转动曲轴 360°,调整其余的气门。

(6)如果气门间隙超过标准时,应进行调整,其方法是松开锁紧螺母,转动调节螺钉,如图 2-3 所示。调整后,按规定的力矩(18～20N·m)拧紧锁紧螺母,同时保持调整螺钉的稳定,然后再次检查,保证气门间隙在规定的标准内。

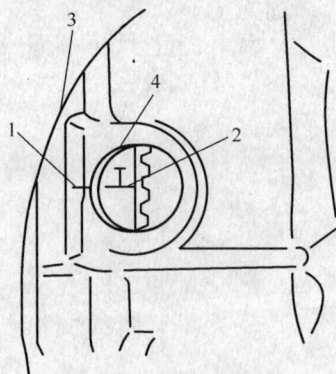

图 2-1 对正一缸活塞到达压缩上止点

1. 对准标记 2. T 标记
3. 地板 4. 点火正时检查孔

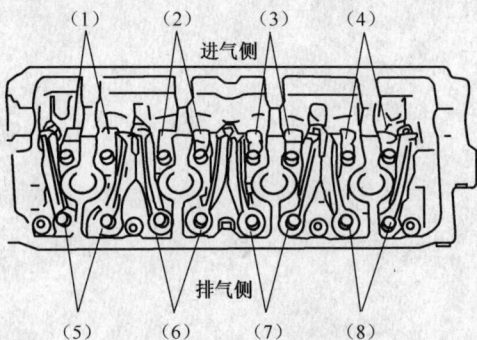

图 2-2 气门的顺序

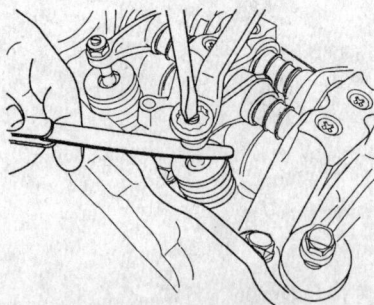

图 2-3 气门间隙的调整

维修提示：

◆最后再摇转曲轴，重新复查一次每个气门的间隙是否符合标准。

2. 气缸压缩压力的检查

如果出现发动机功率不足、燃油消耗量过大或燃油经济性差等现象，就应对发动机的气缸压缩压力进行测量。具体检查程序如下：

(1)先预热发动机，使发动机水温在 70～80℃左右，蓄电池放电程度不得低于 80%。

(2)吹净火花塞外部灰尘等脏物，拆下各缸火花塞，断开各缸喷油器的线束接头，将节气门完全打开。

(3)如图 2-4 所示，将气缸压力表的橡皮头放在第一缸火花塞孔上，用力按住。

(4)用起动机点动转动曲轴，记下压力表所示的压力数。测量应在短时间内完成，连续试验两次以上。依次检查其余各缸，并保证各缸的测量时间相同。

(5)发动机转速为 300r/min 时，发动机的气缸压力为 1200～1400kPa，各缸压力差应不大于 98kPa。

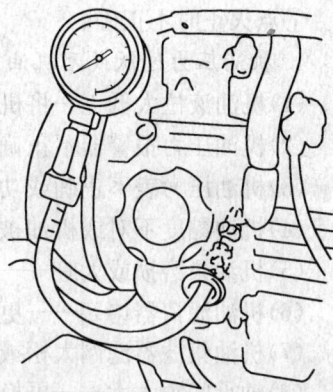

图 2-4　安装气缸压力表

维修提示：

◆如果达不到规定的压力，应检查活塞与气缸的配合间隙是否符合规定值，也可以检查活塞环的磨损情况。这种检查均要将活塞连杆组从气缸中抽出来，比较麻烦。

◆简单的方法是从火花塞孔处向气缸内加入 20～30g 新鲜机油，再用气缸压力表测试压力。若气缸压力明显上升，表示活塞环磨损；若气缸压力没有变化，说明气门关闭不严或气缸垫有漏气处，需要做进一步的检查。

3. 真空度的测量

进气支管的真空是发动机状态良好的标志。因此要测量真空度。所需工具：真空表。测量程序如下：

(1)起动发动机直至冷却液温度升至 75～85℃之间。

(2)如图 2-5 所示，关闭发动机，从进气支管外脱开燃油压力调节器真空软管，并在进气支管与脱开的真空软管之间接上三通接头、软管和真空表。

(3)发动机稳定怠速运转，并读出真空表上的读数。真空度标准：在发动机标准怠速转速下为 58.7～74.7kPa。

(4)如果真空度低，表示下述任何一个项目可能有问题，必须进行修理：

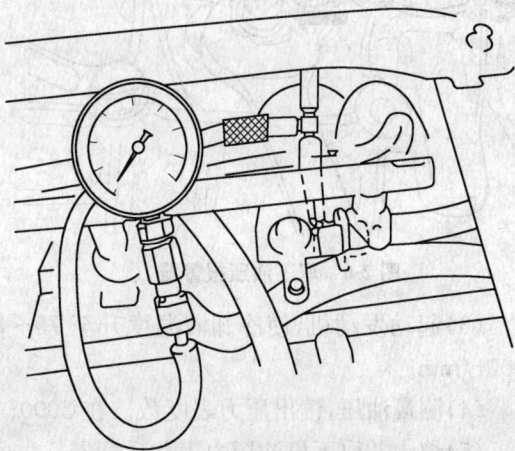

图 2-5　连接真空表

①气缸垫泄漏。

②进气支管密封垫泄漏。

③气门密封面泄漏。

④气门弹簧弹力过弱。

⑤气门间隙没调整好。

⑥气门正时没调整好。

⑦点火正时不正确。

4. 机油压力过低或无机油压力故障原因及排除方法

(1)机油液位太低——将机油加至机油液位指示器满刻度。

(2)机油压力报警器不正确或功能失效——更换机油压力报警器。

(3)机油压力表不正确或功能失效——更换机油压力表。

(4)机油黏度不对或机油被稀释——更换机油。

(5)机油泵磨损或太脏——清理或更换机油泵。

(6)机油滤清器堵塞——更换机油滤清器。

(7)机油集滤器滤网太松或堵塞——紧固或清洗滤网。

(8)轴承间隙太大——更换轴瓦。

(9)机油油道开裂、有孔或堵塞——维修或更换发动机机体。

(10)油道孔塞丢失或安装不当——必要时,安装或更换。

(11)凸轮轴磨损或机械加工不当——更换凸轮轴。

(12)气门导管磨损——必要时维修。

5. 机油压力的测试

所需工具:机油压力表。

(1)取下油压报警器(如图 2-6 中箭头所示)。

(2)将机油压力表拧进油压开关的螺孔中(如图 2-7 中箭头所示)。

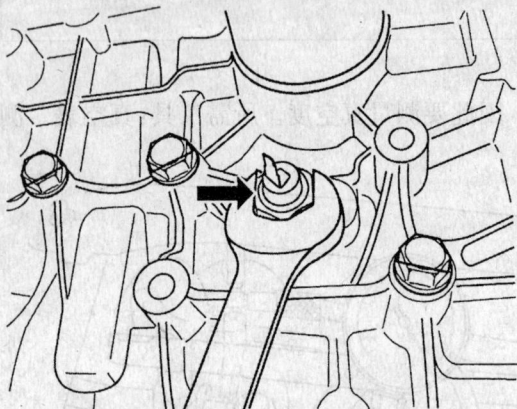

图 2-6　取下油压报警器

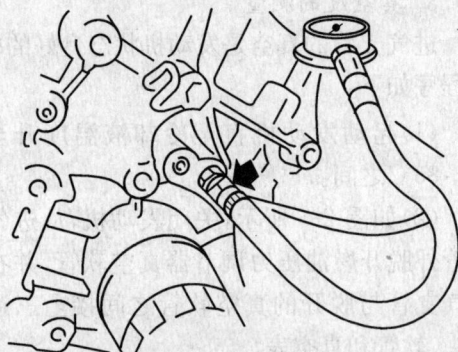

图 2-7　将机油压力表拧进油压开关的螺孔中

(3)起动发动机,使冷却液温度升至 75～85℃之间。在此温度下,把发动机转速提高至 3000r/min。

(4)测量油压,读出压力表度数。在 3000r/min 时,油压的正常值应为 330～430kPa。

(5)熄火并取下机油压力表和适配器。

（6）用螺纹锁固剂涂抹油压开关螺纹，装好油压开关。油压开关紧固力矩：12～15N·m。

（7）注油至油位计的上限位置。

二、发动机的故障诊断

发动机的故障诊断见表2-1。

表 2-1　发动机的故障诊断

故障现象		故障原因	故障排除方法
起动困难	起动机不运转	（1）主熔断丝烧断	（1）更换
		（2）起动机电磁开关不良	（2）修理或更换
		（3）蓄电池电压小于 9V	（3）充电
		（4）起动继电器损坏	（4）修理或更换
		（5）蓄电池电极连接松动	（5）拧紧
		（6）起动机电刷损坏	（6）更换
		（7）蓄电池导线连接松动	（7）拧紧
		（8）起动机的磁场或电枢电路断开	（8）修理或更换
	火花塞无火花	（1）火花塞故障	（1）调整间隙或更换
		（2）高压导线发生短路（搭铁）	（2）修理或更换导线
		（3）点火开关没有闭合或开关断路	（3）更换
		（4）熔断丝松动或烧断	（4）修理或更换
		（5）点火线圈损坏	（5）更换
	进气和排气系统有故障	（1）空气滤清器堵塞	（1）清理或更换
		（2）排气管堵塞	（2）清理
		（3）进气系统漏气	（3）调整
	发动机的内部状态出现异常	（1）气缸垫破损	（1）更换
		（2）气门间隙没有调整好	（2）调整
		（3）气门弹簧变弱或断掉	（3）更换
		（4）进气支管松动，使空气流进来	（4）拧紧
		（5）活塞、环和气缸筒过量磨损	（5）更换零件或镗缸
		（6）配气正时齿形带损坏	（6）更换
		（7）气门密封不良	（7）修理或更换
		（8）机油不符合要求	（8）清洗、更换
		（9）气门烧蚀	（9）更换
	电喷系统故障	（1）曲轴位置传感器故障	（1）检查线路是否损坏
		（2）进气温度压力传感器故障	（2）检查线路是否损坏
		（3）水温传感器故障	（3）检查线路
		（4）步进电机故障	（4）检查接线
		（5）电动燃油泵总成故障	（5）检查线路及是否工作
		（6）ECU 总成故障	（6）检查 ECU 是否损坏
功率不足	进气量	（1）空气滤清器脏或堵塞	（1）清理或更换
		（2）气门间隙没有调整好	（2）根据判断进行调整
		（3）气门与气门座接触不良	（3）修理
		（4）气门杆卡住	（4）更换
		（5）气门弹簧已损坏或变弱	（5）更换
		（6）活塞环卡死在槽里或损坏	（6）更换
		（7）活塞、活塞环和气缸筒已磨损	（7）更换零件或镗缸
		（8）气缸垫漏	（8）更换

续表 2-1

故障现象	故障原因		故障排除方法
功率不足	点火部分	(1)点火正时没有调整好	(1)根据判断进行调整
		(2)火花塞损坏	(2)更换
		(3)有些气缸的高压导线绝缘不良,漏电	(3)更换
		(4)点火线圈老化	(4)更换
	燃油系统	(1)电动燃油泵损坏或供油压力不足	(1)修理或更换
		(2)汽油滤清器堵塞	(2)更换
		(3)油门控制拉线工作不正常	(3)调整
		(4)燃油管堵塞	(4)清理或更换
		(5)燃油系统的连接处松动	(5)拧紧
	排气系统	消声器被积炭堵塞	清理或更换
	电喷系统	(1)节气门位置传感器故障	(1)检查线路或更换
		(2)进气温度压力传感器故障	(2)检查线路或更换
		(3)油轨总成故障	(3)检查相关零件是否完好
		(4)水温传感器故障	(4)检查或更换
	其他	(1)制动器有阻力	(1)调整
		(2)离合器打滑	(2)调整或更换
		(3)蓄电池电压过低,导致电喷系统无法正常工作	(3)充电或更换蓄电池
高速行驶时,速度突然下降	电气系统	(1)火花塞间隙太大	(1)调整
		(2)点火线圈发生劣化或裂纹,引起泄漏	(2)更换
		(3)高压导线绝缘不良	(3)更换
		(4)点火正时没有调整好	(4)调整
	燃油系统	(1)电动燃油泵损坏	(1)更换
		(2)燃油管路破裂	(2)更换
	电喷系统	(1)发动机转速超过断油转速	(1)检查档位是否过低
		(2)电子控制器总成是否因短路而击穿	(2)更换
		(3)电子控制器总成常供电电源线是否断路	(3)修理
		(4)曲轴位置传感器断路或损坏	(4)修理或更换
	其他	(1)由于气缸垫泄漏,气缸压缩力下降	(1)更换
		(2)由于活塞、活塞环、气缸磨损或气门烧蚀,使压缩压力太低	(2)更换,如有必要镗缸
加速迟滞	点火系统	(1)点火正时没有调整好	(1)调整
		(2)火花塞损坏或火花塞间隙没有调整好	(2)调整
		(3)高压导线绝缘不良,漏电	(3)更换
	电喷系统	(1)节气门位置传感器故障	(1)检查线路或更换
		(2)进气温度压力传感器故障	(2)检查线路或更换
	其他	(1)空气滤清器脏或堵塞	(1)清理
		(2)排气道有积炭	(2)清理
		(3)消声器被积炭堵塞	(3)清理
		(4)压缩压力太低	(4)更换零件或镗缸
		(5)气门接触不良	(5)修理
		(6)气门间隙没有调整好	(6)调整
		(7)活塞卡住	(7)更换活塞或镗缸
		(8)轴承衬瓦卡住	(8)更换

续表 2-1

故障现象		故　障　原　因	故障排除方法
急速不稳定	点火系统	(1)点火正时没有调整好	(1)调整
		(2)火花塞损坏或间隙太大	(2)更换或调整
		(3)高压导线绝缘不良	(3)更换
	电喷系统	(1)步进电机故障	(1)检查线路或更换
		(2)电子控制器总成损坏	(2)更换
		(3)进气温度压力传感器故障	(3)检查线路或更换
	其他	(1)空气滤清器脏或堵塞	(1)清理
		(2)进气系统漏气	(2)调整
		(3)排气支管被积炭堵塞	(3)清理或更换
		(4)气门间隙没有调整好	(4)调整
		(5)气门接触不良	(5)修理
		(6)气缸垫损坏	(6)更换
异常敲击声（爆燃、早燃、燃烧滞后）	点火系统	(1)火花塞过热	(1)更换火花塞
		(2)点火正时没有调整好	(2)调整
	燃油系统	油质有问题	更换符合标准的燃油
	电喷系统	(1)爆燃传感器故障	(1)更换
		(2)进气温度压力传感器故障	(2)更换
	其他	(1)活塞顶或气缸盖上积炭太多	(1)清理
		(2)气缸垫损坏,以致压缩压力太低	(2)更换
		(3)气门间隙没有调整好	(3)调整
		(4)气门卡住	(4)修理或更换
		(5)气门弹簧变弱	(5)更换
发动机过热	点火系统	(1)点火正时没有调整好	(1)调整
		(2)火花塞热值不符合要求	(2)更换合适的火花塞
	排气系统	排气管孔堵塞	清理
	冷却系统	(1)冷却液不足	(1)注入冷却液
		(2)风扇皮带过松或损坏	(2)调整或更换
		(3)节温器工作不正常	(3)更换
		(4)水泵的性能太差	(4)更换
		(5)散热器泄漏	(5)修理或更换
	润滑系统	(1)机油滤清器堵塞	(1)更换
		(2)集油器滤网堵塞	(2)清理
		(3)机油泵性能太差	(3)更换
		(4)机油盘或油泵漏油	(4)修理
		(5)机油不符合要求	(5)更换
		(6)机油盘中机油不足	(6)补充
	电喷系统	(1)氧传感器故障	(1)更换
		(2)电动燃油泵供油压力不足	(2)调整或更换
		(3)水温传感器故障	(3)更换
发动机异常噪声	曲柄轴噪声	(1)主轴承磨损,造成过大的运动间隙	(1)更换
		(2)连杆轴承磨损	(2)更换
		(3)连杆变形	(3)修理或更换
		(4)曲轴轴颈已磨损	(4)修理或更换曲轴
		(5)曲轴连杆轴颈已磨损	(5)研磨修理或更换曲轴

续表 2-1

故障现象		故障原因	故障排除方法
发动机异常噪声	活塞、活塞环、活塞销或气缸引起的噪声	(1)气缸套异常磨损	(1)镗缸或更换缸体
		(2)活塞、活塞环或活塞销磨损	(2)更换
		(3)活塞卡住	(3)更换
		(4)活塞环损坏	(4)更换
	其他	(1)凸轮轴止推间隙太大	(1)更换
		(2)曲轴止推间隙太大	(2)调整
		(3)气门间隙太大	(3)调整
		(4)机油不足	(4)补充
燃油消耗量高	点火系统	(1)点火正时没有调整好	(1)调整
		(2)高压导线绝缘不良	(2)更换
		(3)火花塞热值不符合要求	(3)更换适当的火花塞
	燃油系统	(1)燃油箱、燃油管泄漏燃油	(1)修理或更换
		(2)空气滤清器肮脏或堵塞	(2)清理或更换
	发动机状态不正常	(1)气缸盖泄漏燃烧气体	(1)拧紧或更换气缸垫
		(2)气门接触不良	(2)修理
		(3)气门间隙没有调整好	(3)调整
	其他	(1)制动器有阻力	(1)调整
		(2)离合器滑动	(2)调整或更换
机油消耗量太大	漏油	(1)放油螺堵松动	(1)拧紧
		(2)机油盘固定螺钉变松	(2)拧紧
		(3)机油盘衬垫损坏	(3)更换
		(4)油密封圈泄漏机油	(4)更换
		(5)气缸垫损坏	(5)更换
		(6)机油滤清器安装位置不平或松动	(6)重新安装并拧紧
	机油进入燃烧室	(1)油环磨损或损坏	(1)更换
		(2)活塞环开口没错开	(2)调整环的位置
		(3)环槽磨损	(3)更换活塞
		(4)活塞或气缸磨损	(4)更换活塞或镗缸
	气门杆周围漏油	(1)气门杆油封损坏	(1)更换
		(2)气门杆或气门杆导套磨损过大	(2)更换

第二节　曲柄连杆机构的检修

一、气缸盖的检修

1. 气缸盖裂纹的检修

(1)裂纹的检查。裂纹的检查方法有目测法、水压法、渗漏法。

①目测法。拆下气缸盖后,清洗除去气缸盖表面的污垢,查找气缸盖漏油、漏水部位,并在裂纹部位画上标记。

②水压试验法。在目测难以发现裂纹部位的情况下可用水压法,通常是在专用装置(见图2-8)上进行。试验时,先将气缸盖连同试验专用气缸垫一起装于气缸体上。气缸体水套侧盖及各出水口处也用橡胶垫及盖板进行封闭。然后将其上有一与水压试验装置水管相连的

管头的盖板垫以及橡胶垫装于气缸体
前端进水口处,并向水套内压水。水
满后关闭放水开关。继续压水,使水
套内的水压力达到 300～400kPa 并持
续 5min,不见气缸体、气缸盖上水套
部位有水珠渗出,即通过了水压试验。
若有裂纹,则裂纹处会有水渗出。

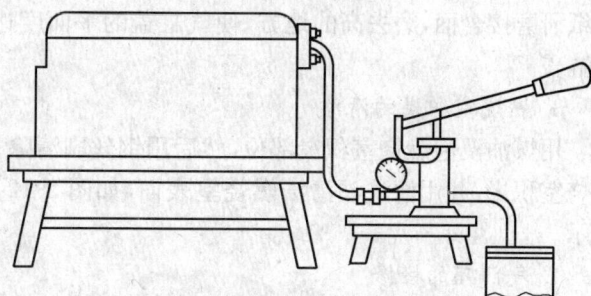

图 2-8　气缸体、气缸盖水压试验

③渗漏法。将汽油或煤油注入水
套内 20～30min,观察有无渗油部位。

(2)裂纹的修理。气缸盖裂纹常用的修理方法有焊修、粘接和堵漏剂堵漏。若裂纹开度
较大或较长时,应更换气缸盖。

2. 气缸盖变形的检查

(1)气缸盖接合面的检查。气缸盖接合面的检查部位有:气缸盖与气缸体连接表面的平
面度、进气和排气支管接合表面的平面度。

①气缸盖与气缸体连接表面的平面度检查。使用刀口尺,按图 2-9 所示放于被测平面
上,用塞尺测量刀口尺与平面间的间隙。测量平面度时,应在被测平面选取如图 2-10 所示的
6 个位置测量,取测量的最大值作为平面度误差,极限值不得超过 0.05mm。

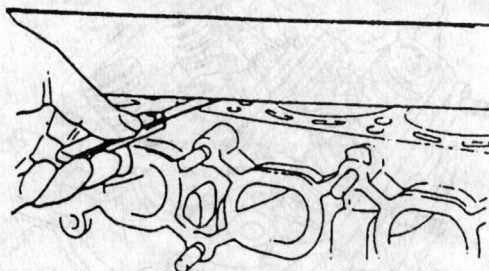

图 2-9　平面度误差的测量

图 2-10　平面度误差的测量位置

②气缸盖与进、排气支管连接表面的平面度检查。使用刀口尺,按图 2-11 所示,用塞尺
测量其接合面的平面度。平面度极限值不得超过 0.10mm。

(a)

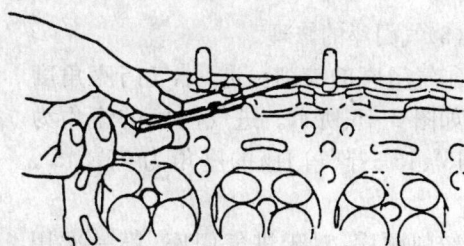

(b)

图 2-11　气缸盖与进、排支管接合面的平面度

(a)进气支管接合面　(b)排气支管接合面

(2)气缸盖接合面变形的修理。当气缸盖与气缸体的接合面的平面度误差超过
0.05mm,或气缸体与进、排气支管接合面的平面度误差超过 0.10mm 时,可用平板和 400 号

砂纸研磨接合面,磨去高的地方,使气缸盖的平面度达到规定值;若平面变形过大,则应更换气缸盖。

3. 燃烧室积炭的清洁

用煤油浸泡燃烧室积炭部位,然后用钢丝刷清除燃烧室积炭,并用清洗油清洁燃烧室表面,如图 2-12所示。

4. 气门座的检修

(1)气门座的检查。清除气门座上的积炭后,擦干气门座圈,并在气门座圈上涂薄薄一层红丹油。将气门装回气门座上,轻轻敲打气门头,然后取出气门,观察气门头与气门座接触宽度和接触面的均匀性和连续性,如图 2-13所示。气门座接触宽度应符合标

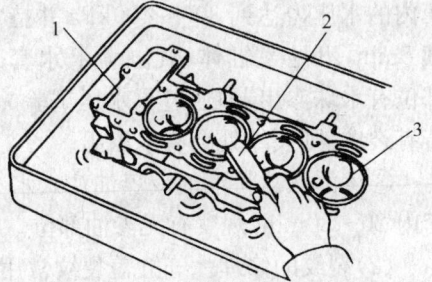

图 2-12　燃烧室积炭的清除
1. 气缸盖　2. 钢丝刷　3. 燃烧室

准值,标准值为 1.3～1.5 mm。若气门座与气门头的接触宽度或接触面积不均匀、连续性差时,应对气门座进行铰削、研磨,必要时更换气门座。

(2)气门座下陷的检查。发动机气门座下陷深度的检查如图 2-14所示,用游标卡尺测量图中的"A"尺寸,应符合标准值。若超过规定值,则更换气门座圈。

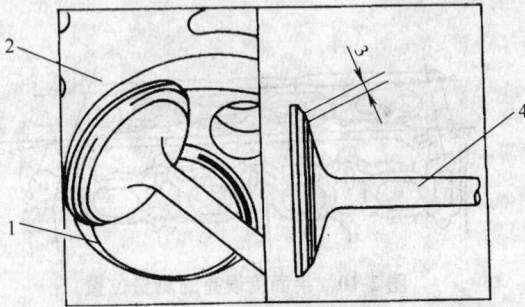

图 2-13　气门座的检查
1. 气门座　2. 气缸盖　3. 接触宽度　4. 气门

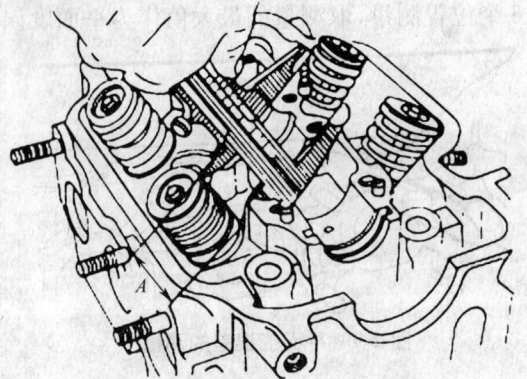

图 2-14　检查气门座下陷深度
A. 测量尺寸

(3)气门座的修理。

①气门座的铰削。进、排气门座角度标准如图 2-15所示。进气门座的座角为60°、45°、15°;排气门座的座角为75°、45°、15°。

铰削顺序:对于进气门座,第一次用15°角铰刀铰削其15°座角,第二次用60°角铰刀铰削其60°座角,第三次用45°角铰刀铰削45°座角,并保证接触宽度达到0.8～1.2mm;对于排气门座,选用铰刀的顺序为15°、45°、75°铰刀,接触宽度为 0.8～1.2mm。

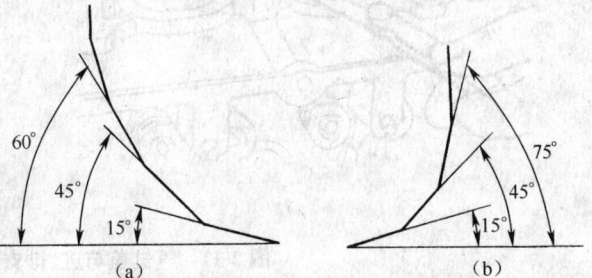

图 2-15　发动机进排气门座角示意图
(a)进气门座的座角　(b)排气门座的座角

铰刀的使用方法如图 2-16 所示。

②气门座的磨研。气门座铰削后,必须进行气门和气门座的配合研磨。研磨时,先涂粗研磨膏研磨,再涂细研磨膏磨至规定要求。粗磨时用力较大,细磨时用力要小,边研磨、边正反方向旋转气门,并不断改变气门转动的起点,如图 2-17 所示。

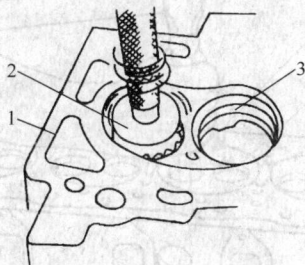

图 2-16　气门座的铰削
1. 气缸盖　2. 铰刀　3. 气门座

图 2-17　气门座的研磨
1. 气门橡胶吸盘　2. 气缸盖

③气门座的更换。当气门座烧蚀、磨损严重时,要予以更换。更换气门座时,可用干冰冷却需要更换的气门座(气缸盖不用冷却),使气门座收缩,即可取下气门座,再换上新的气门座。

④气门座的密封性能试验。对于铰削、更换并研磨后的气门座,必要时可进行密封性能试验,即用螺塞堵住火花塞孔,将气门装入气门座,再向燃烧室内注满煤油,保持 3min 内不漏油,表明密封良好,否则重新研磨。

5. 气门导管的检修

(1)气门导管的检查。如图 2-18、图 2-19 所示,分别测量气门导管的内径和气门杆直径。导管内径最大值与气门杆直径最小值之差,即为导管与气门杆配合间隙,应符合规定值,否则,应更换气门导管或气门,必要时两者同时更换。

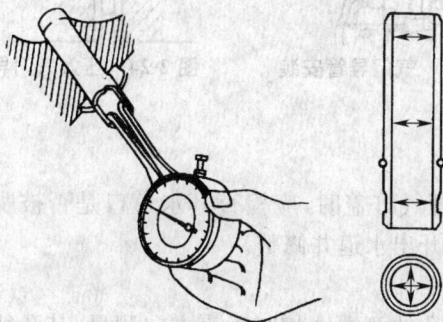

图 2-18　测量气门导管六个部位的内径

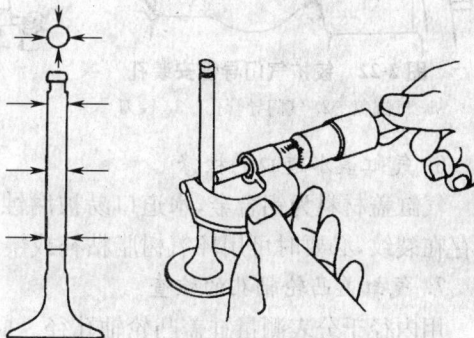

图 2-19　测量气门杆六个部位的外径

气门杆与气门导管的间隙也可用图 2-20 所示的方法测量,即测量气门杆端部的偏差,如超过极限,则更换气门或气门导管或同时更换。

(2)气门导管的更换。用轴棒从燃烧室侧向气缸盖顶部顶,把气门导管敲退出来,如图 2-21 所示。再用 12mm 的铰刀铰削气缸盖上的气门导管安装孔,并除去毛刺飞边。铰扩后的导管孔直径应符合规定。铰削方法如图 2-22 所示。

气门导管孔直径符合规定值后,把气缸盖加热到80~100℃,将气门导管从气缸盖上装入导管孔中,且导管凸出缸盖高度尺寸应符合要求,如图2-23所示。

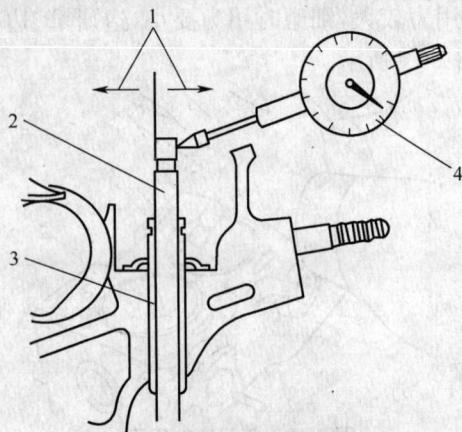

图2-20 气门杆与导管间隙的测量
1. 气门杆端移动方向 2. 气门杆
3. 气门导管 4. 百分表

图2-21 拆气门导管
1. 气缸盖 2. 燃烧室 3. 轴棒

如图2-24所示,用专用工具将导管压入发动机盖,直到导管上的卡环与气缸盖接触为止。

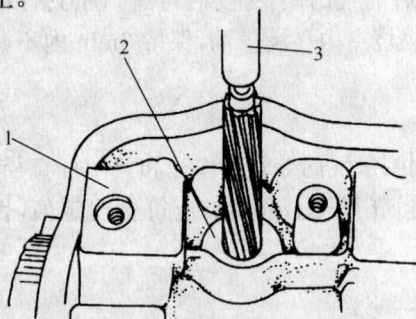

图2-22 铰扩气门导管安装孔
1. 气缸盖 2. 气门导管孔 3. 铰刀

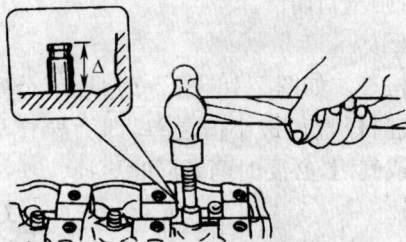

图2-23 气门导管安装

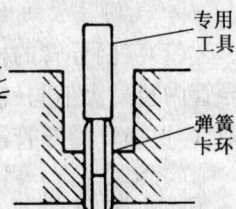

图2-24 压入气门导管

6. 气缸盖水道口的检修

气缸盖材料为铝合金,水道口易被腐蚀。在修理气缸盖时,应检查其水道口是否被腐蚀或存在裂纹,必要时可用环氧树脂粘补或镶补,重新开出水道并修整。

7. 气缸盖凸轮轴孔的检查

用内径千分表测量缸盖凸轮轴孔径。应在每个孔的两端内相互垂直方向测量,其孔径尺寸应 符合规定值(或凸轮轴与孔径配合间隙符合规定值),否则更换气缸盖或凸轮轴。

二、气缸体的检修

1. 气缸体裂纹的检修

气缸体裂纹易发生在油道口、水套孔附近部位,其检修方法同"气缸盖裂纹的检修"。若气缸体裂纹过长或过大时,应更换新的气缸体。

2. 气缸体与气缸盖接合面变形的检修

(1)气缸体与气缸盖接合面变形的检查。使用刀口尺和塞尺,检查方法参考气缸盖平面度检查。

（2）气缸体上平面的修理。气缸体上平面的平面度超过 0.05mm 时，可用直板和 300 号砂纸磨去凸出部分，或用机床铣削气缸体接合面，使其达到平面度的要求。

3. 气缸的检修

（1）气缸孔直径的检测。如图 2-25 所示，使用量缸表在气缸孔的纵向和横向两个方向、分别距气缸体上平面 15mm、45mm、90mm 三个地方测量气缸孔直径，并记录其测得的 6 个数据，应符合规定。否则，应进行修理。

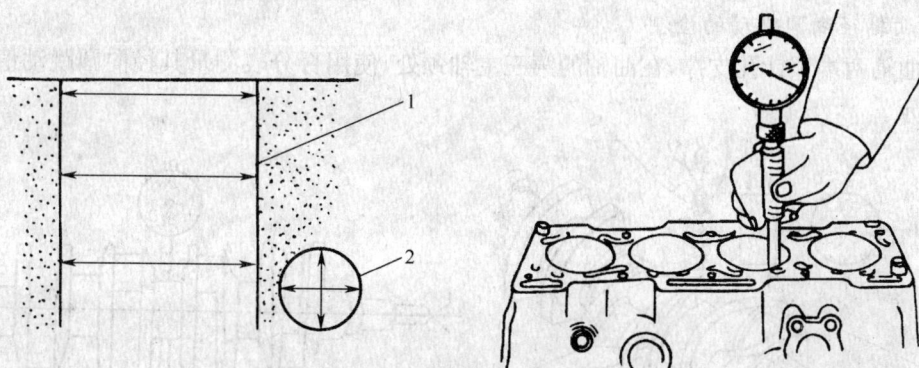

图 2-25　气缸直径的测量
1. 测量部位　2. 测量纵、横方向

（2）气缸孔的修理。气缸孔直径超过规定值时，则要对气缸孔进行镗削。气缸孔一般有二级修理尺寸，每一级均加大 0.25mm。气缸孔镗削后，应换用加大一级的活塞。

4. 气缸体螺孔损坏的检修

气缸体螺孔损坏一般为滑牙和胀裂。若螺孔损坏后，可将损坏的螺孔钻大，镶入相应的新螺塞，再在螺塞上根据螺栓直径钻孔、攻螺纹。为防止镶入的螺塞松动，可加装止动螺钉或止动销。

5. 气缸体水套孔损坏的检修

气缸体水套孔损坏一般为腐蚀和开裂，其修理方法与"气缸盖水套孔的检修"相同，但修理后应进行压力试验。

6. 气缸体油道的清洗

若因发动机缺少机油、导致发动机烧瓦后，或者机油胶质堵塞油道，均应用清洗油清洗气缸体油道，使油道清洁、畅通。

油道清洗干净后，要用压缩空气将各油道吹干。

三、气缸垫的检查与更换

1. 气缸垫的检查

在发动机解体修理时，应检查气缸垫的钢带骨架是否损坏、橡胶石棉板是否已外露、耐热护圈是否被冲开或冲胶、铜管铆钉有无失效等缺陷，如有缺陷，应予更换。

2. 气缸垫的更换

确认气缸垫损坏或经二次拆解气缸盖后，应换用新的气缸垫。

在更换气缸垫时，应注意气缸垫的安装方向和气缸垫的正反面，以防止气缸垫遮挡住水套孔和机油油道孔、回油孔。

四、曲轴的检修

1. 曲轴外观质量检查

检查曲轴的主轴颈、连杆轴颈外表面有无拉伤、烧蚀、严重磨损、裂纹或其他缺陷,如有,应予以更换。

2. 曲轴主轴颈、连杆轴颈尺寸的检测

用千分尺检测曲轴主轴颈和连杆轴颈的尺寸,如图 2-26 所示。其尺寸和形位公差应符合标准,否则,应修磨轴颈至规定修理尺寸,或更换新的曲轴。

3. 曲轴径向圆跳动的检测

用曲轴两端顶针孔支撑,在曲轴的第三主轴颈处,使用百分表测量其径向圆跳动值,如图 2-27 所示。

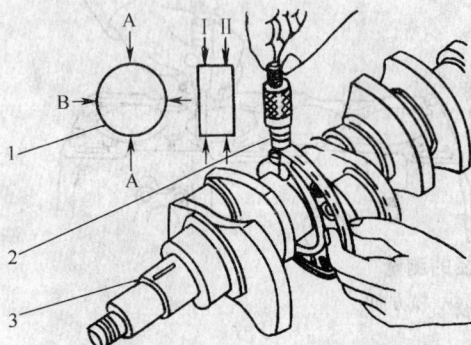

图 2-26　曲轴轴颈尺寸的测量

1. 测量位置　2. 螺旋千分尺　3. 曲轴

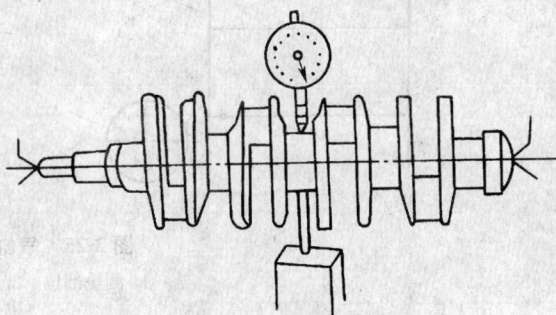

图 2-27　曲轴主轴颈的径向圆跳动测量

若曲轴径向圆跳动超过使用极限,说明曲轴弯曲变形超过限度,应进行冷压校正。必要时应予更换。

4. 曲轴主轴颈与轴承的间隙检测

(1)测量气缸体主轴承内径。测量前,主轴承、主轴承盖均按装配要求安装到气缸体上,按规定的拧紧力矩值紧固主轴承盖的螺栓。

如果曲轴主轴颈已经修磨,应选装相应的缩小修理尺寸的轴承,使轴颈的修理尺寸与轴承选配一致。主轴承、主轴承盖装配合格后,检查主轴承内径,如图 2-28 所示。

(2)主轴颈与主轴承的间隙测量。若测出了主轴颈尺寸、主轴承孔内径尺寸,两者差值即为配合间隙。配合间隙也可用塑料间隙规来测量。其测量方法是:按轴承的宽度尺寸剪好塑料间隙规,将其沿曲轴轴向放置在主轴颈上,避开油孔位置,再按装配要求装好轴承盖,按规定力矩拧紧螺栓,然后取下轴承盖,用千

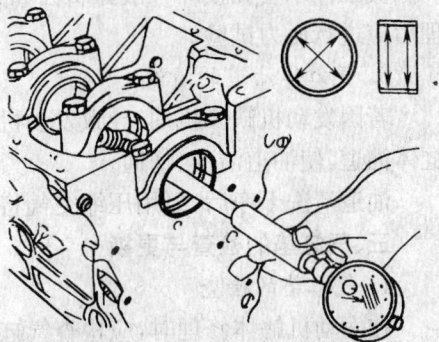

图 2-28　主轴承内径的测量

分尺测量塑料间隙规被压薄的最宽处厚度,该值即为配合间隙,如图 2-29 所示。

5. 曲轴连杆轴颈与连杆轴承的间隙检测

(1)连杆大头孔直径的测量。连杆大头孔直径的测量参见"活塞连杆组的检修"的内容。

（2）连杆轴颈与轴承的配合间隙测量。如图 2-30 所示，按连杆轴承宽度剪好塑料间隙规，然后放置到连杆轴颈上。

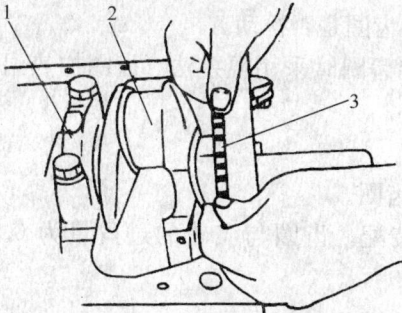

图 2-29　测量主轴颈与轴承的配合间隙
1. 主轴承盖　2. 曲轴　3. 塑料间隙规

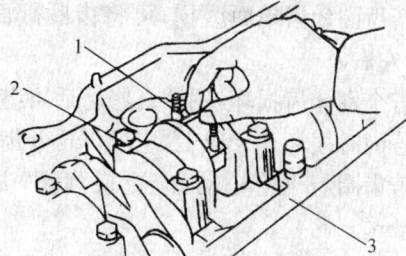

图 2-30　安放塑料间隙规
1. 塑料间隙规　2. 连杆　3. 缸体

如图 2-31 所示，按正常装配要求装上连杆盖、轴承，并按规定力矩紧固连杆盖螺母。

如图 2-32 所示，拆下连杆盖，取出塑料间隙规，测量其连杆轴颈与轴承的配合间隙。若配合间隙过大，则应更换轴承。轴承尺寸的选配应与连杆轴颈尺寸相符合。

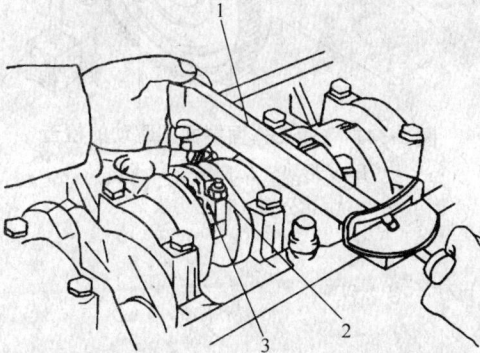

图 2-31　安装连杆盖
1. 扭力扳手　2. 连杆盖螺母　3. 曲轴连杆曲颈

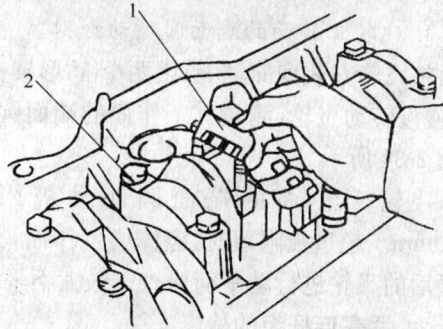

图 2-32　连杆轴颈与轴承的间隙测量
1. 塑料间隙规　2. 连杆

6. 曲轴轴向止推间隙的检测

在气缸体内装上曲轴、主轴承、止推片和主轴承盖，并按规定力矩拧紧主轴承盖螺栓。使用百分表测量曲轴的轴向窜动量，如图 2-33 所示。

若曲轴的轴向止推间隙超过极限值时，应更换加大厚度的止推片。

7. 曲轴油道的清洗

若曲轴烧瓦或机油胶质过多、油质过差时，有可能堵塞曲轴油道孔。因此，必须清洗油道，并用压缩空气吹干油道。

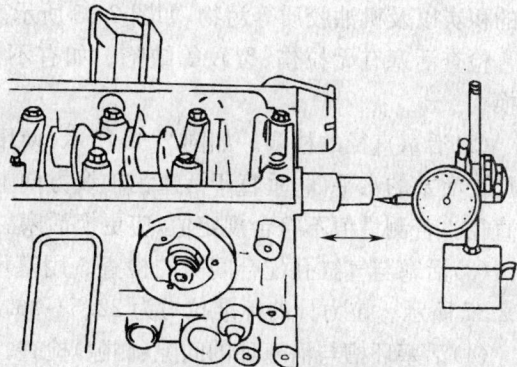

图 2-33　曲轴轴向止推间隙的测量

五、飞轮的检修

1. 飞轮外观检查

检查飞轮外表有无损伤、裂纹等缺陷。如有裂纹应予更换，表面损伤部位应予修复并进行动平衡检查。

2. 飞轮齿圈的检修

检查齿圈牙齿是否单面磨损,个别牙齿是否断裂,齿圈是否松动。

若齿圈牙齿单面磨损,可将齿圈翻面使用。拆装齿圈时采用温差法。齿圈加热温度为165℃左右。

若个别牙齿损坏,用油石修磨后可继续使用。

若同时损坏 3 牙以上,应堆焊再开齿修复或更换齿圈。

若齿圈与飞轮松动,应更换齿圈,并用温差法装配。齿圈与飞轮的过盈量为 0.25~0.60mm。

3. 飞轮工作面的检修

飞轮工作面磨损或起槽深度超过 0.5mm时,应光磨或精车后光磨。飞轮加工后,其厚度应不小于新飞轮 2mm,工作面波形槽深度不超过0.5mm,允许有不多于 2 道的环形沟槽,但必须消除毛刺。

4. 飞轮工作面的端面圆跳动检测

将飞轮安装到曲轴上,用两个 V 形架支撑曲轴,慢慢转动飞轮,测量其工作面的端面圆跳动,如图 2-34 所示。

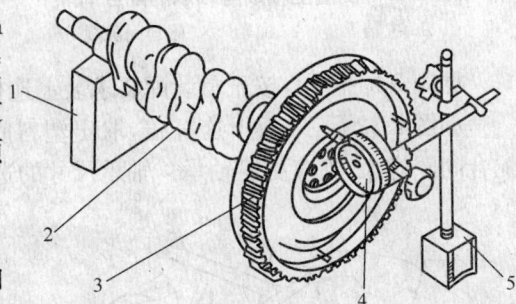

图 2-34　飞轮工作面端面圆跳动的检查
1. V 形块　2. 曲轴　3. 飞轮
4. 百分表　5. 磁力表架

飞轮工作面的端面圆跳动极限值为0.20mm。超过极限值时,应修磨工作面,并对其修磨后的飞轮进行动平衡检查。最大不平衡量允许为 25g·cm。

六、活塞连杆组的检修

1. 活塞组检修

(1)活塞积炭的清除。将活塞浸泡于清洗油中约5min 后,用刷子或软金属摩擦工具擦掉活塞顶部和环槽的积炭以及机油胶质等污物,如图 2-35 所示。

检查活塞有无拉伤、裂纹等缺陷。如有不良,应予更换。

(2)活塞直径的检测。如图 2-36 所示,使用外径千分尺在活塞的水平面、垂直于活塞销轴线方向上测量活塞直径。若测量值不符合规定值,应更换活塞。

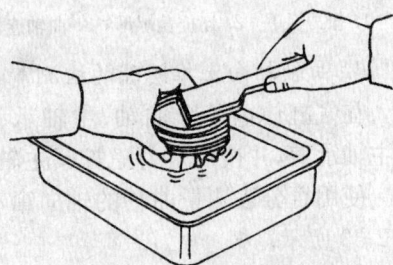

图 2-35　清除活塞积炭

(3)活塞与气缸孔配合间隙的检查。用塞尺和拉力计测量活塞与气缸孔的配合状态,如图 2-37 所示。拉力计的标准拉力为 22.5~36.5N。活塞与气缸孔的配合间隙应符合标准。

(4)活塞环槽与活塞环的间隙(侧隙)检查。如图 2-38 所示,用塞尺检查活塞环在相应环槽内的侧隙。若侧隙超过使用极限值时,应测定槽宽和环厚,以确定是否更换活塞或活塞环或两者都换。

(5)活塞环的开口间隙(端隙)检查。如图 2-39 所示,把活塞环放入气缸孔中,并推入缸孔的底部,用塞尺测量活塞环的开口间隙。若开口间隙超过使用极限值,应更换活塞环。

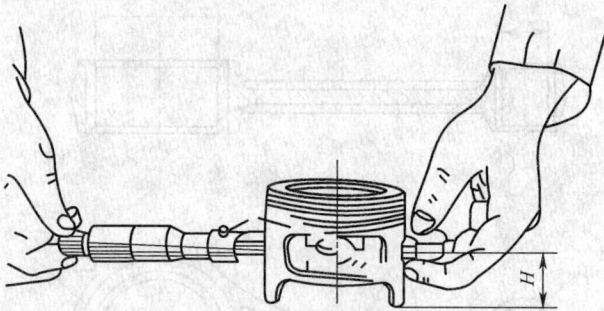

图 2-36　测量活塞直径

H—测量部位距活塞裙部的距离

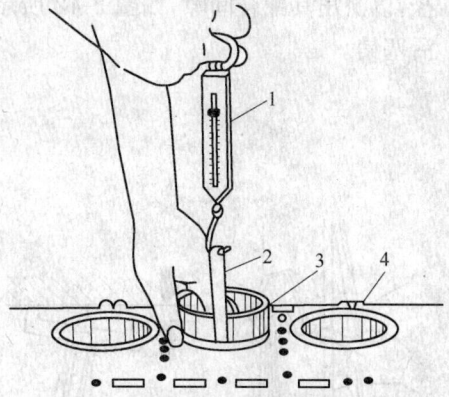

图 2-37　活塞与气缸孔配合间隙的测量

1. 拉力计　2. 塞尺　3. 活塞　4. 气缸体

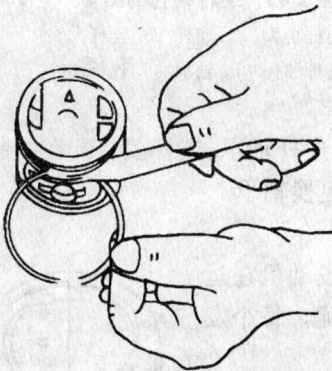

图 2-38　测量活塞环侧隙

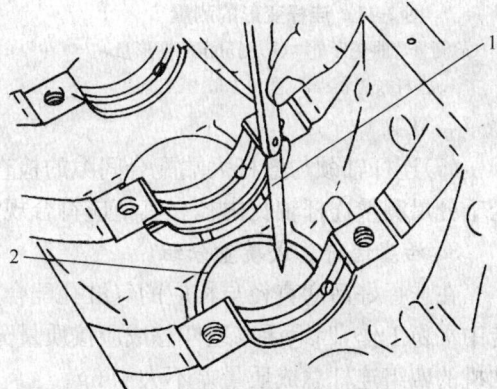

图 2-39　测量活塞环开口间隙

1. 塞尺　2. 活塞环

2. 连杆组件检修

(1)外观检查。检查连杆、连杆螺栓、螺母、连杆盖及活塞销等外表面有无裂纹、损伤缺陷。如有不良,应予更换。

(2)连杆大端与曲轴连杆轴颈的止推间隙检查。把连杆按装配状态与连杆轴颈相连接,按规定力矩拧紧连杆盖螺母。用塞尺测量连杆大端止推间隙,如图 2-40 所示。

若止推间隙超过使用极限,应测量连杆大端宽度和连杆轴颈宽度,以决定是否更换连杆或曲轴或两者都换。

(3)连杆的变形检查。把连杆安装到连杆校正器上,使用三点规和塞尺测量连杆的弯曲、扭曲变形,如图 2-41 所示。若连杆变形超过使用极限,应予更换。

(4)连杆小头与活塞销配合间隙的检查。使用百分表和螺旋千分尺,分别测量连杆小头衬套孔和活塞销直

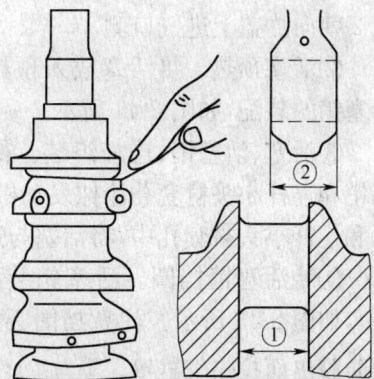

图 2-40　连杆大端止推间隙的测量

径,以测出其配合间隙,如图 2-42 所示。若配合间隙超过规定值,则应更换连杆小头衬套或活塞销。

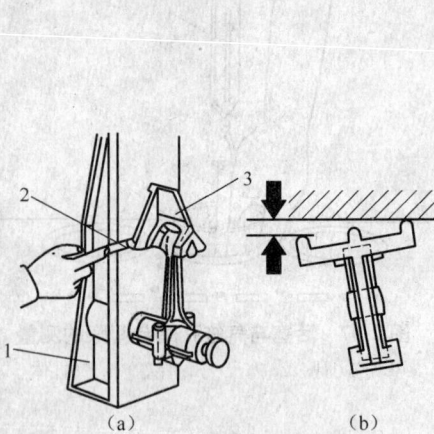

图 2-41　连杆变形的测量
(a)测量弯曲变形量　(b)测量扭曲变形量
1. 连杆校正器　2. 塞尺　3. 三点规

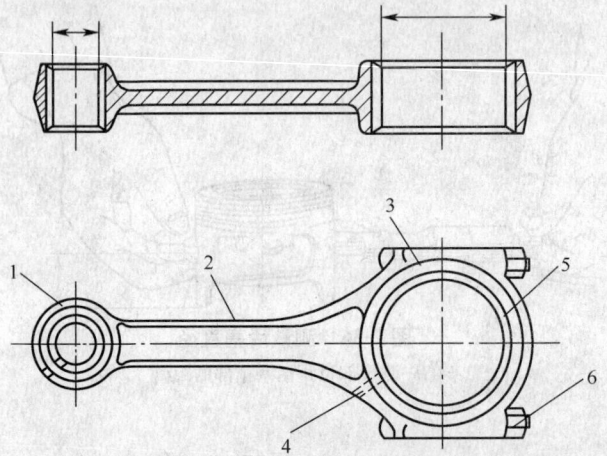

图 2-42　连杆端孔的测量
1. 连杆小头　2. 连杆　3. 连杆大头
4. 连杆油孔　5. 轴承　6. 连杆螺栓

(5)连杆轴颈与连杆大端配合间隙的检查。把连杆、连杆轴承、连杆盖装配在一起。用内径千分尺测量连杆轴瓦内径。其值应符合规定值,否则更换轴承。

3. 活塞连杆总成质量分组

在选择好活塞直径与相应的气缸孔配合后,为保证发动机在运转中平稳工作,四组活塞连杆总成应按质量分组进行装配。每个发动机的四组连杆总成质量差不大于 6g。

4. 活塞与活塞环及连杆的组装

(1)活塞与连杆的组装。

①活塞与连杆的相对位置。活塞销座轴线与活塞中心设计有偏心量。所以,组装时,应注意活塞和连杆的相对位置:如图 2-43 所示,活塞顶面的箭头 1 指向缸体前端(曲轴带轮侧),连杆上的油孔 2 朝向缸盖上进气口侧。

②活塞预热。将活塞放入预热箱中加热到 40～60℃,以便于活塞销的装配,如图 2-44 所示。

③活塞、活塞销、连杆组装。待活塞预热至 40～60℃时,将活塞销和连杆小头衬套孔涂抹发动机润滑油,把活塞销装入活塞销座孔和连杆小头衬套孔中,将活塞与连杆组合起来。

图 2-43　活塞连杆
的相对位置
1. 活塞顶部箭头标记　2. 油孔
3. 对应缸号标记

④装活塞销挡圈。活塞销装配到位后,安装活塞销挡圈(卡环),如图 2-45 所示。注意挡圈必须确认嵌入活塞销座孔的槽内,以防脱出而拉伤气缸壁。

⑤活塞与连杆组装后的检查。检查活塞连杆组件装配后,连杆转动是否灵活,如图 2-46 所示。如有"发卡"应予排除;如配合过松则会产生敲击现象,应重新更换活塞销。

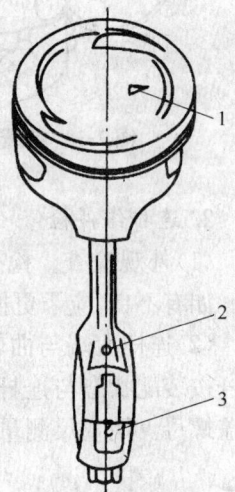

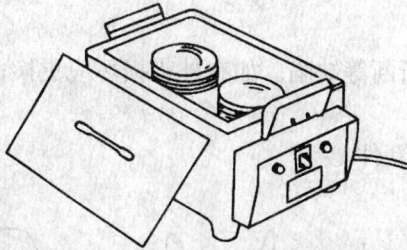

图 2-44 加热活塞

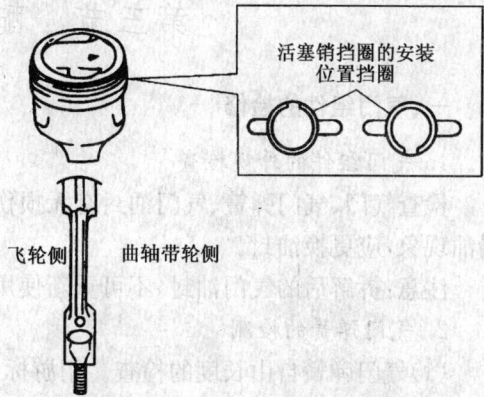

活塞销挡圈的安装位置挡圈

飞轮侧 曲轴带轮侧

图 2-45 活塞销挡圈的安装

（2）连杆、连杆盖、连杆轴承的组装。

①连杆轴承的安装。在安装连杆轴承时，要选择适当尺寸的轴承，并按止口定位要求安装到连杆盖、连杆大头上，如图 2-47 所示。

②连杆盖的安装。在安装连杆盖时，应使连杆盖和连杆大头的两个定位在同一边，但各在一侧，如图 2-48 所示。

③连杆盖螺母的紧固。连杆盖与连杆大头组装后，拧上连杆盖螺母，并按规定力矩拧紧连杆盖螺母。

（3）活塞环的组装。用张环器将第一、第二气环和组合油环安装到活塞头部的环槽内。注意各环的安装位置和方向：气环上打有"RN"标记的为第一气环，打有"R"标记的为第二气环。安装时，打有"RN"或"R"标记一面应朝向活塞顶部。不允许将活塞环装错装反，以防止拉伤缸壁和烧机油现象的产生。

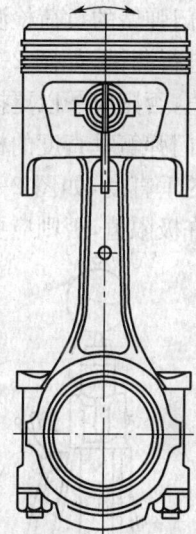

图 2-46 活塞连杆组件的检查

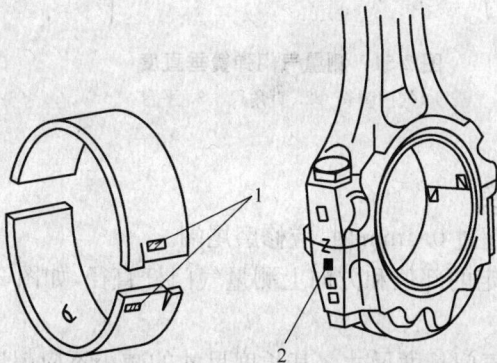

图 2-47 连杆轴承的安装位置

1. 连杆轴承标记 2. 连杆盖与连杆的缸号标记

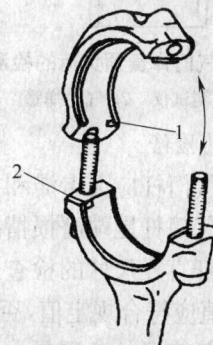

图 2-48 连杆盖的安装位置

1. 连杆盖定位 2. 连杆大头定位

第三节　配气机构的检修

一、气门组件的检修

1. 气门组件的外观检查

检查气门、气门弹簧、气门油封有无损伤、开裂、折断等缺陷。如有外表损坏应更换；如有漏油现象，应更换油封。

注意：拆解后的气门油封，不可重新使用，应换用新件。

2. 气门弹簧的检测

（1）气门弹簧自由长度的检查。用游标卡尺测量气门弹簧的自由长度，如图 2-49 所示。其自由长度应符合规定值，否则予以更换。

（2）气门弹簧的负荷检测。把气门弹簧安装到弹簧试验仪上进行测试，如图 2-50 所示。弹簧的预负荷应符合规定值，否则应予以更换。

（3）气门弹簧垂直度的检查。用直角尺和平台测量气门弹簧的垂直度，如图 2-51 所示。其垂直度误差不应超过允许极限值，否则应更换气门弹簧。

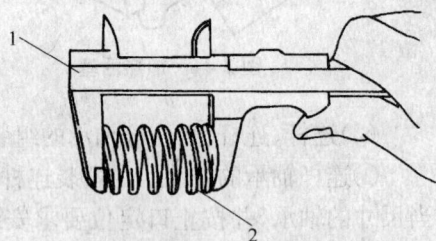

图 2-49　测量气门弹簧的自由长度
1. 游标卡尺　2. 气门弹簧

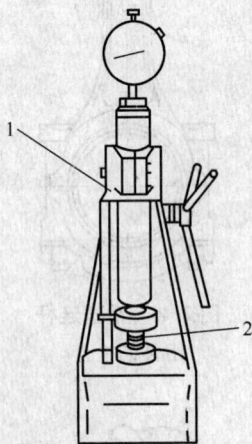

图 2-50　气门弹簧预负荷的检测
1. 弹簧测试仪　2. 气门弹簧

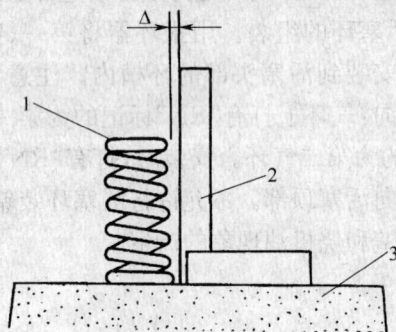

图 2-51　测量气门弹簧垂直度
1. 气门弹簧　2. 直角尺　3. 平台

3. 气门的检修

（1）检查气门杆应无卡滞和损伤。若有应更换。

（2）检查气门杆尾端磨损情况。如凹陷磨损超过 0.4mm 时，应修磨尾端。

（3）气门杆直径尺寸的检查。用千分尺在规定的部位和方向上测量气门杆直径，如图 2-52 所示。其值应符合规定值，否则更换气门。

（4）气门长度尺寸的测量。用游标卡尺测量气门长度尺寸。其长度尺寸的减小不应超过允许值。否则更换气门或堆焊气门杆加以修复。

（5）气门头部接触面的检修。将气门杆用 V 形架支撑，用百分表测量气门头部接触面径向跳动量,如图 2-53 所示。其径向跳动量不允许超过极限值,否则予以更换。

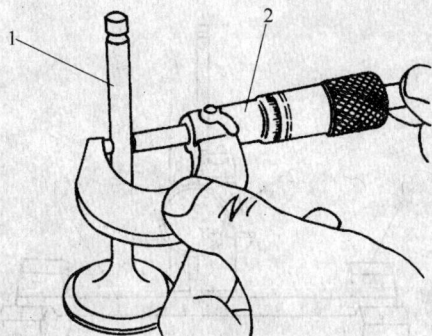

图 2-52　测量气门杆直径
1. 气门杆　2. 千分尺

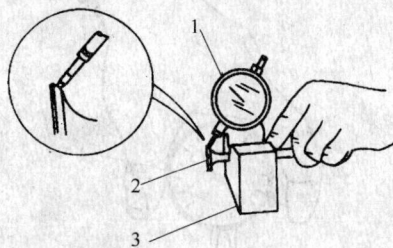

图 2-53　测量气门头部接触面斜向跳动量
1. 百分表　2. 气门　3. V 形架

(6)气门头部接触面印痕的检查。如图 2-54 所示,在气缸盖的气门座圈上涂上一层红丹,将气门装入气缸盖内,测量其接触面印痕宽度 W,同时测量气门头厚度 B。其值应符合规定标准,否则更换或修磨气门。

(7)气门的修磨。当气门更换后,应对其配合表面进行配对研磨(气门的修磨方法见"气缸盖的检修"的有关内容)。

4. 气门油封的检查

检查气门油封与气门杆之间的密封性能,如漏油,应更换气门油封总成。拆下的气门油封总成不允许重新装配使用,必须换用新的油封,以保证密封的可靠。

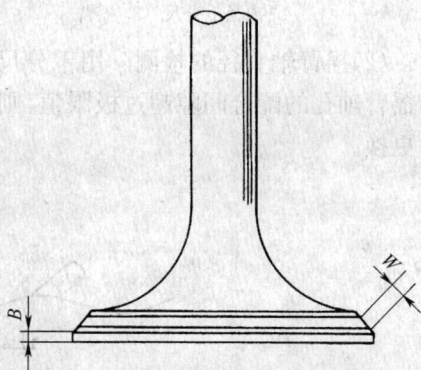

图 2-54　测量气门接触面和头部厚度
W. 接触面印痕宽度　B. 气门头厚度

二、正时传动组件的检修

1. 摇臂的检修

(1)摇臂的外观检查。检查摇臂的工作面。如工作面出现明显的磨损、表面剥落等现象时,应用油石磨平或予更换,如图 2-55 所示。

检查摇臂的调整螺钉。如调整螺钉的环面出现明显的磨损和剥落时,应修理或更换调整螺钉。

(2)摇臂轴孔的检测。用内径千分表测量摇臂轴孔的内径,如图 2-56 所示。其值应符合规定标准。若超过允许使用极限值则应更换。

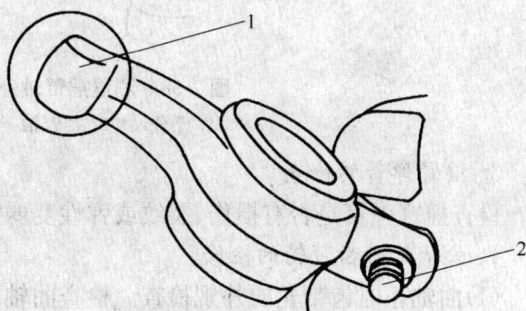

图 2-55　摇臂的检查
1. 工作面　2. 调整螺钉

2. 摇臂轴的检修

(1)摇臂轴的径向圆跳动的检测。用 V 形架支撑在摇臂轴的两端,用百分表在摇臂轴的中间位置测量其径向圆跳动量,如图 2-57 所示。若摇臂轴的径向圆跳动量超过允许值(0.06mm),可用木槌冷校直或更换。

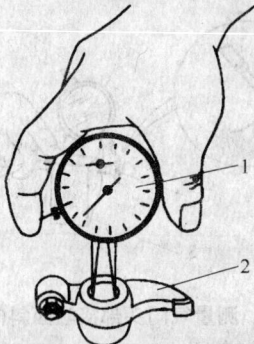

图 2-56　摇臂轴孔的检查
1. 内径千分尺　2. 摇臂

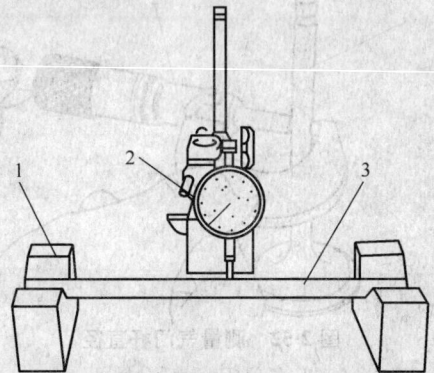

图 2-57　摇臂轴径向圆跳动量的测量
1. V 形架　2. 百分表　3. 摇臂轴

(2)摇臂轴直径的检测。用千分尺测量摇臂轴的直径,如图 2-58 所示。若摇臂轴磨损,与摇臂轴孔的配合间隙超过极限值,则应根据测量结果决定是否更换摇臂轴或摇臂,或者同时更换。

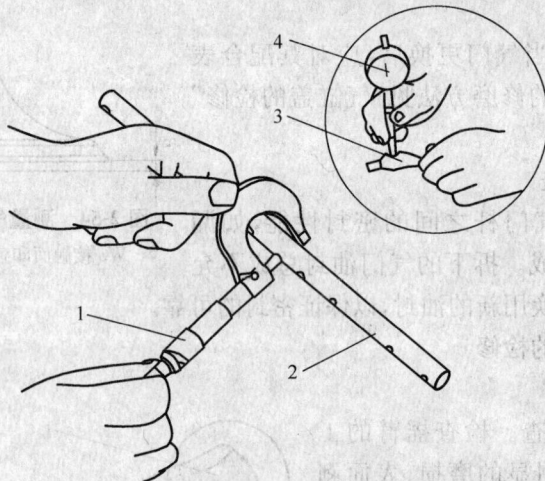

图 2-58　测量摇臂轴外径与摇臂轴孔内径
1. 千分尺　2. 摇臂轴　3. 摇臂　4. 百分表

3. 摇臂弹簧的检查

检查摇臂弹簧是否有损伤、裂纹或弹性变弱的现象。如有不良情况,则应更换。

4. 曲轴正时齿带轮的检修

(1)曲轴正时齿带轮的外观检查。检查曲轴正时齿带轮的轮齿有无裂纹、剥落、机械损伤等缺陷。如有不良情况,应更换曲轴正时齿带轮。

(2)曲轴正时齿带轮磨损的检查。用游标卡尺测量曲轴正时齿带轮的直径,如图 2-59 所示。其值应符合规定标准。若超出使用极限值,则应更换曲轴正时齿带轮。

5. 凸轮轴正时齿带轮的检修

(1)凸轮轴正时齿带轮的外观检查。检查凸轮轴正时齿带轮的轮齿有无裂纹、剥落、掉块、严重磨损、表面机械损伤等缺陷。如有不良情况,则应更换凸轮轴正时齿带轮。

（2）凸轮轴正时齿带轮磨损的检查。用游标卡尺测量凸轮轴正时齿带轮的直径,如图2-60所示。其值应符合规定标准。若超出使用限值,应予更换。

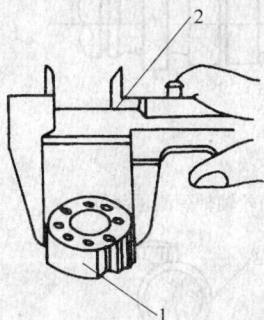

图 2-59　测量曲轴正时齿带轮

1. 正时齿带轮　2. 游标卡尺

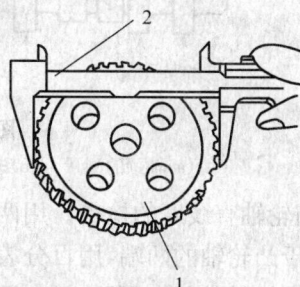

图 2-60　测量凸轮轴正时齿带轮

1. 凸轮轴正时齿带轮　2. 游标卡尺

6. 正时带的检查

（1）正时带的外观检查。检查正时带的橡胶层、齿形部位有无裂纹、齿根开裂、帆布剥层、断裂、芯线外露等缺陷。如有不良情况,应更换正时带。正时带的外部损伤部位如图2-61所示。

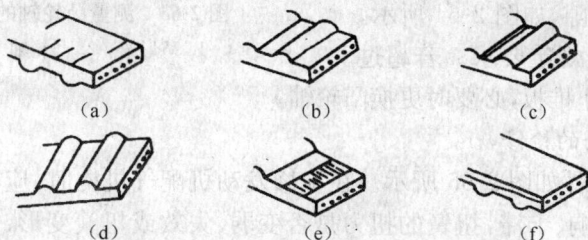

（a）　　　　　　（b）　　　　　　（c）

（d）　　　　　　（e）　　　　　　（f）

图 2-61　正时带的常见损伤部位

（a）破裂　（b）齿根裂纹　（c）齿根剥离　（d）胶质部分显露　（e）缺齿　（f）芯线显露

7. 凸轮轴的检修

（1）凸轮轴的外观检查。检查凸轮轴的外表面有无严重磨损、裂纹、机械损伤、表面腐蚀等缺陷,如有不良情况,应更换凸轮轴。

（2）凸轮轴轴颈、凸轮高度的检查。用千分尺测量凸轮轴的轴颈、凸轮高度尺寸,如图2-62所示。轴颈、凸轮高度尺寸应符合规定标准,若超过允许极限值,则应更换凸轮轴。

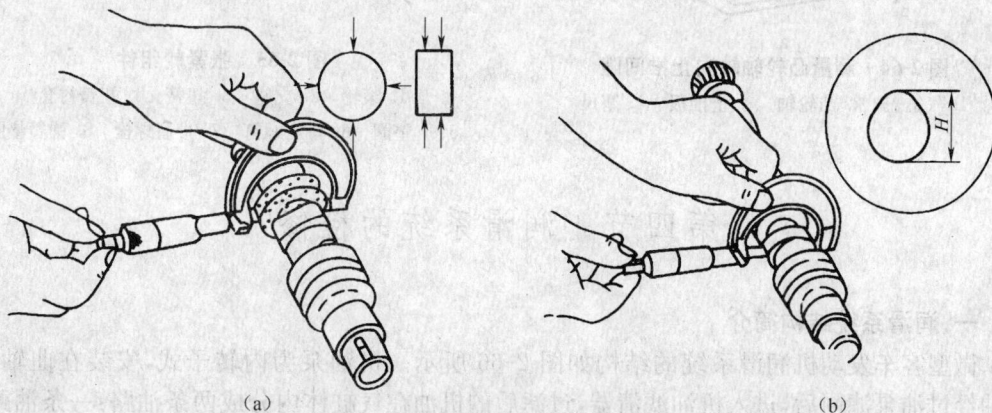

（a）　　　　　　　　　　　　　　（b）

图 2-62　凸轮轴的检查

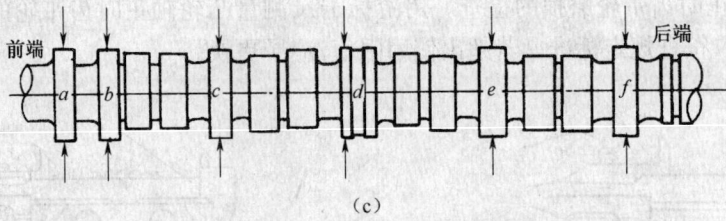

图 2-62   凸轮轴的检查（续）

(a)轴颈的测量   (b)进、排气凸轮高度的测量   (c)凸轮轴轴颈测量部位

（3）凸轮轴直线度的检查。用两个 V 形架支撑于凸轮轴的两端，用百分表测量凸轮轴中间轴颈的径向圆跳动，如图2-63 所示。其值应符合规定标准。若超过允许极限值，可用木槌冷校正或予更换。

（4）凸轮轴轴向止推间隙的检查。将凸轮轴按装配要求安装到气缸盖上，用塞尺测量其轴向止推间隙，如图 2-64 所示。轴向止推间隙应符合规定要求。若超过允许极限值，应更换止推板，必要时更换凸轮轴。

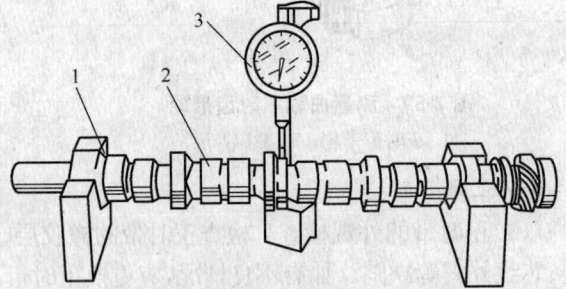

图 2-63   测量凸轮轴的径向圆跳动

1. V 形架   2. 凸轮轴   3. 百分表

8. 正时带张紧轮的检修

正时带张紧轮组件如图 2-65 所示。在检修发动机配气机构时，应检查张紧轮的滚轮转动是否灵活，有无异响、卡滞，扭簧的扭力是否变弱、失效或扭簧变形、裂纹，螺钉是否紧固。如有不良情况，应予排除或更换损伤部件。

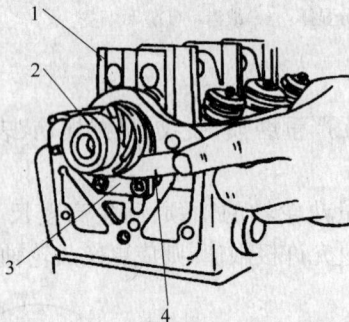

图 2-64   测量凸轮轴轴向止推间隙

1. 气缸盖   2. 凸轮轴   3. 止推板   4. 塞尺

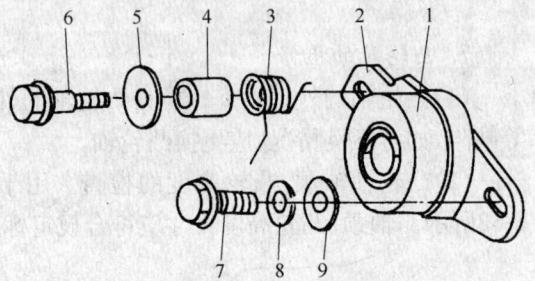

图 2-65   张紧轮组件

1. 滚轮   2. 支座   3. 扭簧   4. 扭簧衬套
5、9. 垫圈   6. 带肩螺钉   7. 带肩螺栓   8. 弹簧垫圈

第四节   润滑系统的检修

一、润滑系统结构简介

微型客车发动机润滑系统的结构如图 2-66 所示。机油泵为内转子式，安装在曲轴上。机油经过油泵滤网后，进入机油滤清器，过滤后的机油在气缸体内分成两条油路：一条油路使机油到达曲轴轴颈轴承，从曲轴轴颈轴承流出的机油通过曲轴上钻的斜通道将油供给连杆轴

承,通过连杆大端的小孔喷出,润滑活塞、活塞环和气缸壁;另一条油路的机油进入气缸盖,通过摇臂轴油道润滑凸轮轴轴颈、摇臂、凸轮轴等。机油泵上装有安全阀,当压力超过 400kPa 时,安全阀卸压,卸压的机油流回到机油盘。

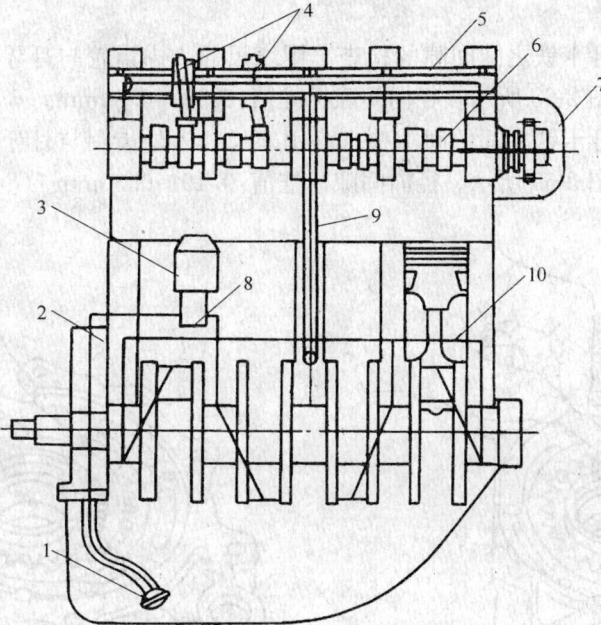

图 2-66　发动机润滑系统的结构

1. 集滤器　2. 机油泵　3. 机油滤清器　4. 主油道　5. 摇臂轴
6. 凸轮轴　7. 旁通阀　8. 摇臂　9. 分电器齿轮箱　10. 油孔

二、润滑系统的检修

1. 机油集滤器及油底壳

(1)油底壳内机油量的检查。在发动机停止运转 15min 后拔出机油尺,检查机油量,如图 2-67 所示。机油量应在机油尺"L"和"F"之间(或两孔之间)。不足时,添加相同牌号的机油。

(2)机油质量的检查。在检查机油量时,注意观察机油是否有浑浊、稀释等变质现象。如有变质,应及时进行更换。

图 2-67　机油量的检查

(3)油底壳放油螺塞的检查。检查放油螺塞处是否有漏油或渗油现象。如有不良情况,可更换放油螺塞垫圈或放油螺塞,必要时,修理油底壳螺母。

(4)机油集滤器的检查。检查机油集滤器的滤网是否堵塞、脱落、变形。如有堵塞,应予以清洗,如有脱落和变形应予以更换。检查机油集滤器的密封圈是否密封可靠、老化变形、损坏等。如有不良情况应予以更换。

(5)油底壳的检查。检查油底壳与气缸体之间是否密封良好,油底壳是否变形、机械损伤、漏油等缺陷。如密封不严,应更换密封垫,并按规定方法紧固;如有缺陷,应予以修复或更换油底壳。

(6)机油的更换。机油已达到使用期限或过脏、变质时,应及时更换。更换机油时,应将车辆停放在平坦路面,旋下机油螺塞,放尽油底壳内的旧机油,再加注规定牌号和数量的新机油。

2. 机油泵的检修

(1)内齿轮与月牙卡铁之间间隙的检查。用塞尺插入内齿轮与月牙卡铁之间的间隙处,测量其径向间隙,如图 2-68 所示。径向间隙标准值:0.43～0.53mm。

(2)外齿圈与月牙卡铁之间的间隙检查。用塞尺插入外齿圈与月牙卡铁之间的间隙处,测量其径向间隙,如图 2-69 所示。径向间隙标准值:0.19～0.30mm。

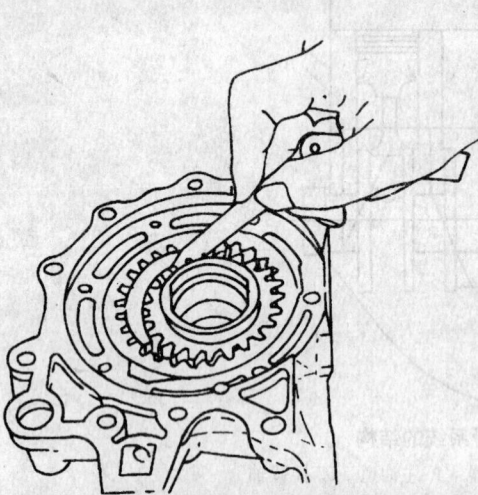

图 2-68　检查内齿轮与月牙卡铁的径向间隙　　　　图 2-69　检查外齿圈与月牙卡铁的径向间隙

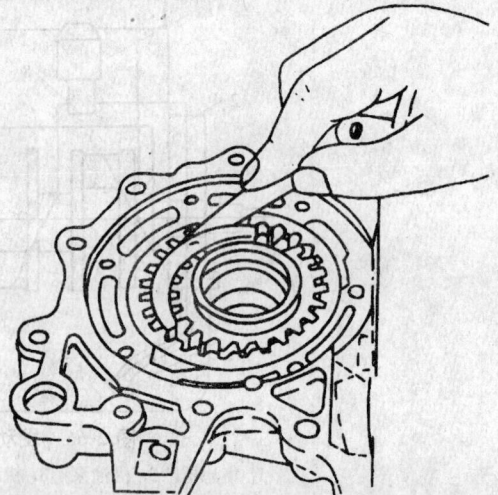

(3)外齿圈与泵体之间间隙的检查。用塞尺插入外齿圈与泵体之间的间隙处,测量其径向间隙,如图 2-70 所示。外齿圈与泵体之间的径向间隙标准值:0.045～0.12mm,极限值:0.17mm。

(4)内、外齿轮的侧向间隙检查。用刀口尺和塞尺测量内齿轮和外齿轮与泵体之间的侧向间隙,如图 2-71 所示。机油泵的侧向间隙标准值:0.12～0.20mm,极限值:0.3mm。

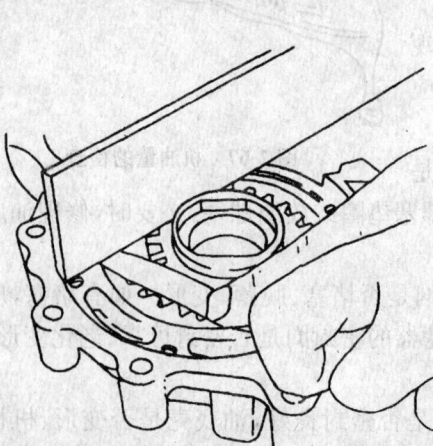

图 2-70　检查外齿圈与泵体的间隙　　　　图 2-71　机油泵内外齿轮的侧隙检查

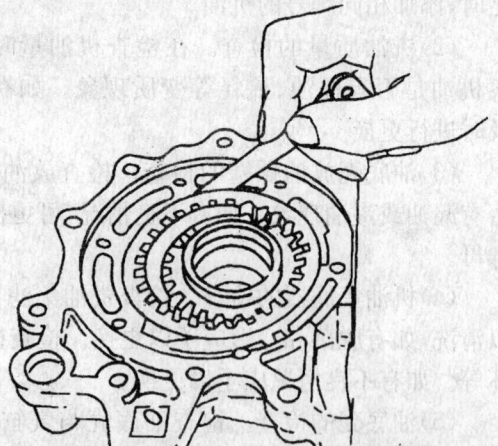

(5)机油泵的压力检查。拆下机油压力传感器,在其螺纹孔上装上机油压力表接头,装好压力表;然后起动发动机运转,使水温达到76～85℃时,发动机加速至(3000±50)r/min,记录其机油压力。机油压力标准值:294～441kPa。

> 维修提示:
> ◆若机油压力表读数达不到标准值时,应检查机油泵的各间隙是否符合规定,必要时,
> 应更换内齿轮或外齿圈、月牙卡铁等组件。

3. 机油滤清器的更换

机油滤清器应定期更换。每次更换机油时,应同时更换机油滤清器。一般车辆行驶5000km更换一次。

(1)机油滤清器安装支座的清洁。如图2-72所示,用棉纱擦去安装支座表面的尘垢,并在安装支座的装配面上涂少许机油。

(2)机油滤清器安装前的处理 在新的机油滤清器安装到发动机上之前,应用干净机油浸泡机油滤清器约5min,然后取出机油滤清器,装上密封圈,并在接合面处涂少许机油,如图2-73所示。

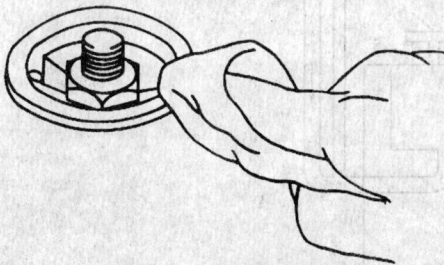

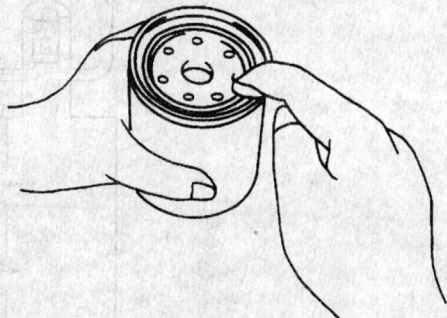

图2-72 清洁支座表面　　图2-73 在机油滤清器的安装面上涂油

(3)机油滤清器的安装。如图2-74所示,先用手轻轻地将机油滤清器拧进安装支座,直到感觉有阻力为止;然后使用机油滤清器扳手,将机油滤清器拧到与安装支座面接触的位置开始,再拧2/3圈。

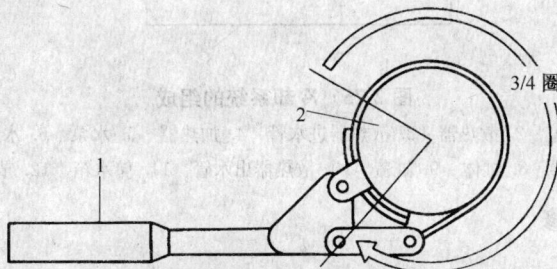

图2-74 安装机油滤清器
1. 机油滤清器扳手　2. 机油滤清器

(4)机油滤清器更换后的检查。机油滤清器更换后,应起动发动机运转,检查机油滤清器与安装支座的接合处是否漏油。如有不良情况,应重新按上述方法装配,必要时更换O形密

封圈。

第五节 冷却系统的检修

一、冷却系统的组成

如图 2-75 所示,微型客车冷却系统包括散热器盖、散热器、冷却液储液箱、软管、水泵、冷却风扇和节温器等。

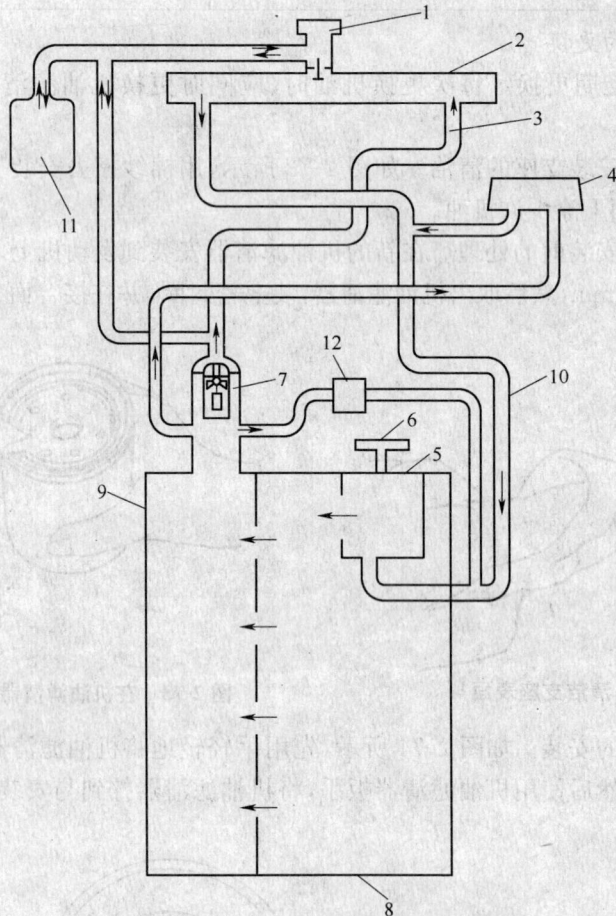

图 2-75 冷却系统的组成
1. 散热器盖 2. 散热器 3. 散热器进水管 4. 加热器 5. 水泵 6. 水泵 V 带轮
7. 节温器 8. 缸体 9. 缸盖 10. 散热器出水管 11. 储水箱 12. 节流阀体

二、冷却系统的检修

1. 水泵的检修

水泵是离心式水泵,装配在气缸体的前侧,主要由水泵 V 带轮座、水泵轴承、水泵密封组件、水泵转子和水泵盖等组成。

注意:不能分解水泵总成。如水泵需要任何修理,应更换总成。

(1)如图 2-76 所示,用手转动水泵轴,检查是否操作灵活。如水泵转动不灵活或有噪声,应更换。

（2）检查水泵叶轮是否损坏，必要时更换。

注意：不能分解水泵来检查水泵叶轮。

2．散热器的检查

散热器常见故障是破漏，主要由腐蚀穿孔和机械损伤造成。

图 2-76　转动水泵轴

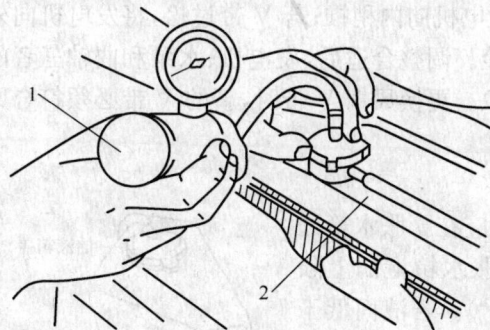

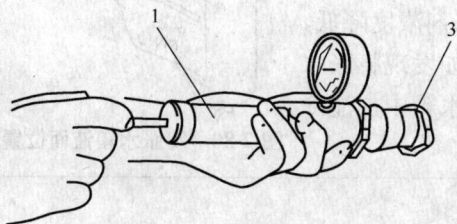

（1）检查漏水部位时，先拆下散热器盖，并往冷却系统中注入冷却液。

（2）如图 2-77 所示，安装散热器盖试验器，用散热器盖试验器对冷却系统施加 110kPa 的压力。

（3）依次检查散热器上、下水室和散热器芯、水泵和软管连接处是否有泄漏。

（4）如查到有泄漏之处，用锡焊进行修补。

（5）如上下水室破漏，可用薄铜皮焊补在破漏处；如破漏位置在散热器芯子外侧的水管，可用尖烙铁焊修或薄铜皮包焊；内部水管破漏时，常采用乙炔气焊的方法修复。

3．节温器的检查

（1）如图 2-78 所示，将节温器浸入盛有水的器皿中，然后逐渐将水加热，测量节温器阀门开启的温度。阀门开始开启温度规定值为 82℃，阀门完全打开时的温度规定值为 95℃；阀门的总开程是在水温为 95℃时不小于 8mm。

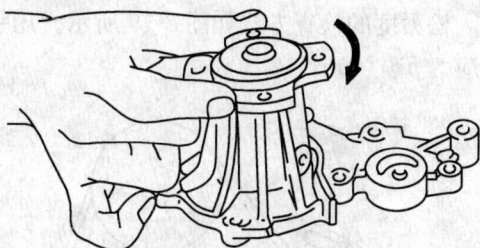

图 2-77　散热器盖压力测试
1.压力测试仪　2.散热器
3.散热器盖/压力盖(包括节温器盖)

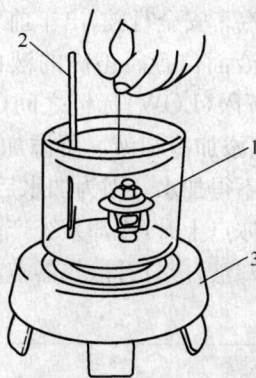

图 2-78　节温器的检查
1.节温器　2.温度计　3.加热器

（2）如果在常温时，阀门保持开启状态或在关闭时不能紧密关闭，则应更换节温器；若在加温检测时，检测数据不符合规定值，也应更换节温器。

4．风扇 V 带的检查和调整

汽车每行驶 10000km 后，应检查、调整水泵(风扇)V 带的松紧度。

松紧度的检查方法如图 2-79 所示。用手指在 V 带中部加压,当压力为 98N 时,V 带的挠度应为 5～7mm。

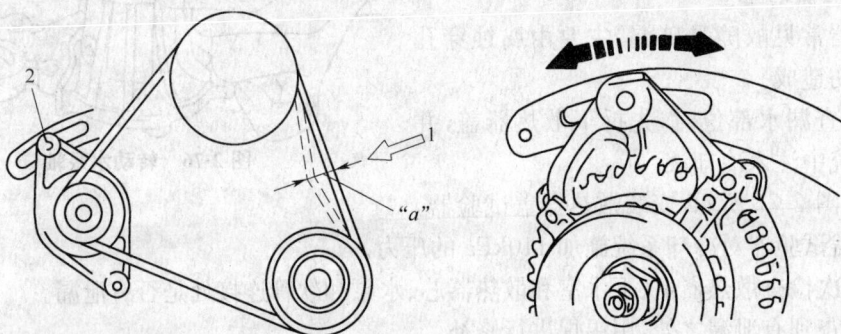

图 2-79　风扇 V 带松紧度的检查方法
1. 施加压力的位置　2. 调整螺栓　a. V 带的挠度

调整 V 带松紧度的方法如下:

(1)把发电机支架上的固定螺栓松开。

(2)拧松发电机固定螺母。

(3)根据需要移动发电机。若 V 带过紧,将发电机向内稍推;若 V 带过松,将发电机向外稍拉。松紧度适宜后,再拧紧发电机支架固定螺栓。调整合适后,发电机、水泵和曲轴三者的 V 带轮槽必须在一个平面上,不可前后有歪扭现象。更换风扇 V 带时,新的 V 带必须符合原车的规格,不可过宽或过窄。

5. 冷却液液面位置的检查

为保证汽车安全行驶,出车前发动机冷态下,应在膨胀水箱处检查冷却液液面位置。正确的液面位置应在膨胀水箱上的上限(FULL)和下限(LOW)标记之间(如图 2-80 所示)。若液面低于下限标记,应添加冷却液。所添加的冷却液的牌号应与现用的冷却液相同。不得加水。因为加水后,冷却液中的防冻剂浓度降低,会使冷却液冰点上升,冷却系统产生锈蚀、结垢等。如发现膨胀水箱中已无冷却液,应打开散热器盖,往散热器及膨胀水箱中加注冷却液。

图 2-80　膨胀水箱液面位置

> 维修提示:
>
> ◆由于采用封闭、加压的冷却系统,在冷却液温度很高时,不要打开散热器盖,以免冷却液喷出而发生烫伤。当必须在冷却液还很热的情况下打开散热器盖时,一定要先逆时针慢慢拧动散热器盖,到盖上的锁紧凸耳退至散热器加水口上的安全挡口处时,再让压力阀慢慢打开,使散热器中的压力从溢流管卸去后,才可压下散热器盖,并继续逆时针拧下散热器盖。

6. 冷却液的更换

冷却液可长期使用,但使用期限过长,其中的添加剂会因受热而变质。因此,汽车每行驶

4万km，或每两年，或冷却液中出现锈红色，必须更换冷却液。

（1）更换时，按上述操作先卸去散热器中的压力。

（2）拧下散热器盖，打开膨胀水箱盖。

（3）打开散热器底部的放液塞（如图2-81所示），放净冷却液。

（4）拧紧散热器放液塞，从散热器及膨胀水箱加注合乎要求的冷却液，直到冷却液面达到规定位置为止。

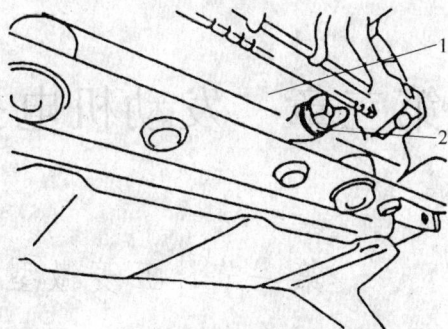

图2-81 散热器底部的放液塞
1. 散热器 2. 散热器放液塞

维修提示：

◆加满新的冷却液后，应使发动机运转几分钟，并检查发动机有无泄漏之处，停机后还应查看冷却液液面位置有无变化。

三、冷却系统的故障诊断

冷却系统的故障诊断见表2-2。

表2-2 冷却系统的故障诊断

故障	故 障 原 因	故 障 排 除
风扇不能运转	(1)相关线路、插接器有断路、短路或接触不良	(1)检查、修理或更换
	(2)风扇转换器触点不良	(2)更换
	(3)低速风扇继电器有故障	(3)更换
	(4)风扇电机有断路故障	(4)检查、修理或更换
风扇不能低速运转	(1)风扇转换器触点不良	(1)更换
	(2)相关线路、插接器有断路、短路或接触不良	(2)检查、修理或更换
风扇不能高速运转	(1)高速风扇继电器有故障	(1)更换
	(2)冷却液温度控制器故障	(2)更换
	(3)温度传感器不良	(3)更换
	(4)相关线路、插接器有断路、短路或接触不良	(4)检查、修理或更换

第三章　发动机电控系统零部件的检测

第一节　五菱微型客车发动机电控系统

一、发动机电控系统零部件位置及控制电路

1. 发动机电控系统零部件的位置(见图 3-1、图 3-2)

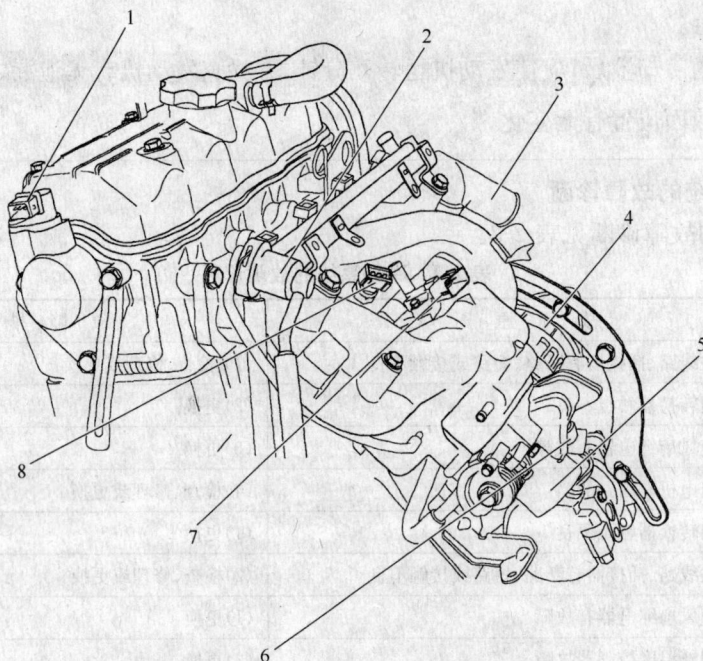

图 3-1　发动机电控系统零部件的位置(1.05L)

1. 凸轮轴位置传感器　2. 油压调节阀　3. 节温器　4. 怠速控制阀
5. 节气门体　6. 节气门位置传感器　7. 进气支管压力温
度传感器　8. 冷却液温度传感器

2. 发动机电控系统控制电路

(1)UAES(联合电子)发动机电控系统电路图(见图 3-3~图 3-7)。

(2)SIEMENS(西门子)发动机电控系统电路图(见图 3-8~图 3-12)。

二、发动机电控系统 ECU 端子检测数据

1. UAES(联合电子)发动机电控系统 ECU 端子检测数据(见表 3-1)

2. SIEMENS(西门子)发动机电控系统 ECU 端子检测数据(见表 3-2)

3. B 系列 SIEMENS(西门子)发动机电控系统 ECU 端子检测数据(见表 3-3)

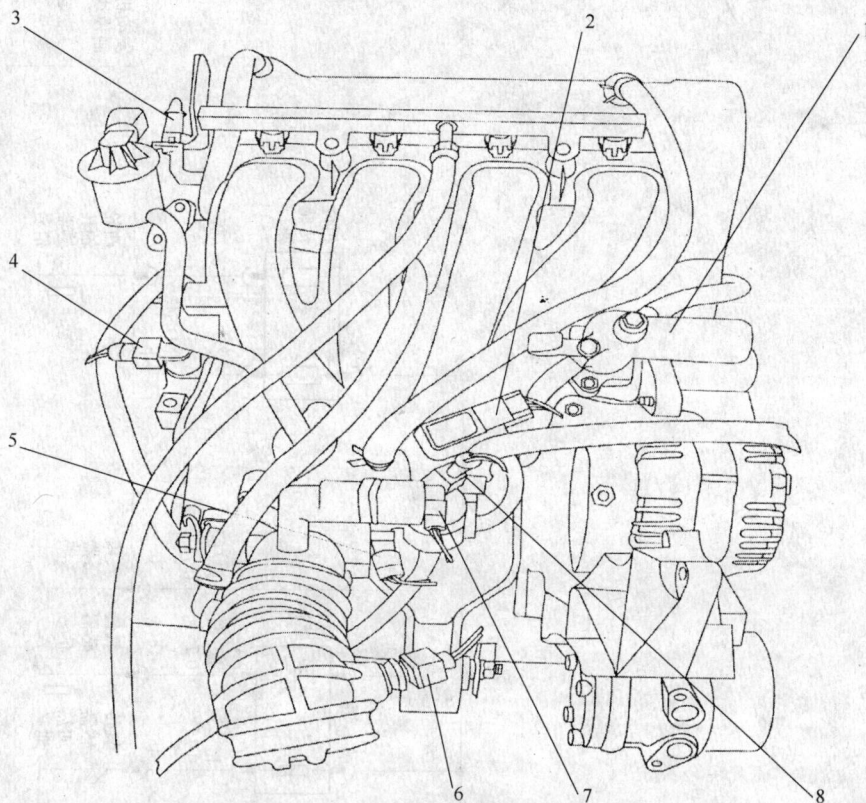

图 3-2　B 系列发动机电控系统部件的位置

1. 节温器　2. 进气压力传感器　3. 凸轮轴位置传感器　4. 冷却液温度传感器　5. 节气门位置传感器
6. 进气温度传感器　7. 急速控制阀(步进电机)　8. 炭罐电磁阀

三、发动机电控系统故障诊断

(一)发动机电控系统故障诊断(OBD)系统检查

1. 故障指示灯

故障指示灯位于仪表板 CHECK ENGINE(检测发动机)或 SERVICE ENGINE SOON (立即维修发动机)的位置处。故障指示灯执行下列功能:

(1)通知驾驶人发生故障,车辆应尽快去维修。

(2)系统检测时,故障指示灯会在点火开关转至 ON(开)位置、但发动机不运转的情况下启亮。发动机起动后,故障指示灯熄灭。如果故障指示灯仍然启亮,那么自我诊断系统可能会检测到故障。如果故障消除,故障指示灯会在大多数情况下关闭,但诊断故障代码仍将被储存。

(3)若故障指示灯启亮,而后发动机失速,只要点火开关接通,故障指示灯仍保持启亮。

(4)若故障指示灯不亮且发动机失速,在点火起动开关从关闭切换到接通前,故障指示灯将不启亮。

注意:出现如下状况时,首先执行发动机电控系统故障诊断系统的检查:

①点火开关在运行(RUN)位置时,故障指示灯不启亮。

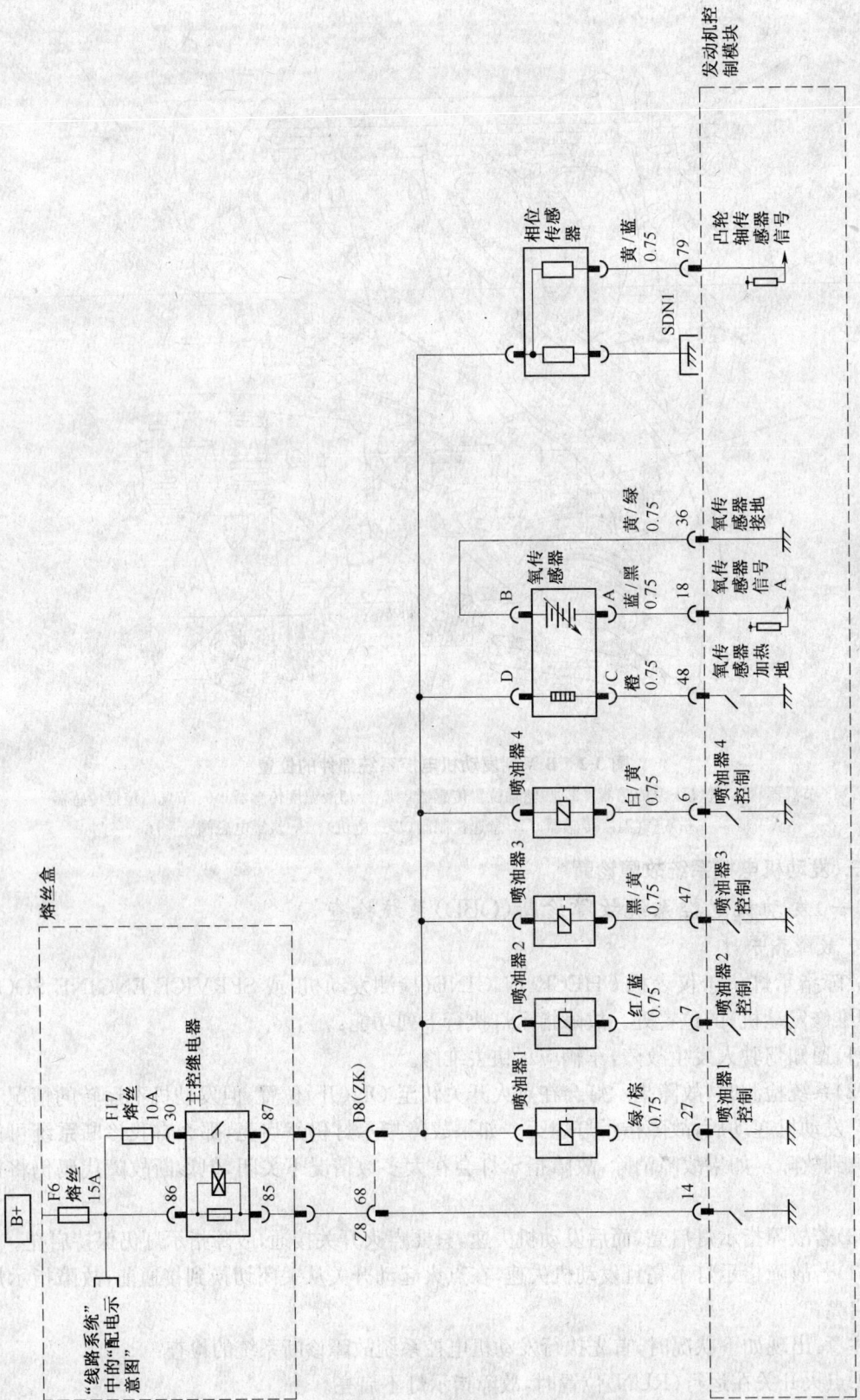

图 3-3　UAES(联合电子)发动机电控系统电路图(1)

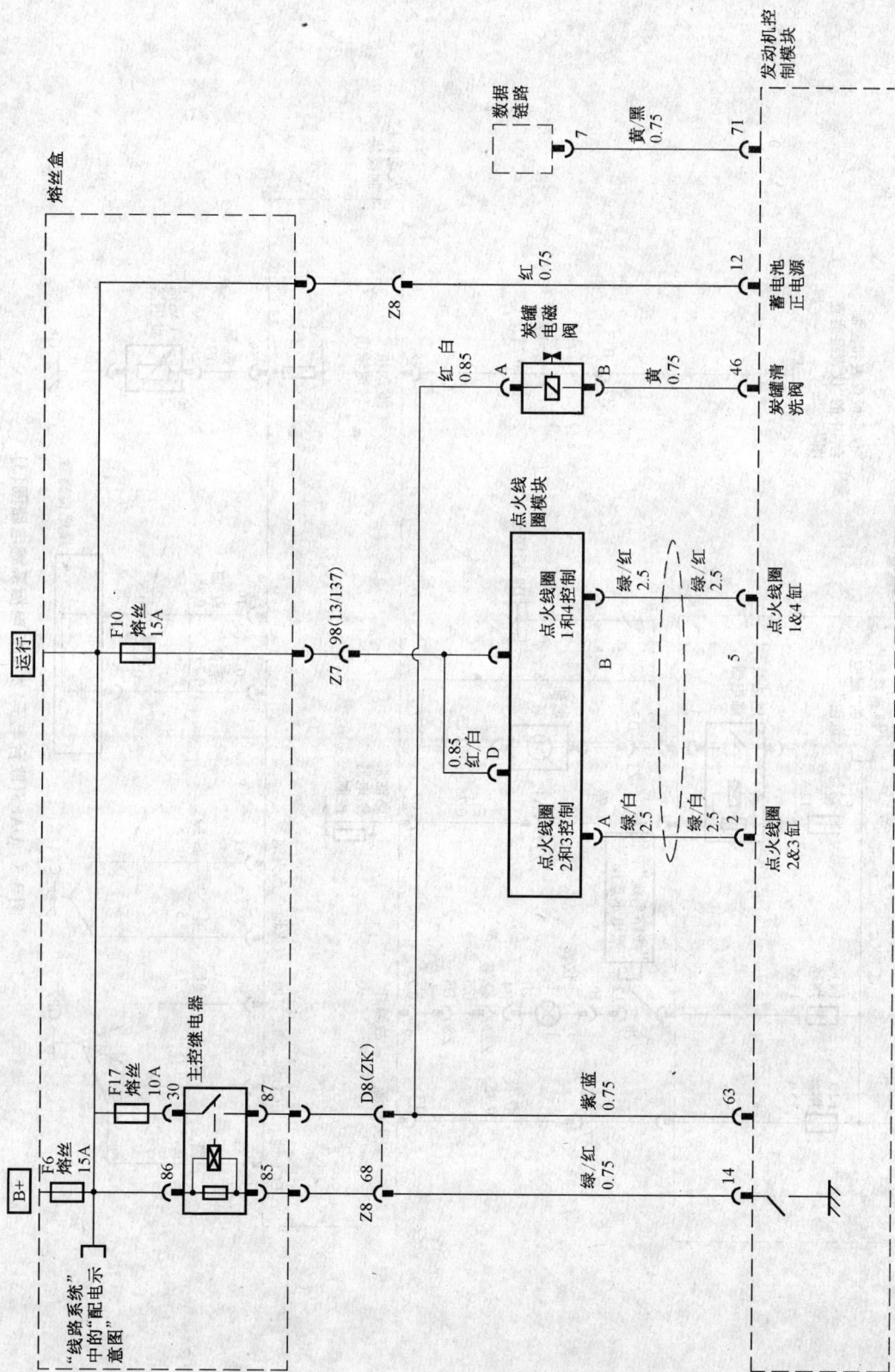

图 3-4 UAES(联合电子)发动机电控系统电路图(2)

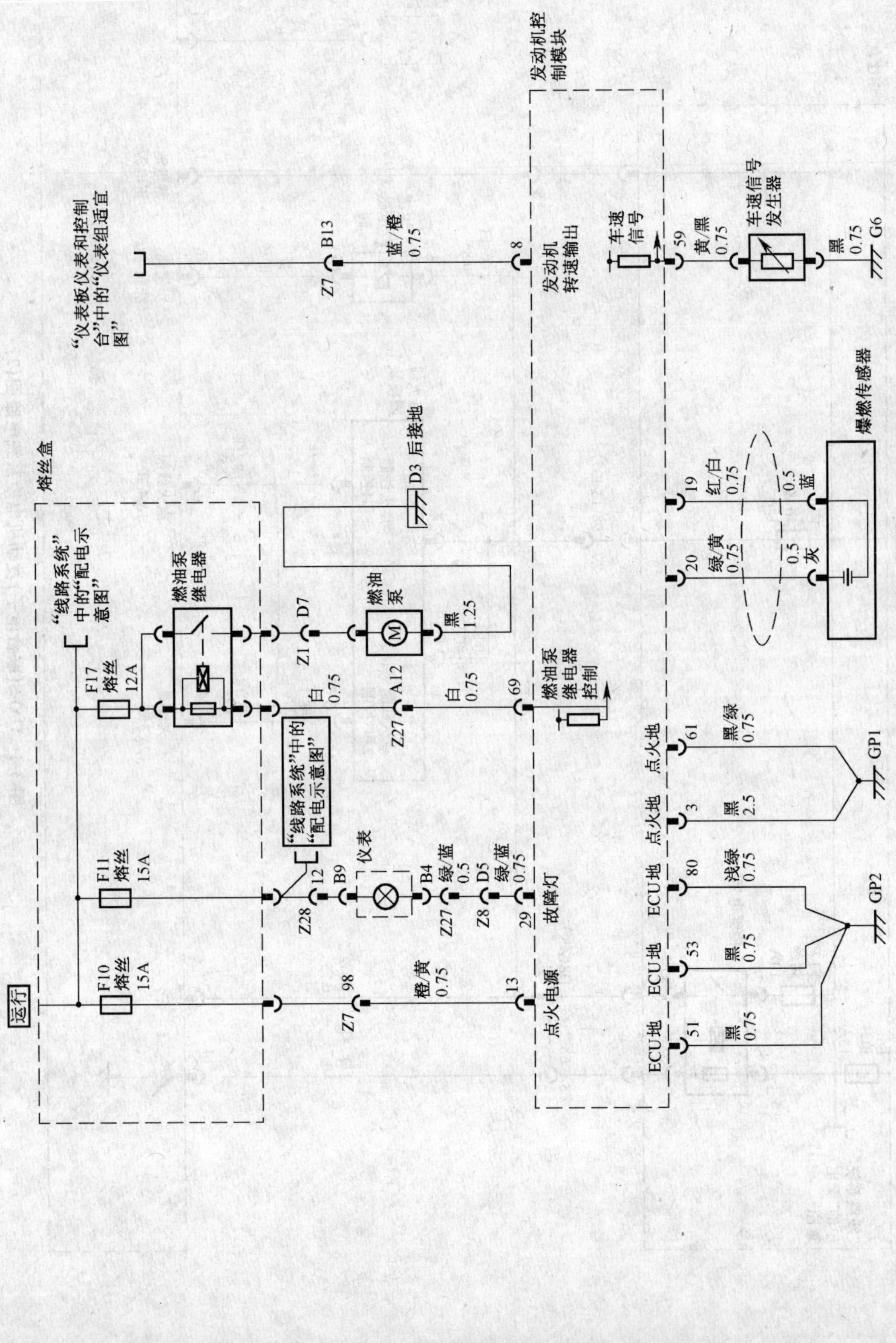

图 3-5 UAES(联合电子)发动机电控系统电路图(3)

发动机控制模块(ECU)

怠速空气控制阀

端子	信号	颜色	线径
66	怠速空气控制	黄/红	0.75
67	怠速空气控制	黄/紫	0.75
64	怠速空气控制	白/蓝	0.75
65	怠速空气控制	白/蓝	0.75

B C D A

进气压力温度传感器

40	TTA信号	蓝/黄	0.5
17		黑/橙	0.5
33	TMAP传感器参考电	橙/绿	0.5
37	TMAP传感器负	蓝/白	0.5

感温头

15 Z8

ECM

组合仪表

42 D60 Z8

30 Z8 Z27

发动机冷却液温度传感器

| 35 | | 棕/红 | 0.75 |
| 39 | 发动机冷却温度信号 | 白/绿 | 0.75 |

节气门位置传感器

| 16 | 节气门传感器信号 | 蓝/红 | 0.5 |
| 32 | 节气门传感器参考电压 | 黑/橙 | 0.75 |

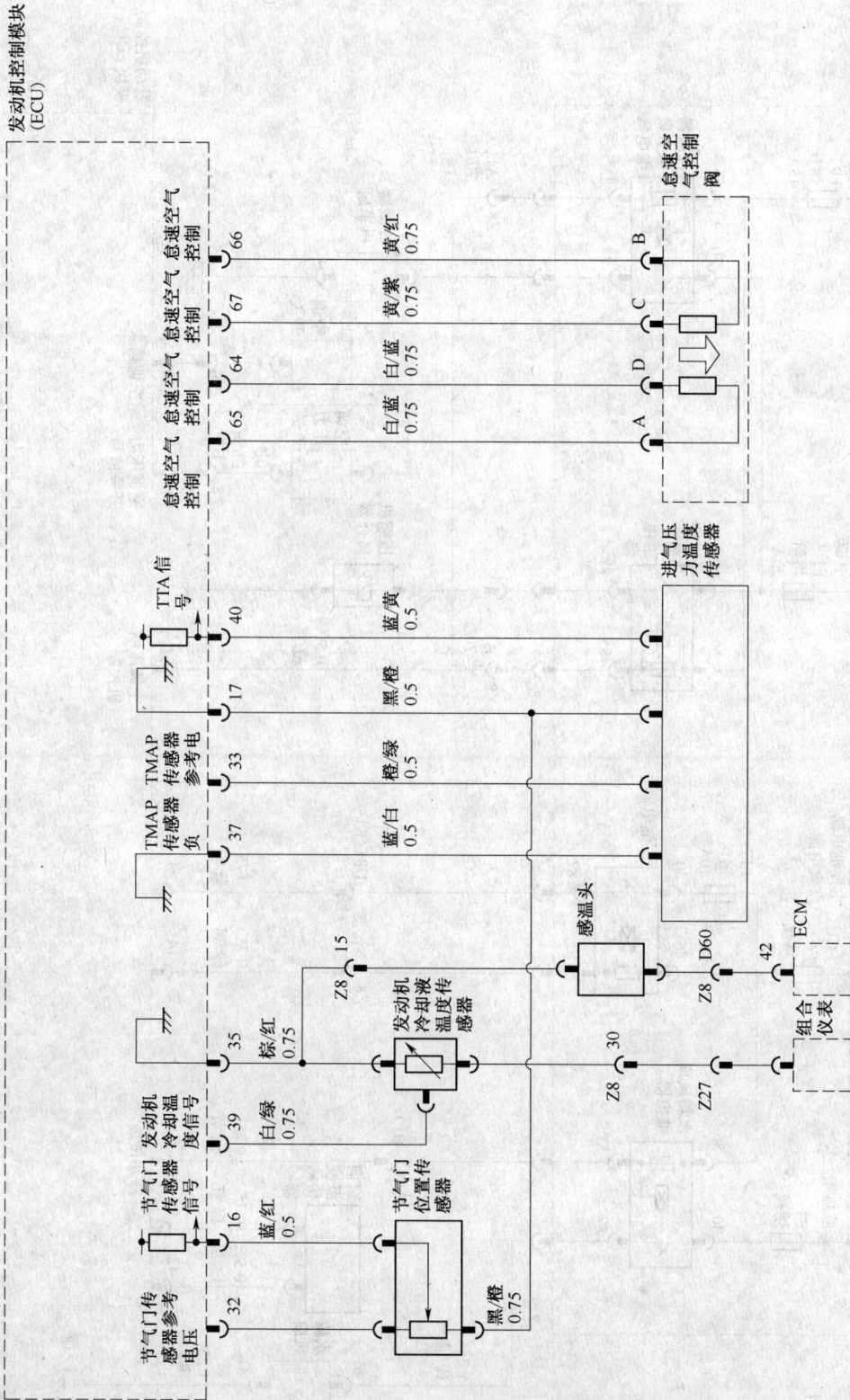

图3-6 UAES(联合电子)发动机电控系统电路图(4)

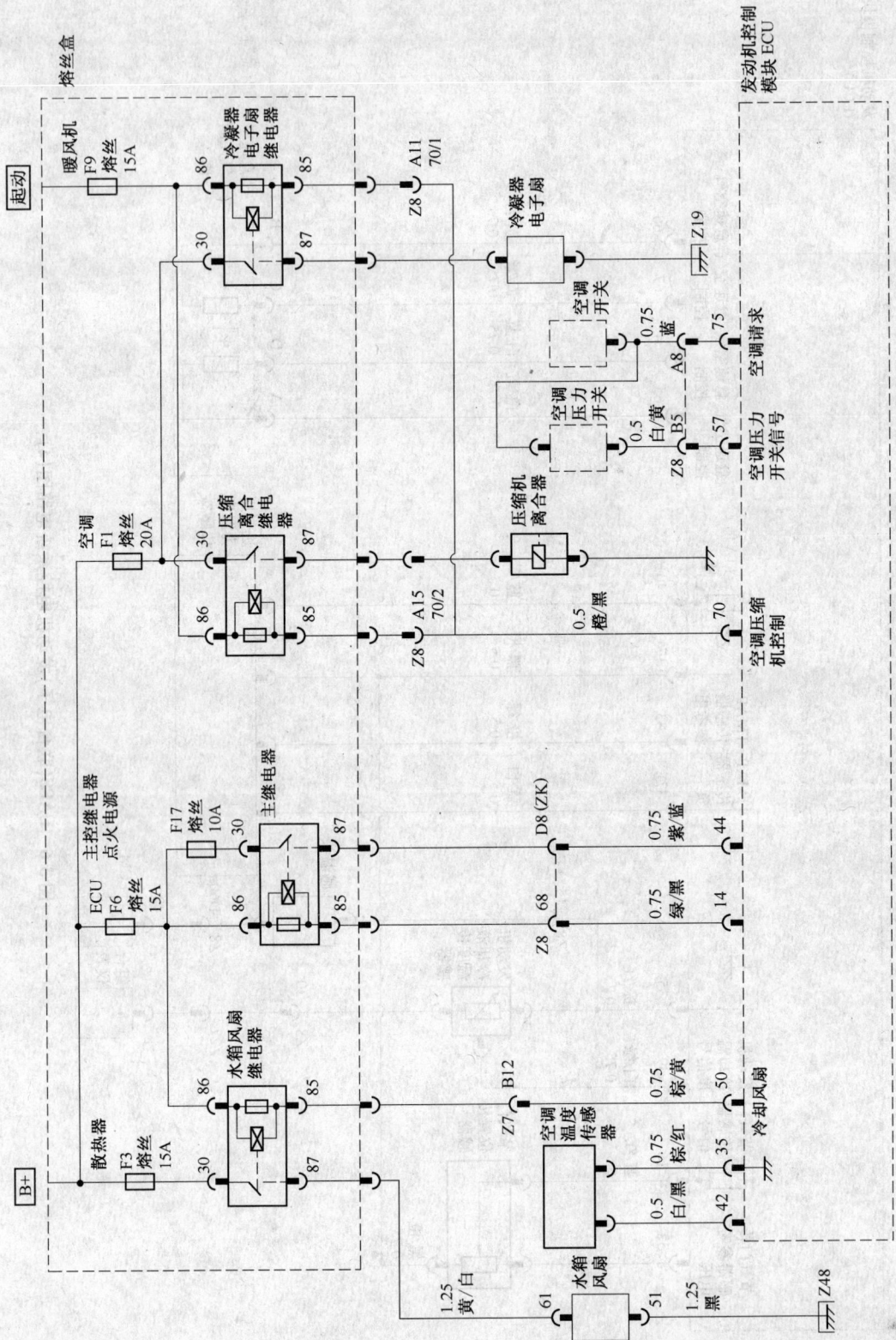

图 3-7　UAES(联合电子)发动机电控系统电路图(5)

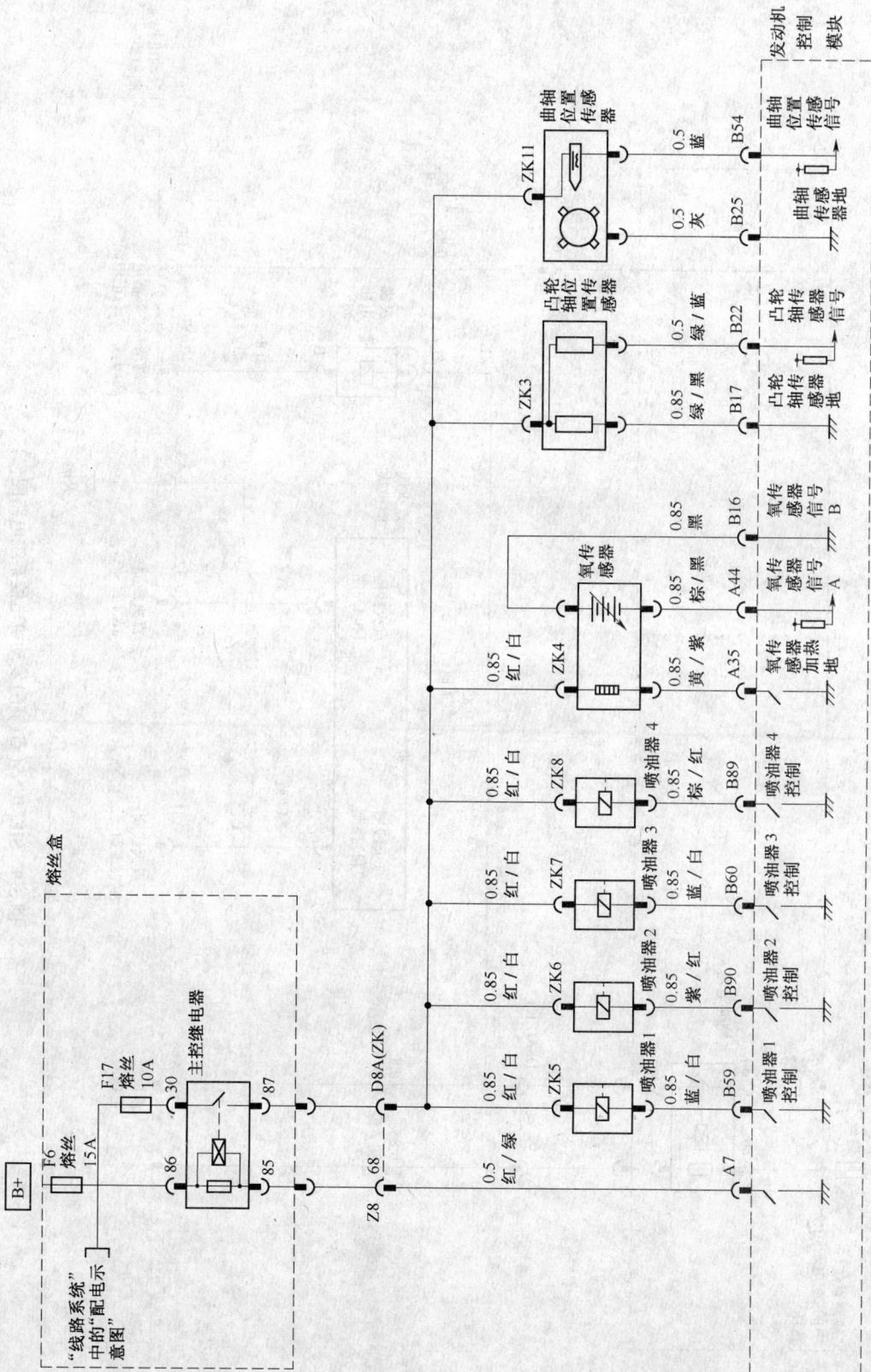

图 3-8　SIEMENS(西门子)发动机电控系统电路图(1)

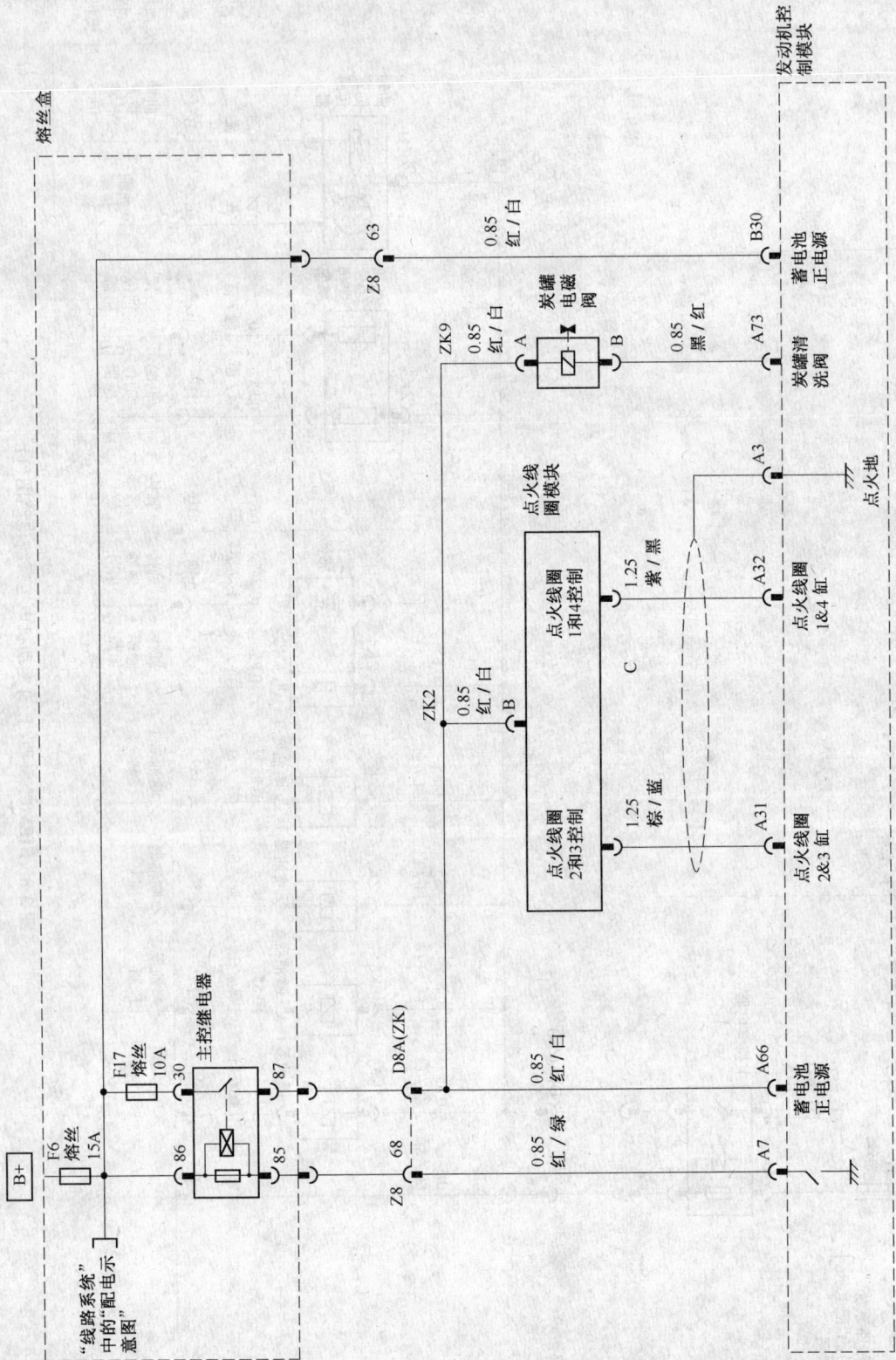

图 3-9　SIEMENS(西门子)发动机电控系统电路图(2)

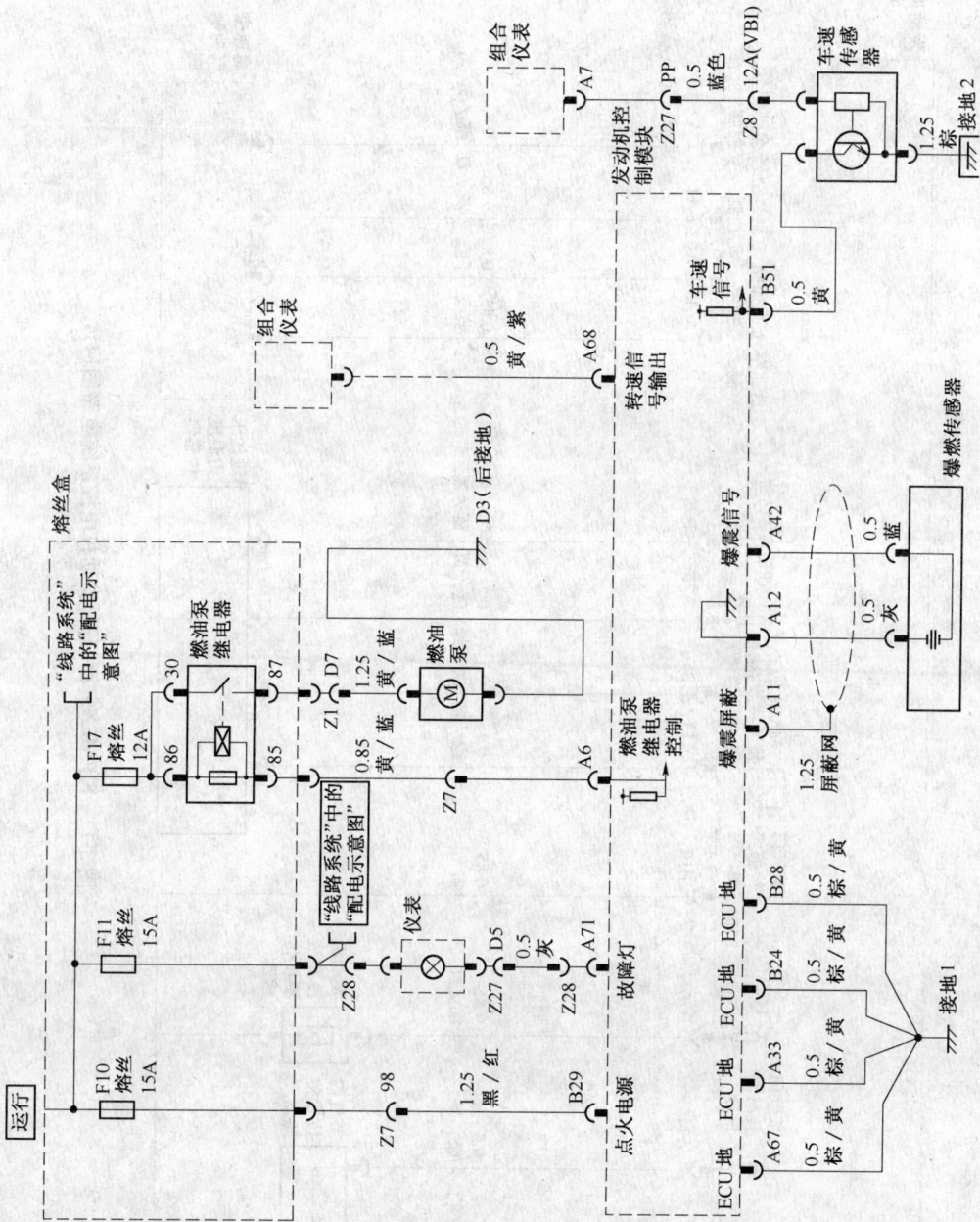

图 3-10　SIEMENS(西门子)发动机电控系统电路图(3)

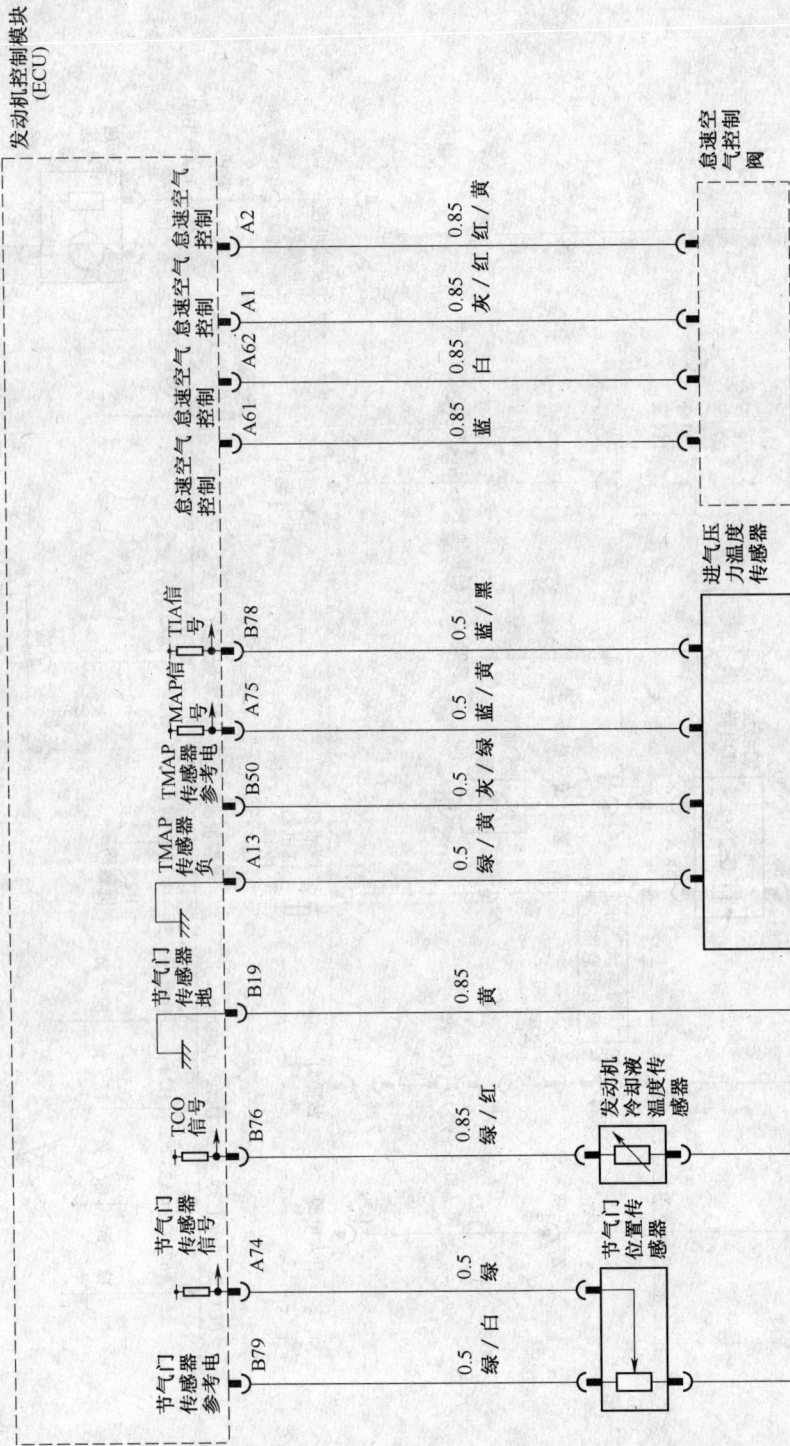

图3-11 SIEMENS(西门子)发动机电控系统电路图(4)

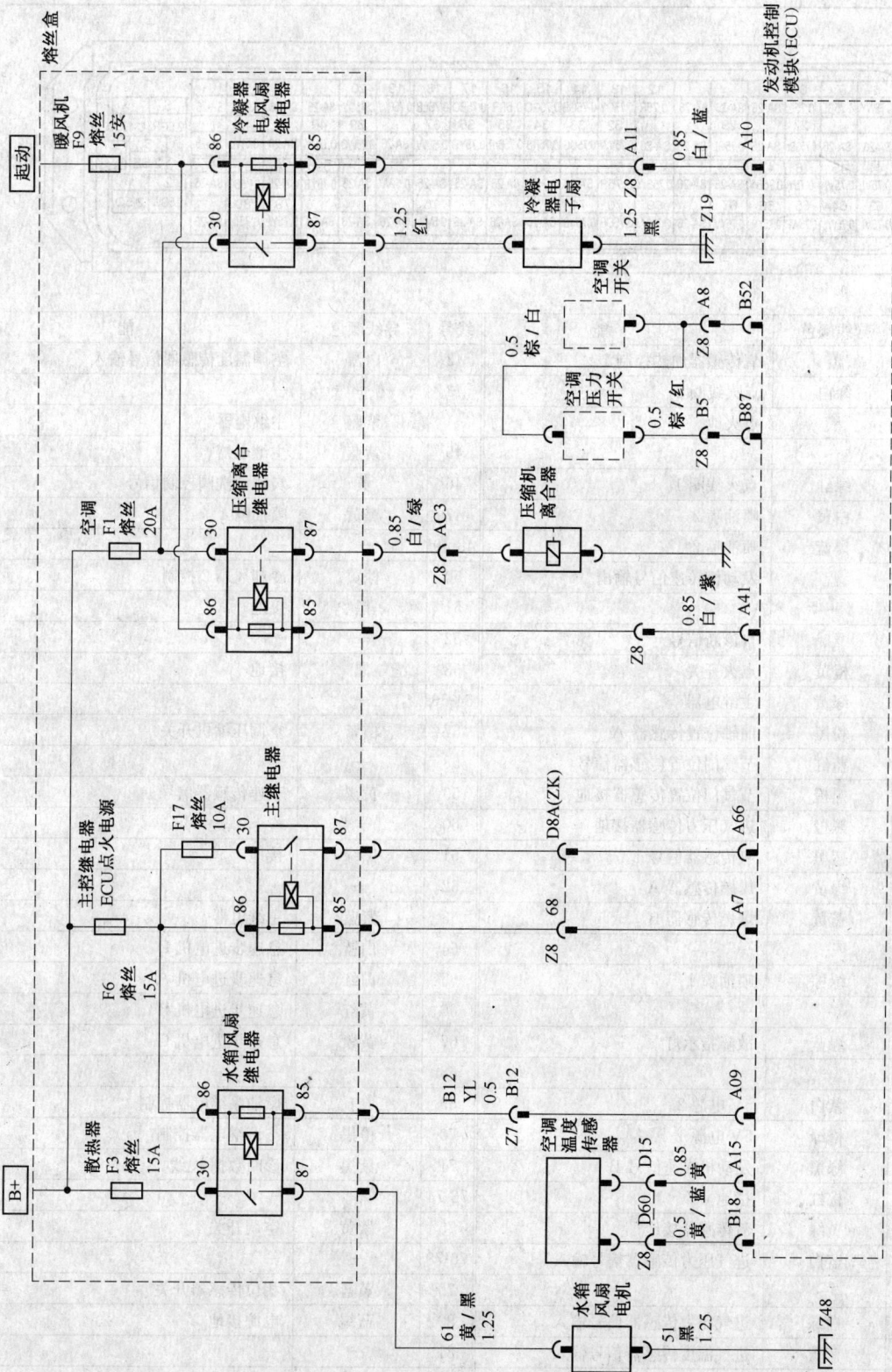

图 3-12 SIEMENS(西门子)发动机电控系统电路图(5)

表 3-1 UAES(联合电子)发动机 ECU 端子检测数据

6	7	8			12	13	14	15	16	17	18	19	20					5	
0.75WY	0.75BL	0.75L	SA-26	SA-26	0.75R	0.75Y	0.75GB	0.75GO	0.5LR	0.75BO	0.75LB	0.75RW	0.75GY	SA-26	SA-26	SA-26		2.5GR	C-135
		27		29			32	33	34	35	36	37		39	40		42	3	
SA-26	SA-26	0.75GBr	SA-26	0.75GL	SA-26	SA-26	0.75VW	0.75OG	0.75RB	0.75BrR	0.75YG	0.5LW	SA-26	0.75WG	0.5LY	SA-26	0.5WB	2.5B	
44	45	46	47			50	51		53			57		59b		61		2	1
0.75VL	0.75VL	0.75Y	0.75BY	SA-26	SA-26	0.75BrY	0.75B	SA-26	0.75B	SA-26	SA-26	0.5WV	SA-26	0.75YB	SA-26	0.75BG	SA-26	2.5GW	2.5O
63	64	65	66	67		69	70	71			75			79	80				
0.75VL	0.75WL	0.75WR	0.75YR	0.75YV	SA-26	0.75W	0.75OB	0.75VB	SA-26	SA-26	0.5VY	SA-26	SA-26	0.75YL	0.75Lg				

线号	导线颜色	功 能	线号	导线颜色	功 能
1	橙	氧传感器加热控制 1	42	白黑	空调温度传感器信号输入
2	绿白	点火线圈 2	43	—	
3	黑	点火地	44	紫蓝	主继电器
4	—		45	紫蓝	主继电器
5	绿红	点火线圈 1	46	黄	炭罐清洗阀控制信号
6	白黄	喷油嘴 2	47	黑黄	喷油嘴 4
7	黑蓝	喷油嘴 2	48-49	—	
8	蓝	发动机转速信号输出	50	棕黄	冷却风扇 2 控制
9-11	—		51	黑	接地
12	红	自诊断信号	52	—	
13	橙黄	点火开关	53	黑	接地
14	绿黄	主继电器	54-56	—	
15	粉黑	曲轴位置传感器 A	57	白紫	空调压缩机开关
16	蓝红	节气门位置传感器信号	58	—	
17/1	黑橙	节气门位置传感器接地	59	黄黑	车速传感器信号
17/2	黑橙	进气压力传感器接地	60	—	
18	蓝黑	氧传感器信号 1	61	黑绿	接地
19	绿黄	爆燃传感器 A	62	—	
20	蓝黄	爆燃传感器 B	63	紫蓝	主继电器
21-26	—		64	白蓝	急速步进电机 D
27	绿棕	喷油嘴 1	65	白红	急速步进电机 A
28	—		66	黄红	急速步进电机 B
29	绿蓝	故障指示灯	67	黄紫	急速步进电机 C
30-31	—		68	—	
32	紫白	5V 电源 2	69	白	燃油泵继电器控制
33	橙绿	5V 电源 1	70	橙黑	空调继电器控制
34	绿黑	发动机转速信号 B	71	紫黑	诊断数据 K 线
35	棕红	接地	72-74	—	
36	黄绿	氧传感器接地	75	紫黄	空调开关
37	蓝白	进气压力传感器信号输入	76-78	—	
38	—		79	黄蓝	相位传感器开关
39	白绿	进气压力传感器信号输入	80	蓝绿	电源接地
40	蓝黄	进气温度传感器信号输入	81		
41					

表 3-2　SIEMENS(西门子)发动机 ECU 端子检测数据

A
```
A61 A62 □ □ □ □ A66 A67 A68 □ □ A71 □ A73 A74 A75
A31 A32 A33 □ A35 □ □ □ □ □ A41 A42 □ A44
A1 A2 A3 □ □ A6 A7 □ A9 A10 A11 A12 A13 □ A15
```

B
```
B76 □ B78 B79 □ □ □ □ □ □ □ B87 □ B89 B90
□ □ □ □ □ B50 B51 B52 □ B54 □ B56 □ B59 B60
B16 B17 B18 B19 □ B22 □ B24 B25 □ □ □ B28 B29 B30
```

针	导线	功能	针	导线	功能
A1	灰红	步进电机 B 高	B46		
A2	红黄	步进电机 B 低	B47		
A3	棕	点火地	B48		
A4	—	—	B49		
A5	—	—	B50	灰绿	TMAP 传感器参考电
A6	黄蓝	油泵继电器控制	B51	黄	车速信号
A7	红绿	主控继电器控制	B52	棕白	AC 请求
A8	—	—	B53		
A9	灰棕	冷却风扇继电器控制	B54	蓝	曲轴传感器信号
A10	白蓝	空调风扇继电器控制	B55	—	—
A11	棕	爆燃传感器屏蔽线	B56	黑白	故障 K 线
A12	灰	爆燃传感器	B57		
A13	绿黄	TMAP 传感器负	B58		
A14	—	—	B59	蓝白	喷油器 1
A15	黄	空调温度信号	B60	蓝红	喷油器 4
B16	黑	氧传感器信号 B	A61	蓝	步进电机 A 高
B17	绿黑	凸轮轴传感器地	A62	白	步进电机 A 低
B18	黄/黑	空调温度信号	A63	—	—
B19	黄	节气门传感器地	A64	—	—
B20			A65	—	—
B21	—	—	A66	红白	ECU-主控继电器电源输出
B22	绿蓝	凸轮轴传感信号	A67	棕黄	ECU 地
B23			A68	黄紫	转速信号输出
B24	棕黄	ECU 地	A69	—	—
B25	灰	曲轴传感器地	A70	—	—
B26	—	—	A71	灰	故障灯
B27			A72	—	—
B28	棕黄	ECU 地	A73	黑红	炭罐清洗阀
B29	黑紫	ECU 点火信号	A74	绿	节气门传感器信号
B30	红白	ECU 常通电瓶电	A75	蓝黄	MAP 信号
A31	棕蓝	点火线圈 2&3 缸	B76	绿红	TCO 信号
A32	紫黑	点火线圈 1&4 缸	B77		
A33	棕黄	ECU 地	B78	棕蓝	TIA 信号
A34			B79	绿白	节气门传感器参考电
A35	黄紫/黄棕	氧传感器加热地	B80		
A36	—	—	B81		
A37		—	B82		
A38	—	—	B83		
A39	—	—	B84		
A40	—	—	B85		
A41	白紫	空调压缩机继电器控制	B86		
A42	蓝	爆燃传感器	B87	蓝黑	AC 负荷
A43	—	—	B88		
A44	棕黑	氧传感器信号 A	B89	棕红	喷油器 2
A45	—	—	B90	紫红	喷油器 3

表 3-3　B 系列 SIEMENS(西门子)发动机 ECU 端子检测数据

针	导线	功　能	针	导线	功　能
A1	红灰	步进电机 B 高	B46	—	—
A2	红黄	步进电机 A 高	B47	—	—
A3	棕	点火接地	B48	—	—
A4	—	—	B49	黄黑	空调温度信号
A5	白黑	废气循环阀信号输出	B50	灰绿	TMAP 传感器参考电
A6	黄蓝	油泵继电器控制	B51	黄	车速信号
A7	红绿	主控继电器控制	B52	棕白	AC 请求
A8			B53		
A9	灰棕	冷却风扇继电器控制	B54	蓝	曲轴传感器信号
A10	白蓝	空调风扇继电器控制	B55		
A11	棕	爆燃传感器屏蔽线	B56	黑白	故障 K 线
A12	灰	爆燃传感器	B57		
A13	绿黄	TMAP 传感器负	B58		
A14	黄黑	后氧传感器信号	B59	蓝白	喷油器 1
A15	黑	前氧传感器接地	B60	蓝红	喷油器 3
B16	黄紫	后氧传感器接地	A61	蓝	步进电机 A 高
B17	绿黑	凸轮轴传感器地	A62	白	步进电机 A 低
B18	—	—	A63		
B19	黄	冷却液温度信号 B	A64	黄白	后氧传感器加热地
B20			A65	绿橙	炭罐控制阀负
B21	绿白	节气门位置传感器供电	A66	红白	ECU-主控继电器电源输出
B22	绿蓝	凸轮传感信号	A67	棕	ECU 地
B23			A68	黄紫	转速信号输出
B24	棕	ECU 地	A69		
B25	棕	曲轴传感器地	A70	灰	PDA 信号
B26	—	—	A71		
B27	—	—	A72		
B28	棕	ECU 地	A73		
B29	黑紫	ECU 点火信号	A74	绿	节气门传感器信号
B30	红白	ECU 常通电瓶电	A75	蓝黄	MAP 信号
A31	棕蓝	点火线圈 2&3 缸	B76	绿红	冷却液温度信号 A
A32	紫黑	点火线圈 1&4 缸	B77		
A33	棕	ECU 地	B78	棕蓝	TIA 信号
A34	—	—	B79	红蓝	废气循环阀供电
A35	黄紫	前氧传感器加热地	B80		
A36			B81	—	—
A37	—	—	B82	黄	节气门传感器接地
A38	—	—	B83		
A39	绿紫	故障指示灯信号	B84		
A40			B85		
A41	白紫	空调压缩机继电器控制	B86		
A42	蓝	爆燃传感器	B87	蓝黑	AC 负荷
A43			B88		
A44	棕黑	前氧传感器信号	B89	棕红	喷油器 2
A45	黄红	废气循环阀输入信号	B90	紫红	喷油器 4

②发动机运行时,故障指示灯保持启亮。

③怀疑发动机性能有故障时。

2. 故障诊断

间断性故障可能由以下原因引起:

(1)接触不良;

(2)导线绝缘擦穿;

(3)绝缘套中导线折断;

(4)检查动力系统控制模块线束和接头是否出现下列情况:

①匹配接合不良;

②锁片断裂;

③端子变形或损坏;

④端子与导线接触不良;

⑤线束损坏。

3. 发动机电控系统故障诊断(OBD)系统的检查(见表3-4)

表3-4 发动机电控系统故障诊断(OBD)系统的检查

步骤	检 查 方 法	是	否
1	(1)重要注意事项: 1)在继续诊断前,检查相应的维修通信 2)在执行该诊断表中步骤时,切勿关闭点火开关 3)若没有驾驶性能状况存在,不得执行该测试 4)除非特别说明,切勿清除任何诊断故障码 (2)发动机关闭情况下打开点火装置 (3)观察故障指示灯 故障指示灯是否点亮	至步骤2	检查故障指示灯有故障不能工作
2	(1)断开点火起动开关 (2)安装故障诊断仪 (3)发动机熄火时,接通点火装置 (4)用故障诊断仪显示发动机控制模块数据 故障诊断仪是否显示发动机控制模块数据	至步骤3	检查数据链接接头
3	起动发动机 发动机是否起动	至步骤4	检查发动机不能起动
4	发动机是否起动并继续运行	至步骤5	检查发动机起动但不运行
5	(1)如果故障诊断仪指示所有诊断故障代码设置,记录下冻结故障状态/故障记录 (2)使用故障诊断仪以便显示诊断故障代码(DTC) 故障诊断仪是否指示已经设置任何诊断故障代码	至相应的诊断故障代码表	至步骤6
6	(1)使用故障诊断仪,将发动机控制模块数据与故障诊断仪数据列表进行比较 (2)故障诊断仪指示发动机控制模块值是否等于或在典型范围内	系统正常	进行相应故障诊断与排除

(二)发动机电控系统标准数据

1. UAES(联合电子)发动机电控系统标准数据(见表 3-5)

表 3-5　UAES(联合电子)发动机电控系统标准数据

项　目	单　位	标准数据值
发动机转速	r/min	0～6350
发动机设定怠速	r/min	750±20
怠速电机位置	计数	0～220
发动机冷却液温度传感器	℃	−35～135
发动机冷却液温度传感器(电压)	V	0～5
进气温度传感器	℃	−33～126
进气温度传感器(电压)	V	0～5
环境温度	℃	−40～60
发动机负载	%	0～100
节气门位置传感器(电压)	V	0.35～5.5
节气门位置开度	%	0～80
节气门怠速位置		Y/N
节气门全开位置		Y/N
进气支管绝对压力传感器	kPa	15～120
进气支管绝对压力传感器(电压)	V	0.195～4.883
喷油器脉冲宽度	ms	0～16
加热氧传感器电压	mV	0～1000
加热氧传感器的加热器状态		ON/OFF
浓/稀状态		浓/稀
短期燃油修正值	%	
长期燃油修正值	%	
炭罐吹洗电磁阀占空比	%	0～100
动力加浓	启动/未启动	未启动
减速减油模式	启动/未启动	未启动
点火	°	−12～60
爆燃传感器电压	mV	0～100
1 缸爆燃延迟	°	0～6
2 缸爆燃延迟	°	0～6
3 缸爆燃延迟	°	0～6
4 缸爆燃延迟	°	0～6
蓄电池电压	V	9～16
扭矩请求	%	0～80
扭矩供给	%	0～80
燃油泵继电器状态		ON/OFF

续表 3-5

项　目	单　位	标准数据值
NC请求信号		ON/OFF
A/C继电器状态		ON/OFF
风扇状态		ON/OFF
车速传感器	km/h	0～250
故障指示灯状态		ON/OFF/blinking
DTC(S)编码		
炭罐冲刷率	%	0.0
急速空气控制	%	23.4
蒸发器温度	℃	0～45
空燃比闭环调节值(长期)		0.9～1.1
空燃比闭环调节值(短期)		0.9～1.1
炭罐负荷率	%	0.0～100
炭罐控制相对喷油量	%	0.0
急速扭矩自学习	%	-2.9
急速控制目标扭矩修正	%	-0.4
爆燃信号	V	0.31
安全系统		YES
点火开关		YES
主继电器		YES

2. SIEMENS(西门子)发动机电控系统标准数据(见表 3-6)

表 3-6　SIEMENS(西门子)发动机电控系统标准数据

参数,数据列表	单　位	典　型　值
蓄电池电压	V	9～16
冷却液温度电压原始值	V	0～5
冷却液温度	℃	-35～135
进气温度电压原始值	V	0～5
进气温度	℃	-30～120
节气门位置信号电压原始值	V	0.37～4.30
节气门开度位置	°	0～94.2
最小节气门开度调节值	°	8.88～9.02
支管压力传感器电压值	V	0.74～4.24
换算后的进气流量	kg/h	5.09～180.41
每冲程支管压力测量值	hPa	187.48～996.92
进气流量	mg/TDC	25～249
修正海拔影响后的进气流量		1.008
发动机转速	r/min	800～6281

续表 3-6

参数,数据列表	单　位	典　型　值
目标怠速	r/min	850
空调蒸发器温度	℃	8.725
空调压缩机状态指示		
上游氧传感器信号	V	0.09～0.94
下游氧传感器信号	V	0
1 缸点火角	°	5.625～39
2 缸点火角	°	5.625～39
3 缸点火角	°	5.625～39
4 缸点火角	°	5.625～39
1 缸独立的喷油时间	ms	0.94～15.58
2 缸独立的喷油时间	ms	0.94～15.58
3 缸独立的喷油时间	ms	0.94～15.58
4 缸独立的喷油时间	ms	0.94～15.58
各缸的点火时间(bank 1)	ms	0.94～15.58
燃油关闭方式索引		0
闭环控制指示		
喷油时间加法修正系数	%	0.09
喷油时间乘法修正系数	%	−10～10
上游氧传感器加热的 PWM 信号	%	0～53.13
下游氧传感器加热的 PWM 信号	%	0
计算出的怠速阀开度	%	8.8～53.10
总的怠速调节量	%	2.31～3.00
步进电机的运行位置	步	51.124
空调打开时步进电机调节值	%	0
炭罐阀的 PWM 驱动信号	%	0～14.441
炭罐阀负荷平均装载值		0.0476～0.35
冷却风扇的状态指示		0
步进电机的目标开度	步	51～124
发动机的状态指示		
里程数	km	

(三)发动机电控系统故障码(DTC)

1. 故障码类型

(1)故障诊断仪 N200(UAES 联合电子)采用的故障类型:Class5、Class31 和 Class33。其中,Class5 为选定故障类型,Class31 与 Class33 为自定义故障类型。

①Class5:故障一经产生便进入故障内存,诊断仪可读。故障消失后经 40 次起动暖机后,将被从内存中删除,故障被确认后故障指示灯不亮。此类故障的确认需起动发动机。

②Class31:故障一经产生便进入故障内存,起动 3 次后(每次起动后发动机工作大于 5 秒),故障指示灯亮,诊断仪可读,故障出现又消失后经一次起动暖机后,故障指示灯灭,再经 40 次起动暖机后,将被从内存中删除。

③Class33:故障一经产生便进入故障内存,诊断仪可读,故障消失后经 40 次起动暖机后,将被从内存中删除,故障被确认后故障指示灯不亮,此类故障的确认不需起动发动机。

(2)故障诊断仪 N200(SIEMENS 西门子)采用的故障类型:在 3 个连续点火循环中诊断运行并成功通过后,控制模块将熄灭故障指示灯。当诊断运行并且通过时,则清除当前故障诊断码(即未通过上次测试的故障诊断码)。

如果在连续 40 个预热循环中,该诊断以及其他和排放有关的诊断都成功通过了测试,则清除历史故障诊断码。用故障诊断仪关闭故障指示灯并清除故障诊断码。

2. 发动机电控系统故障码 DTC(见表 3-7)

表 3-7　发动机电控系统故障码(DTC)

CONTE NTS	DTC uaes	DTC Siemens	DTC N200	Uaes 故障类型
氧传感器加热电路电压低	P0031	P0031(s)		
氧传感器加热电路电压高	P0032	P0032(s)		
进气压力传感器信号故障	P0105		P0105(U)	31
进气压力传感器信号不合理	P0106		P0106(U)	31
进气压力传感器电路电压过低	P0107	P0107	P0107	31
进气压力传感器电路电压过高	P0108	P0108	P0108	31
进气温度传感器信号故障	P0110		P0110(U)	31
进气温度传感器信号不合理	P0111		P0111(U)	31
进气温度传感器指示温度过高	P0112	P0112	P0112	31
进气温度传感器指示温度过低	P0113	P0113	P0113	31
发动机冷却液温度传感器信号故障	P0115		P0115(U)	31
发动机冷却液温度传感器信号不合理故障	P0116		P0116(U)	31
发动机冷却液温度传感器指示温度过高	P0117	P0117	P0117	31
发动机冷却液温度传感器指示温度过低	P0118	P0118	P0118	31
节气门位置传感器电路故障	P0120		P0120(U)	31
节气门位置传感器电路故障(最小)	P0122	P0122	P0122	31
节气门位置传感器电路故障(最大)	P0123	P0123	P0123	31
氧传感器信号电路电压过低	P0131	P0131	P0131	31
三元催化器前氧传感器不合理故障	P0130	P0130	P0130	31
氧传感器信号电路电压过高	P0132	P0132	P0132	31
氧传感器电路活动不足(信号故障)	P0134		P0134(U)	31
氧传感器加热电路故障	P0135		P0135(U)	31
空燃比闭环控制自适应乘法部分超限信号故障和不合理故障	P0170		P0170(U)	5
空燃比闭环控制自适应加法部分超限信号故障和不合理故障	P0170		P0170(U)	5

续表 3-7

CONTE NTS	DTC uaes	DTC Siemens	DTC N200	Uaes 故障类型
空燃比闭环控制自适应乘法部分超限最大故障	P0171		P0171(U)	5
空燃比闭环控制自适应加法部分超限最大故障	P0171		P0171(U)	5
空燃比闭环控制自适应乘法部分超限最小故障	P0172		P0172(U)	5
空燃比闭环控制自适应加法部分超限最小故障	P0172		P0172(U)	5
一缸喷油嘴电路故障	P0201		P0201(U)	31
二缸喷油嘴电路故障	P0202		P0202(U)	31
三缸喷油嘴电路故障	P0203		P0203(U)	31
四缸喷油嘴电路故障	P0204		P0204(U)	31
油泵继电器控制电路故障	P0230	P0230	P0230	31
一缸喷油嘴电路输出低		P0261	P0261(S)	
一缸喷油嘴电路输出高		P0262	P0262(S)	
二缸喷油嘴电路输出低		P0264	P0264(S)	
二缸喷油嘴电路输出高		P0265	P0265(S)	
三缸喷油嘴电路输出低		P0267	P0267(S)	
三缸喷油嘴电路输出高		P0268	P0268(S)	
四缸喷油嘴电路输出低		P0270	P0270(S)	
四缸喷油嘴电路输出高		P0271	P0271(S)	
爆燃零漂测试故障	P0324		P0324(U)	5
爆燃电压补偿故障	P0324		P0324(U)	5
爆燃测试脉冲故障	P0324		P0324(U)	5
爆燃传感器电路故障	P0325		P0325(U)	31
曲轴位置传感器信号故障	P0335	P0335	P0335	33
曲轴位置传感器信号不合理		P0336		
相位传感器故障	P0340	P0340	P0340	31
相位传感器最小故障	P0342		P0342(U)	31
相位传感器最大故障	P0343		P0343(U)	31
一缸点火线圈电路故障		P0351	P0351(S)	
二缸点火线圈电路故障		P0352	P0352(S)	
三缸点火线圈电路故障		P0353	P0353(S)	
四缸点火线圈电路故障		P0354	P0354(S)	
炭罐控制阀驱动级控制电路故障(信号故障和不合理故障)	P0443		P0443(U)	31
炭罐控制阀驱动级控制电路电压过低	P0444	P0444	P0444	31
炭罐控制阀驱动级控制电路电压过高	P0445	P0445	P0445	31
空调冷却风扇继电器控制电路故障	P0480		P0480(U)	31
空调冷凝器风扇继电器控制电路故障		P0481		

续表 3-7

CONTE NTS	DTC uaes	DTC Siemens	DTC N200	Uaes 故障类型
冷却风扇继电器控制电路故障		P0482		
车速信号不合理故障	P0500		P0500(U)	31
车速信号不合理故障		P0501	P0501(S)	31
急速控制转速偏离目标转速故障	P0505	P0505	P0505	31
急速转速低于目标急速值	P0506		P0506(U)	31
急速转速高于期望值	P0507		P0507(U)	31
急速调节器控制电路电压过低	P0508		P0508(U)	31
急速调节器控制电路电压过高	P0509		P0509(U)	31
急速调节器控制电路故障	P0511		P0511(U)	31
系统电压信号不合理	P0560	P0560	P0560	31
系统电压过低	P0562		P0562(U)	31
系统电压过高	P0563		P0563(U)	31
诊断数据识别码未编程故障	P0602		P0602(U)	31
ECU 内部控制模块(只读存储器)故障		P0605	P0605	
空调压缩机继电器控制电路故障	P0645		P0645(U)	31
空调压缩机继电器控制电路电压过低	P0646		P0646(U)	31
空调压缩机继电器控制电路电压过高	P0647		P0647(U)	31
故障灯控制电路故障		P0650	P0650(S)	
空调蒸发器温度传感器故障	P1530		P1530(U)	5
空调蒸发器温度传感器温度过高		P1535	P1535(S)	
空调蒸发器温度传感器温度过低		P1536	P1536(S)	
空调压缩机继电器控制电路故障		P1545	P1545(S)	
故障灯控制电路故障	P1651		P1651(U)	5

(四)发动机电控系统常见故障诊断

1. 外观检查

(1)检查发动机控制模块(ECU)接地是否清洁、紧固且位置正确。

(2)检查真空软管是否有裂口、扭结,以及是否按照车辆排放控制信息标签所示正确连接,彻底检查任何形式的泄漏或堵塞情况。

(3)检查进气管是否出现塌陷或损坏。

(4)检查节气门体安装部位是否有泄漏空气。

(5)检查线束是否接触不良、卡紧、划痕或其他损坏。

(6)检查传感器是否损坏或松脱。

2. 间歇(间断)性故障的诊断

间歇性故障是指故障在当前未出现,但以往诊断故障代码中已经指明;或有客户投诉,但症状不能正确再现(如果故障与故障码无关)。间断(间歇)故障诊断见表 3-8。

表 3-8　间断(间歇)故障诊断

检　查	检　查　方　法
初步检查	(1)在起动发动机前,先进行外观检查 (2)必须在故障出现时,才能用诊断故障代码表确定故障的位置
线束/连接器检测	许多电路因振动、发动机扭矩、撞击、道路不平等引起线束/连接器移动,而容易产生间断性开路和短路。基本检查方法如下: (1)移动相关的连接器和线束,同时监视相应的故障诊断仪数据 (2)移动相关的连接器和线束,用故障诊断仪指令部件打开(和关闭)。观察部件的操作 (3)当发动机运行时,移动相关的连接器和线束,同时监视发动机的操作 　如果线束或接头的移动会影响显示的数据、部件/系统操作或发动机的操作,则对线束,连接进行必要的检查和修理
故障诊断仪快检	用故障诊断仪快检可用参数。快检功能可记录一定期间内的实时数据。记录的数据可以回放和分析。故障诊断仪还能绘制单参数图和参数组合图,以便进行比较。快检既可在注意到症状时手动触发,也可设置为在诊断故障代码设置时提前触发。记录数据中捕获的异常值,可能指示系统或部件需要进一步检查
电气连接和导线	(1)检查插头是否配合不良,或是端子未完全插入到连接器壳体中(脱出) (2)检查端子是否变形或损坏。测试端子张力是否不足 (3)检查导线与端子是否接触不良,包括卷曲在绝缘体上的端子。该测试需要将端子从连接器壳体上卸下 (4)检查是否出现腐蚀、进水 (5)导线夹紧、切断或擦破 (6)布线不正确,距离高电压、高电流装置,如次级点火部件、电机、发电机等太近。这些部件会在电路中诱发电噪声,干扰电路的正常操作 (7)非制造厂(售后)加装的附件安装不当
故障指示灯间断和无诊断故障代码	(1)因继电器、ECU 驱动的电磁线圈或开关功能失效导致的电气系统干扰。它们可引起强烈的电气波动。通常,当有故障的部件工作时就会出现这样的问题 (2)非制造厂(售后)加装的附件安装不当,如车灯、收音机、电机等 (3)故障指示灯电路对接地间断性短路 (4)ECU 接地不良
存储的诊断故障代码丢失	按如下测试检测诊断故障代码内存是否丢失: (1)断开发动机冷却液温度(ECT)传感器 (2)起动发动机 (3)用故障诊断仪监视诊断故障代码的状态,观察是否出现 DTC (4)使发动机怠速运行,直到 DTC 出现 (5)关闭点火钥匙开关并等待至少 30s (6)打开点火开关 (7)监视故障诊断仪上是否出现诊断故障代码 　即使关闭点火装置至少 30s,ECU 也应保存信息,并将该信息保持在存储器中(只要 ECU 蓄电池输入和接地电路不受干扰,信息应被随机储存)。如果未保持诊断故障代码信息,而且 ECU 电源和接地都正常,则 ECU 有故障
附加检查	(1)测试空调压缩机离合器上跨接的二极管和其他二极管是否开路 (2)非制造厂(售后)加装的附件安装不当,如车灯、收音机、电机等 (3)测试发电机整流器是否损坏

3. 发动机起动困难故障诊断(见表 3-9)

表 3-9　发动机起动困难故障诊断

检查	检查方法
初步检查	(1)进行动力系车载诊断(OBD)系统检查 (2)起动前,先进行间断性故障检查
传感器	(1)检查发动机冷却液温度(ECT)传感器值是否符合标准 (2)在故障诊断仪上检查曲轴位置传感器。如果无响应,则检查传感器输入电路 (3)检查 MAP 传感器是否正确安装和连接 (4)用故障诊断仪检查怠速空气控制(IAC)的操作
燃油系统	(1)检查燃油泵继电器电路的操作是否正常 (2)检查燃油压力是否过低 (3)检查燃油喷油器是否有故障。拆卸喷油器,用喷油器专用清洗分析仪检查喷油器是否存在泄漏或堵塞现象 (4)检查燃油是否污染
点火系统	(1)如果火花塞上未出现火花,检查如下内容: ①检查线圈是否损坏。线圈电阻规定值 $11\sim15k\Omega$ ②检查火花塞导线是否有跳火/交叉放电的现象,导线是否断裂、火花塞损坏或火花塞导线电阻值超出规定的范围等现象。火花塞导线电阻:$1968\Omega/m$ ③点火模块损坏 ④点火系统导线与点火模块输入或接地松开或系统导线损坏 (2)拆卸火花塞并检查以下内容: ①火花塞积炭 ②断裂 ③磨损 ④间隙不正确 ⑤电极烧损或损坏 ⑥型号是否正确 (3)如果火花塞受汽油或机油污染,在更换火花塞前,应确定引起污染的原因
发动机机械	(1)大量机油进入燃烧室—气门密封圈泄漏 (2)气缸压力过低 (3)检查发动机零件是否有故障: ①缸盖 ②凸轮轴和气门组件 ③活塞等

4. 发动机喘气、功率下降、运转不稳定故障诊断(见表 3-10)

表 3-10　发动机喘气、功率下降、运转不稳定故障诊断

检查	检查方法
初步检查	(1)先进行动力系统车载诊断系统检查 (2)进行间断性故障检查
传感器	(1)检查加热型氧传感器(HO2S) (2)在故障诊断仪上检查曲轴位置(CKP)传感器。如果无响应,检查传感器输入电路 (3)检查节气门位置调节器和相关导线 (4)检查 MAP 传感器和相关导线

续表 3-10

检　查	检 查 方 法
燃油系统	(1)检查燃油是否污染 (2)检查喷油器
点火系统	(1)如果火花塞上未出现火花,检查如下内容: ①检查线圈是否损坏。线圈电阻规定值:11~15kΩ ②检查火花塞导线是否有跳火/交叉放电的现象,导线是否断裂、火花塞损坏或火花塞导线电阻值超出规定的范围等现象。火花塞导线电阻:1968Ω/m ③点火模块损坏 ④点火系统导线与点火模块输入或接地松开或系统导线损坏 (2)拆卸火花塞并检查以下内容: ①火花塞积炭 ②断裂 ③磨损 ④间隙不正确 ⑤电极烧损或损坏 ⑥型号是否正确 (3)如果火花塞受汽油或机油污染,在更换火花塞前,应确定引起污染的原因

5. 发动机断火、缺火故障诊断(见表 3-11)

表 3-11　发动机断火、缺火故障诊断

检　查	检 查 方 法
初步检查	(1)先进行动力系统车载诊断系统检查 (2)进行间断性故障检查
燃油系统	(1)检查系统燃油压力 (2)检查燃油喷油器 (3)检查燃油是否污染 (4)检查燃油压力调节器真空软管中是否有燃油
传感器	(1)检查导致急速不正常的因素: ①节气门体堵塞、沉积物过多或损坏 ②进气系统堵塞 ③真空泄漏 (2)检查节气门位置传感器及相关的电路导线 (3)检查曲轴箱强制通风的操作是否正常 (4)行驶车辆并将自动变速器的选档杆置于直接档或超速档,检查变速箱档位选择开关输入信号 (5)检查如下零件是否损坏: ①曲轴减振器损坏 ②曲轴位置传感器损坏
点火系统	(1)如果火花塞上未出现火花,检查如下内容: ①检查线圈是否损坏。线圈电阻规定值:11~15kΩ ②检查火花塞导线是否有跳火/交叉放电的现象,导线是否断裂、火花塞损坏或火花塞导线电阻值超出规定的范围等现象。火花塞导线电阻:1968Ω/m ③点火模块损坏 ④点火系统导线与点火模块输入或接地松开或系统导线损坏 (2)拆卸火花塞并检查以下内容: ①火花塞积炭 ②断裂 ③磨损 ④间隙不正确 ⑤电极烧损或损坏 ⑥型号是否正确 (3)如果火花塞受汽油或机油污染,在更换火花塞前,应确定引起污染的原因

续表 3-10

检　查	检　查　方　法
发动机机械	(1)检查发动机气缸压缩压力是否符合标准 (2)检查配气机构中以下部件： ①气门是否关闭不严 ②检查凸轮轴凸尖磨损情况 ③检查气门正时 ④检查摇臂磨损情况 ⑤检查气门弹簧是否折断 ⑥检查气门油封是否损坏 (3)检查发动机气缸盖和活塞等部件的工作情况
附加检查	(1)检查排气系统管路是否损坏或塌陷 (2)检查消音器的热疲劳或可能的内部故障 (3)检查三元催化转换器是否堵塞

6. 发动机燃油经济性差故障诊断(见表 3-12)

表 3-12　发动机燃油经济性差故障诊断

检　查	检　查　方　法
初步检查	(1)先进行动力系统车载诊断系统检查 (2)进行间断性故障检查 (3)观察用户的驾驶习惯： ①空调是否使用频繁 ②轮胎气压是否正确 ③轮胎是否阻滞 ④车辆负载是否过重 ⑤油门是否踩得过快、过于频繁
燃油系统	(1)检查燃油压力 (2)检查燃油喷油器 (3)检查燃油是否污染 (4)确保各条喷油器线束正确连接到相应的喷油器上 (5)检查燃油压力调节器真空软管中是否有燃油
传感器	(1)在故障诊断仪上检查曲轴位置传感器 (2)检查空气进气系统及曲轴箱是否泄漏空气 (3)检查车速表指示是否正确
点火系统	(1)如果火花塞上未出现火花,检查如下内容： ① 检查线圈是否损坏。线圈电阻规定值:11~15kΩ ②检查火花塞导线是否有跳火/交叉放电的现象,导线是否断裂、火花塞损坏或火花塞导线电阻值超出规定的范围等现象。火花塞导线电阻:1968Ω/m ③点火模块损坏 ④点火系统导线与点火模块输入或接地松开或系统导线损坏 (2)拆卸火花塞并检查以下内容： ①火花塞积炭 ②断裂 ③磨损 ④间隙不正确 ⑤电极烧损或损坏 ⑥型号是否正确 (3)如果火花塞受汽油或机油污染,在更换火花塞前,应确定引起污染的原因

续表 3-12

检 查	检 查 方 法
发动机冷却系统	(1)检查发动机冷却液面高度 (2)检查发动机节温器
发动机机械	(1)检查发动机气缸压缩压力是否符合标准 (2)检查配气机构中以下部件： ①气门是否关闭不严 ②检查凸轮轴凸尖磨损情况 ③检查气门正时 ④检查摇臂磨损情况 ⑤检查气门弹簧是否折断 ⑥检查气门油封是否损坏 (3)检查发动机气缸盖和活塞等部件的工作情况
附加检查	(1)检查排气系统管路是否损坏或塌陷 (2)检查三元催化转换器是否可能堵塞

第二节   长安微型客车发动机电控系统

一、发动机电控系统零部件位置及控制电路

1. 发动机电控系统零部件位置

(1)JL474Q7 发动机电控系统零部件位置(见图 3-13~图 3-15)。

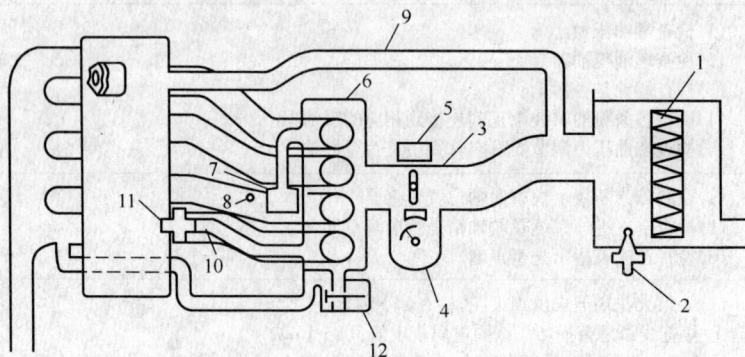

图 3-13   JL474Q7 发动机空气进气系统
1. 空气滤清器   2. 进气空气温度传感器   3. 节气门体   4. 空气控制阀   5. 支管绝对压力传感器
6. 进气支管   7. EVAP 排气阀   8. 接头(燃油压力调节器)   9. 通气软管   10. 曲轴强制通风
软管   11. 曲轴强制通风阀   12. 废气再循环阀

(2)F 系列发动机电控系统部件组成(见图 3-16)。

2. 发动机电控单元控制电路

(1)JL474Q7 发动机电控单元控制电路(见图 3-17)。

(2)F 系列发动机电控系统控制电路(见图 3-18)。

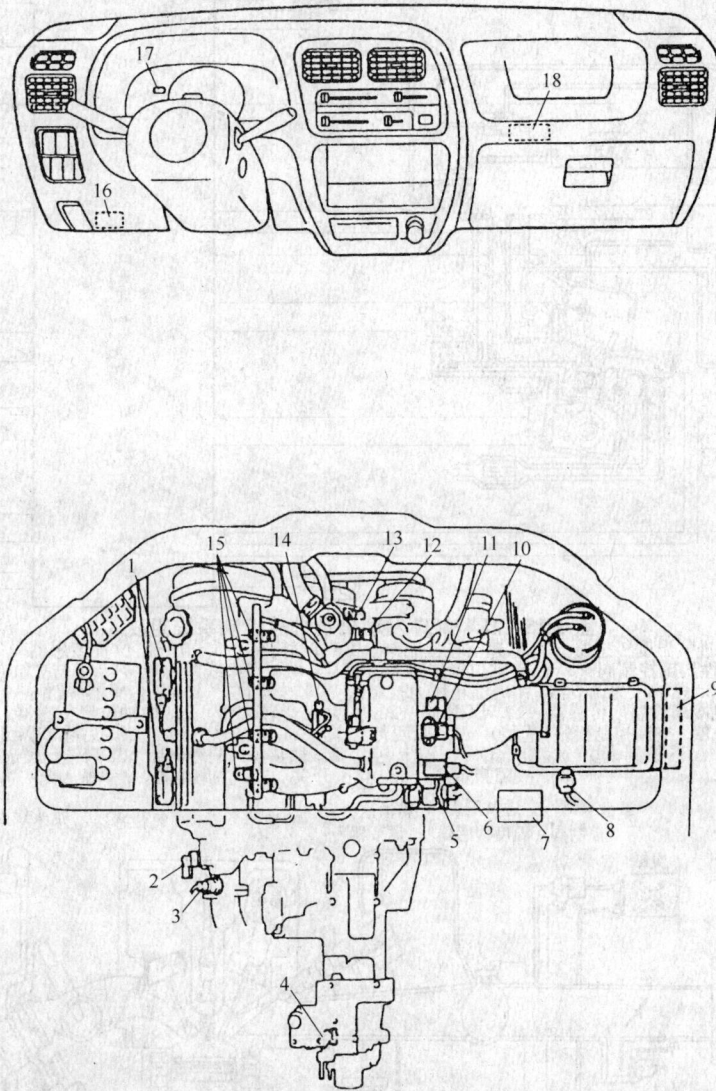

图 3-14 JL474Q7 发动机电控系统

1. 点火线圈 2. 凸轮轴位置传感器 3. 热氧传感器 4. 车速传感器 5. 废气再循环阀 6. 节气门位置传感器 7. ABS 控制模块(选装) 8. 进气温度传感器 9. 发动机控制模块 10. 进气支管绝对压力传感器 11. 怠速进气控制阀 12. 发动机冷却液温度传感器 13. 曲轴位置传感器 14. 燃油压力调节器真空开关阀 15. 喷油器 16. 数据传输连接器 17. 故障指示灯 18. 空调控制模块(选装)

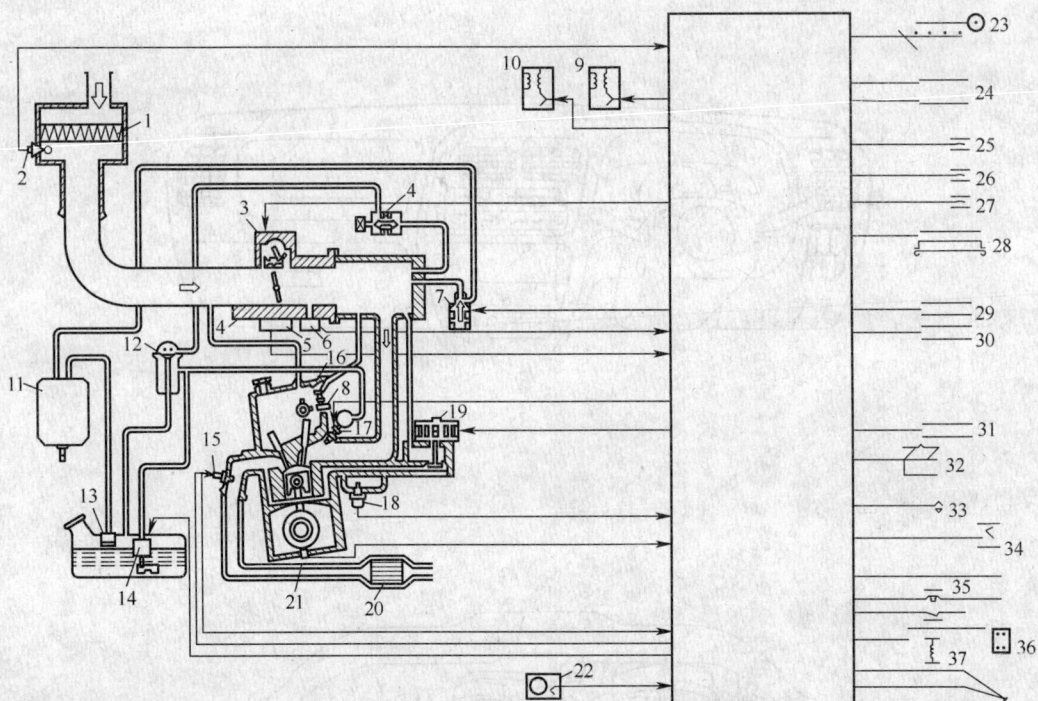

图 3-15　JL474Q7 发动机及排放控制系统组成

1. 空气滤清器　2. 进气温度传感器　3. 怠速空气控制阀　4. 节气门体　5. 节气门位置传感器　6. 支管绝对压力传感器　7. EVAP 活性炭罐控制阀　8. 凸轮轴位置传感器　9.1 与 4 缸点火线圈总成　10.2 与 3 缸点火线圈总成　11. EVAP 活性炭罐　12. 燃油压力调节器　13. 油箱压力控制阀　14. 燃油泵　15. 氧传感器(带预热)　16. PCV 阀　17. 喷油器　18. 发动机冷却液温度传感器　19. EGR 阀　20. 三元催化转化器　21. 曲轴位置传感器　22. 车速传感器　23. 暖通风扇开关　24. 空调控制模块(选装)　25. 照明灯开关　26. 驻车灯开关　27. 后除霜开关(选装)　28. 数据传输连接器　29. ABS 控制模块(选装)　30. 空　31. 空　32. 散热器风扇继电器　33. 转速表(选装)　34. 监控接口　35. 故障指示灯　36. 点火开关　37. 主继电器

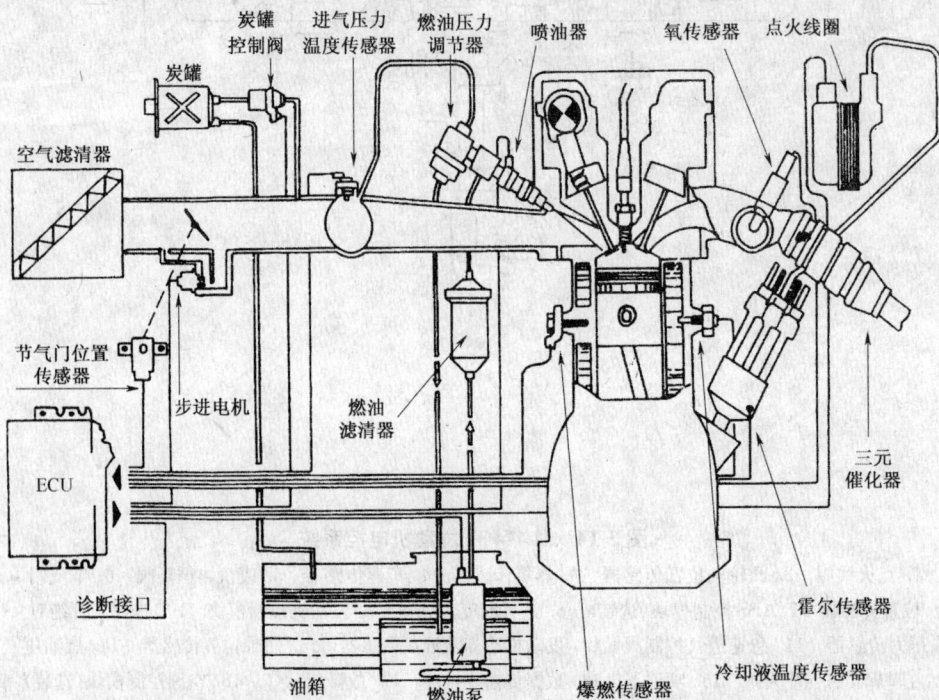

图 3-16　F 系列发动机电控系统的组成

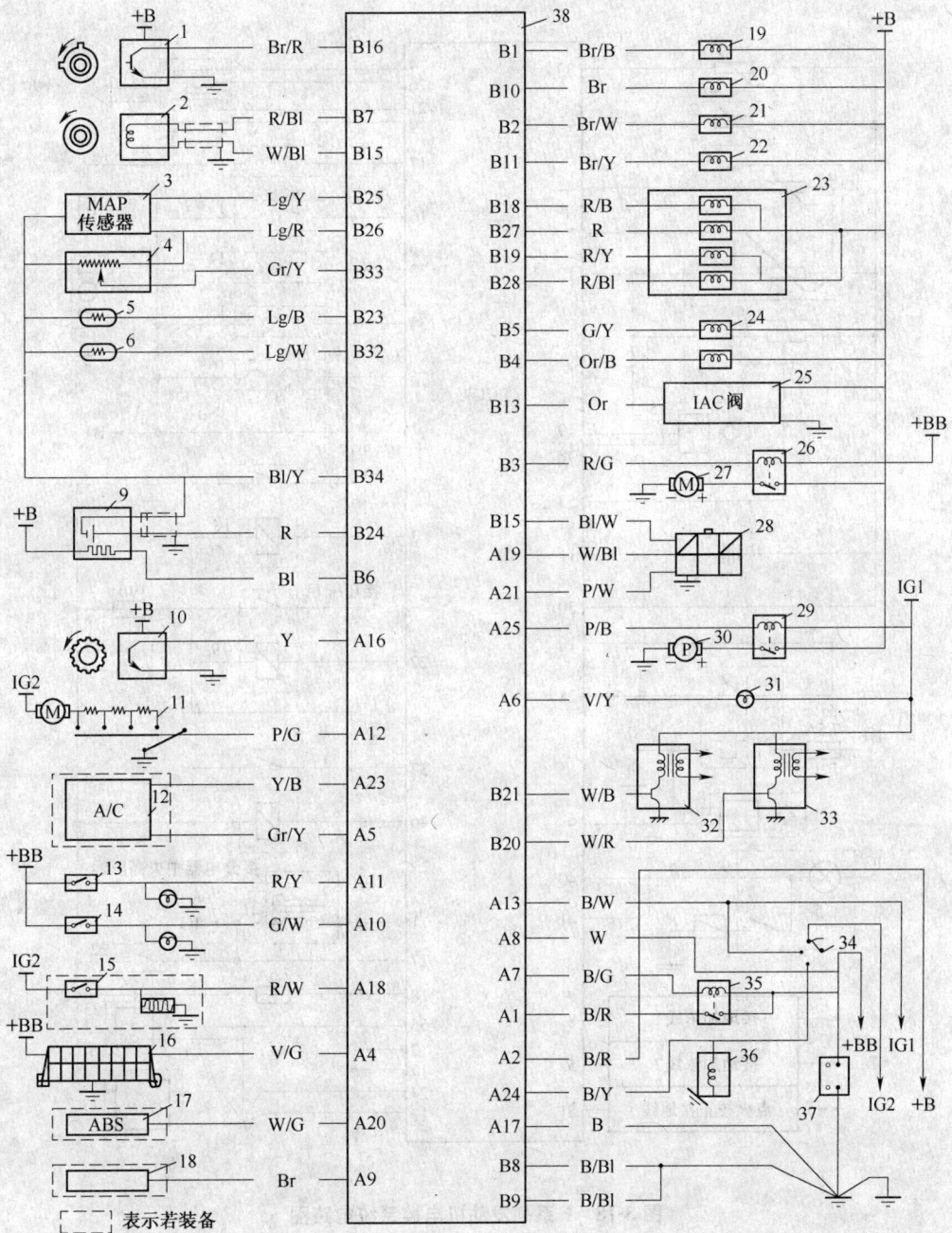

图 3-17　JL474Q7 发动机电控单元控制电路图

1. 凸轮轴位置传感器　2. 曲轴位置传感器　3. 进气支管绝对压力传感器　4. 节气门位置传感器　5. 冷却液温度传感器　6. 进气温度传感器　7、8. 空　9. 氧传感器(带预热)　10. 车速传感器　11. 暖风机开关　12. 空调电控单元(选装)　13. 照明灯开关　14. 停车灯开关　15. 后除霜器开关(选装)　16. 数据传输连接器　17. ABS 电控单元(选装)　18. 转速表(选装)　19. 喷油器1　20. 喷油器2　21. 喷油器3　22. 喷油器4　23. EGR 阀　24. 活性炭罐排气阀(燃油压力调节器真空开关阀)　25. 怠速空气控制阀　26. 散热器风扇继电器　27. 散热器风扇电机　28. 监控接 VI　29. 燃油泵继电器　30. 燃油泵　31. 故障指示灯　32. 点火线圈总成(火花塞1和4)　33. 点火线圈总成(火花塞2和3)　34. 点火开关　35. 主继电器　36. 起动电机电磁开关　37. 蓄电池　38. 发动机电控单元

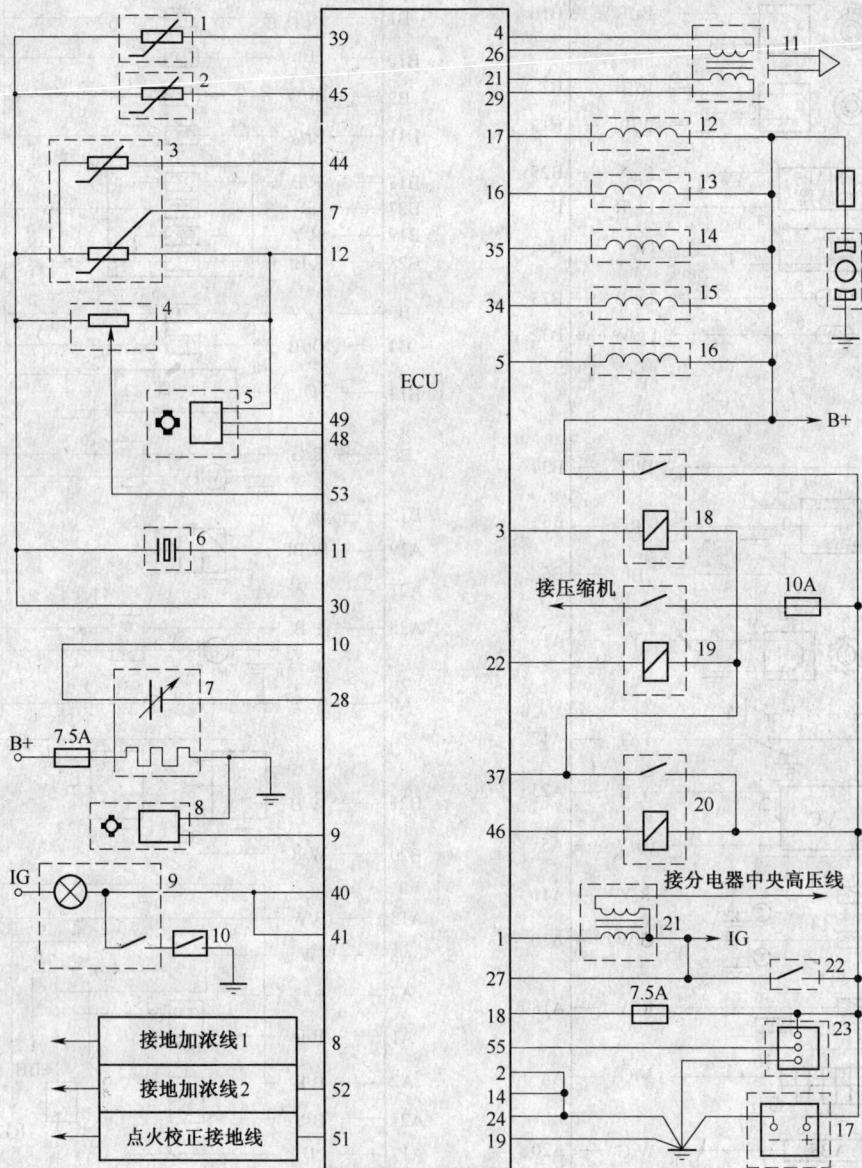

图 3-18　F 系列发动机电控系统电路图

1. 空调冷凝器温度传感器　2. 冷却液温度传感器　3. 进气压力温度传感器　4. 节气门位置传感器　5. 霍尔传感器
6. 爆燃传感器　7. 氧传感器　8. 车速传感器　9. 空调开关　10. 暖风机开关　11. 怠速步进电机　12. 1 缸喷油器
13. 2 缸喷油器　14. 3 缸喷油器　15. 4 缸喷油器　16. 炭罐控制阀　17. 蓄电池　18. 燃油泵继电器　19. 空调继
电器　20. 主继电器　21. 高压点火线圈　22. 点火开关　23. 诊断插口

二、发动机电控系统 ECU 端子检测数据

1. JL474Q7 发动机电控单元端子排列（见图 3-19）及端子功能（见表 3-13）

2. CM8 车型发动机电控单元端子功能（见表 3-14）

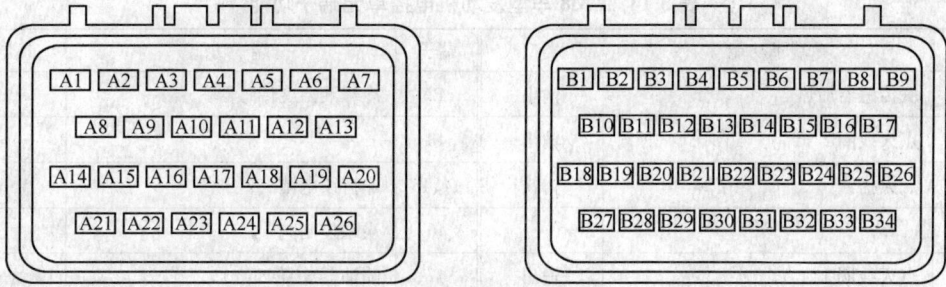

图 3-19 发动机电控单元端子排列图

表 3-13 发动机电控单元端子功能

端子	导线颜色	功 能	端子	导线颜色	功 能
A1	B/R	电源	B5	G/Y	活性炭罐排气阀
A2	B/R	电源	B6	Bl	氧传感器加热装置
A3	—	空	B7	R/Bl	曲轴位置传感器
A4	V/G	数据传输连接器	B8	B/Bl	搭铁
A5	Gr/Y	A/C ON 信号器(选装)	B9	B/Bl	搭铁
A6	V/Y	故障指示灯	B10	Br	喷油器 2
A7	B/G	主继电器	B11	Br/Y	喷油器 4
A8	W	备用电源	B12	—	空
A9	Br	转速表(选装)	B13	Or	急速空气控制阀
A10	G/W	驻车灯开关	B14	—	空
A11	R/Y	照明灯开关	B15	W/Bl	曲轴位置传感器
A12	P/G	暖通风机开关	B16	Br/R	凸轮轴位置传感器
A13	B/W	点火开关	B17	B	搭铁
A14	—	空	B18	R/B	EGR 阀
A15	Bl/W	诊断开关终端	B19	R/Y	EGR 阀
A16	Y	车速传感器	B20	W/R	点火线圈总成(2、3 缸火花塞)
A17	—	空	B21	W/B	点火线圈总成(1、4 缸火花塞)
A18	R/W	后除霜器开关(选装)	B22	—	空
A19	W/Bl	功率输出终端	B23	Lg/B	进气温度传感器
A20	W/G	ABS 控制模块(选装)	B24	R	热氧传感器
A21	P/W	试验开关终端	B25	Lg/Y	支管绝对压力传感器
A22	—	空	B26	Lg/R	MAP 传感器及 TP 传感器电源
A23	Y/B	空调信号(选装)	B27	R	EGR 阀
A24	B/Y	起动机信号	B28	R/Bl	EGR 阀
A25	P/B	燃油泵继电器	B29	—	空
A26	—	空	B30	—	空
B1	Br/B	喷油器 1	B31	—	空
B2	Br/W	喷油器 3	B32	Lg/W	发动机冷却液温度传感器
B3	R/G	散热器风扇继电器	B33	Gr/Y	节气门位置传感器
B4	Or/B	燃油压力调节器真空开关阀	B34	Bl/Y	搭铁

表 3-14　CM8 车型发动机电控单元端子功能

端子	端子功能	类型	端子	端子功能	类型
1	氧传感器加热	输出	42	冷却液温度传感器	—
2	点火线圈 2	输出	43	—	—
3	点火搭铁	搭铁	44、45	非持续电源	—
4	—	—	46	炭罐控制阀	—
5	点火线圈 1	输出	47	喷油器 3(第四缸)	—
6	喷油器 4(第二缸)	输出	48、49	—	—
7	喷油器 2(第三缸)	输出	50	散热器风扇继电器	—
8	—	—	51	电子搭铁 2	—
9	至防盗器	输出	52	—	—
10、11	—	—	53	电子搭铁 1	—
12	持续电源	输入	54~56	—	—
13	点火开关	输入	57	空调压缩机过热保护开关	—
14	主继电器	输出	58、59	—	—
15	发动机转速传感器 A	输入	60	车速信号	—
16	节气门位置传感器	输入	61	功率搭铁 1	—
17	传感器搭铁 1	搭铁	62	—	—
18	氧传感器	输入	63	非持续电源	—
19	爆燃传感器 A	输入	64	步进电机相位 D	—
20	爆燃传感器 B	输入	65	步进电机相位 A	—
21~26	—	—	66	步进电机相位 B	—
27	喷油器 1(第一缸)	输出	67	步进电机相位 C	—
28	—	—	68	—	—
29	检测灯	输出	69	燃油泵继电器	—
30、31	—	—	70	空调压缩机继电器	—
32	5V 电源 2	输出	71	诊断 K 线	—
33	5V 电源 1	输出	72~74	—	—
34	发动机转速传感器 B	输入	75	空调开关	—
35	传感器搭铁 3	搭铁	76	鼓风机开关	—
36	传感器搭铁 2	搭铁	77	大灯开关	—
37	进气压力传感器	输入	78	—	—
38	—	—	79	相位传感器	—
39	蒸发器热敏电阻	输入	80	功率搭铁 2	—
40	进气温度传感器	输入	81	—	—
41	—	—			

三、发动机电控系统故障诊断

(一)故障自诊断

1. 故障自诊断注意事项

(1)在识别故障代码之前,不要将 ECM 连接部分、蓄电池上的接线、ECM 在发动机上的搭铁线拆开,否则 ECM 存储器上的存储信息将会被删掉。

(2)为防止损坏 ECM,当更换性能完好的 ECM 时,应符合以下条件:

①各继电器调节器的电阻值应为各自的规定值。

②节气门位置传感器和支管绝对压力传感器工作正常,各传感器电路都没有搭铁短路。

(3)万用表笔在测量插接件时,必须从插接件的线束背侧插入表笔,如图 3-20 所示。

(4)如果从线束侧不能用万用表笔来测量,可用万用表笔从外端插入。注意不要弄弯插针(见图 3-21)。

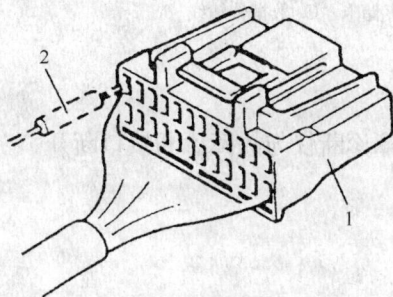

图 3-20　从线束背侧插入表笔
1. 插接件　2. 表笔

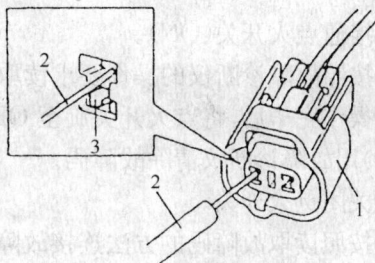

图 3-21　从外端插入表笔
1. 插接件　2. 表笔　3. 插针安装点

(5)如果插接件与图 3-22 中所示的一样时,应将专用插接件试验接收器 A(09932-76010)与探测头连接起来。

(6)检查插接情况时,应检查插针是否弯曲,端子是否严重变形,以及两者是否卡住(松落)、腐蚀、有无灰尘等。

2. 故障指示灯(MIL)检查

发动机电控系统故障自诊断功能通过故障指示灯("CHECK ENGINE"灯)进行如下提示:

(1)当点火开关旋至 ON 位置(但发动机不起动)时,故障指示灯亮,检查电控系统故障指示灯及回路是否正常。

(2)在发动机起动(发动机运转)后,若发动机电控系统无故障,则故障指示灯熄灭。

(3)当发动机电控系统有故障时,故障指示灯在发动机运转时则会点亮,同时,ECM 储存故障代码。

图 3-22　连接试验端子与短路端子
1. 插接件　2. 探测头

3. 用故障诊断仪读取与清除故障码(DTC)

(1)用故障诊断仪读取故障码。

①通过故障指示灯确认有故障代码后,关闭点火开关(OFF)。

②如图 3-23 所示,把故障诊断仪连接到位于驾驶人座椅侧的仪表板下侧的故障诊断接口上。

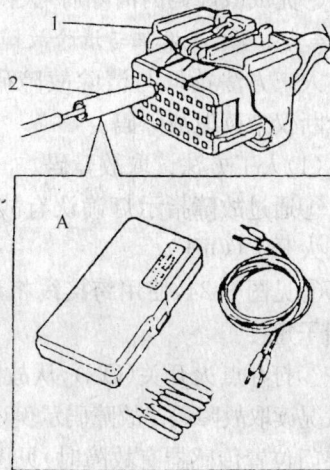

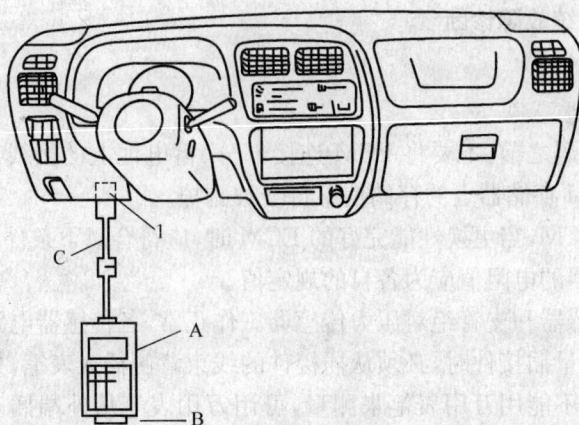

图 3-23　连接故障诊断仪

1. 故障诊断接口　A. 故障诊断仪　B. 存储卡　C. 数据传输线

③接通点火开关(ON)。

④按照故障诊断仪的操作要求读取故障码。

⑤操作完毕后,将点火开关旋至 OFF 位置,将故障诊断仪与故障诊断接口断开。

(2)用故障诊断仪清除故障码。

①关闭点火开关。

②按照读取故障码的方法连接故障诊断仪。

③接通点火开关。

④按故障诊断仪上的说明清除故障码。

⑤完成故障码的清除后,关闭点火开关并从故障诊断接口上取下故障诊断仪。

4. 人工方法读取与清除故障码

人工方法读取与清除故障码就是不用故障诊断仪来读取故障码。

(1)人工方法读取故障码。

①通过故障指示灯确认有故障代码后,关闭点火开关(OFF)。

②见图 3-24,使用跨接线将诊断接口的两个端子短接。

③打开点火开关(ON),从故障指示灯的闪烁状况读取故障码。故障码示例(DTC13——当节气门位置传感器有故障时)见图 3-25。

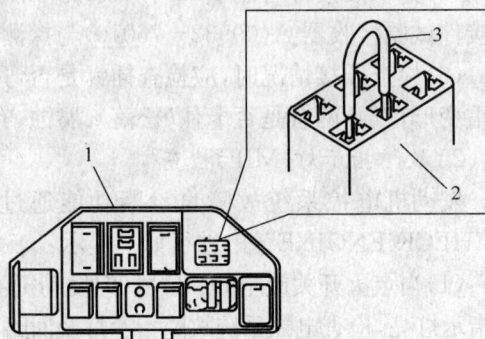

图 3-24　人工方法读取故障码

1. 熔丝盒　2. 诊断接口　3. 跨接线

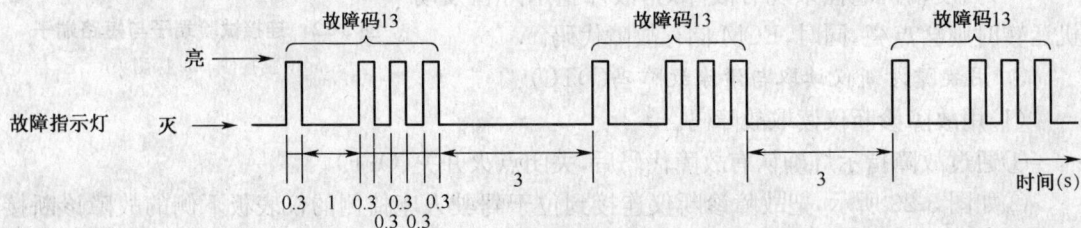

图 3-25　故障码 DTC13 的故障指示灯闪烁状况

维修提示：

◆如果存在两处或多处故障,则故障指示灯依次并循环显示所有的故障码。每个故障码显示 3 次。

④检查完毕后,关闭点火开关并将维修线从监控器插接件上取下。

（2）人工方法清除故障码。

①关闭点火开关。

②在 30s 或更长时间之内,断开蓄电池负极线,以清除电控单元存储器中存储的故障代码,然后再接上蓄电池负极线。这样,故障码就会被清除。

5. 故障代码表

（1）JL474Q7 发动机电控系统故障代码（见表 3-15）。

表 3-15　JL474Q7 发动机电控系统故障代码（DTC）表

故障码（DTC）		故障指示灯闪烁状况	故障诊断内容
故障诊断仪显示	MIL 显示		
P0105	11	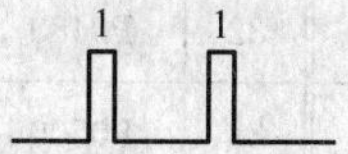 1　1	进气支管绝对压力传感器
P0120	13	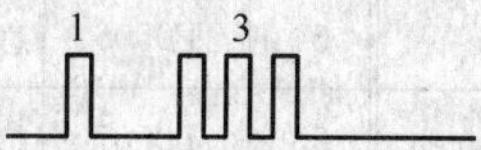 1　3	节气门位置传感器电路
P1935	14	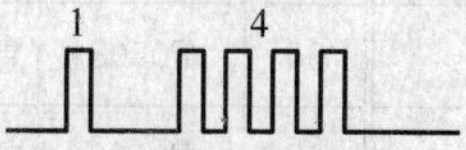 1　4	氧传感器(带预热)电路
P0340	15	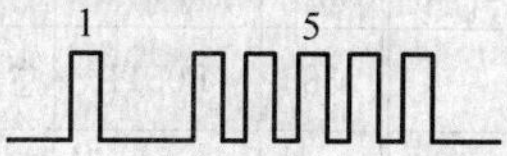 1　5	凸轮轴位置传感器电路
P0500	16	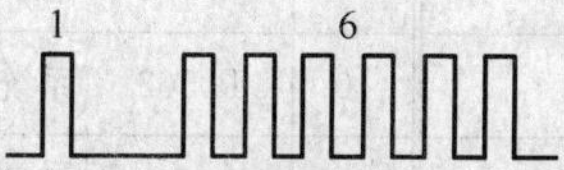 1　6	车速传感器电路
P0110	18	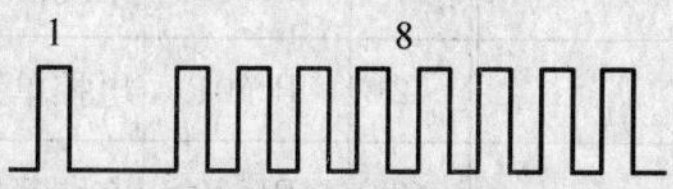 1　8	进气温度传感器电路
P0115	19	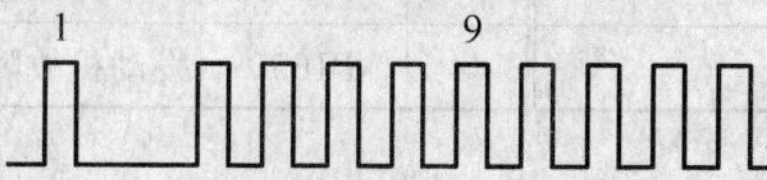 1　9	发动机冷却液温度传感器电路
P1570	21	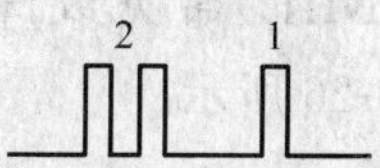 2　1	ABS 信号电路
P0335	23	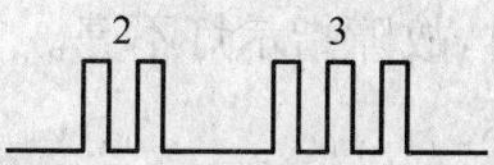 2　3	曲轴位置传感器电路
—	12	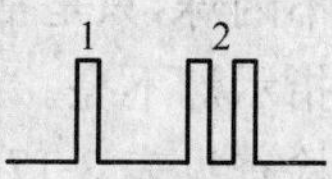 1　2	正常

（2）CM8 车型发动机电控系统故障码（见表 3-16）。

表 3-16　CM8 车型发动机电控系统发动机电控系统故障码表

序号	故障码	故障码说明	序号	故障码	故障码说明
1	P0107	进气压力传感器电路电压过低	23	P0325	爆燃传感器电路故障
2	P0108	进气压力传感器电路电压过高	24	P0335	曲轴位置传感器电路故障
3	P0111	进气压力传感器指示温度不合理故障	25	P0336	曲轴位置传感器信号不合理故障
4	P0112	进气温度传感器指示温度过低	26	P0340	相位传感器电路故障
5	P0113	进气温度传感器指示温度过高	27	P0342	相位传感器电路电压过低
6	P0115	冷却液温度传感器电路故障	28	P0343	相位传感器电路电压过高
7	P0116	冷却液温度传感器指示温度不合理故障	29	P0443	炭罐控制阀驱动级控制电路故障
8	P0117	冷却液温度传感器指示温度过低	30	P0444	炭罐控制阀驱动级控制电路电压过低
9	P0118	冷却液温度传感器指示温度过高	31	P0445	炭罐控制阀驱动级控制电路电压过高
10	P0122	节气门位置传感器电路电压过低	32	P0480	散热器风扇继电器控制电路故障
11	P0123	节气门位置传感器电路电压过高	33	P0500	车速信号不合理故障
12	P0130	氧传感器信号不合理故障	34	P0506	怠速转速低于目标怠速值
13	P0132	氧传感器电路电压过高	35	P0507	怠速转速高于目标怠速值
14	P0134	氧传感器电路故障	36	P0508	怠速执行器控制电路电压过低
15	P0135	氧传感器加热电路故障	37	P0509	怠速执行器控制电路电压过高
16	P0171	空燃比闭环控制自适应值超上限	38	P0511	怠速执行器控制电路故障
17	P0172	空燃比闭环控制自适应值超下限	39	P0560	系统信号电压不合理
18	P0201	1 缸喷油器电路故障	40	P0562	系统信号电压过低
19	P0202	2 缸喷油器电路故障	41	P0563	系统信号电压过高
20	P0203	3 缸喷油器电路故障	42	P0601	电控单元校验码未编程错误
21	P0204	4 缸喷油器电路故障	43	P1530	空调蒸发器温度传感器电路故障
22	P0230	油泵控制电路故障	44	P1651	发动机故障灯（SVS）电路故障

（二）发动机电控系统故障指示灯（MIL）常见故障的检查

发动机电控系统故障指示灯电路如图 3-26 所示。

发动机电控系统故障指示灯常见故障有：

（1）点火开关接通，但不起动发动机时，故障指示灯不亮。

（2）点火开关接通时，故障指示灯闪烁。

（3）在诊断开关终端搭铁时，故障指示灯不闪烁，只是常亮或不亮。

（4）点火开关接通发动机不起动时，故障指示灯不亮。

发动机电控系统故障指示灯常见故障的检查见表 3-17～表 3-20。

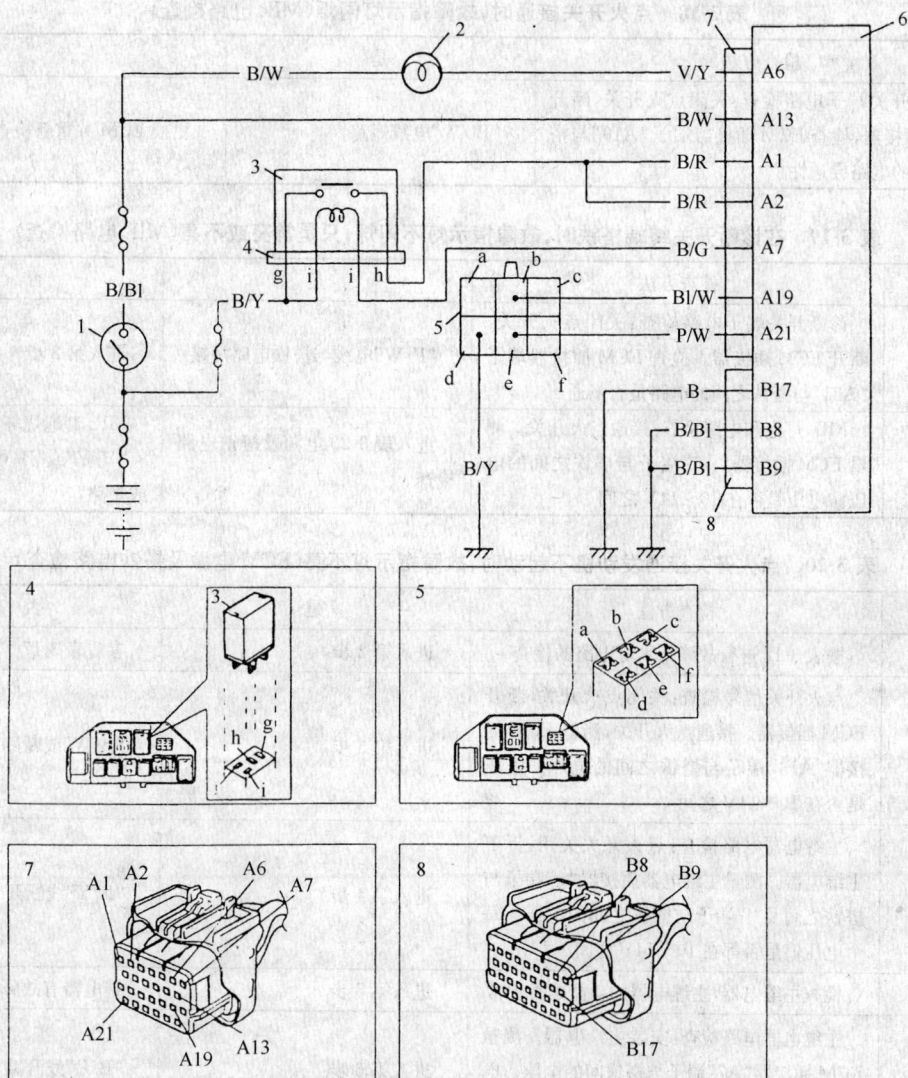

图 3-26　故障指示灯电路

1. 点火开关　2. 故障指示灯　3. 主继电器　4. 主继电器插接器　5. 诊断接口　6. 发动机
电控单元　7. ECM 插接器（A）　8. ECM 插接器（B）

表 3-17　点火开关接通但不起动发动机时, 故障指示灯不亮的故障检查（MIL 电路检查）

步骤	检查方法	是	否
1	诊断开关端子电路检查: 关闭点火开关, 断开 ECM 插接器。检查 ECM 插接器端子 "A21" 与搭铁之间的电路是否导通	"P/W" 电线与搭铁电路短接	进入第 2 步
2	故障指示灯灯泡和电路检查: 接通点火开关, 测量 ECM 插接器 "A6" 端子与搭铁之间的电压。电压是否在 10~14V 之间	进入表 3-20 "电源及搭铁电路检查"	MIL 灯泡烧坏。"V/Y" 或 "B/W" 线路断路或短路

表 3-18 点火开关接通时,故障指示灯闪烁(MIL 电路检查)

检查方法	是	否
诊断开关端子电路检查:关闭点火开关,断开 ECM 插接器,检查 ECM 插接器端子"A19"与搭铁之间的电路导通性	"Bl/W"电线短路	更换 ECM 并重新检查

表 3-19 在诊断开关终端搭铁时,故障指示灯不闪烁,只是常亮或不亮(MIL 电路检查)

步骤	检查方法	是	否
1	诊断开关端子电路检查:关闭点火开关,断开 ECM 插接器。检查 ECM 插接器端子"A21"与搭铁之间的电路是否畅通	"P/W"电线与搭铁电路短接	进入第 2 步
2	MIL 灯泡和电路检查:接通点火开关。测量 ECM 插接器"A6"端子与搭铁之间的电压。电压是否在 10~14V 之间	进入表 3-20 电源及搭铁电路检查	MIL 灯泡烧坏。"V/Y"或"B/W"线断路或短路

表 3-20 点火开关接通发动机不起动时,故障指示灯不亮(ECM 电源及搭铁电路检查)

步骤	检查方法	是	否
1	按表 3-17 进行故障指示灯电路的检查	进入第 2 步	参看表 3-17
2	点火开关信号检查:关闭点火开关,断开 ECM 插接器。接通点火开关,测量 ECM 插接器"A13"端子与搭铁之间的电压。电压是否在 10~14V 之间	进入第 3 步	"B/W"线断路或短路
3	主继电器电路检查:点火开关关闭,拆下主继电器。测量主继电器插接器"g"端子与搭铁之间及"j"端子与搭铁之间的电压。每个电压值是否都在 10~14V 之间	进入第 4 步	"B/Y"线断开
4	检查主继电器,主继电器的功能是否正常	进入第 5 步	继电器有故障
5	主继电器电路检查:安装主继电器。测量 ECM 插接器"A7"端子与搭铁间的电压。电压是否在 10~14V 之间	进入第 6 步	"B/G"线开路
6	ECM 电源电路检查:用跨接线将 ECM 插接器"A7"端子与搭铁连接起来。测量 ECM 插接器"A1"端子与搭铁之间及"A2"端子与搭铁之间的电压。每个电压是否在 10~14V 之间	进入第 7 步	"B/R"线断开
7	ECM 搭铁电路检查:检查 ECM 插接器端子"B8"搭铁电路,端子"B9"搭铁电路,端子"B17"搭铁电路是否导通	ECM 插接件接触不良,如果接触不良,应更换 ECM,并重新检查	"B"或"B/Bl"线断开

(三)发动机电控系统故障码的故障诊断

1. 故障码 11/P0105——支管绝对压力(MAP)传感器电路(信号电压低、高或性能故障)

支管绝对压力传感器控制电路如图 3-27 所示。故障码 11/P0105 故障排除见表 3-21 所示。

维修提示：

◆进行故障诊断与排除时，不要将 MAP 传感器插接器的"b"端子与"c"端子连接起来，否则可能会造成 ECM 故障。

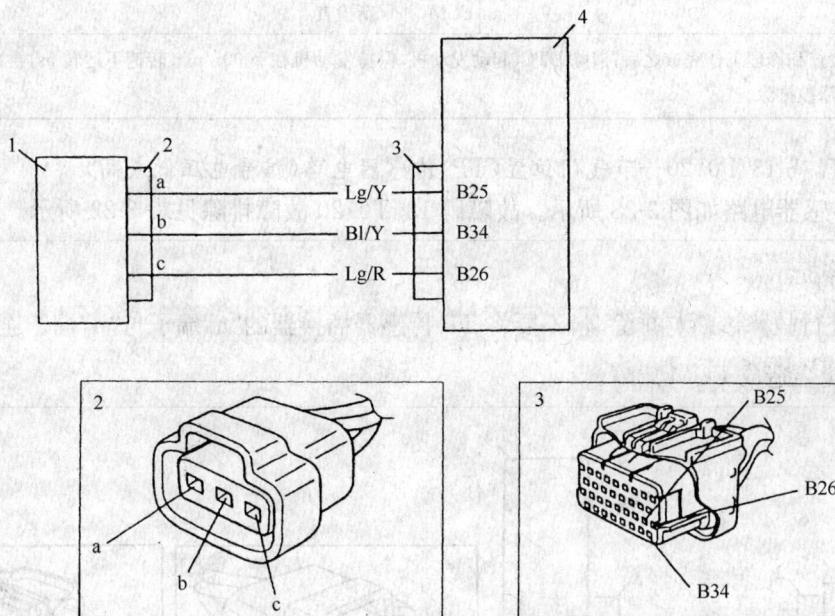

图 3-27   MAP(支管压力)传感器电路图
1. MAP 传感器   2. MAP 传感器插接器   3. ECM 插接器(B)   4. ECM

表 3-21   故障码 11/P0105 故障排除流程

步骤	检查方法	是	否
1	(1)关闭点火开关，断开 MAP 传感器插接器 (2)接通点火开关，发动机不运转 (3)测量 MAP 传感器插接器端子"C"与搭铁之间的电压。电压是否在 4～5 之间	进入第 2 步	(1)"Lg/R"线断路或短路 (2)ECM 插接器端子接触不良 (3)如果接触良好，则更换 ECM，并重新检查
2	测量 MAP 传感器插接器"a"与搭铁之间的电压。电压值是否在 4～5V 之间	进入第 3 步	(1)"Lg/Y"线断路或短路 (2)ECM 插接器端子接触不良 (3)如果接触良好，则更换 ECM，并重新检查
3	(1)用跨接线将 MAP 传感器插接器端子"a"与"b"相连 (2)测量 MAP 传感器插接器端子"a"与搭铁电压。电压是否在 0.15V 以下	进入第 4 步	(1)"Bl/Y"线断路或短路 (2)ECM 插接器端子接触不良 (3)如果接触良好，则更换 ECM，并重新检查
4	(1)拆下 MAP 传感器 (2)目测 MAP 传感器空气压力进气通道，观察是否有障碍物	清扫空气通道或更换	进入第 5 步

续表 3-21

步骤	检查方法	是	否
5	检查 MAP 传感器,电压是否在规定范围内	(1)MAP 传感器插接器端子接触不良 (2)如果接触良好,更换 ECM,并重新检查	MAP 传感器有故障

说明:在检查和修理工作完成之后,清除 DTC,起动发动机,保持发动机在 2000r/min 转速下运转 5s,再次检查 DTC,以确定该故障被排除。

2. 故障码 13/P0120—节气门位置(TP)传感器电路(信号电压低或高)

TP 传感器电路如图 3-28 所示。故障码 13/T0120 故障排除见表 3-22 所示。

维修提示:

◆进行故障诊断与排除时,不要将 TP 传感器插接器的"a"端子与"b"端子连接起来,否则可能会造成 ECM 故障。

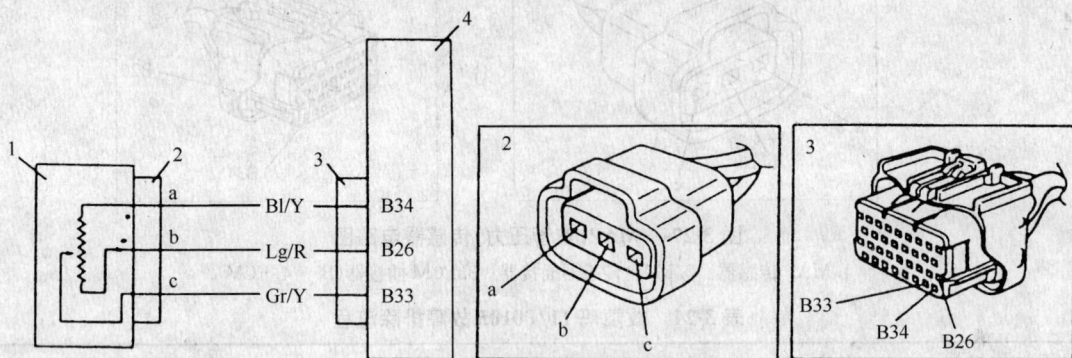

图 3-28　TP 传感器电路图

1. TP 传感器　2. TP 传感器插接器　3. ECM 插接器(B)　4. ECM

表 3-22　故障码 13/P0120—TP 传感器电路故障排除流程

步骤	检查方法	是	否
1	(1)关闭点火开关,断开 TP 传感器插接器。 (2)用万用表测量 TP 传感器插接器端子 a 对搭铁电阻是否小于 1Ω	进入第 2 步	(1)"Bl/Y"导线断路或插接器接触不良 (2)如果接触良好,则更换 ECM,并重新检查
2	打开点火开关,用万用表测量 TP 传感器插接器端子 b 与搭铁电压是否为 4～5V	进入第 3 步	(1)Lg/R 导线断路或插接器端子接触不良 (2)如果接触好,应更换 ECM 并重新检查
3	用跨接线将 TP 传感器插接器端子"a"与"c"相连。测量 TP 传感器插接器端子"c"与搭铁间的电压,电压是否在 0.15V 以下	进入第 4 步	(1)"Gr/Y"线断路 (2)ECM 插接器端子接触不良 (3)如果接触良好,则更换 ECM,并重新检查

续表 3-22

步骤	检查方法	是	否
4	测量 TP 传感器端子 a 与 b 之间的电阻是否在规定值范围内	(1)TP 传感器插接器端子接触不良 (2)如果接触良好,更换 ECM,并重新检查	TP 传感器有故障,更换

说明:在完成检查和修理工作之后,清除 DTC,接通点火开关 5s 或更长时间,再次检查 DTC 以确定该故障已排除。

3. 故障码 14/P1935—氧传感器(带预热)电路(信号电压低)

氧传感器电路如图 3-29 所示。故障码 14/T1935 故障排除见表 3-23 所示。

> 维修提示:
>
> ◆在故障诊断排除以前,进行检查以确信下列系统及零部件状态良好:
>
> (1)空气滤清器(被堵塞)。
>
> (2)真空泄漏(空气吸入)。
>
> (3)火花塞(弄脏、间隙)。
>
> (4)高压线(产生裂缝,老化)。
>
> (5)点火正时。
>
> (6)发动机压缩压力。
>
> (7)其他任何可影响 A/F 混合或燃烧的系统及零部件。
>
> 如果故障码 14/P1935 与其他故障码一起显示,则优先考虑其他故障码。

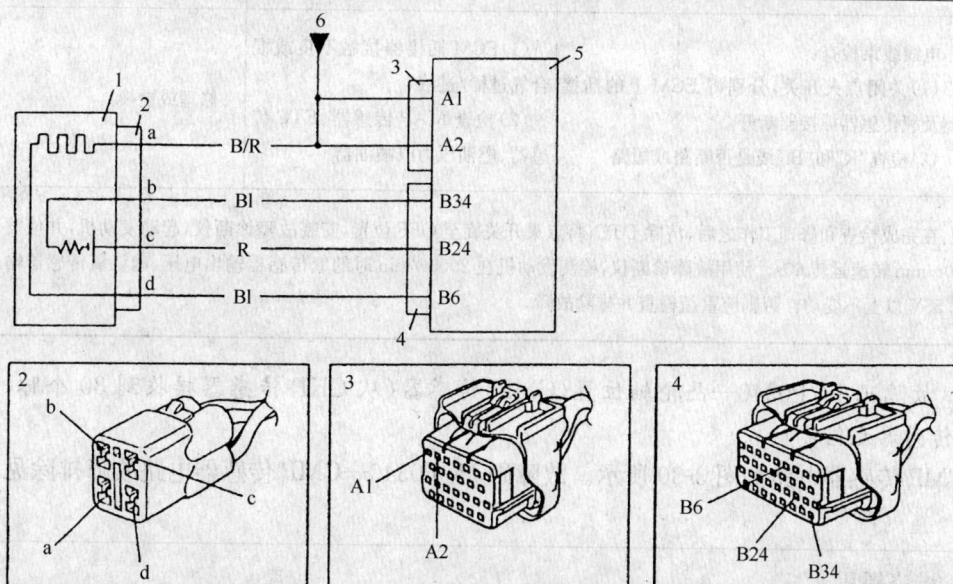

图 3-29 氧传感器电路图

1. 氧传感器(带预热) 2. 氧传感器插接器 3. ECM 插接器(A) 4. ECM 插接器(B)
5. ECM 6. 主继电器提供的电源

表 3-23　故障码 14/P1935—氧传感电路故障排除流程

步骤	检查方法	是	否
1	氧传感器(带预热)电路检查: (1)关闭点火开关,安装故障诊断仪起动发动机,使发动机达到正常工作温度 (2)保持发动机转速在 2000r/min 下 60s (3)用故障诊断仪数据显示功能,在发动机转速为 2000r/min 时,观察氧传感器输出压"O2S"显示的电压是否在 0.55V 左右	间歇性故障或 ECM 有故障	进入第 2 步
2	氧传感器检查: (1)起动发动机,使发动机达到正常工作温度 (2)关闭点火开关,并断开氧传感器插接器。检查氧传感器插接器的每个端子连接是否合适 (3)若连接情况良好,则将电压表正极连接到氧传感器插接器"c"端子,将电压表负极连接到"b"端子 (4)起动发动机,并使发动机在 2000r/min 转速下保持 60s (5)发动机反复空转时,检查电压(连续反复踩下加速踏板 5 到 6 次,使混合气加浓)。电压表是否立刻显示 0.55V 甚至更高	进入第 3 步	更换氧传感器
3	电线线束检查: (1)关闭点火开关,分别将 ECM 上的插接器及氧传感器插接器断开 (2)检查"R"和"Bl"线是否断路或短路	(1)ECM 插接器接触不良或混合气过稀/过浓 (2)检查 MAP 传感器、ETC 传感器、燃油压力或喷油器	修理或更换

说明:在完成检查和修理工作之后,清除 DTC,将点火开关旋至 OFF 位置,安装故障诊断仪,起动发动机,并使发动机在 2000r/min 转速运转 60s。使用故障诊断仪,检测发动机在 2000r/min 时的氧传感器输出电压,确认氧传感器输出电压在 0.55V 以上不变动。否则应重新检查并排除故障。

4. 故障码 15/P0340—凸轮轴位置(CMP)传感器(从 CKP 传感器接收到 30 个脉冲时,CMP 传感器无信号)

CMP 传感器电路如图 3-30 所示。故障码 15/P0340—CMP 传感器电路故障排除见表 3-24。

维修提示:

◆进行故障诊断与排除时,不要将 CMP 传感器插接器端子"a"与"c"连接,否则,可能引起电源电路的故障。

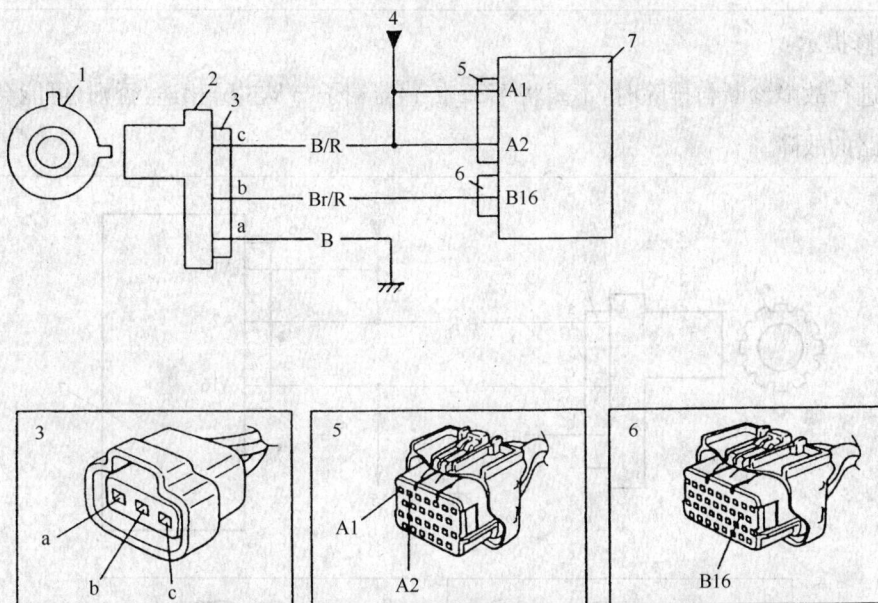

图 3-30 CMP 传感器电路图

1. CMP 信号转子 2. CMP 传感器 3. CMP 传感器插接器 4. 来自主继电器的电源
5. ECM 插接器(A) 6. ECM 插接器(B) 7. ECM

表 3-24 故障码 15/P0340—CMP 传感器电路故障排除流程

步骤	检查方法	是	否
1	(1)关闭点火开关,拆下 CMP 传感器插接器 (2)接通点火开关,发动机不运转 (3)测量 CMP 传感器插接器端子"c"与"a"之间的电压。电压值是否在 10~14V 之间	进入第 2 步	(1)"B/R"或"B"线断路或短路 (2)ECM 插接器端子接触不良
2	测量 CMP 传感器插接器端子"b"与搭铁之间的电压。电压是否在 4~5V 范围内	进入第 3 步	(1)"Br/R"线断路或短路 (2)ECM 插接器端子接触不良 (3)如果接触良好,则更换 ECM,并重新检查
3	(1)断开点火开关,拆下 CMP 传感器 (2)转动曲轴,目测 CMP 传感器信号转子的损坏情况。CMP 传感器信号转子是否良好	进入第 4 步	CMP 传感器信号转子有故障
4	(1)更换一新的 CMP 传感器 (2)起动发动机并使它运转 5s (3)使发动机停止运转并检查 DTC。是否显示故障码 15/P0340	(1)CMP 传感器插接器端子接触不良 (2)如果接触良好,则更换 ECM,并重新检查	CMP 传感器有故障

说明:在完成检查和修理工作之后,清除 DTC,起动发动机并使它运转 5s 或更长时间,然后停止,并重新检查 DTC,以确定该故障已排除

5. 故障码 16/P0500—车速传感器(VSS)电路(即使燃油已切断 4s 多,也无车速传感器信号)

VSS 电路如图 3-31 所示。故障码 16/P0500—VSS 电路故障排除见表 3-25。

维修提示：

◆进行故障诊断与排除时，不要将 VSS 传感器端子"a"与"b"相连，否则，可能会引起电源电路的故障。

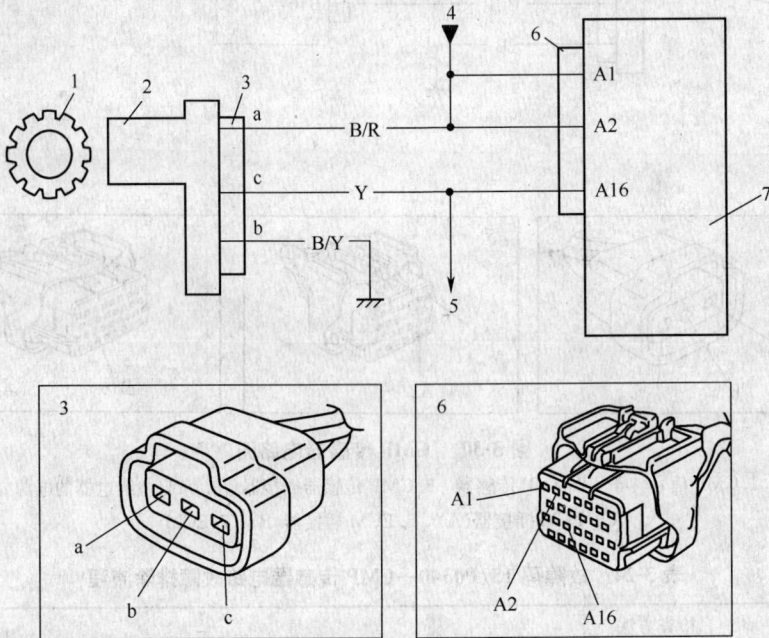

图 3-31　VSS 电路图

1. VSS 信号转子　2. VSS　3. VSS 插接器　4. 来自主继电器的电源　5. 车速表，车速报警蜂鸣器，P/S 控制模块　6. ECM 插接器(A)　7. ECM

表 3-25　故障码 15/P0500—VSS 电路故障排除流程

步骤	检查方法	是	否
1	观察车速表是否显示车速	(1)"Y"线断路或 ECM 上的端子 A16 接触不良 (2)若 Y 线通路及 A16 接触良好，则存在间歇性故障或 ECM 有故障	进入第 2 步
2	(1)断开点火开关，拆下 VSS 插接器 (2)接通点火开关，发动机不运转 (3)测量 VSS 插接器端子"a"与"b"之间的电压。电压是否在 10～14V 之间	进入第 3 步	"B/R"或"B/Y"线断路或短路
3	测量 VSS 插接器端子"c"与搭铁之间的电压。电压是否高于 4V	进入第 4 步	进入第 5 步
4	(1)拆下 VSS (2)目测 VSS 传感器信号转子是否损坏	VSS 信号转子有故障	(1)VSS 插接器端子接触不良 (2)如果接触良好，则更换 ECM，并重新检查

续表 3-25

步骤	检查方法	是	否
5	(1)关闭点火开关,断开组合仪表插接器、断开车速警报器电子插接件(选装)、断开 P/S 控制模块插接件(选装) (2)接通点火开关,发动机不运转 (3)测量 VSS 插接件端子"c"与搭铁之间的电压。电压是否在 4～5V 范围内	(1)车速表有故障 (2)车速警报器有故障 (3)P/S 电控单元有故障(选装)	(1)"Y"线断路或短路 (2)ECM 插接器端子接触不良 (3)如果接触良好,则更换 ECM,并重新检查

说明:在完成检查和修理工作之后,清除 DTC,起动发动机并使发动机运转到正常工作温度。然后上路试车,手动变速器选用 3 档,自动变速器选用 2 档,提高发动机转速到 4000r/min,松开加速踏板,在发动机采用制动情况下保持车辆滑行 7～10s,直到发动机转速度为 2000r/min。重复上述步骤 3 次或更多次。停车并再次检查 DTC,确定此故障已排除。

6. 故障码 18/P0110—进气温度传感器(IAT)电路(信号电压低或高)

IAT 传感器电路如图 3-32 所示。故障码 18/P0110—IAT 传感器电路故障排除见表 3-26。

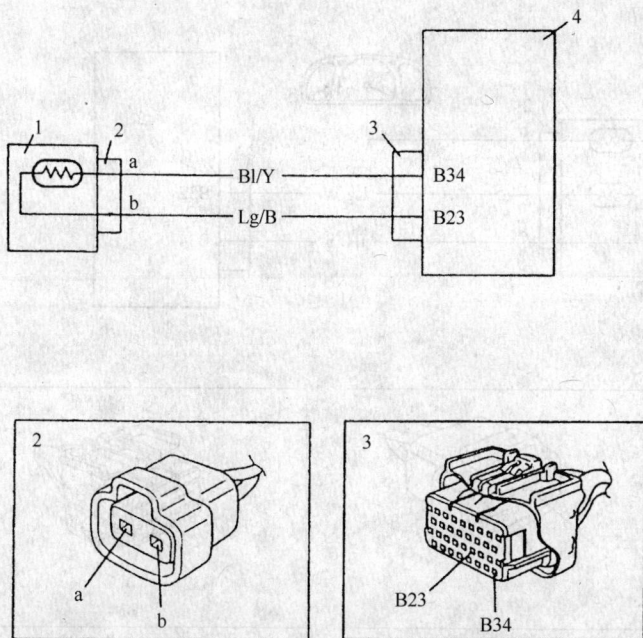

图 3-32　IAT 传感器电路图
1. 进气温度传感器　2. 进气温度传感器插接器　3. ECM 插接器　4. ECM

表 3-26　故障码 18/P0110—IAT 传感器电路故障排除流程

步骤	检查方法	是	否
1	(1)关闭点火开关,断开 IAT 传感器插接器 (2)接通点火开关,发动机不运转 (3)测量传感器插接器端子"b"与搭铁之间的电压,电压是否在 4～5V 范围内	进入第 2 步	(1)"Lg/B"线断路或短路 (2)ECM 插接器端子接触不良 (3)若接触良好,则更换 ECM,并重新检查

续表 3-26

步骤	检查方法	是	否
2	(1)在 IAT 传感器插接器端子"a"与"b"之间用跨接线连接 (2)测量 IAT 传感器插接器端子"b"与搭铁之间的电压,电压是否在 0.15V 以下	进入第 3 步	(1)"Bl/Y"线断开 (2)ECM 插接器端子接触不良 (3)如果接触良好,则更换 ECM,并重新检查
3	检查 IAT 传感器,电阻是否在规定值范围内	IAT 传感器插接器端子接触不良 若接触良好,则更换 ECM,并重新检查	IAT 传感器有故障

说明:在完成检查和修理工作之后,清除 DTC,接通点火开关 5s 或更长时间,再次检查 DTC,以确定此故障已排除。

7. 故障码 19/P0115——发动机冷却液温度传感器(ECT)电路(信号电压低或高)

ECT 传感器电路如图 3-33 所示。故障码 19/P0115——ECT 传感器电路故障排除见表 3-27。

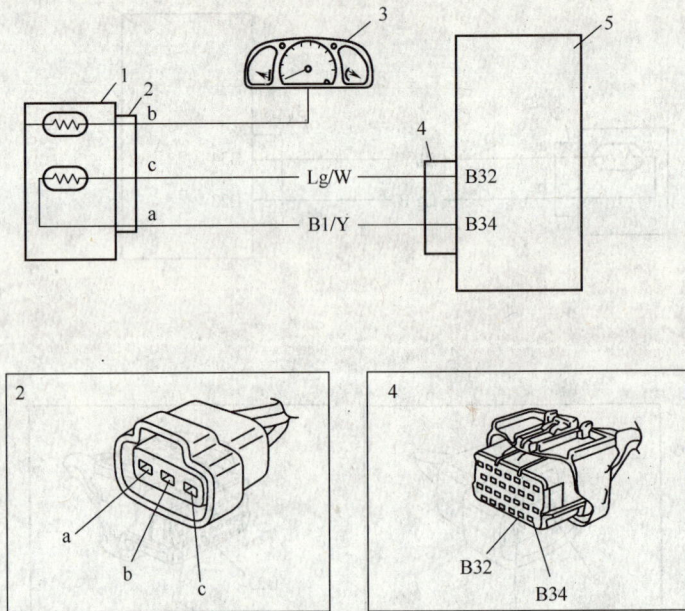

图 3-33   ECT 传感器电路图

1. ECT 传感器   2. ECT 传感器插接件   3. 组合仪表   4. ECM 插接器   5. ECM

表 3-27   故障码 19/P0115——ECT 传感器电路故障排除流程

步骤	检查方法	是	否
1	(1)关闭点火开关,断开 ECT 传感器插接器 (2)接通点火开关,发动机不运转 (3)测量 ECT 传感器插接器端子"c"与搭铁之间的电压,电压是否在 4~5V 范围内	进入第 2 步	(1)"Lg/W"线断路或短路 (2)ECM 插接器端子接触不良 (3)若接触良好,则更换 ECM,并重新检查

续表 3-27

步骤	检查方法	是	否
2	（1）用跨接线将 ECT 传感器插接器端子"a"与"c"相连 （2）测量 ECT 传感器插接器端子"c"与搭铁之间的电压。电压是否在 0.15 以下	进入第 3 步	（1）"Bl/Y"线断路或短路 （2）ECM 插接器端子接触不良 （3）如果接触良好，则更换 ECM，并重新检查
3	检查 ECT 传感器，电阻是否在规定值范围内	ECT 传感器插接器端子接触不良 若接触良好，则更换 ECM，并重新检查	ECT 传感器有故障

说明：在完成检查和修理工作之后，清除 DTC，接通点火开关 5s 或更长时间，再次检查 DTC 以确定此故障已排除。

8. 故障码 21/P1570—ABS 信号器电路（发动机起动时输入的 ABS 信号）

ABS 信号电路如图 3-34 所示。故障码 21/P1570—ABS 信号电路故障排除见表 3-28。

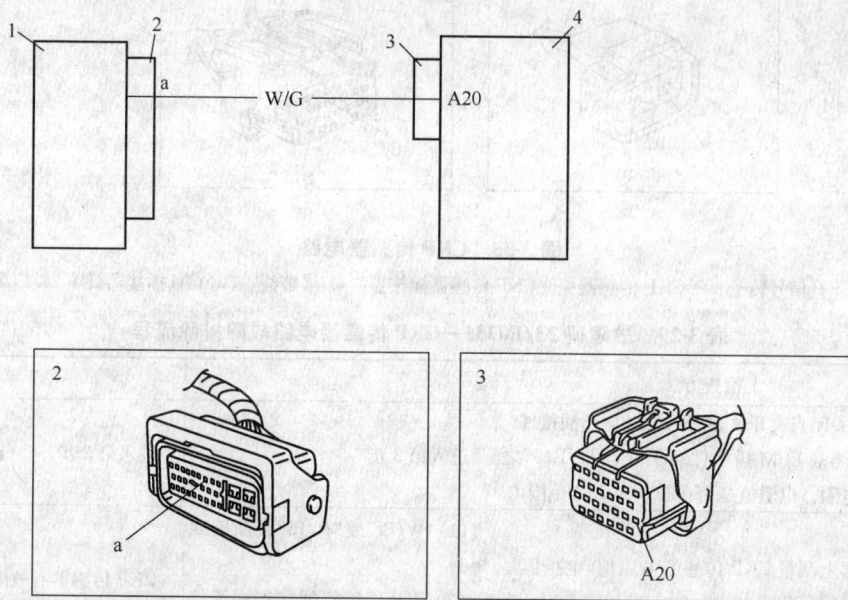

图 3-34　ABS 信号电路

1. ABS 控制模块　2. ABS 控制模块插接器　3. ECM 插接器 A　4. ECM

表 3-28　故障码 21/P1570—ABS 信号电路故障排除流程

检查方法	是	否
（1）关闭点火开关，断开 ABS 控制模块电子插接件 （2）打开点火开关，发动机不运转 （3）测量 ABS 控制模块插接器端子"a"与搭铁面之间的电压。电压是否在 10～14V 之间	更换新的 ABS 电控单元，并重新检查	（1）"W/G"线断路或短路 （2）如果线路通路，则更换 ECM，并重新检查

说明：在完成检查和修理工作之后，清除 DTC，起动发动机并使其运转 5s，甚至更长时间，然后停止，再次检查 DTC，以确定此故障已排除

9. 故障码23/P0335—曲轴位置(CKP)传感器电路(即使发动机起动信号已输入了2s多,仍未有CKP传感器信号)

CKP传感器电路如图3-35所示,故障码23/P0335—CKP传感器电路故障排除见表3-29。

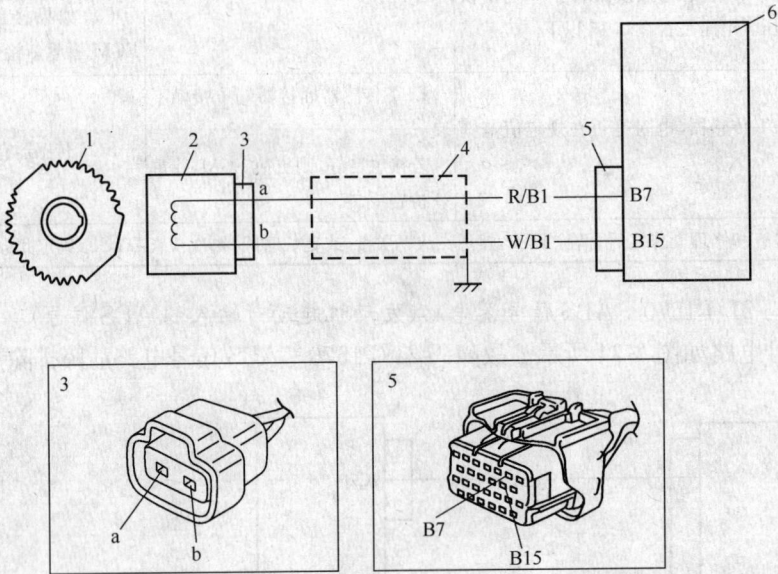

图3-35　CKP传感器电路

1.CKP信号转子　2.CKP传感器　3.CKP传感器插接器　4.屏蔽线　5.ECM插接器(B)　6.ECM

表3-29　故障码23/P0335—CKP传感器电路故障排除流程

步骤	检查方法	是	否
1	(1)关闭点火开关,断开ECM电子插接件 (2)测量ECM插接件端子"B7"与"B15"之间的电阻。电阻值是否在360～460Ω范围内	进入第3步	进入第2步
2	在车上测量CKP传感器电阻值,电阻值是否在规定值范围内	(1)"W/Bl"或"R/Bl"线断路或短路 (2)CKP传感器插接器端子接触不良	CKP传感器有故障
3	(1)拆下CKP传感器 (2)目测CKP传感器信号转子损坏情况	CKP传感器信号转子有故障	(1)ECT插接器端子接触不良 (2)若接触良好,则更换ECM,并重新检查
说明:在完成检查和修理工作之后,清除DTC,起动发动机并运转5s,再次检查DTC,以确定此故障已排除

四、发动机电控系统控制电路的检查

1. 燃油泵电路检查

燃油泵电路如图3-36所示。

电路说明:在点火开关旋至ON位置2s后,当起动发动机信号输入时,以及当发动机工作时,燃油泵继电器处于接合状态。

燃油泵电路的故障诊断与排除见表3-30。

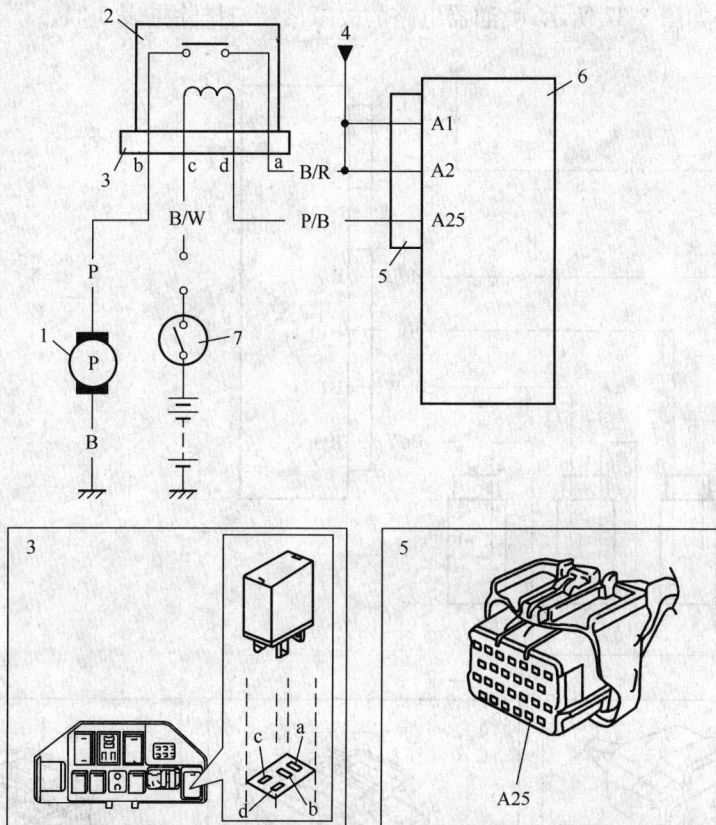

图 3-36 燃油泵电路图

1. 燃油泵 2. 燃油泵继电器 3. 燃油泵继电器插件 4. 主继电器提供的电源
5. ECM插接件（A） 6. ECM 7. 点火开关

表 3-30 燃油泵电路故障排除流程

步骤	检查方法	是	否
1	(1)打开加油口盖,在燃油注油管处准备好听燃油泵工作情况 (2)接通点火开关,听燃油泵工作情况。燃油泵运行是否接近2s	燃油泵电路状态良好	进入第2步
2	(1)关闭点火开关,拆下燃油泵继电器 (2)用跨接线将燃油泵继电器插接件端子"a"与"b"连接起来 (3)接通点火开关,但发动机不运转。听燃油泵工作情况。燃油泵是否工作	进入第3步	(1)"B/R"、"P/B"线断路或短路 (2)燃油泵有故障
3	检查燃油泵继电器,燃油泵继电器工作是否良好	(1)"B/W"或"P/B"线断路或短路 (2)若上述线路畅通,则更换ECM,并重新检查	燃油泵继电器有故障

2. 喷油器电路检查

喷油器电路如图 3-37 所示,喷油器电路的故障诊断与排除见表 3-31。

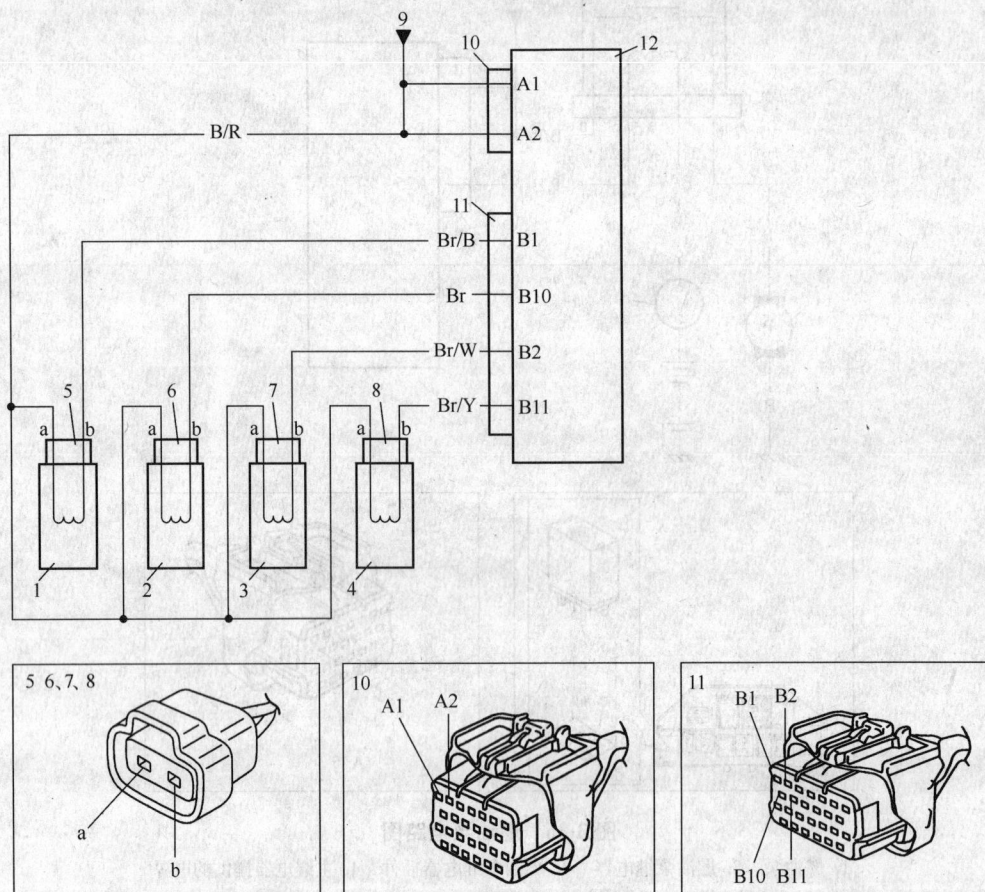

图 3-37　喷油器电路图

1. 喷油器 1　2. 喷油器 2　3. 喷油器 3　4. 喷油器 4　5. 喷油器插接件 1　6. 喷油器插接件 2　7. 喷油器插接件 3
8. 喷油器插接件 4　9. 主继电器供应的电源　10. ECM 插接件(A)　11. ECM 插接件(B)　12. ECM

表 3-31　喷油器电路故障排除流程

步骤	检查方法	是	否
1	打开点火开关,但不起动发动机,查听 4 个喷油器是否有喷油声音	进入第 2 步	进入第 3 步
2	关闭点火开关,断开 ECM 插接件 测量 A1 和 B1、A1 和 B10、A1 和 B2 及 A1 和 B11 端子之间的电阻,电阻值是否在 10～15Ω 范围内	喷油器电路状态良好	"Br/B"、"Br"、"Br/W"、"Br/Y"线路有故障
3	在进行第 2 步的检查时,4 个喷油器中是否有喷油的声音	进入第 4 步	线束有故障 喷油器有故障 插接件接触不良 如果接触良好,则更换 ECM,并重新检查

续表 3-31

步骤	检查方法	是	否
4	关闭点火开关,断开 ECM 插接件 检查"B/R","Br/B","Br","Br/W","Br/ Y"线路断路或短路情况。控制线路是否正常	(1)插接件接触不良 (2)若接触良好,则更换 ECM, 并重新检查	线束有故障

3. 急速空气控制(IAC)系统电路检查

急速空气控制系统电路如图 3-38 所示。急速空气控制系统故障排除见表 3-32。

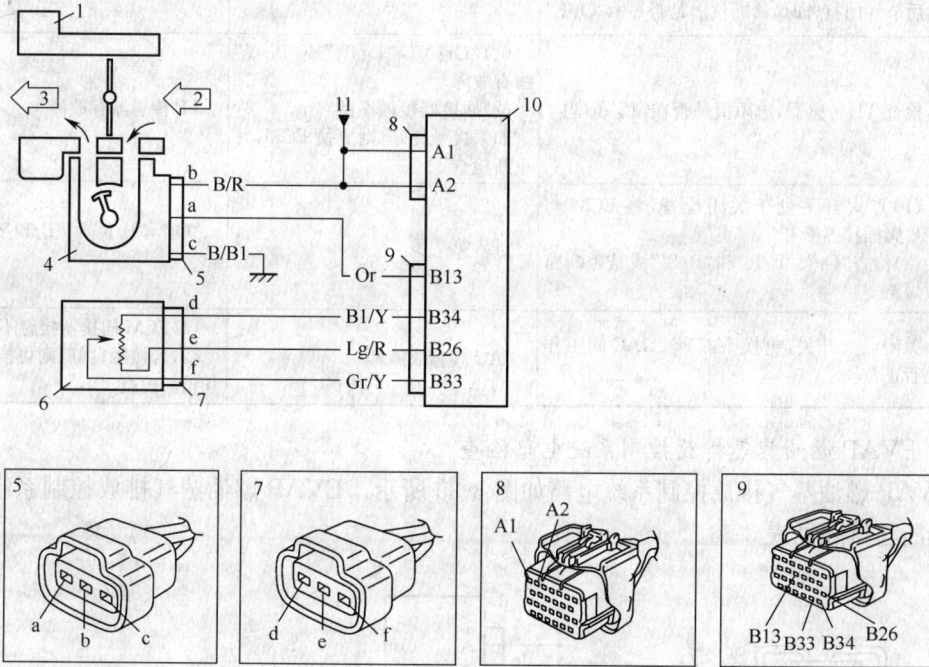

图 3-38　急速空气控制系统电路图

1. 节气门体　2. 来自空气滤清器　3. 进入进气支管　4. IAC 阀　5. IAC 阀插接器　6. TP 传感器　7. TP 传感器
插接器(A)　8. ECM 插接器(A)　9. ECM 插接器(B)　10. ECM　11. 来自主继电器的电源

表 3-32　急速空气控制系统电路故障排除流程

步骤	检查方法	是	否
1	检查发动机急速和 IAC 负荷。急速及 IAC 负荷是否在规定范围内	系统状态良好	进入第 2 步
2	检查 IAC 阀,IAC 阀状态是否良好	进入第 4 步	进入第 6 步
3	(1)关闭点火开关,安装故障诊断仪 (2)接通点火开关,发动机不运转 (3)在故障诊断仪上监视节气门关闭位置("CLOSE THROT POS")特性参数 (4)节气门全关闭时,诊断仪上显示"ON",然后节气门打开时,诊断仪上是否显示"OFF"	(1)活性炭罐排气阀有故障 (2)PCV 阀有故障 (3)EGR 系统有故障 (4)A/C 信号有故障 (5)发动机附件有故障	进入第 4 步

续表 3-32

步骤	检查方法	是	否
4	(1)关闭点火开关,使蓄电池负极断开 30s 再接上 (2)使点火开关处于关闭位置,安装故障诊断仪 (3)接通点火开关,发动机不运转 在故障诊断仪上监视节气门关闭位置("CLOSE THROT POS")参数 (4)节气门全关闭时,诊断仪上显示"ON",然后节气门打开时,诊断仪上是否显示"OFF"	重新检查发动机怠速	进入第 5 步
5	检查 TP 传感器,电阻值是否在规定范围内	(1)"Gr/Y","Lg/R"或"Bl/Y"线有故障 (2)插接器接触不良 如果接触良好,则更换 ECM,并重新检查	TP 传感器有故障
6	(1)点火开关处于关闭位置,将 ECM 与 IAC 阀插接器断开 (2)检查"Or"、"B/R"和"B/Bl"线是否断路或短路	进入第 7 步	"Or"、"B/R"和"B/Bl"线有故障
7	关闭点火开关,更换 IAC 阀。IAC 阀工作是否正常	IAC 阀有故障	(1)ECM 插接器接触不良 (2)若接触良好,则更换 ECM,并重新检查

4. EVAP 燃油蒸气排放控制系统电路检查

EVAP 燃油蒸气排放控制系统电路如图 3-39 所示。EVAP 燃油蒸气排放控制系统电路故障诊断与排除见表 3-33。

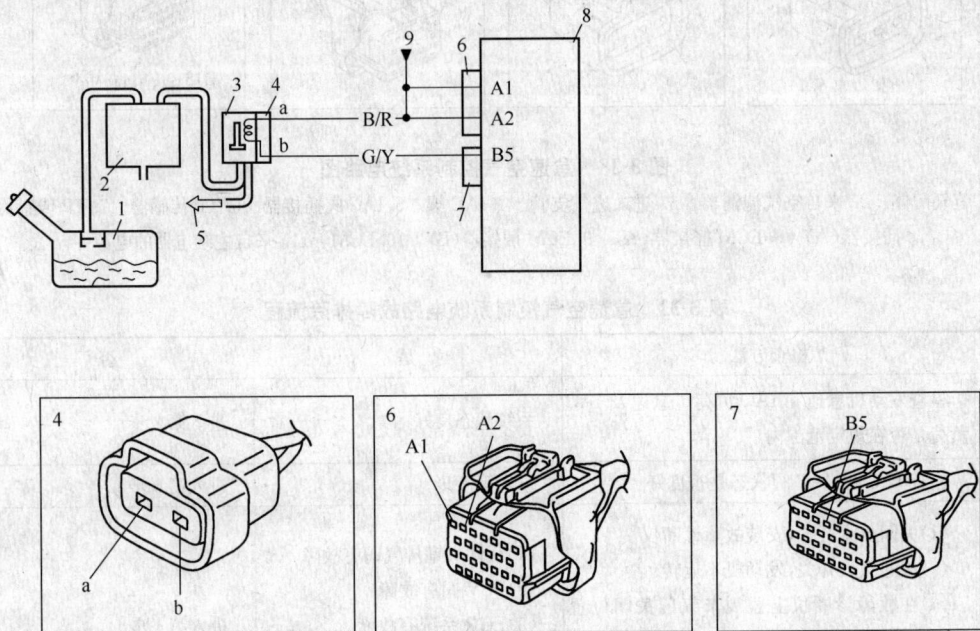

图 3-39 EVAP 燃油蒸气排放控制系统电路图

1. 燃油箱 2. 活性炭罐 3. 活性炭罐排气阀 4. 活性炭罐排气阀插接器 5. 进入进气支管
6. ECM 插接器 7. ECM 插接器 8. ECM 9. 来自主继电器的电源

表 3-33　EVAP 燃油蒸气排放控制系统电路故障排除流程

步骤	检查方法	是	否
1	检查 EVAP 系统软管和管道、活性炭罐排气阀和活性炭罐,工作是否正常	进入第 2 步	修理或更换
2	(1)断开 EVAP 软管,起动发动机并使它息速运转 (2)将大拇指放在软管末端上面,检查真空度	"G/Y"线有故障 若线路正常,则更换 ECM,并重新检查	进入第 3 步
3	(1)关闭点火开关,断开 ECM 插接器 (2)在每个端子处检查配合是否合适 (3)若良好,则测量 ECM 插接器"A1"端子与"B5"之间的电阻。电阻是否在 30～34Ω 之间	燃油蒸发控制系统零部件,除 ECM 之外状态良好	(1)"B/R","G/Y"线有故障 (2)炭罐排气阀插接件接触不良

5. 废气再循环(EGR)系统电路检查

EGR 系统电路如图 3-40 所示。

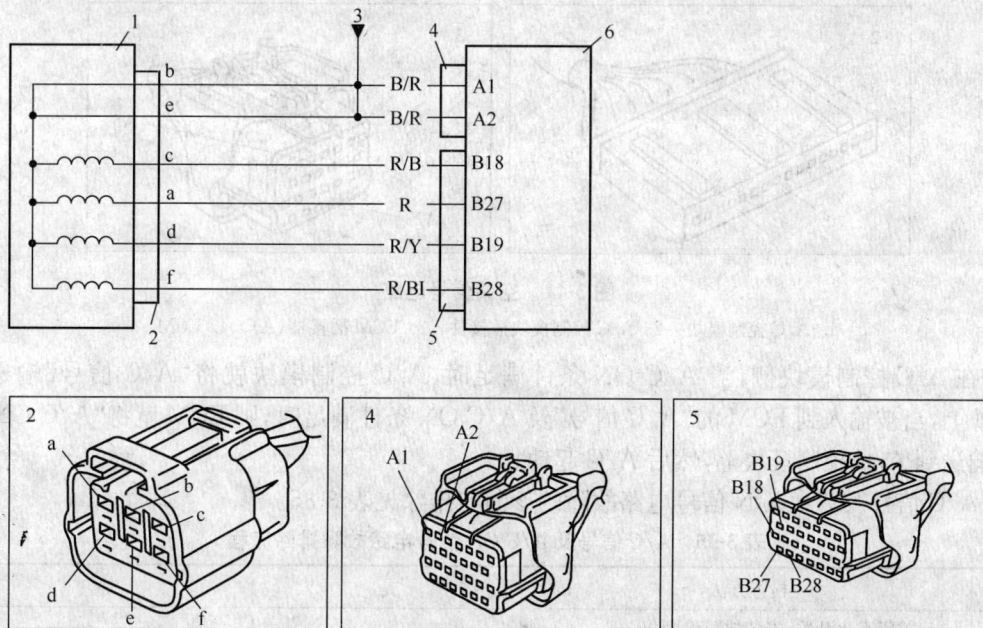

图 3-40　EGR 系统电路图

1.EGR 阀　2.EGR 阀插接件　3.来自主继电器的电源　4.ECM 插接器(A)　5.ECM 插接器(B)　6.ECM

电路说明:EGR 阀步进电机从 ECM 中接收到开(关)信号后,就根据步距数转到开(关)位置,并推出(拉起)与步进电机相啮合螺杆的杆。当安装到 EGR 阀上的此杆与 ECM 发出的信号步距数相符的数打开时,废气就从排气支管流入进气支管。

EGR 系统故障诊断与排除见表 3-34。

6. 空调(A/C)信号器及空调(A/C)ON 信号器电路检查

空调信号电路如图 3-41 所示。

表 3-34 EGR 系统故障排除流程

步骤	检查方法	是	否
1	检查 EGR 系统是否正常	EGR 系统状态良好	进入第 2 步
2	检查 EGR 阀,EGR 阀是否良好	进入第 3 步	EGR 阀有故障
3	(1)安装 EGR 阀并连接上 EGR 阀插接件 (2)关闭点火开关,断开 EGR 插接件 测量 ECM 插接件"A1"到"B18"、"B19"、"B27"及"B28"的电阻。每个电阻值是否在 20～24Ω 范围内	(1)EGR 通道受阻 (2)ECM 插接件接触不良 (3)若状态良好,则更换 ECM,并重新检查	(1)"B/R"、"R/B"、"R/Y"、"R"、"R/Bl"线有故障 (2)EGR 阀插接件接触不良

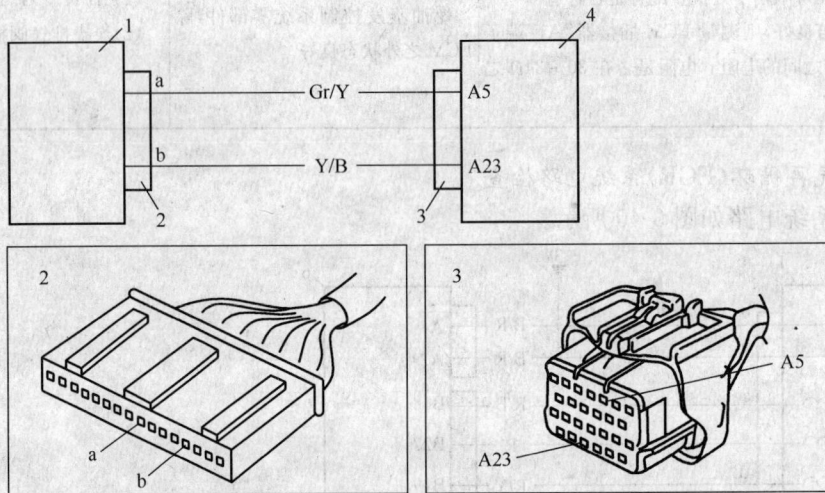

图 3-41 空调信号电路

1. A/C 控制模块　2. A/C 控制模块插接件　3. ECM 插接器(A)　4. ECM

在 A/C 控制模块侧,当 A/C ON 条件满足时,A/C 控制模块就将"A/C 信号"输送到 ECM 上,当被输入到 ECM 的"A/C 信号"及 A/C ON 条件满足时,则 ECM 就将"A/C ON 信号"输送到 A/C 控制模块上,然后 A/C 起动。

A/C 信号及 A/C ON 信号电路故障的诊断与排除见表 3-35。

表 3-35 A/C 信号及 A/C ON 信号电路故障排除流程

步骤	检查方法	是	否
1	(1)关闭点火开关,安装故障诊断仪 (2)起动发动机并怠速运转 (3)监测故障诊断仪上 A/C 信号器("A/C 开关")参数 (4)将 A/C 开关旋至 OFF(关)位置,诊断仪是否显示 OFF(关)	进入第 2 步	(1)"Y/B"线短路 (2)A/C 控制模块有故障 (3)若无故障,则更换 ECM,并重新检查
2	(1)使发动机怠速运转,监测故障诊断仪上的 A/C 信号器("A/C 开关")参数 (2)将 A/C 开关旋至 ON(开)位置,并将鼓风机速度选择器开关旋至除 OFF(关)以外的任意位置。诊断仪是否显示 ON(开)	进入第 3 步	(1)"Y/B"线断路 (2)连接线路接触不良 (3)A/C 控制模块有故障 (4)若无故障,则更换 ECM,并重新检查

续表 3-35

步骤	检查方法	是	否
3	(1)使发动机怠速运转,监测故障诊断仪上的 A/C ON 信号器("A/C 磁性爪")参数 (2)将 A/C 开关旋至 OFF(关)位置。检测仪是否显示 OFF(关)	进入第 4 步	更换 ECM 并重检
4	(1)使发动机怠速运转,监测故障诊断仪上的 A/C ON 信号器(A/C 磁性爪)参数 (2)将 A/C 开关旋至 ON(开)位置,并将鼓风机速度选择器开关旋至除 OFF(关)位置之外的任意位置。A/C 工作时检测仪上是否显示 ON(开)	A/C 信号电路及 A/C ON 信号电路发挥正常作用	(1)"Gr/Y"线断路或短路 (2)线路接触不良 (3)A/C 控制模块有故障 (4)若无上述故障,则更换 ECM,并重新检查

7. 散热器风扇控制系统电路检查

散热器风扇控制系统电路如图 3-42 所示。散热器风扇控制系统电路故障的诊断与排除见表 3-36。

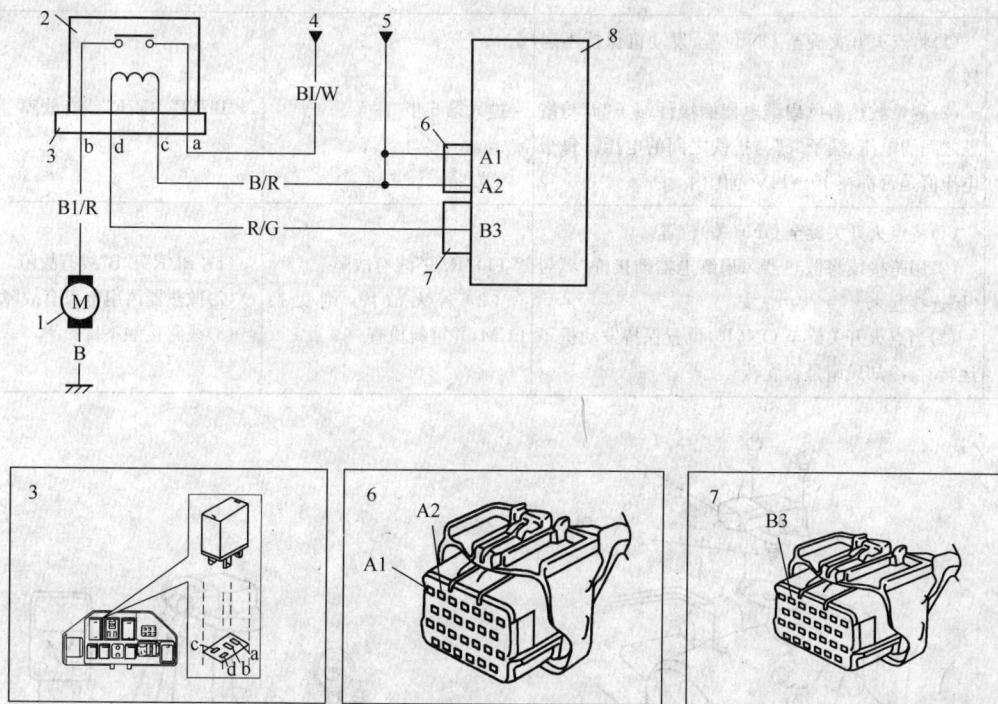

图 3-42　散热器风扇控制系统电路图

1. 散热器风扇电机　2. 散热器风扇继电器　3. 散热器风扇继电器插接件　4. 来自总保险盒的电源
5. 主继电器提供的电源　6. ECM 插接器(A)　7. ECM 插接器(B)　8. ECM

五、发动机电控系统主要部件的检修

1. 进气支管绝对压力传感器(MAP 传感器)的检修

MAP 传感器的安装位置如图 3-43 所示。

(1)如图 3-44 所示,串联 3 节新的 1.5V 干电池(检查总电压是否在 4.5~5.0V 之间)。

表 3-36　散热器风扇控制系统电路故障排除流程

步骤	检查方法	是	否
1	(1)将点火开关旋至 OFF(关)位置,安装故障诊断仪 (2)起动发动机并使之怠速运转 (3)在检测仪上观察发动机冷却液温度。当发动机冷却液温度达到 90℃ 以上时,观察冷却液风扇是否转动	进入第 2 步	进入第 3 步
2	当发动机冷却液温度降至 85℃ 以下时,冷却液风扇是否停转动	散热器风扇控制系统正常工作	进入第 3 步
3	(1)使发动机停止运转 (2)将点火开关旋至 OFF(关)位置,断开散热器风扇继电器 (3)检查散热器风扇继电器,散热器风扇继电器工作是否正常	进入第 4 步	散热器风扇继电器有故障
4	(1)将点火开关旋至 ON 位置,发动机保持不运转 (2)测量散热器风扇继电器插接件端子"a"与搭铁之间的电压、端子"c"与搭铁之间的电压。每个电压值是否都在 10～14V 范围内	进入第 5 步	"Bl/W"、"B/R"线有故障
5	(1)将点火开关旋至 OFF(关)位置 (2)用跨接线将散热器风扇继电器插接件"a"与"b"连接起来 (3)当点火开关旋至 ON(开)位置保持发动机不运转时,冷却风扇是否旋转	(1)"R/G"线有故障 (2)若无故障,则更换 ECM,并重新检查	(1)"Bl/R"、"B"线有故障 (2)散热器风扇电机有故障 (3)线路接触不良

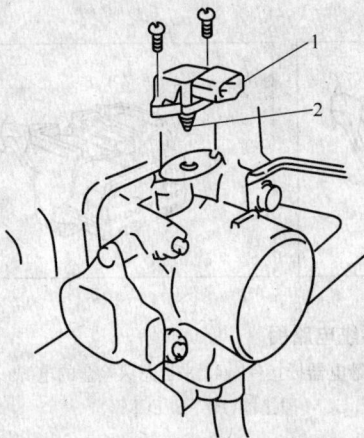

图 3-43　MAP 传感器的安装位置
1. MAP 传感器　2. O 形环

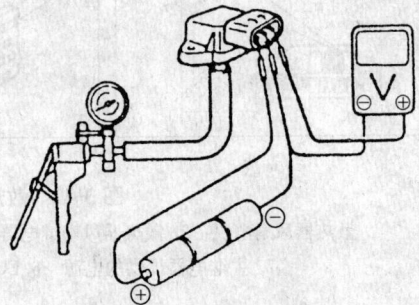

图 3-44　检查 MAP 传感器

(2)将干电池的正极与 MAP 传感器"Vin"端子相连,干电池负极与 MAP 传感器"搭铁"相连。然后检查 MAP 传感器"Vout"端子与"搭铁"之间的电压。

（3）当用真空泵将真空压力加到 53kPa 时，检查电压是否降低。MAP 传感器输出电压值见表 3-37。

表 3-37 MAP 传感器输出电压

真空压力（kPa）	输出电压（V）
100	3.5～3.7
93	3.2～3.5
83	3.0～3.2
75	2.7～3.0
69	2.6～2.8

⑤若电阻不在规定值内，则更换 CKP 传感器。

（2）CKP 传感器信号转子的检查。

①拆下正时皮带罩。

②如图 3-46 所示，检查 CKP 传感器信号转子是否损坏。

③如果发现有故障，则更换所有出故障的零件。

3. 节气门位置（TP）传感器的检修

TP 传感器安装在节气门体上，如图 3-47 所示。

（1）使用欧姆表检查表 3-38 所列的条件下的电阻。注意，节气门在怠速位置与全开时的电阻应相差 1.5kΩ。

2. 曲轴位置传感器（CKP 传感器）的检查

（1）CKP 传感器的就车检查。

①断开蓄电池上的负极线。

②从 CKP 传感器上断开插接件。

③如图 3-45 所示，测量 CKP 传感器每个端子间的电阻。电阻值应为 360～460Ω。

④测量每个端子与搭铁间的电阻。电阻应为 1MΩ 或更大。

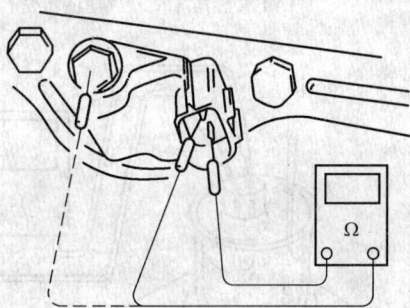

图 3-45 就车检查 CKP 传感器电阻

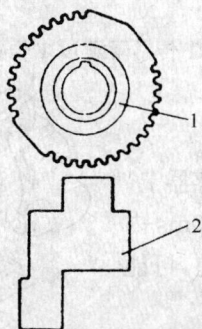

图 3-46 检查 CKP 传感器信号转子

1. CKP 传感器转子 2. CKP 传感器

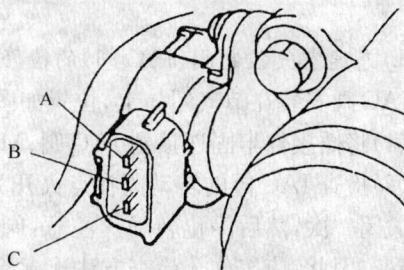

图 3-47 检查 TP 传感器电阻

A～C—端子

（2）如果检查结果不符合要求，则更换 TP 传感器。

4. 空气进气温度（IAT）传感器和发动机冷却液温度（ECT）传感器的检修

IAT 传感器安装在空气滤清器外壳上，位置如图 3-48 所示；ECT 传感器安装在进气支管上，位置如图 3-49 所示。

表 3-38 TP 传感器电阻值

端子	电阻（kΩ）	
端子"A"与"B"之间	2.5～2.6	
端子"A"与"C"之间	节气门在怠速位置	0.17～11.4
	节气门全开状态	1.72～15.50

（1）如图 3-50 所示，将 IAT 传感器或 ECT 传感器的温度传感零件浸入水中。当水温逐渐升高时，测量传感器端子之间的电阻值。

（2）如果测得的电阻值不符合图 3-51 中所示的特性，则更换 IAT 传感器或 ECT 传感器。

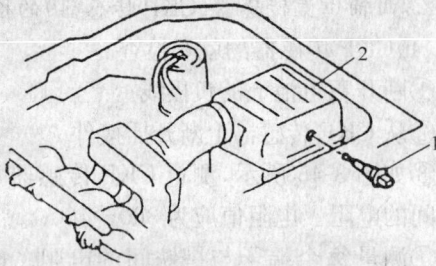

图 3-48 IAT 传感器的位置

1. IAT 传感器 2. 空气滤清器壳

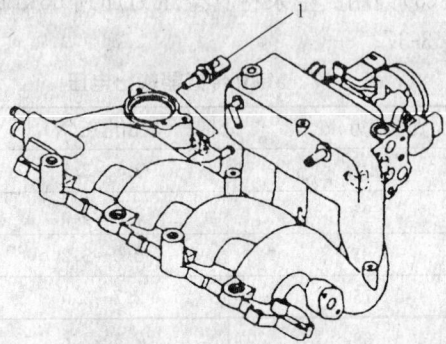

图 3-49 ECT 传感器的位置

1. ECT 传感器

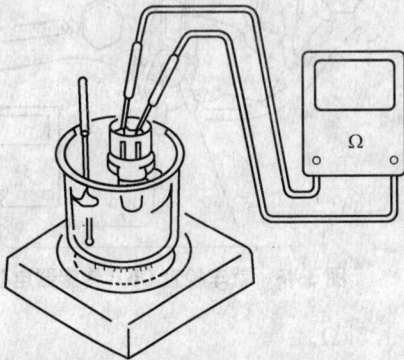

图 3-50 将 IAT 传感器或 ECT 传感器加热

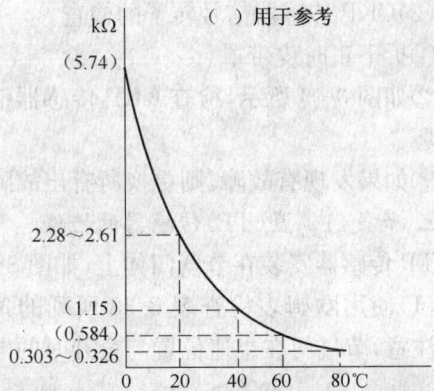

图 3-51 IAT 传感器或 ECT 传感器特性图

5. 急速空气控制阀（IAC 阀）的检修

IAC 阀安装在节气门体上，位置如图 3-52 所示。

（1）将插接件牢固连接到 IAC 阀、MAP 传感器及 TP 传感器上。

（2）检查 IAC 阀的转动阀在点火开关打开时，是否在约 60ms 内打开关闭一次，然后停止转动。注意：阀体转动是瞬间完成的，可能看不到。因此，应按这个检查方法连续检查 3 次或更多次。

（3）若 IAC 阀的转动阀（见图 3-53）确认没有动作，检查线束是否断路或短路。若线束状态良好，则更换 IAC 阀并重新检查。

6. 氧传感器（HO_2S）（带预热）的检修

（1）HO_2S 的就车检查。按故障码 14/P1935 的检查方法，检查氧传感器及其电路，如果发现有故障，则更换氧传感器。

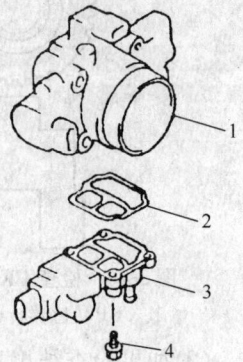

图 3-52 拆卸 IAC 阀

1. 节气门体 2. O 形环
3. IAC 阀 4. IAC 阀螺栓

（2）氧传感器加热器的检查。

①断开氧传感器插接件。

②如图 3-54 所示，使用欧姆表，测量传感器端子"a"与"b"之间的电阻，应在 $11\sim15\Omega$ 之间。若有故障，则更换氧传感器。

7. 车速传感器（VSS）的检查

（1）升起车子。

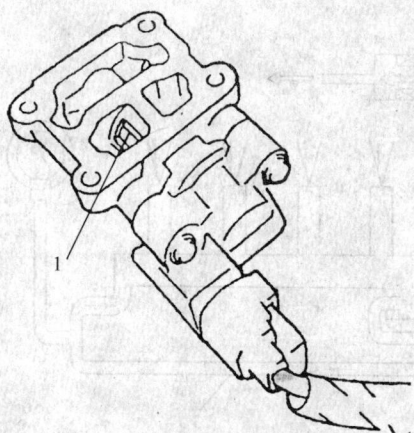

图 3-53　IAC 阀的转动阀
1. 转动阀

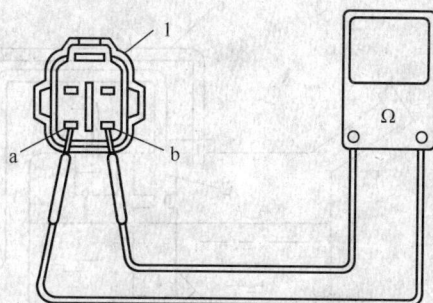

图 3-54　检查氧传感器加热器的电阻
1. 氧传感器插接器(从终端侧看)

(2)松开驻车制动杆,使变速器处于空档状态。

(3)拆下组合仪表,并断开组合仪表插接件。

(4)如图 3-55 所示,用电压表将组合仪表插接件插孔"a"与车身搭铁连起来。

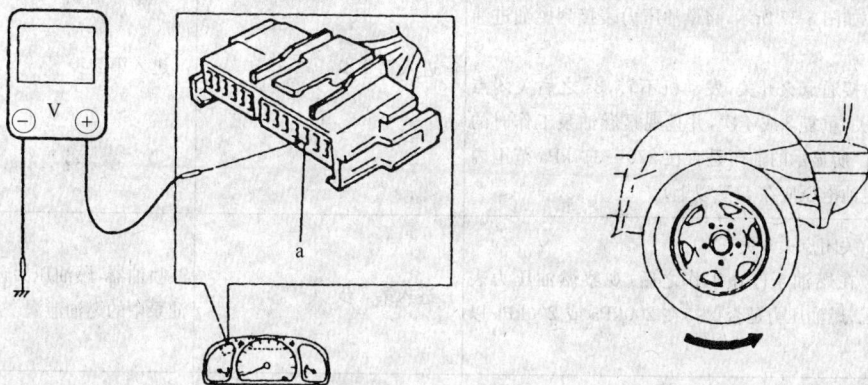

图 3-55　检查 VSS

(5)将点火开关旋至 ON(开)位置,并使右后轮慢慢转动,左后轮锁死。

(6)当轮胎旋转时,电压表将在 0~1V 和 4~14V 之间摆动。

(7)如果检查结果不正常,则参阅故障码 16/P0500——VSS 电路故障的排除。

六、发动机电控系统其他检查

1. 燃油压力的检查

燃油供给系统的组成如图 3-56 所示。燃油压力调节器使供给喷油器 290kPa 的燃油压力高于进气支管处的压力或大气压力。在排除燃油压力故障之前,检查以确保蓄电池电压高于 11V。如果蓄电池电压低,即使燃油泵及输油管状态正常,燃油压力也变得低于规定值。

燃油压力的检查见表 3-39。

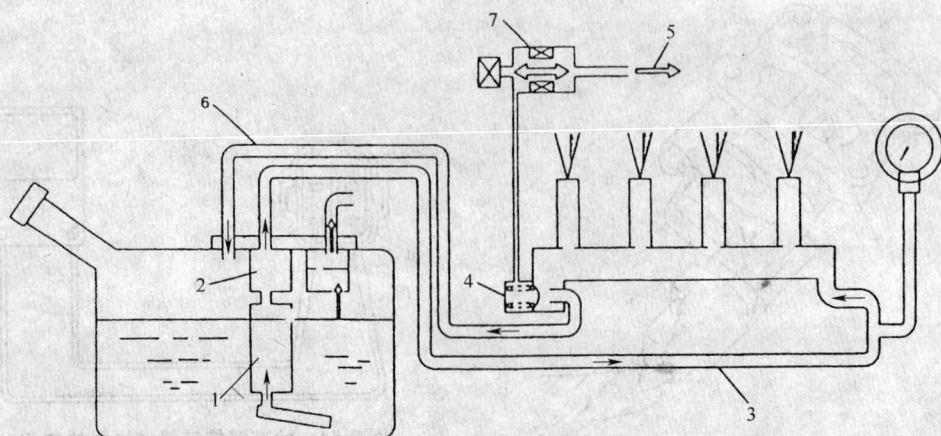

图 3-56　燃油供给系统示意图

1. 燃油泵　2. 燃油过滤器　3. 供油管　4. 燃油压力调节器　5. 进入进气支管　6. 回油管　7. 真空开关阀

表 3-39　燃油压力的检查

步骤	检查方法	是	否
1	(1)降低燃油进油管中的燃油压力。从燃油输送管中断开燃油进油软管 (2)如图 3-57 所示,将燃油压力表接到燃油进油管上 (3)接通点火开关,发动机不转,3s 之后关闭点火开关,重复 3 或 4 次,并且观察燃油泵工作时的油压。所显示的油压是否在 270～310kPa 范围内(蓄电池电压应在 11V 以上)	进入第 2 步	进入第 5 步
2	(1)关闭点火开关 (2)在燃油泵停止工作之后,观察燃油压力表1min。燃油压力是否保持在 200kPa 或 200kPa 以上	进入第 3 步	喷油器,燃油压力调节器或燃油泵中的燃油泄漏
3	(1)起动发动机到正常工作温度 (2)使发动机怠速运转,观察燃油压力表所显示的燃油压力是否在 210～260kPa 范围内	进入第 4 步	从进气支管到燃油压力调节器的真空段有故障,真空开关阀有故障或燃油压力调节器有故障
4	使燃油泵工作,当卡住燃油回油软管时,检查燃油压力。所显示的油压是否在 441～637kPa 范围内	油压正常	燃油泵有故障
5	油压是否在第 1 步中的规定值内	进入第 6 步	进入第 7 步
6	(1)将燃油回油软管从燃油压力调节器上断开,将新的燃油软管连接到燃油压力调节器上 (2)接通点火开关,发动机不运转 观察燃油压力表所显示的燃油压力是否在271～310kPa 范围内	燃油回油软管或管道受阻	油压调节器有故障

续表 3-39

步骤	检查方法	是	否
7	(1)接通点火开关,保持发动机不运转 (2)卡住燃油回油软管时,检查是否有油压	油压调节器有故障	(1)燃油过滤器阻塞 (2)缺油 (3)燃油进油软管或管道受阻 (4)燃油泵有故障 (5)油箱上软管连接处漏油 (6)燃油泵电路有故障

说明:

(1)检查完燃油压力之后,拆下燃油压力表。当燃油进油管还处于高压状态下时,先将燃油容器置于三通接头处,再用擦布裹住三通接头并慢慢松开连接螺母以逐渐释放燃油压力。

(2)安装燃油进油软管并将其夹紧。

(3)接通点火开关,使燃油泵运行,3s后使它停止工作。像这样重复3或4次然后检查燃油是否泄漏。

2. 燃油泵的就车检查

(1)打开燃油注油口盖,接通点火开关(发动机不运转),在注油口处是否能听到燃油泵工作噪声。检查完毕之后,重新关好燃油注油口盖。

(2)关闭然后再打开点火开关(发动机不运转),点火开关接通 2s 后,用手在燃油回油软管处感觉应有燃油压力,如图 3-58 所示。若未感觉到燃油压力,则进行燃油压力检查;若不能听到工作噪声,则进行燃油泵电路检查。

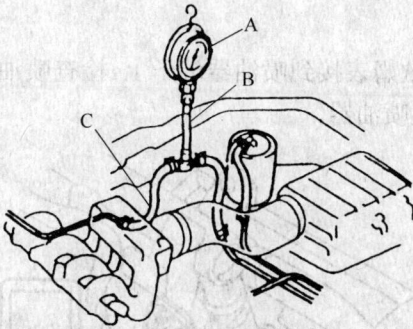

图 3-57　连接燃油压力表

A. 燃油压力表　B. 压力软管　C. 3 通接头及软管

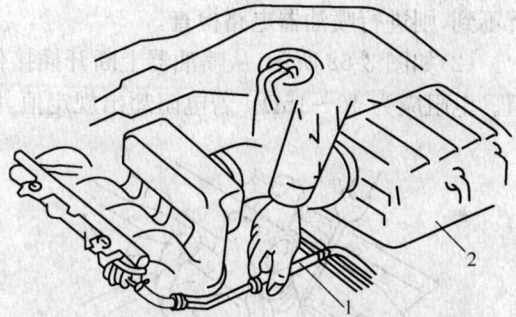

图 3-58　检查燃油回油软管压力

1. 燃油回油软管　2. 空气滤清器

3. 燃油压力调节器真空开关阀的检查

(1)点火开关处于关闭位置,从真空开关阀上断开插接件。

(2)如图 3-59 所示,检查真空开关阀两插孔间的电阻。真空开关阀电阻应在 37~44Ω。若电阻达到规定值,则进行下面步骤的检查。否则,更换真空开关阀。

(3)从进气支管和燃油压力调节器上断开真空软管。

(4)如图 3-60a 所示,向软管 1 吹气,空气应

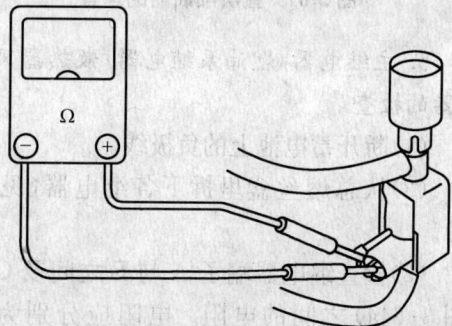

图 3-59　检查真空开关阀两插孔间电阻

从软管2中出来,而不是从过滤器中出来。

(5)如图3-60b所示,将12V蓄电池接到真空开关阀插孔上。在这种状态下,向软管1吹气,空气应从过滤器中出来,而不是从软管2中出来。若检查结果不是上述情况,则更换真空开关阀。

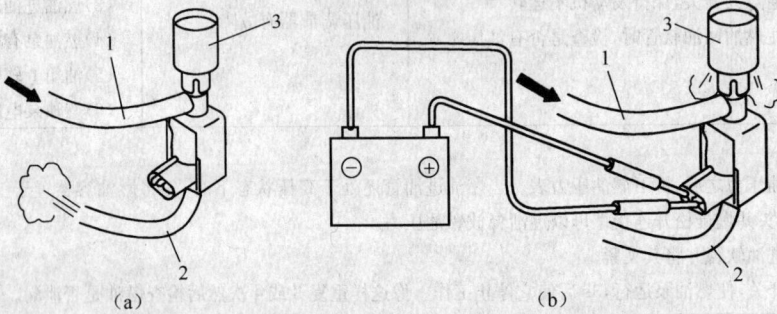

图3-60　检查燃油压力调节器真空开关阀的导通性

(a)不通电时　(b)通电时

1. 软管　2. 软管　3. 过滤器

(6)接上真空软管。

(7)将插接器牢固地插到真空开关阀上

4. 喷油器的就车检查

(1)打开点火开关,不起动发动机,如图3-61所示,查听喷油器是否有喷油的声音。如果听不到,则进行喷油器电路检查。

(2)如图3-62所示,从喷油器上断开插接件,将欧姆表接到喷油器端子上,检查喷油器电阻。电阻应为10~15Ω。若电阻超出规定值,则更换喷油器。

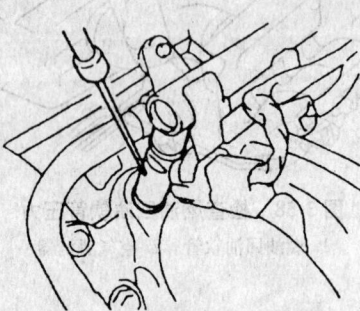

图3-61　查听喷油器的声音

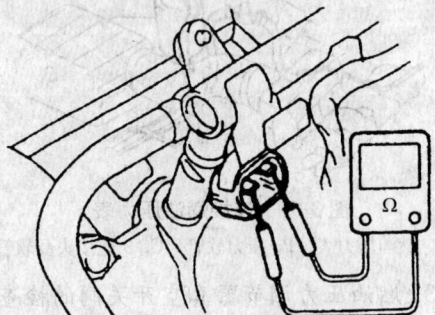

图3-62　检查喷油器电阻

5. 主继电器/燃油泵继电器/散热器风扇继电器的检查

(1)断开蓄电池上的负极线。

(2)从总熔丝盒里拆下各继电器(见图3-63)。

(3)检查继电器端子A与B之间及C与D(图3-64a)之间的电阻。电阻应分别为∞和56~146Ω。如果检查结果符合要求,则进入下

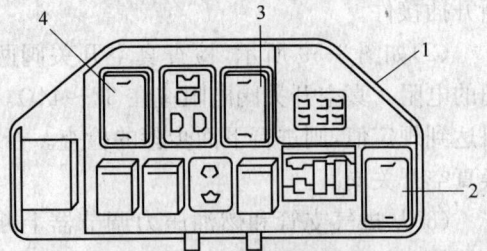

图3-63　总熔丝盒内继电器

1. 总熔丝盒　2. 燃油泵继电器　3. 主继电器　4. 散热器风扇继电器

一步骤的检查。如果不符合要求,则更换继电器。

(4)如图 3-64b 所示,将蓄电池接到端子"C"和"D"上,检查端子"A"与"B"之间是否畅通。如果发现故障,则更换继电器。

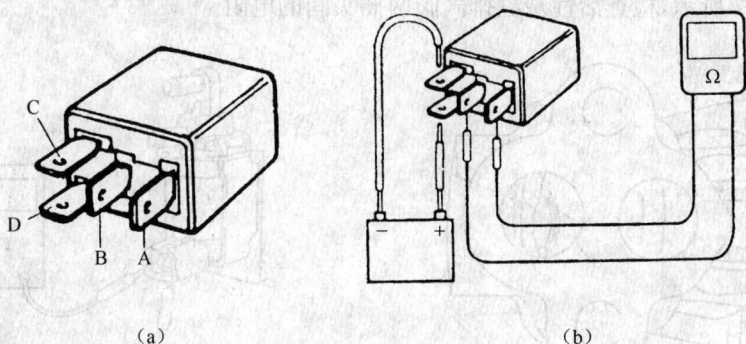

图 3-64 检查继电器

(a)继电器外形 (b)检查继电器电阻

A、B、C、D. 端子

6. EGR 系统的检修

(1)使用故障诊断仪检测 EGR 系统。

①点火开关处于关闭状态,将故障诊断仪接到故障诊断座上。

②起动发动机并达到正常的工作温度。

③发动机转速在 1500r/min 和 3000r/min 之间,使用诊断仪中的"MISC. TEST"模式打开 EGR 阀。在此状态下,随着 EGR 阀开度增大,发动机怠速下降。如果不是这样,进入 EGR 系统检查。

(2)EGR 阀的就车检查。

①断开蓄电池上的负极线。

②断开 EGR 阀插接件。

③检查 EGR 阀插头 A 与 B、插头 C 与 B、插头 F 与 E、插头 D 与 E(图 3-65)之间的电阻。电阻均应为 20~24Ω。

④检查插头 B、D 与阀体之间的电阻。电阻值应为无穷大。若发现有故障,则更换 EGR 阀总成。

(3)EGR 阀的检查。

①从 EGR 阀气体通道上拆下炭精棒。注意不要使用边缘尖锐的工具拆卸炭精棒。小心,不要损坏或弯曲 EGR 阀,阀座及阀杆。

②如图 3-66 所示,检查 EGR 阀、阀座和阀杆是否有断裂,裂纹,弯曲或其他损坏。

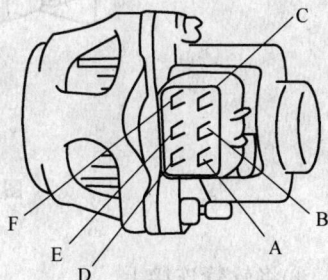

图 3-65 EGR 阀插头

A~F. 端子

③检查 EGR 通道是否堵塞或漏气。如果发现有故障,则进行修理或更换。

7. 燃油蒸发排放控制系统的检查

(1)燃油蒸发排放系统软管和管道的检查。检查燃油蒸发排放系统软管和管道连接、泄漏、堵塞及损坏等情况。若有必要进行更换。

（2）活性炭罐排气阀的检查。

①点火开关处于关闭状态，从活性炭罐排气阀上断开插接件。

②如图3-67所示，检查活性炭罐排气阀两插头间的电阻。

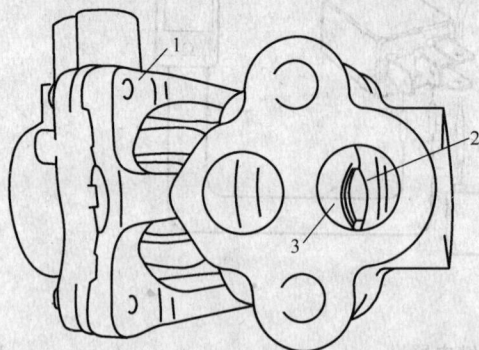

图3-66   EGR阀

1.EGR阀   2.阀杆   3.阀座

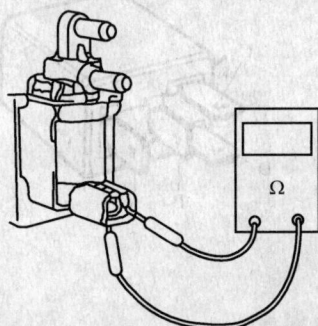

图3-67   检查活性炭罐排气阀电阻

活性炭罐排气阀的电阻值应为30～34Ω。如果电阻在规定范围内，则进入下一步骤的检查。若不是这样，则进行更换。

③从进气支管及其管道上取下软管。

④如图3-68a所示，在插接件断开的情况下，向"A"管中吹气。空气不应从"B"管中出来。

⑤如图3-68b所示，将12V的蓄电池接到活性炭罐排气阀插头上。在这种状态下，向"A"管吹气，空气应该从B管吹出。如果检查结果不是这样的，则更换活性炭罐排气阀。

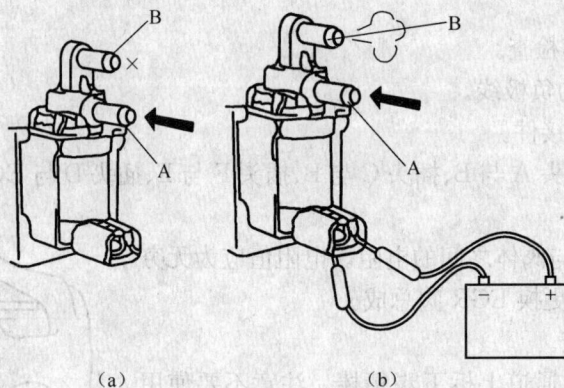

（a）   （b）

图3-68   检查活性炭罐排气阀导通情况

（a）不通电时   （b）通电时

⑥将软管连接上。

⑦将活性炭罐排气阀插接件紧紧地插入阀上。

（3）活性炭罐的检查。注意：不要在活性炭罐排气管处抽吸空气。活性炭罐内的燃油蒸发物对人体有害。

①从活性炭罐上取下软管，并拆下活性炭罐。

②如图3-69所示，空气吹进油箱管时，排气管道及空气管道中不应有阻力存在。若不是

这样,则必须更换活性炭罐。

③安装活性炭罐并将软管接到炭罐上。

(4)油箱压力控制阀的检查。

①将装在燃油箱上的燃油泵总成拆卸下来。

②如图3-70所示,用力吹气时,空气应从燃油蒸发软管"A"处顺利通过到达"B"处。

③见图3-70,当真空泵连接到燃油蒸发软管上且向阀内泵入空气时,空气应从"B"流到"A"。

④如果在第2步中空气未通过阀门或在第3步中仍然保持真空,则更换总成。

⑤将燃油泵总成安装到燃油箱上。

8. PCV系统的检查

在检查发动机息速/IAC负荷下的PCV阀是否受阻以前,一定要检查PCV阀内有无异物或软管是否阻塞。

(1)检查软管的连接、泄漏、阻塞及损坏状况。若有必要,则进行更换。

(2)如图3-71所示,从气缸盖罩和火花塞盖孔上断开PCV阀。

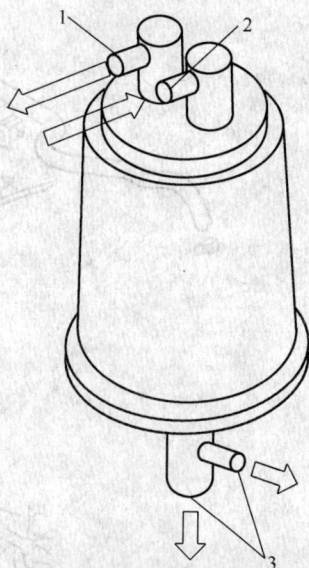

图3-69　检查活性炭罐
1. 排气管　2. 油箱管　3. 空气管

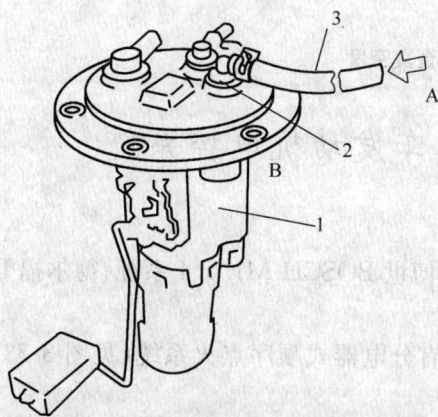

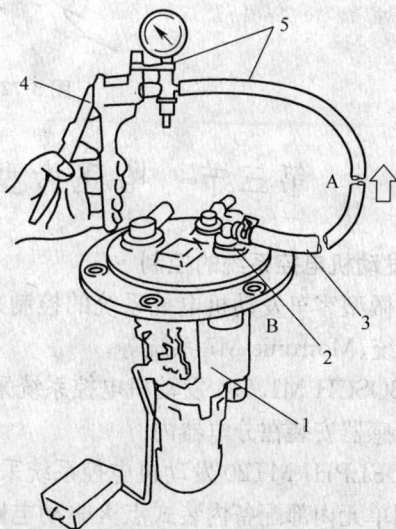

图3-70　检查油箱压力控制阀
1. 油泵总成　2. 油箱压力控制阀　3. 燃油蒸发软管　4. 真空泵　5. 专用工具09917-47910

(3)使发动机息速运转。

(4)如图3-72所示,把手指放在PCV阀的末端以检查真空度。若没有真空度,则检查受阻的PCV阀及软管。若有必要,进行更换。

(5)检查完真空度后,使发动机停止运转并拆下PCV阀。摇动PCV阀,并倾听阀内阀芯的卡嗒声,如果阀未发出"咔嗒"声,则更换PCV阀。

(6)检查之后,将PCV阀软管及夹子牢固地连接在PCV阀上。

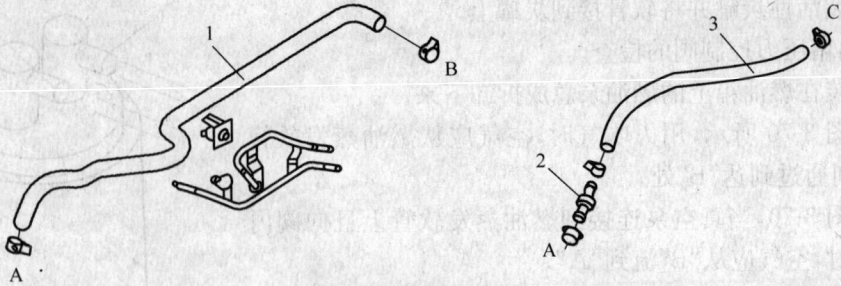

图 3-71　拆卸 PCV 阀
1. 通气软管　2. PCV 阀　3. PCV 软管
A. 气缸盖　B. 空气滤清器出气软管　C. 进气支管

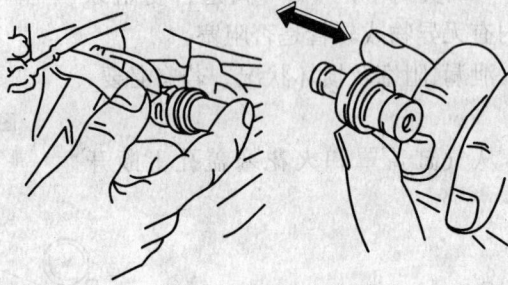

图 3-72　检查真空度

第三节　哈飞微型客车发动机电控系统

一、发动机电控系统的控制

哈飞微型客车发动机电控系统的控制采用博世 BOSCH M1.5.4 系统、德尔福 DELPHI MT20 系统、Motronic M7 系统等。

(1)BOSCH M1.5.4 发动机电控系统采用有分电器式顺序点火系统(见图 3-73)。发动机转速传感器安装在分电器内。

(2)DELPHI MT20 发动机电控系统采用无分电器直接点火技术(见图 3-74),由发动机电子控制单元内部配备内装式点火驱动电路,驱动双塔式点火线圈初级电路,分别向 1-4 和 2-3 两个气缸分组的线圈提供点火信号电压。

DELPHI MT20 发动机电控系统主要部件布置见图 3-75。

(3)Motronic M7 发动机电控系统主要部件布置见图 3-76。

二、发动机电控系统故障诊断

说明:故障自诊断注意事项、故障指示灯(MIL)检查、用故障诊断仪读取与清除故障码(DTC)、发动机电控系统主要部件的检查等参见长安微型客车的内容。

发动机电控系统故障代码的内容如下:

1. BOSCH M1.5.4 发动机电控系统故障码(见表 3-40)

电子控制单元（ECU）

传感器　　　　　　　　　　　　　　　　　　执行器

转速传感器
（位于分电器内）　　　　　　　　　　　　　电动燃油泵

　　　　　　　　　　　　　　　　　　　　　电动燃油泵继电器

节气门位置传感器

　　　　　　　　　　　　　　　　　　　　　喷油器

进气压力传感器
进气温度传感器　　　　　　　　　　　　　　活性炭罐控制阀

冷却液温度传感器

氧传感器　　　　　　　　　　　　　　　　　怠速执行器
　　　　　　　　　　　　　　　　　　　　　（步进电机）

　　　　　　　　　自诊断接口

爆燃传感器　　　　　　　　　　　　　　　　点火线圈

附加信号：　　　　　　　　　　　　　　　　附加信号：
● 空调压缩机开关信号　　　　　　　　　　● 空调压缩机（电磁离合器）
● 空调开关信号　　　　　　　　　　　　　● 发动机转速信号
● 空调冷凝器温度传感器

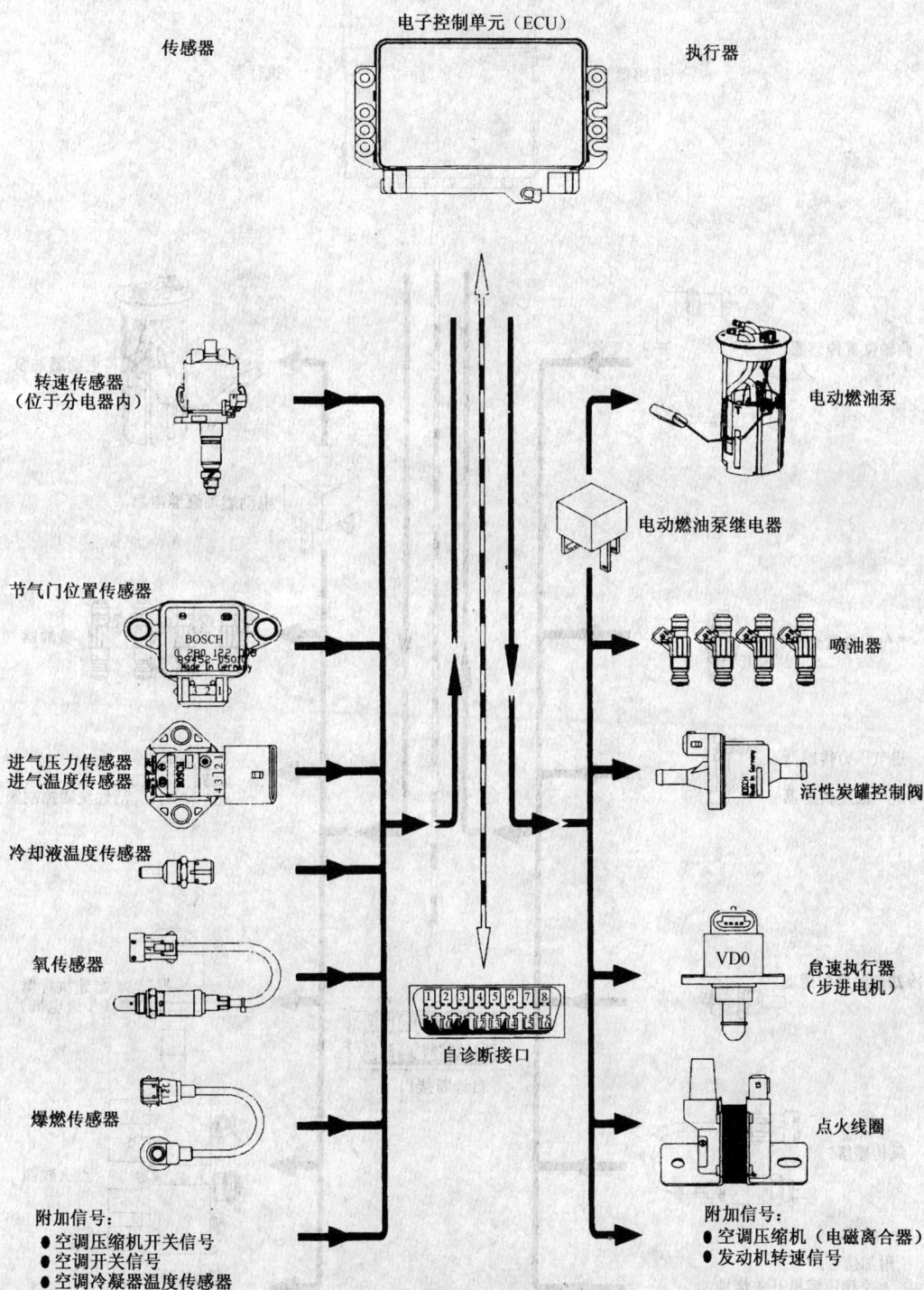

图 3-73　BOSCH M1.5.4 发动机电控系统

电子控制单元（ECM）

传感器

执行器

曲轴位置传感器

电动燃油泵

电动燃油泵继电器

节气门位置传感器

喷油器

进气压力传感器
进气温度传感器

活性炭罐控制阀

冷却液温度传感器

VD0

怠速执行器
（步进电机）

自诊断接口

氧传感器

点火线圈

附加信号：
● 空调压缩机开关信号
● 空调开关信号
● 空调冷凝器温度传感器

附加信号：
● 空调压缩机（电磁离合器）
● 发动机转速信号

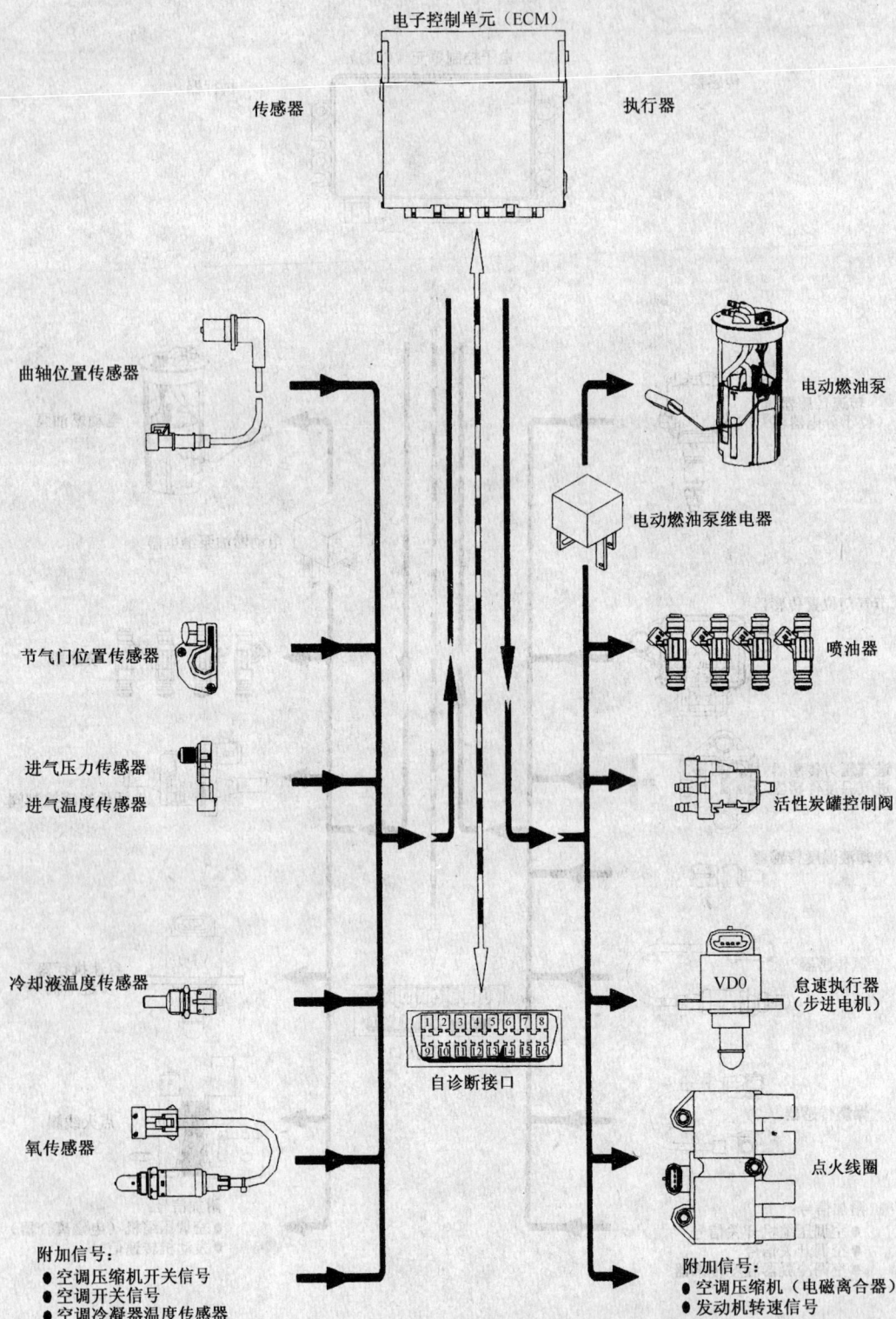

图 3-74　德尔福 DELPHI MT20 发动机电控系统

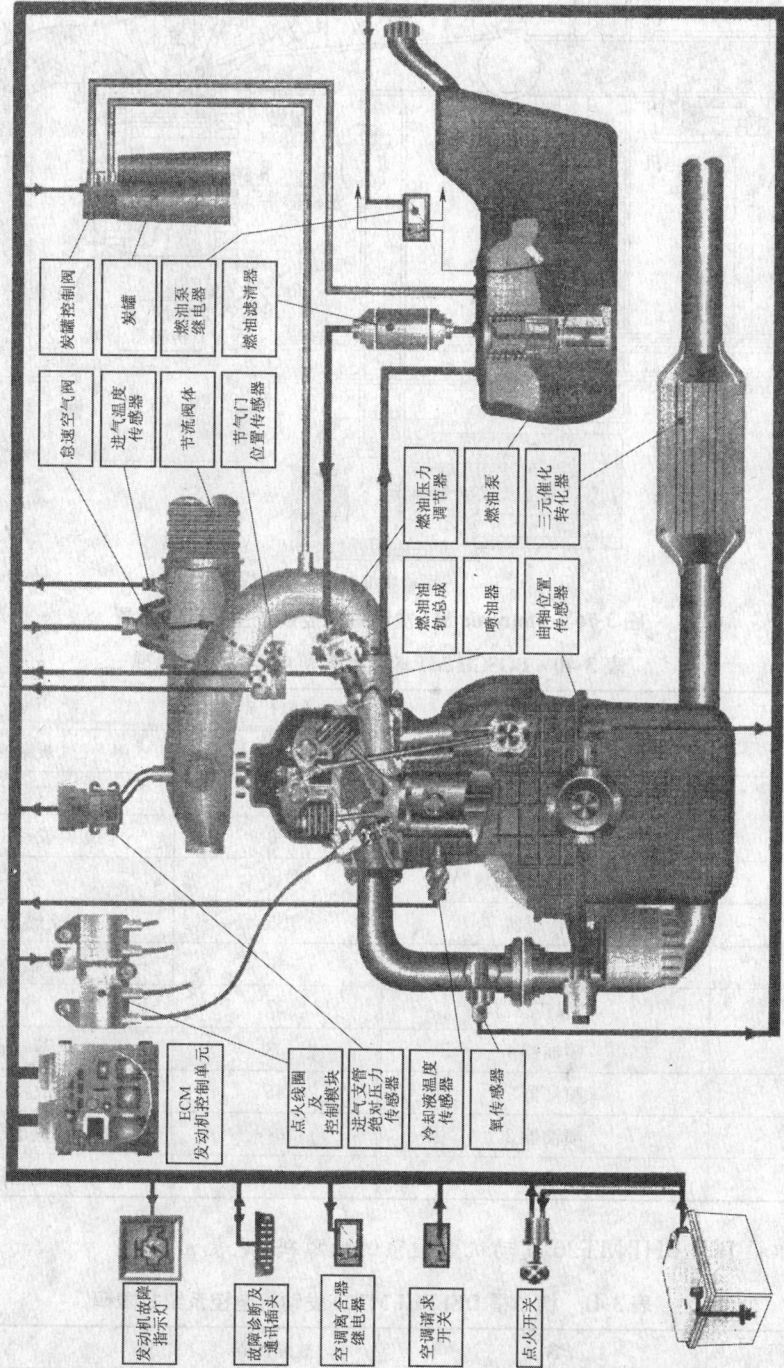

图 3-75 德尔福 DELPHI MT20 发动机电控系统主要部件布置

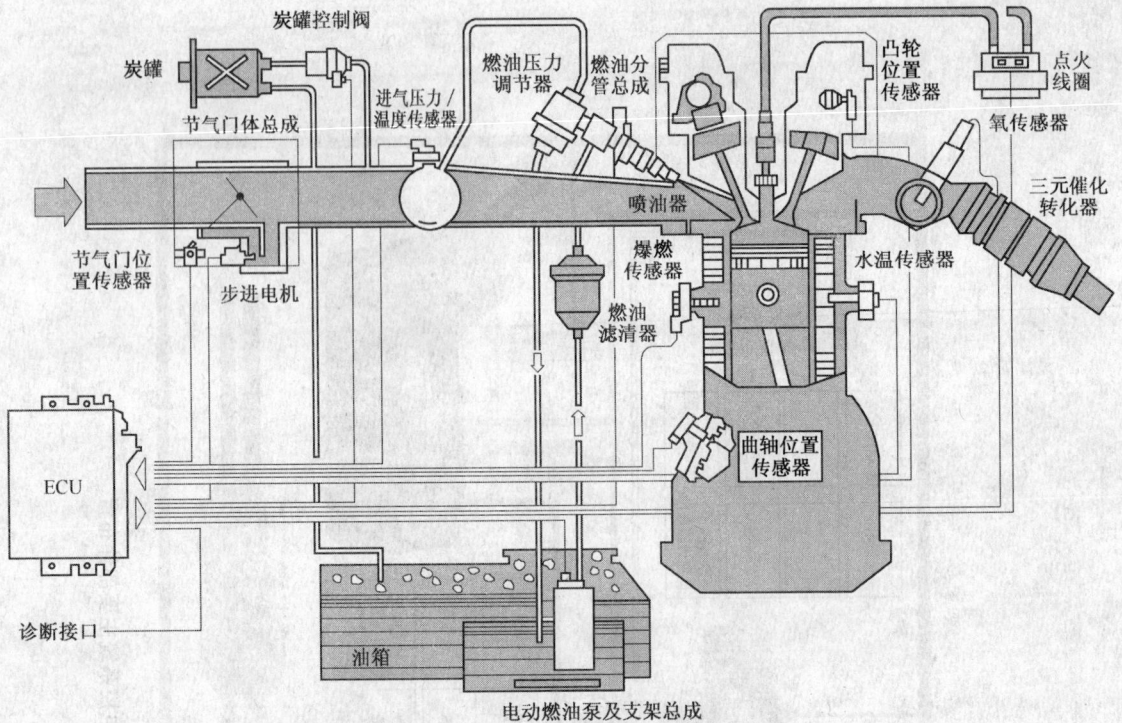

图 3-76   Motronic M7 发动机电控系统主要部件布置

表 3-40   BOSCH M1.5.4 发动机电控系统故障码

故障代码	含义	故障代码	含义
11	无任何故障	25	炭罐控制阀
14	节气门位置传感器	31	空燃比修正
15	爆燃传感器	33	最高发动机转速超限
16	进气压力传感器	34	控制器坏
17	氧传感器	35	空燃比自学习
18	进气温度传感器	36	空燃比自学习
19	水温传感器	37	空燃比自学习
21	喷油器 4	38	蓄电池电压
22	喷油器 1	45	故障指示灯
23	喷油器 2	61	步进电机线圈 1
24	喷油器 3	62	步进电机线圈 2

2. 德尔福 DELPHI MT20 发动机电控系统故障码(见表 3-41)

表 3-41   德尔福 DELPHI MT20 发动机电控系统故障码

故障代码	含义	故障代码	含义
P0105	支管压力传感器电压过高或过低	P0120	节气门位置传感器电压过高或过低
P0110	进气温度传感器读数过高或过低	P0130	氧传感器电压无变化
P0115	水温传感器读数过高或过低	P0130	氧传感器,过稀

续表 3-41

故障代码	含义	故障代码	含义
P0170	氧传感器,过浓	P0443	炭罐控制阀电路故障
P0170	喷油器电路故障	P0505	急速控制系统故障
P0200	油泵电路对搭铁短路	P0560	系统电压过高
P0230	油泵电路对蓄电池电压短路	P1362	防盗器故障
P0230	曲轴位置传感器电路故障	P1530	空调离合器继电器电路
P0335	点火线圈 A 电路对蓄电池电压短路	P1532	空调蒸发器温度传感器读数过低
P0351	点火线圈 A 电路对搭铁短路	P1533	空调蒸发器温度传感器读数过高
P0351	点火线圈 A/B 断路	P1604	EEPROM 故障
P0352	点火线圈 B 电路对蓄电池电压短路	P1605	内存芯片故障
P0352	点火线圈 B 电路对搭铁短路	P1640	QDSM 芯片故障

3. Motronic M7 发动机电控系统故障码(见表 3-42)

表 3-42　Motronic M7 发动机电控系统故障码

故障码	含义	故障码	含义
P0107	进气压力传感器信号电路电压过低	P0340	凸轮轴位置传感器信号故障
P0108	进气压力传感器信号电路电压过高	P0342	凸轮轴位置传感器电路电压过低
P0112	进气温度传感器指示温度过低	P0343	凸轮轴位置传感器电路电压过高
P0113	进气温度传感器指示温度过高	P0443	炭罐控制阀驱动级控制电路故障
P0117	发动机冷却液温度传感器指示温度过低	P0444	炭罐控制阀驱动级控制电路电压过低
P0118	发动机冷却液温度传感器指示温度过高	P0445	炭罐控制阀驱动级控制电路电压过高
P0122	节气门位置传感器信号电路电压过低	P0480	空调冷凝器冷却风扇继电器控制电路故障
P0123	节气门位置传感器信号电路电压过高	P0500	车速信号不合理故障
P0130	氧传感器信号不合理故障	P0506	急速控制转速低于目标急速值
P0132	氧传感器信号电路电压过高	P0507	急速控制转速高于目标急速值
P0134	氧传感器信号电路故障	P0508	急速调节器控制电路电压过低
P0135	氧传感器加热电路故障	P0509	急速调节器控制电路电压过高
P0171	空燃比闭环控制自适应值超上限	P0511	急速调节器控制电路故障
P0172	空燃比闭环控制自适应值超下限	P0560	系统电压信号不合理
P0201	一缸喷油器电路故障	P0562	系统电压信号过低
P0202	二缸喷油器电路故障	P0563	系统电压信号过高
P0203	三缸喷油器电路故障	P0601	电子控制单元校验码未编程错误
P0204	四缸喷油器电路故障	P0602	电子控制单元诊断数据识别码未编程错误
P0230	油泵控制电路故障	P0645	空调压缩机继电器控制电路故障
P0325	爆燃传感器电路故障	P0646	空调压缩机继电器控制电路电压过低
P0335	转速传感器信号故障	P0647	空调压缩机继电器控制电路电压过高
P0336	转速传感器信号不合理故障	P1651	发动机故障灯(SVS)电路故障

三、发动机电控系统故障诊断参考技术数据

1. BOSCH M1.5.4 发动机电控系统故障诊断参考技术数据（见表 3-43）

表 3-43　BOSCH M1.5.4 发动机电控系统故障诊断参考技术数据

诊断仪显示发动机各元件工作状态	工作状态与显示单位	怠速状况
实际转速	r/min	850±50
怠速设定	r/min	850
蓄电池电压	V	12~14
油泵继电器	工作/不工作	工作
节气门位置传感器信号	开度百分比%	0
进气压力传感器	hPa	350~650
进气量	kg/h	6~12
水温传感器	℃	80~90
发动机负荷	ms	1.8~3.0
进气温度传感器	℃	20~70
空燃比控制积分器	xfr	−5%~5%
空燃比控制自适应值	xfru	0.95~1.05
空燃比控制自适应值	xtru	120~140
空燃比控制自适应值	zdtv	128
喷油器喷油时间	ms	4~7
点火提前角	(°)	5~10
氧传感器	V	0.2~0.8
闭环模式	开/闭	闭
怠速控制	工作/不工作	工作
怠速调整状态		60~100
炭罐控制阀占空比		0

2. 德尔福 DELPHI MT20 发动机电控系统故障诊断参考技术数据（见表 3-44）

表 3-44　德尔福 DELPHI MT20 发动机电控系统故障诊断参考技术数据

诊断仪显示发动机各元件工作状态	工作状态与显示单位	怠速状况
实际转速	r/min	880±50
怠速设定	r/min	880
蓄电池电压	V	10.8~14.1
油泵继电器	工作/不工作	工作
节气门位置传感器信号	开度百分比%	0
节气门位置传感器信号	V	0.50~0.82
进气压力传感器	$10^2 \times kPa$	0.28~0.38
进气压力传感器	V	0.65~1.32
水温传感器	℃	85~95
水温传感器	V	0~5

续表 3-44

诊断仪显示发动机各元件工作状态	工作状态与显示单位	怠速状况
进气温度传感器	℃	0～110
进气温度传感器	V	0～5
空调开关	工作/不工作	不工作
空调负载信号	工作/不工作	不工作
喷油器喷油时间	ms	1.0～2.0
清除残油模式	工作/不工作	不工作
点火提前角	(°)	7～13
氧传感器	mV	100～950
闭环控制模式	开/闭	闭
怠速控制	工作/不工作	工作
怠速控制	步数	20～60

3. Motronic M7 发动机电控单元端子含义（见表 3-45）

表 3-45 **Motronic M7 发动机电控单元端子含义**

端子	含义（连接点）	类型	端子	含义（连接点）	类型
1	下游氧传感器加热	—	22	步进电机相位 A	输出
2		—	23		—
3	点火线圈 1	输出	24	大灯开关	输入
4		—	25	进气温度传感器	输入
5	点火搭铁	搭铁	26	节气门位置传感器	输入
6	上游氧传感器加热		27		—
7	点火线圈 2	输出	28	加速度传感器	输入
8	非持续电源	电源	29	下游氧传感器	输出
9	发动机转速输出	输出	30	爆燃传感器 A	输入
10	空调压缩机开关	输出	31	爆燃传感器 B	输入
11		—	32	主继电器	输出
12	鼓风机开关	输入	33		—
13	空调温度传感器	输出	34		—
14		—	35	步进电机相位 C	输出
15	诊断 K 线	输入 输出	36	步进电机相位 D	输出
			37	炭罐阀	输出
16	持续电源	电源	38		—
17	点火开关	输入	39	传感器搭铁 1	搭铁
18	5V 电源 2	电源	40	传感器搭铁 2	搭铁
19	5V 电源 1	电源	41	发动机冷却水温传感器	输入
20	故障灯	输出	42	相位传感器	输入
21	步进电机相位 B	输出	43	电子搭铁 1	搭铁

续表 3-45

端子	含义(连接点)	类型	端子	含义(连接点)	类型
44	空调开关	输入	55	—	—
45	上游氧传感器	输入	56	—	—
46	发动机转速传感器 B	输入	57	车速信号	输入
47	发动机转速传感器 A	输入	58	—	—
48	功率搭铁 1	搭铁	59	进气压力传感器	输出
49	喷油器 2(第 3 缸)	输出	60	油泵继电器	输出
50	喷油器 1(第 1 缸)	输出	61	空调压缩机继电器	输出
51	非持续电源	电源	62	风扇控制 1	输出
52	冷凝器风扇	输出	63	喷油器 4(第 2 缸)	输出
53	—	—	64	喷油器 3(第 1 缸)	输出
54	—	—			

第四章　传动系统的维修

第一节　离　合　器

一、离合器结构简介

微型客车基本上均采用单片、干式膜片弹簧离合器。离合器由主动部分、从动部分、压紧机构和分离机构等组成。

（一）五菱微型客车离合器的结构

1. 1.05L 发动机离合器总成（见图 4-1）

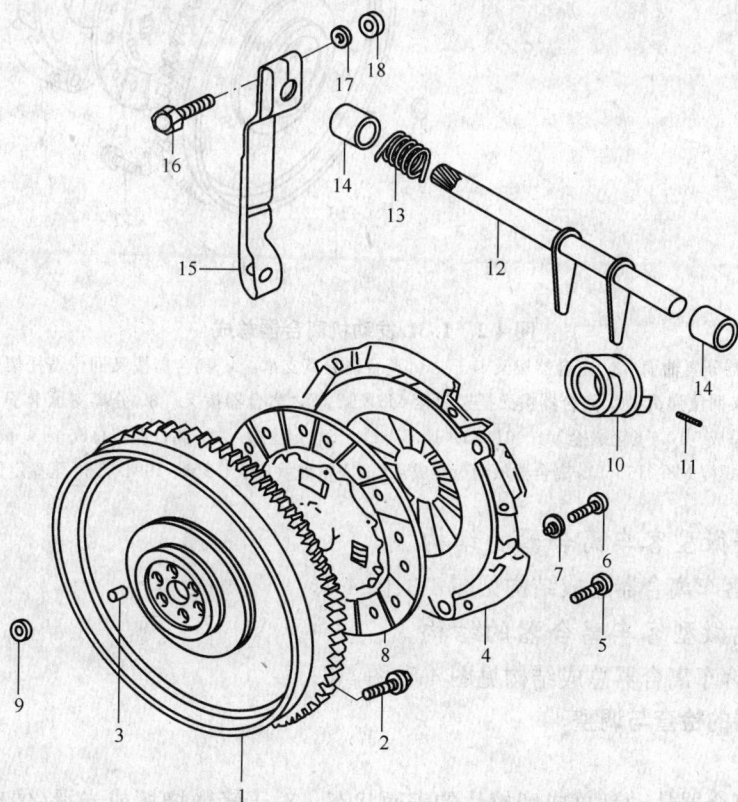

图 4-1　1.05L 发动机离合器总成

1. 飞轮齿圈总成　2. 飞轮螺栓 M10×1×16.5　3. 飞轮定位销　4. 离合器盖总成　5. 压盘定位螺钉 M8×20　6. 离合器盖螺栓 M8×16　7. 垫圈　8. 离合器从动盘总成　9. 深沟球轴承 E6000-22　10. 离合器分离轴承 RCTS338SA　11. 离合器拨叉销　12. 离合器拨叉轴总成　13. 离合器拨叉回位弹簧　14. 离合器拨叉轴套　15. 离合器转臂　16. 螺栓 M8×40　17. 平垫圈　18. 螺母 M8

2. 1.3L发动机离合器总成(见图4-2)

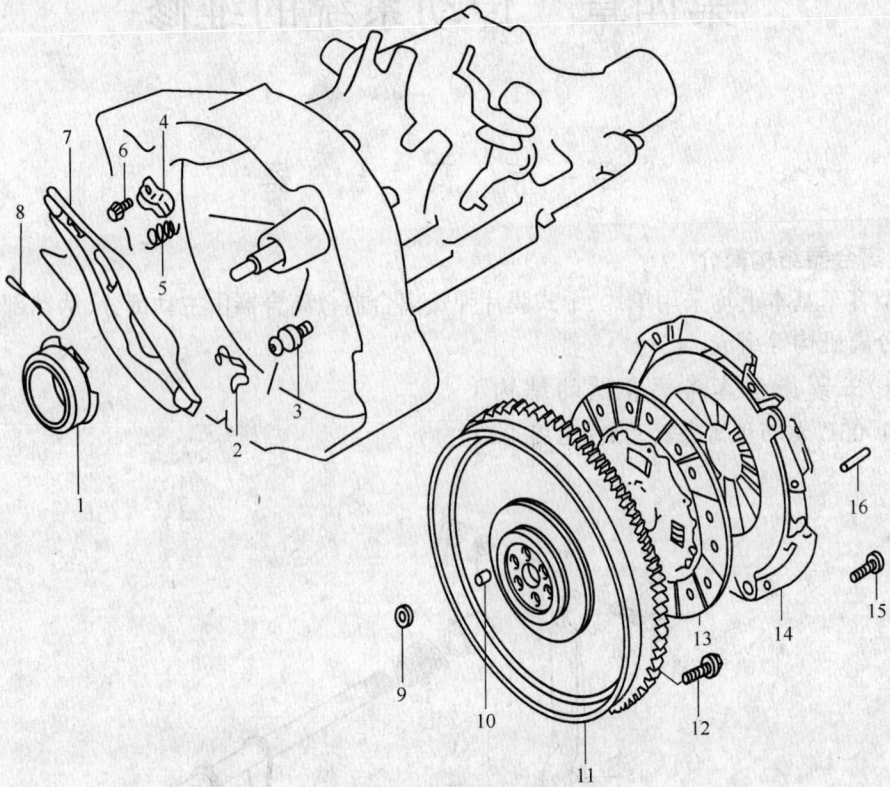

图4-2　1.3L发动机离合器总成

1. 离合器分离轴承　2. 离合器拨叉卡子　3. 离合器分离支承　4. 离合器拨叉回位簧托架　5. 离合器拨叉回位弹簧　6. 离合器拨叉托架螺栓 M6×12　7. 离合器拨叉　8. 分离支承卡子　9. 飞轮齿圈总成　10. 飞轮螺栓 M10×1.25×18.5　11. 飞轮定位销　12. 离合器盖总成　13. 离合器盖组合螺栓 M8×16　14. 离合器从动盘总成　15. 飞轮轴承 GB/T 276—1994　16. 压盘定位销

(二)长安微型客车离合器的结构

长安微型客车离合器总成结构见图4-3、图4-4。

(三)哈飞微型客车离合器的结构

哈飞微型客车离合器总成结构见图4-5、图4-6。

二、离合器的检查与调整

1. 检查

(1)检查离合器从动盘总成摩擦片的表面状态。对于轻微烧坏或光滑(像玻璃表面)的衬片,可使用 120~200♯砂纸研磨,如图4-7所示。烧毁严重不能修理的,应更换整个摩擦片总成。

(2)测量摩擦片的磨损量。如图4-8所示,测量每个铆钉头的凹陷,即铆钉头部和摩擦片表面的距离(标准为1.2mm),以检查摩擦片的磨损。任何一个铆钉头的凹陷小于0.5mm,就必须更换摩擦片。

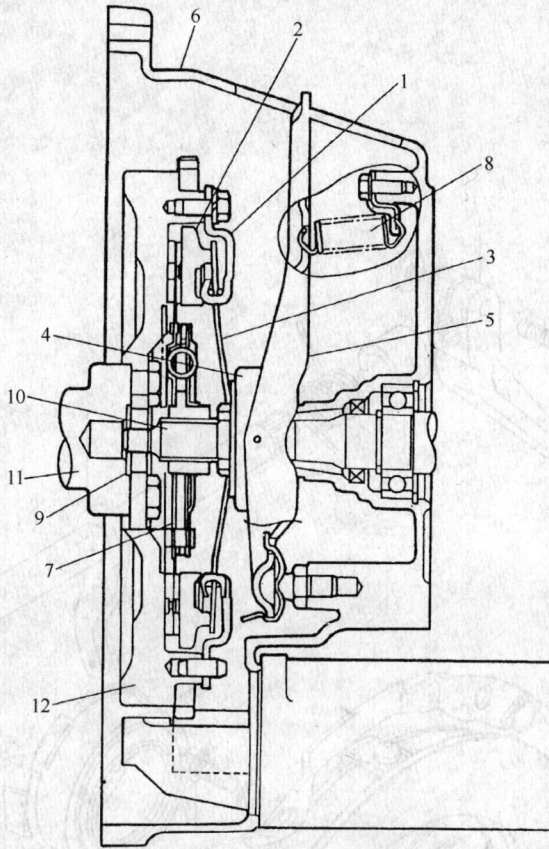

图 4-3　离合器结构图(1)

1. 离合器盖　2. 压盘　3. 膜片弹簧　4. 分离轴承　5. 分离叉　6. 变速器上箱体
7. 离合器片　8. 分离叉回位弹簧　9. 输入轴轴承　10. 输入轴　11. 曲轴　12. 飞轮

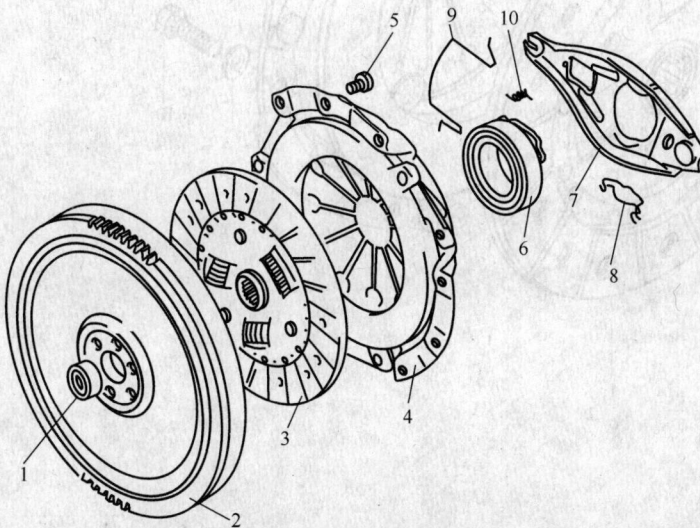

图 4-4　离合器结构图(2)

1. 输入轴轴承　2. 飞轮　3. 离合器片　4. 离合器盖　5. 离合器螺栓盖　6. 分离轴承
7. 分离叉　8. 分离叉卡子　9. 分离轴承卡子　10. 回位弹簧

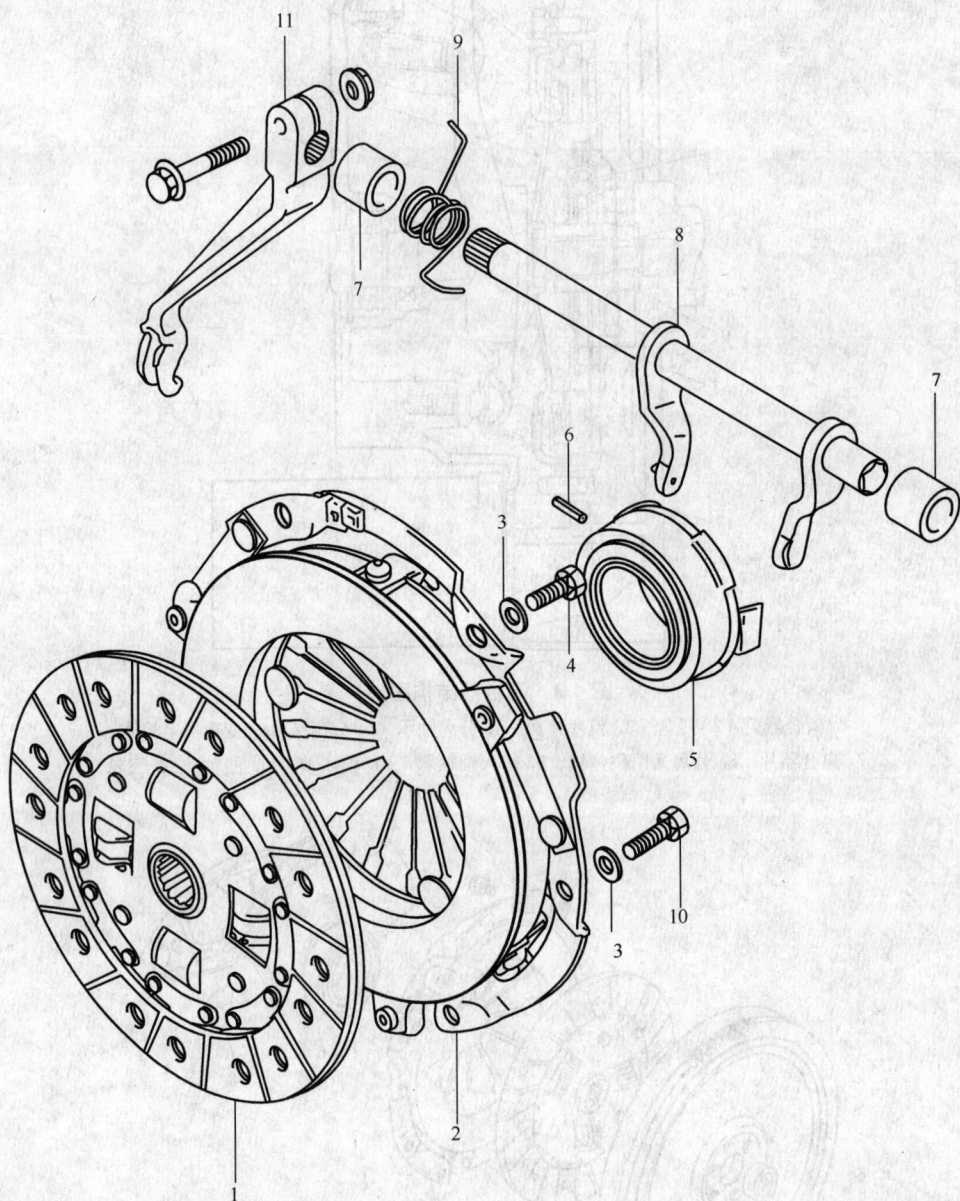

图 4-5　离合器结构图(1)

1. 离合器摩擦片　2. 离合器压盘　3. 锁止垫片　4. 离合器压盘螺栓　5. 离合器分离轴承
6. 离合器分离叉销　7. 衬套　8. 离合器分离轴　9. 复位弹簧　10. 镶嵌螺栓　11. 离合器分离摇臂

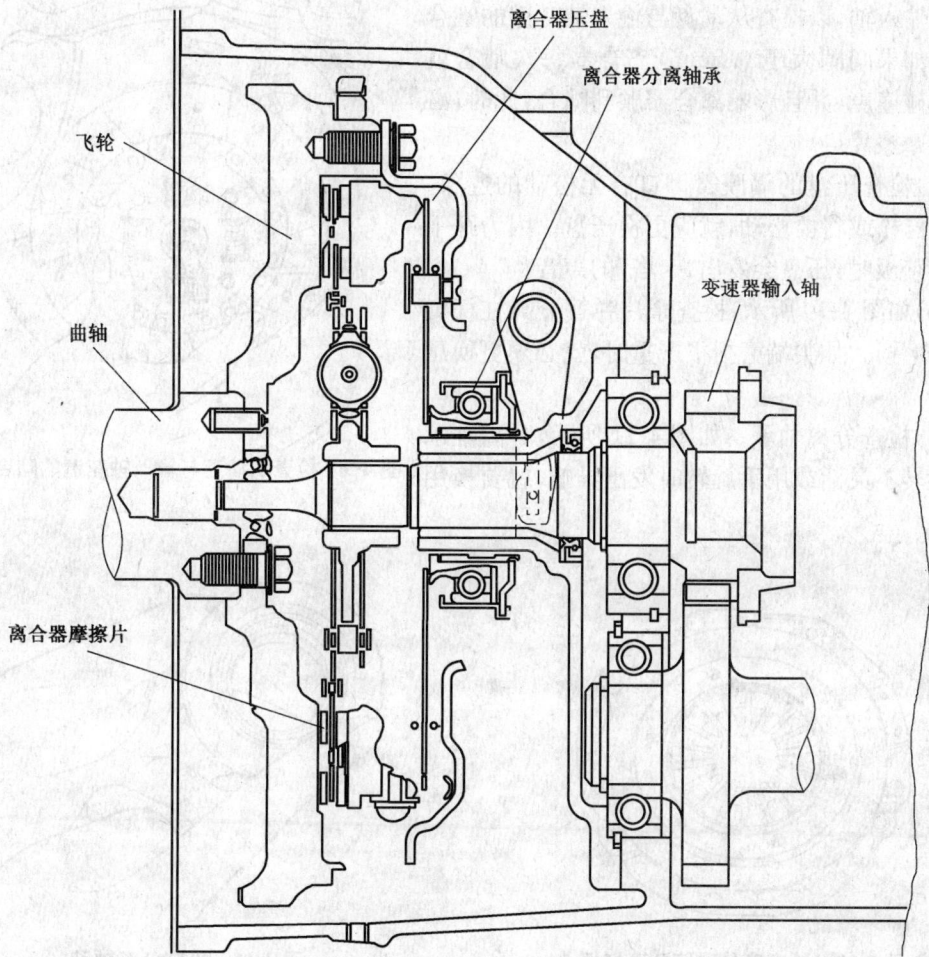

图 4-6 离合器结构图(2)

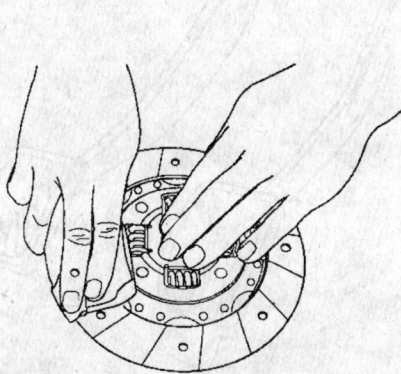

图 4-7 打磨摩擦片表面

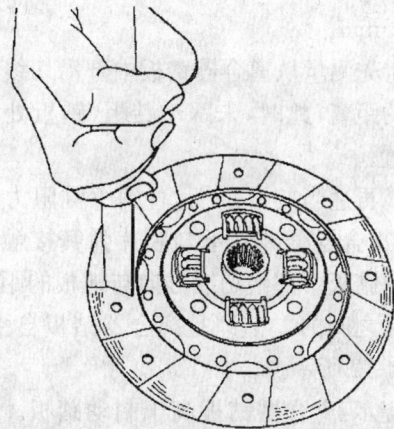

图 4-8 测量摩擦片的磨损量

（3）如图4-9所示，将从动盘前后转动着装入变速器输入轴，以检查从动盘与输入轴花键的啮合间隙。如果间隙大于0.5mm，离合器每次啮合就会发出碰撞声，并且影响离合器顺利啮合，此时，必须更换摩擦片。

（4）检查压盘的隔膜簧铆钉有无松动的迹象。如铆钉已松或将要松动，就应更换压盘。因为踩下离合器踏板时，压盘会发出"卡塔"的声音。

（5）如图4-10所示，检查摩片弹簧分离杠杆尖端是否磨损。如尖端磨损很严重时，就必须更换压盘。

（6）检查分离轴承。如图4-11所示，分离轴承如果旋转不灵活或用手旋转时发出异响，就要换用新件。

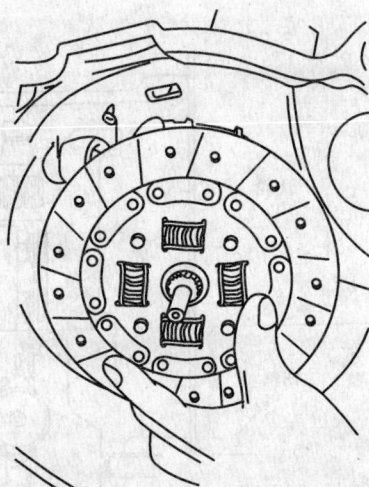

图 4-9　检查从动盘与输入轴花键的啮合间隙

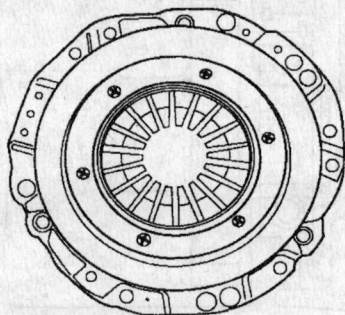

图 4-10　检查摩片弹簧分离杠杆

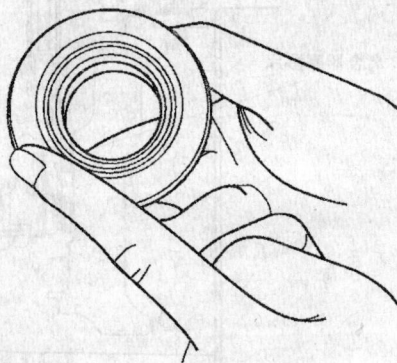

图 4-11　检查分离轴承

2. 离合器踏板自由行程的调节

（1）检查。离合器踏板自由行程规定值为15～25mm。

①先测量从离合器踏板中部沿切线方向到地板的距离，此时，未踩动踏板，踏板处于松弛的位置。

②再适当按下踏板，直到感觉阻力明显增加（即离合器分离轴承与膜片弹簧接触时），测量此时踏板中部沿切线方向与地板的距离。两次测量之间的差值即是离合器踏板自由行程，如图4-12所示。

提示：离合器踏板高于制动踏板。离合器踏板随着离合器衬片磨损程度的加深而向上抬高。

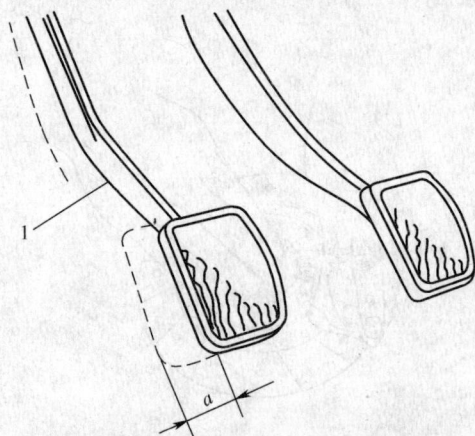

图 4-12　离合器踏板自由行程

1. 离合器踏板　a. 踏板自由行程

如有必要,调整离合器拉索挡圈与套管位置,以调节离合器踏板自由行程。

(2)调整自由行程的方法。

①放松踏板,使踏板在回位弹簧的作用下向上运动,踏板杆与制动支架上的踏板限位板接触。

②以五菱微型客车为例,按图4-13所示箭头方向将软轴总成的套管向下压,直到感觉阻力明显增加(即离合器分离轴承与膜片弹簧接触时),保持软轴位置不变,从制动支架总成上的支承套下端开始往下数,在软轴套管上的第二或第三个槽内插入挡圈。

③调整后,踩下离合器踏板数次,再次检查踏板的自由行程是否在上述规定范围之内。

④如果经过上述调整,自由行程仍不符合要求,可通过改变离合器软轴后端的调节螺母 A 与锁紧螺母 B 的相对位置进行调整,如图4-14 所示。

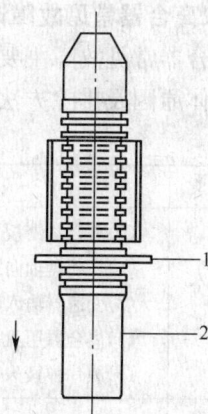

图4-13　调整挡圈的位置
(五菱微型客车)
1. 挡圈　2. 套管

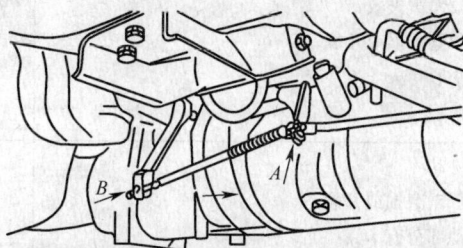

图4-14　调节离合器软轴上的调节螺母(五菱微型客车)
A. 调节螺母　B. 锁紧螺母

⑤长安微型客车离合器踏板自由行程的调节,可按图4-15所示,通过旋转拉索调节螺母来调节踏板自由行程。

⑥哈飞微型客车离合器踏板自由行程的调节,可按图4-16所示,通过旋转拉索调节螺母来调节踏板自由行程。

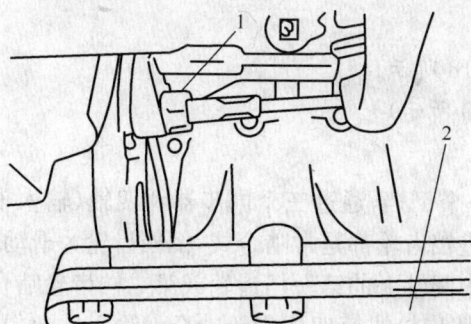

图4-15　调节离合器软轴上的调节螺母
(长安微型客车)
1. 拉索调节螺母　2. 油底壳

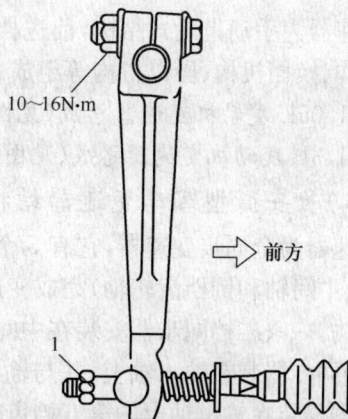

图4-16　调节离合器软轴上的调节螺母
(哈飞微型客车)
1. 拉索调节螺母

三、离合器常见故障诊断与排除

离合器常见故障主要有离合器分离不彻底、离合器打滑、离合器抖动、离合器系统有噪声等。具体原因及排除方法如表 4-1 所示。

表 4-1　离合器常见故障及排除方法

故障现象	可　能　原　因	排　除　方　法
离合器分离不彻底	(1)离合器踏板自由行程过大 (2)从动盘轴向跳动过大或摩擦片损坏 (3)变速器输入轴与从动盘毂花键处脏污或锈蚀 (4)离合器压盘有缺陷 (5)膜片弹簧失效或分离爪端磨损	(1)调整踏板自由行程 (2)检查并修理从动盘 (3)清除脏污,必要时修理 (4)更换离合器压盘总成 (5)更换膜片弹簧
离合器打滑	(1)离合器踏板自由行程过小 (2)离合器摩擦片过度磨损或油污 (3)膜片弹簧失效 (4)离合器压盘有缺陷	(1)调整踏板自由行程 (2)更换或清洁摩擦片 (3)更换膜片弹簧 (4)更换离合器压盘总成
离合器抖动	(1)扭转减振器减振弹簧失效 (2)离合器摩擦片严重磨损或开裂 (3)膜片弹簧弯曲变形 (4)离合器压盘有缺陷	(1)更换从动盘总成 (2)更换摩擦片 (3)更换膜片弹簧 (4)更换离合器压盘总成
离合器系统有噪声	(1)离合器紧固件松动 (2)离合器摩擦片严重磨损或开裂 (3)分离拨叉和传动部分有卡滞	(1)检查并紧固 (2)更换分离轴承 (3)检查并维护

第二节　变　速　器

一、变速器结构简介

(一)五菱微型客车变速器结构简介

变速器为手动齿轮式结构,前进档上装有锁环式惯性同步器。变速器主要由壳体、齿轮传动机构、换档机构、操纵机构等组成。

1. 1.05L 发动机变速器总成(见图 4-17、图 4-18 所示)
2. 1.3L 发动机变速器总成(见图 4-19、图 4-20 所示)

(二)长安微型客车变速器结构简介

变速器为全同步变速器,它有 5 个前进档和一个倒档,通过三个同步器和四轴(输入轴、输出轴、中间轴和倒档齿轮轴)完成变速。所有前进档齿轮都是常啮合式,倒档齿轮为滑动或过轮结构。一、二档同步器安装在中间轴上,并与中间轴上的第一档齿轮或第二档齿轮啮合,三、四档同步器装在输入轴上,并与输入轴的第三档齿轮或第四档齿轮啮合。输入轴上的五档同步器与装在输出轴上的第五档齿轮啮合。换档机构和选档轴固定在变速器箱壳上方,并设有凸轮,以避免换档时从第五档直转倒档。

变速器的结构见图 4-21、图 4-22。

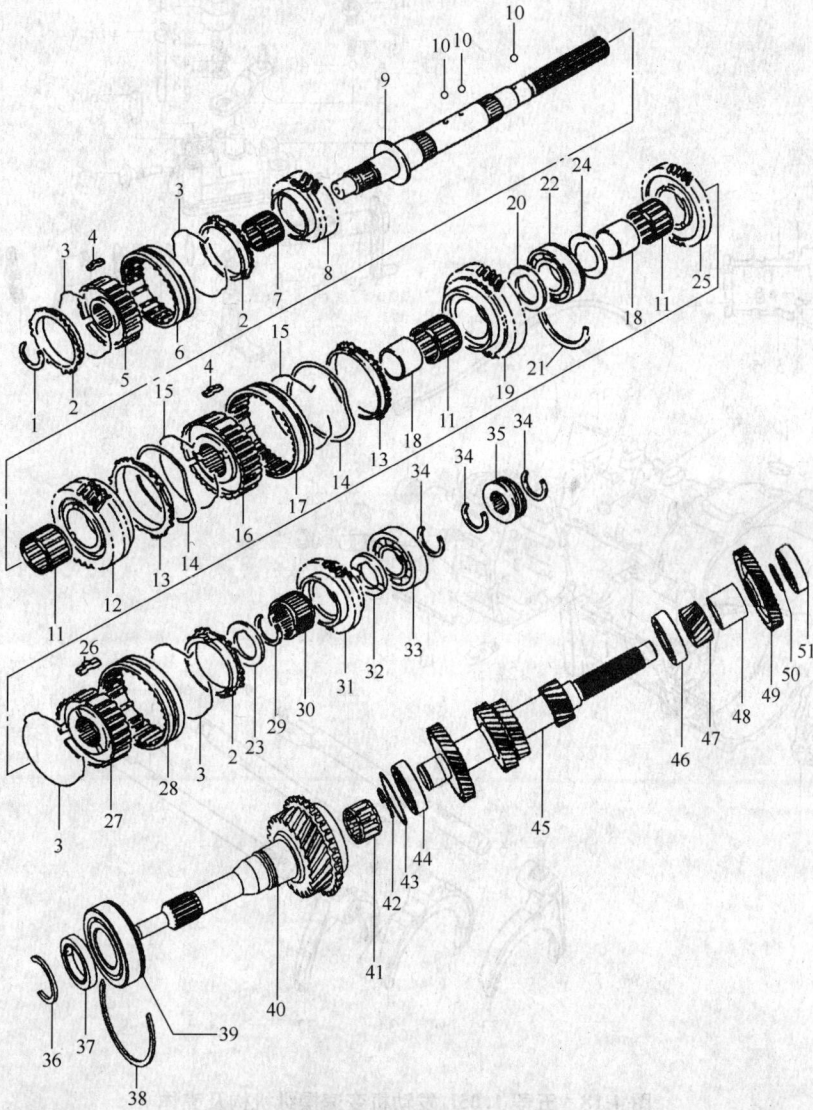

图 4-17 五菱 1.05L 发动机变速器齿轮传动机构

1. 高速同步器卡圈 2. 高速同步器齿环 3. 高速同步器弹簧 4. 同步器滑块 5. 高速同步器齿壳 6. 高速同步器齿套 7. 滚针轴承 8. 主轴三档齿轮总成 9. 主轴 10. 钢球 11. 滚针轴承 12. 主轴二档齿轮总成 13. 低速同步器齿环 14. 波形弹簧 15. 低速同步器弹簧 16. 低速同步器齿壳 17. 低速同步器齿套 18. 一档齿轮轴套 19. 主轴一档齿轮总成 20. 主轴前轴承垫圈 21. 主轴前轴承挡圈 22. 主轴前轴承 23. 调整垫片 24. 主轴前轴承垫圈 25. 主轴倒档齿轮 26. 五档同步器滑块 27. 五档同步器齿壳 28. 五档同步器齿套 29. 五档同步器卡圈 30. 滚针轴承 31. 主轴五档齿轮总成 32. 主轴后轴承垫圈 33. 主轴后轴承 34. 卡圈 35. 速度计蜗杆 36. 输入轴轴承卡圈 37. 输入轴油封 38. 输入轴轴承挡圈 39. 输入轴轴承 40. 输入轴总成 41. 滚针轴承 42. 中间轴前轴承卡圈 43. 中间轴前轴承挡圈 44. 中间轴前轴承 45. 中间轴 46. 中间轴中轴承 47. 倒档传动齿轮 48. 五倒档齿轮轴套 49. 中间轴五档齿轮 50. 弹性垫圈 51. 中间轴后轴承

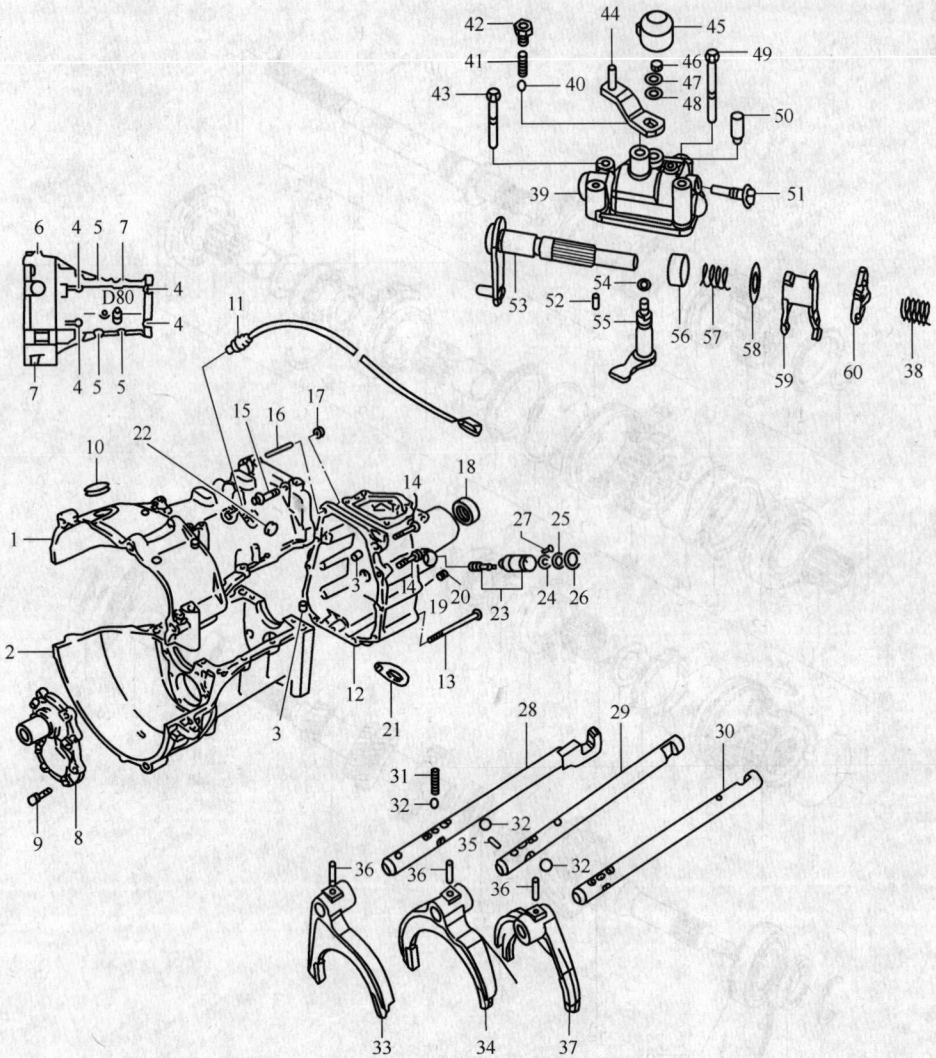

图 4-18　五菱 1.05L 发动机变速操纵机构及壳体

1. 上箱体　2. 下箱体　3. 合箱销　4. 上下箱体螺栓 M8×120　5. 上下箱体螺栓 M8×30　6. 上下箱体螺栓 M8×40　7. 上下箱体螺栓 M8×80　8. 输入轴挡板　9. 输入轴挡板螺栓 M8×20　10. 观察孔罩　11. 倒车灯开关总成　12. 延伸箱　13. 延伸箱螺栓 M8×100　14. 延伸箱螺栓 M8×35　15. 延伸箱螺栓 M8×40　16. 延伸箱双头螺栓　17. 延伸箱螺母　18. 延伸箱油封　19. 进油螺塞　20. 放油螺塞　21. 起吊环　22. 工艺孔堵头　23. 速度计蜗轮　24. 蜗轮油封　25. 蜗轮 O 形密封圈 18.8×1.9　26. 蜗轮 O 型密封圈 20.8×1.2　27. 速度计止退螺钉　28. 三四档换档杆总成　29. 三四档换档杆总成　30. 三四档换档杆总成　31. 换档锁紧弹簧　32. 换档锁紧钢球　33. 三四档拨叉　34. 一二档拨叉　35. 换档互锁销　36. 拨叉销 5×22　37. 五倒档拨叉　38. 换档回位扭簧　39. 换档箱　40. 钢球　41. 回位弹簧　42. 回位弹簧螺栓　43. 换档箱 1 号螺栓 M8×40　44. 换位摇臂总成　45. 换位轴防尘罩　46. 换位轴螺母　47. 弹性垫圈　48. 平垫圈　49. 换档箱 2 号螺栓 M8×55　50. 排气塞　51. 导向螺杆　52. 换档箱销 A6×12　53. 换档轴总成　54. O 形密封圈　55. 换位轴密封圈　56. 换档轴密封圈　57. 换档轴第一弹簧　58. 换档轴垫圈　59. 换档摆杆　60. 倒档限位卡

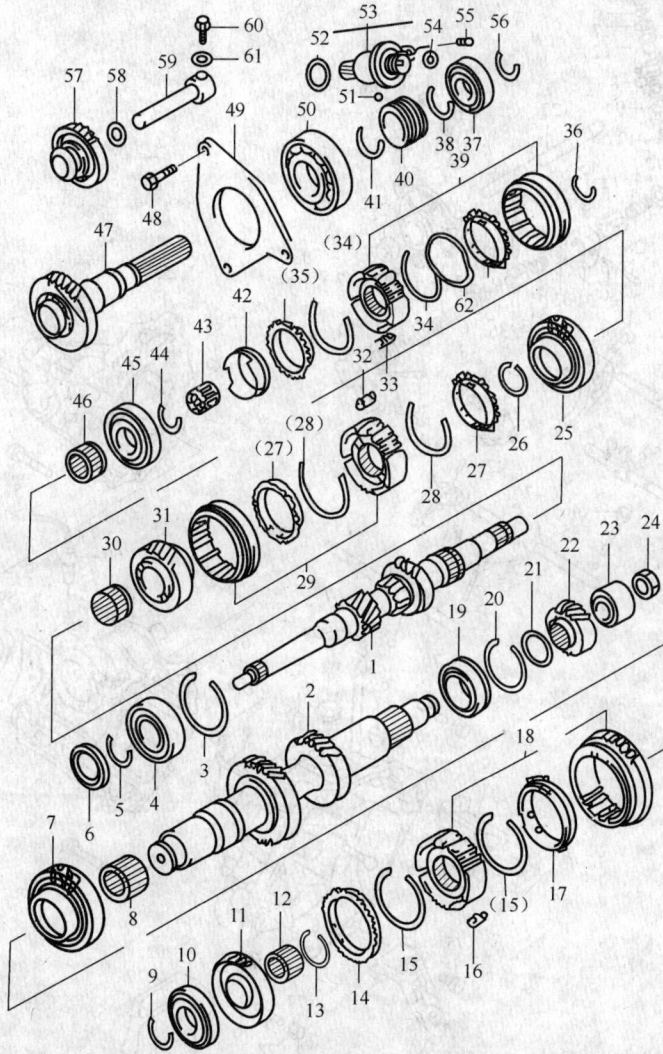

图 4-19 五菱 1.3L 发动机变速器齿轮传动机构

1. 输入轴 2. 中间轴 3. 输入轴前箱后卡圈 4. 输入轴前箱后轴承 5. 输入轴前箱后轴承卡圈 6. 输入轴油封 7. 中间轴二档齿轮 8. 二档齿轮滚针轴承 9. 中间轴前箱后轴承卡圈 10. 中间轴前箱后轴承 11. 中间轴一档齿轮 12. 一档齿轮滚针轴承 13. 低速同步器卡圈 14. 一档同步器齿环 15. 低速同步器弹簧 16. 低速同步器滑块 17. 二档同步器齿环 18. 低速同步器组件 19. 中间轴后轴承 20. 中间轴后轴承外卡圈 21. 中间轴后轴承卡圈 22. 中间轴传动齿轮 23. 中间轴前箱后轴承衬套 24. 中间轴螺母 25. 输入轴四档齿轮 26. 高速同步器卡圈 27. 高速同步器齿环 28. 高速同步器弹簧 29. 高速同步器组件 30. 三档齿轮滚针轴承 31. 输入轴三档齿轮总成 32. 五档同步器滑块 33. 高速同步器滑块 34. 五档同步器弹簧 35. 五档同步器齿环 36. 五档同步器卡圈 37. 主轴后箱后轴承 38. 蜗杆卡圈 39. 五档同步器组件 40. 速度计蜗杆 41. 主轴前箱后轴承卡圈 42. 倒档锥度环 43. 输入轴滚针轴承 44. 输入轴后箱后轴承卡圈 45. 输入轴后箱后轴承 46. 四档齿轮滚针轴承 47. 主轴总成 48. 主轴前箱后轴承压板螺栓 49. 主轴前箱后轴承压板 50. 主轴前箱后轴承 51. 蜗杆钢球 52. 蜗轮轴套O形密封圈 53. 蜗轮组件 54. 蜗轮油封 55. 蜗轮轴套螺栓 56. 主轴后箱后轴承卡圈 57. 倒档空转齿轮总成 58. 倒档齿轮轴垫圈 59. 倒档齿轮轴 60. 倒档齿轮轴螺钉 61. 倒档齿轮轴螺钉垫圈 62. 五档同步器波形簧

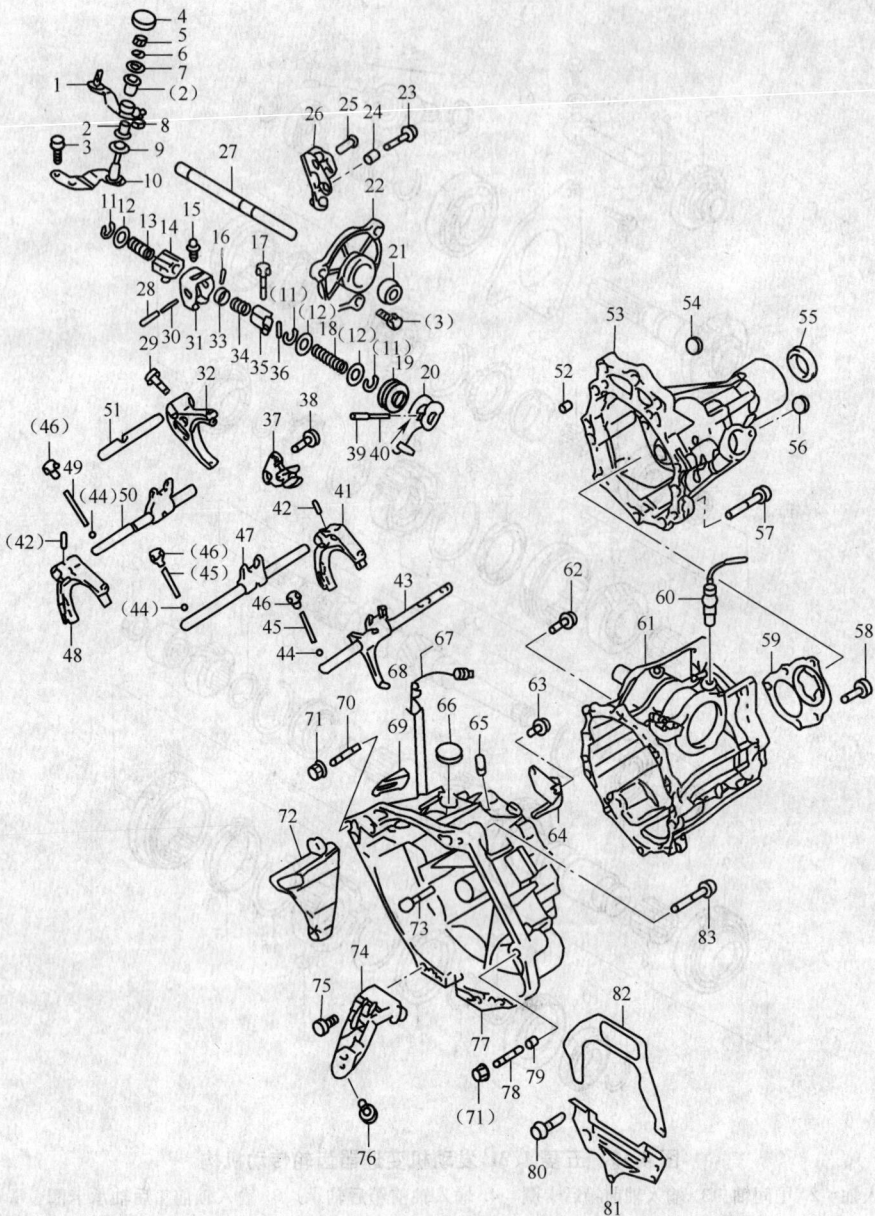

图 4-20　五菱 1.3L 发动机变速器操纵机构与壳体

1. 换位摇臂总成　2. 换位摇臂衬套　3. 换档导向箱螺栓 M8×20　4. 导轴外防尘罩　5. 导轴螺母　6. 导轴弹性垫圈　7. 导轴垫圈　8. 摇臂销轴衬套　9. 导轴内防尘罩　10. 换位摇臂支架总成　11. 换档轴 E 型卡圈　12. 换档轴垫圈　13. 低速换位弹簧　14. 换档摆杆　15. 换档止动螺栓　16. 倒档锁凸轮座销　17. 五档倒档互锁螺栓　18. 倒档换位弹簧　19. 换档轴防尘罩　20. 换档摆臂总成　21. 换档轴油封　22. 换档导向箱　23. 倒档拨叉总成螺栓　24. 倒档拨叉总成定位销　25. 倒档换档拨叉锁紧总成　26. 倒档换档拨叉总成　27. 换档轴　28. 换档摆杆外销　29. 五档拨叉螺栓　30. 换档摆杆内销　31. 换档互锁盖　32. 五档换档拨叉　33. 倒档锁凸轮座　34. 凸轮座回位簧　35. 倒档锁凸轮　36. 倒档锁凸轮销　37. 五档　换档杠杆总成　38. 五档换档杠杆螺栓　39. 换档摇臂外销　40. 换档摇臂内销　41. 三四档换档拨叉　42. 换档拨叉销　43. 倒档换档杆总成　44. 换档杆钢球　45. 自锁短弹簧　46. 换档锁紧螺栓　47. 三四档换档杆总成　48. 一二档换档拨叉　49. 自锁长弹簧　50. 一二档换档杆总成　51. 五档换档杆　52. 延伸箱定位销　53. 延伸箱　54. 进油螺塞　55. 延伸箱油封　56. 放油螺塞　57. 延伸箱螺栓　58. 后箱盖　59. 后箱盖　60. 倒车灯开关总成　61. 后箱　62. 前后箱壳体 1 号螺栓　63. 导油螺栓　64. 输油槽总成　65. 通气塞　66. 观察孔罩　67. 曲轴位置传感器螺栓　68. 曲轴位置传感器总成　69. 离合器拨叉防尘罩　70. 变速器 1 号双头螺栓　71. 曲轴箱与变速器连接螺母　72. 发动机与变速器右加强板　73. 前后箱壳体 2 号螺栓　74. 发动机与变速器左加强板总成　75. 曲轴箱与变速器连接螺母　76. 左加强板螺栓　77. 前箱　78. 变速器 2 号双头螺栓　79. 曲轴箱与变速器连接定位销　80. 右加强板螺栓　81. 离合器下隔板总成　82. 离合器上隔板　83. 曲轴箱与变速器连接螺栓

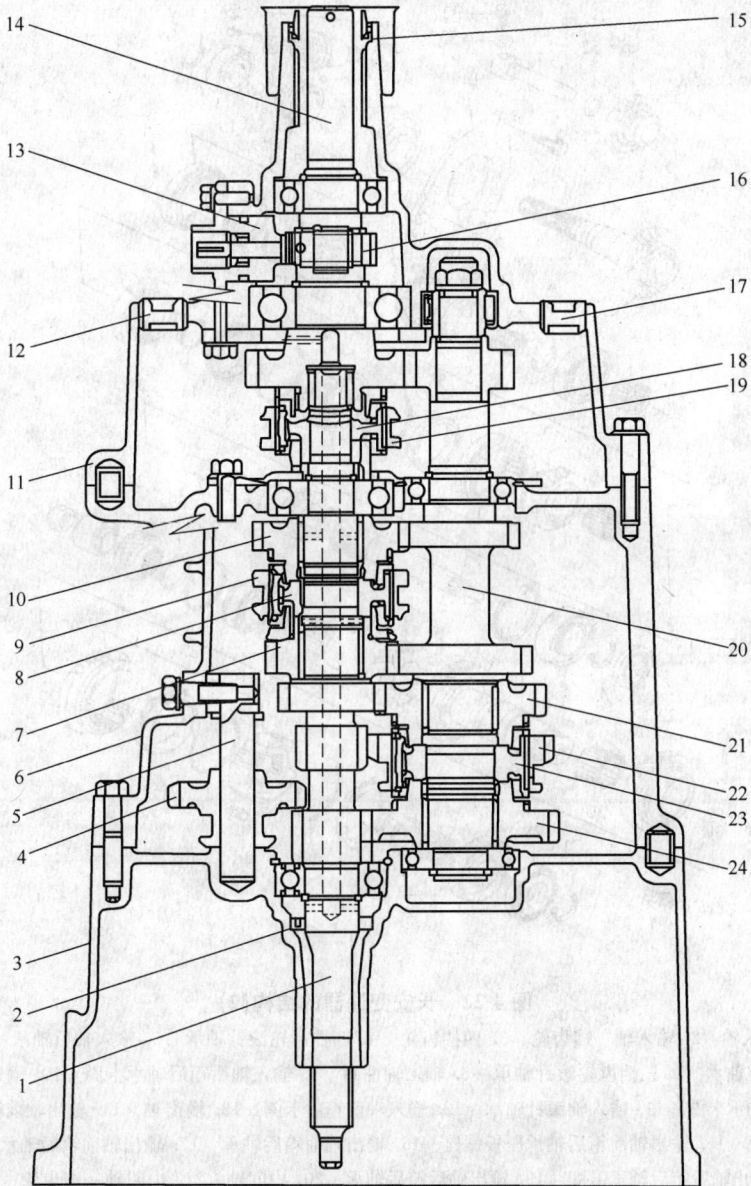

图 4-21　长安变速器的结构(1)

1. 输入轴　2. 输入轴油封　3. 前壳体　4. 倒档滑动过轮　5. 倒档齿轮轴　6. 后壳体　7. 输入轴第三档齿轮　8. 三、四档同步器齿毂　9. 三、四档同步器齿套　10. 输入轴第四档齿轮　11. 加长箱　12. 加油塞　13. 车速表从动齿轮　14. 输出轴　15. 变速器加长箱后油封　16. 车速表驱动齿轮　17. 放油塞　18. 五档同步器齿毂　19. 五档同步器齿套　20. 中间轴　21. 中间轴第二档齿轮　22. 一、二档同步器齿套　23. 一、二档同步器齿毂　24. 中间轴第一档齿轮

(三)哈飞微型客车变速器结构简介

哈飞微型客车变速器及操纵结构见图 4-23～图 4-25。

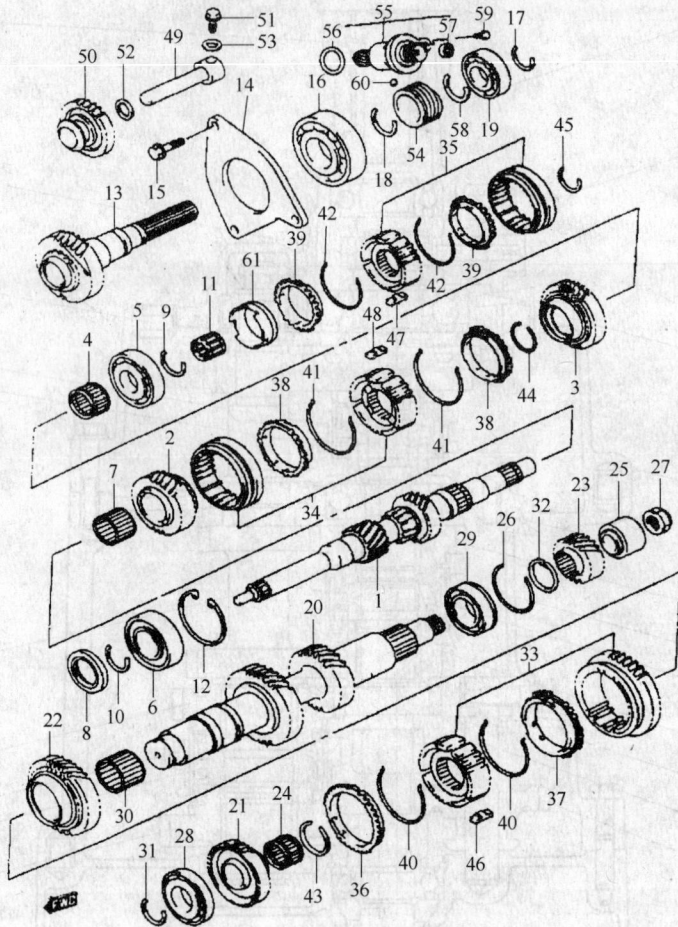

图 4-22　长安变速器的结构(2)

1. 输入轴　2. 输入轴三档齿轮　3. 四档齿轮　4. 四档齿轮滚针轴承　5. 输入轴后轴承　6. 输入轴前轴承　7. 三档齿轮滚针轴承　8. 输入轴油封　9. 输入轴后箱后轴承卡圈　10. 输入轴前箱后轴承卡圈　11. 输入轴滚针轴承　12. 输入轴前箱后卡圈　13. 输出轴　14. 输出轴前箱后轴承压板　15. 输出轴前箱后轴承压板螺栓　16. 输出轴前箱后轴承　17. 输出轴前箱后轴承卡圈　18. 输出轴后箱后轴承卡圈　19. 输出轴后箱后轴承　20. 中间轴　21. 中间轴一档齿轮　22. 中间轴二档齿轮　23. 中间轴传动齿轮　24. 一档齿轮滚针轴承　25. 中间轴后箱后轴承衬套　26. 中间轴后箱后轴承卡圈　27. 中间轴螺母　28. 中间轴前箱后轴承　29. 中间轴后轴承　30. 二档齿轮滚针轴承　31. 中间轴前箱后轴承卡圈　32. 中间轴后轴承卡圈　33. 一、二档同步器组件　34. 三、四档同步器组件　35. 五档同步器组件　36. 一档同步器齿环　37. 二档同步器齿环　38. 三、四档同步器齿环　39. 五档同步器齿环　40. 一、二档同步器弹簧　41. 三、四档同步器弹簧　42. 五档同步器弹簧　43. 一、二档同步器卡圈　44. 三、四档同步器卡圈　45. 五档同步器卡圈　46. 一、二档同步器滑块　47. 五档同步器滑块　48. 三、四档同步器滑块　49. 倒档齿轮轴　50. 倒档空转齿轮　51. 倒档齿轮轴螺钉　52. 倒档齿轮轴垫圈　53. 倒档齿轮轴垫圈　54. 里程表蜗杆　55. 里程表蜗轮　56. O形密封圈　57. 蜗轮油封　58. 蜗杆卡圈　59. 蜗轮轴套螺栓　60. 倒档换档锁紧钢球　61. 倒档锥度环

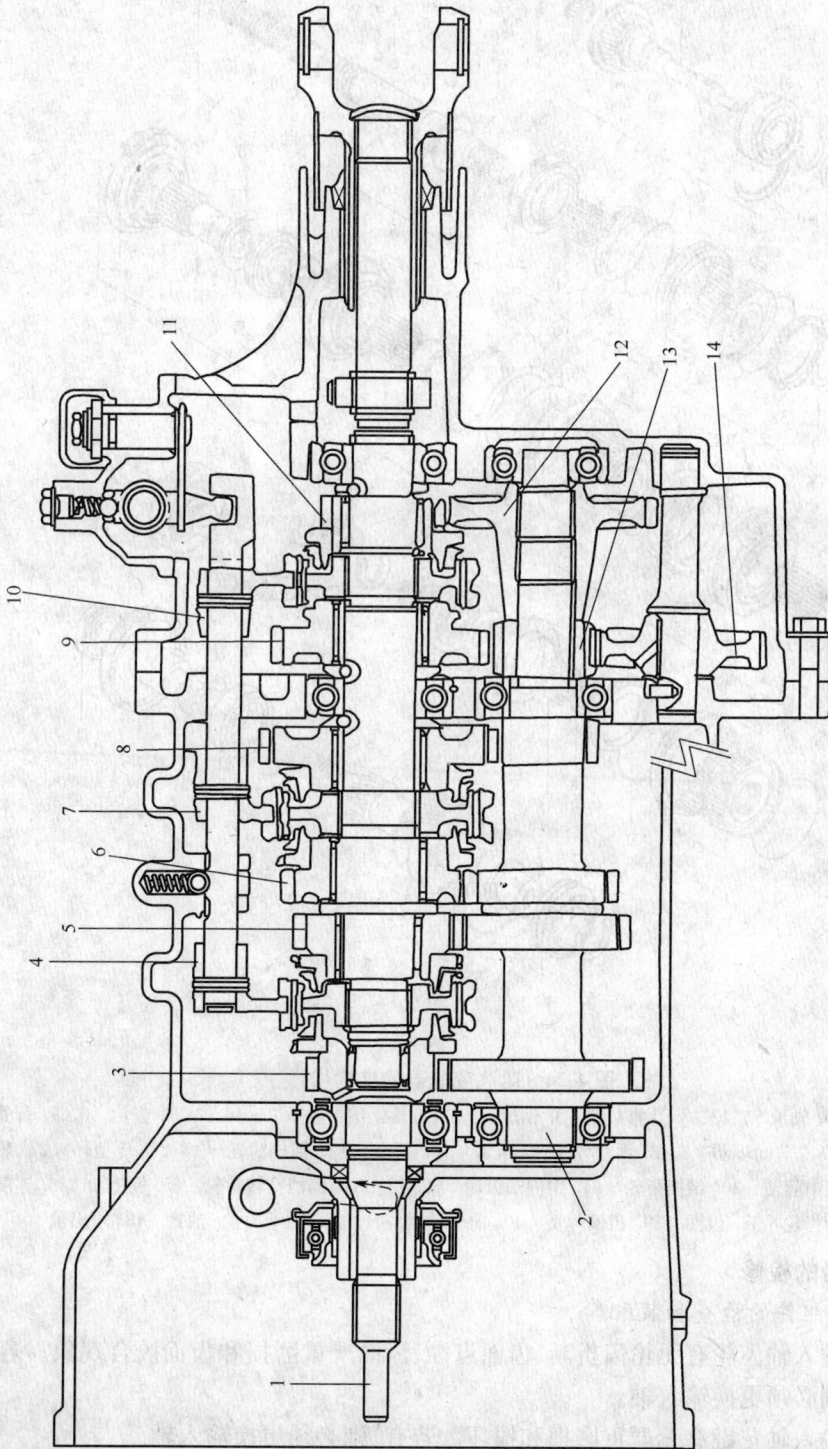

图 4-23 哈飞变速器的结构(1)

1. 输入轴　2. 中间轴　3. 输入轴主动齿轮　4. 高速齿轮拨叉　5. 三档齿轮　6. 二档齿轮　7. 低速齿轮拨叉　8. 一档齿轮
9. 倒档齿轮　10. 倒档齿轮拨叉　11. 五档齿轮　12. 中间轴五档主动齿轮　13. 中间轴倒档主动齿轮　14. 倒档空转齿轮

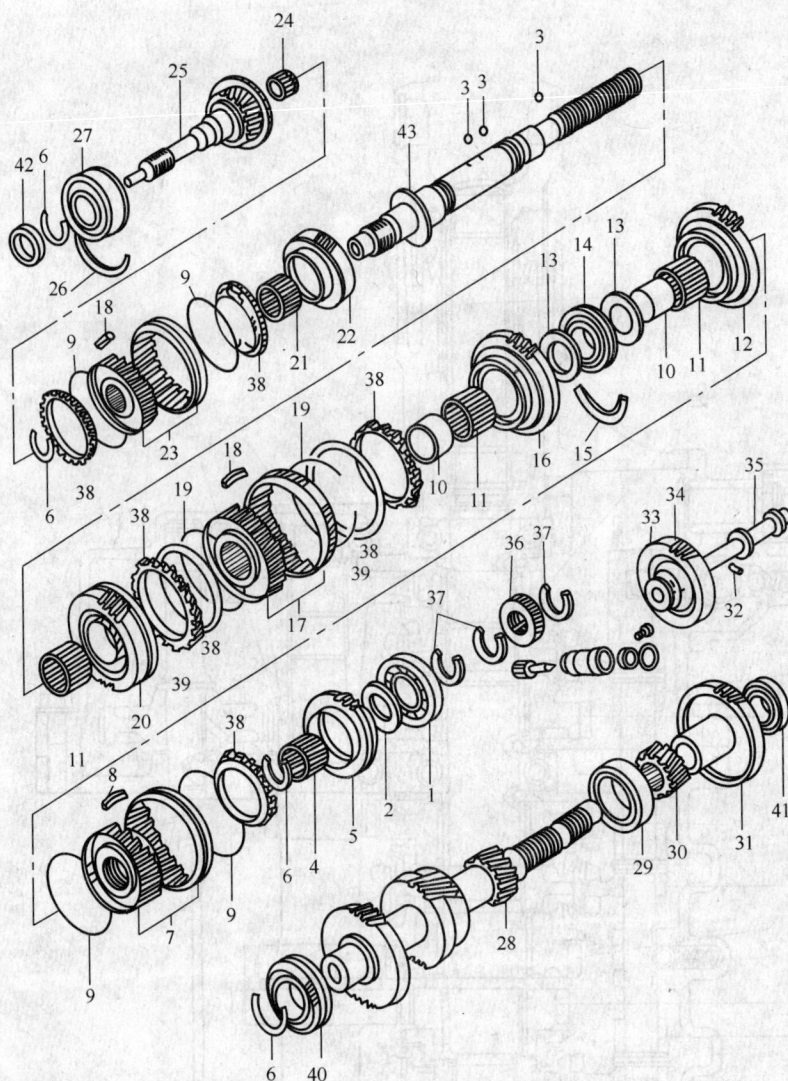

图 4-24　哈飞变速器的结构 (2)

1、14、27、29. 轴承　2、13、33. 止推垫圈　3. 钢球　4、11、21、24. 滚针轴承　5、16、20、22. 齿轮　6、37. 弹簧挡圈　7、17、23. 同步器　8、18. 滑块　9、19. 卡簧　10. 衬套　12. 倒档齿轮　15、26. C 型环　25. 输入轴　28. 中间轴　30. 倒档齿轮　31. 中间轴齿轮　32. 销　34. 倒档空转齿轮　35. 倒档轴　36. 速度表传动齿轮　38. 齿圈　39. 齿圈弹簧　40. 前端轴承　41. 后端轴承　42. 油封　43. 输出轴

二、变速器的检修

1. 输入轴组件的检查和装配

(1) 检查输入轴齿轮有无轮齿折断、齿面点蚀、齿面严重磨损和齿面胶合现象。若有上述任一种情况,则必须更换输入轴。

(2) 检查输入轴花键有无严重磨损和损坏。若有,则必须更换输入轴。

(3) 用手感觉轴承转动是否灵活,是否有卡滞现象。若轴承转动不灵活或有卡滞现象,则必须更换轴承。

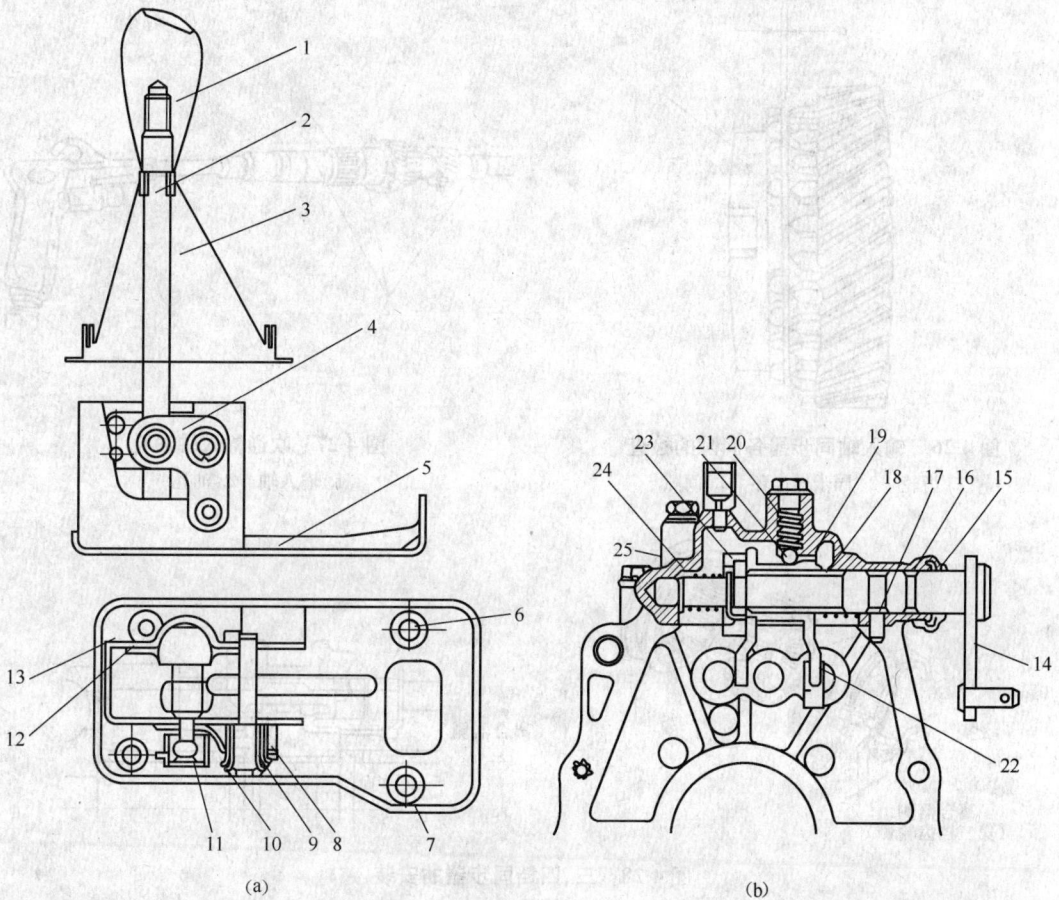

图 4-25 哈飞变速器换档操纵机构

1. 手柄 2. 操纵杆组件 3. 防尘罩 4. 摇臂组件 5. 底座组件 6. 减振垫 7. 衬套 8. 复位弹簧 9. 衬套 10. 开口挡圈 11. 衬套 12. 弹簧垫圈 13. 六角头螺栓 14. 换档摇臂 15. 防尘套 16. O形环 17. 销 18. 换档摇臂轴1号弹簧 19. 衬垫 20. 倒档检查弹簧 21. 钢球 22. 换档拨叉臂 23. 倒档限位块 24. 换档摇臂轴2号弹簧 25. 换档摇臂壳体

(4)如果同步器零部件需要修理时,检查齿环与齿轮之间、齿轮各个倒棱轮齿之间、齿环与啮合套之间的间隙,然后决定需更换的零件。间隙a的标准值为1.0~1.4mm,维修极限值0.5mm,如图4-26所示。

(5)如图4-27所示,为确保润滑,应吹通油孔,并保证油孔无阻塞。

(6)三、四档同步器齿套及齿毂总成规定有安装方向,如图4-28所示,在装配三、四档同步器时,应先将三、四档同步器齿套装入齿毂,并将三个滑块插入齿套内,然后再装上弹簧。

说明:各滑块没有规定具体定向,但在组装时应设定一个方向。

2. 中间轴组件的检查

(1)彻底清洁所有的零部件,检查其是否有异常,并在需要时,用新件更换。

(2)见图4-29,如果同步器零件需要修理时,检查齿环与齿轮间、齿轮各倒棱轮齿间、齿环与齿套间的间隙,然后决定需要更换的零件。间隙标准值为1.0~1.4mm,维修极限值为0.5mm。

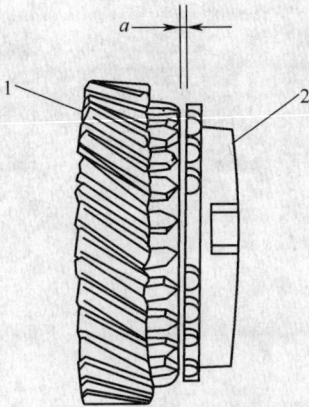

图 4-26　输入轴同步器各间隙的检查
1. 齿轮　2. 同步器齿环　*a*. 间隙

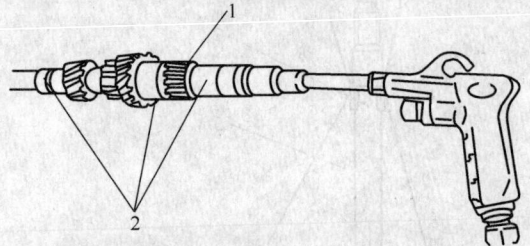

图 4-27　吹通输入轴油孔
1. 输入轴　2. 油孔

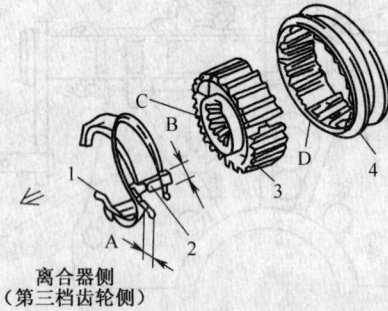

离合器侧

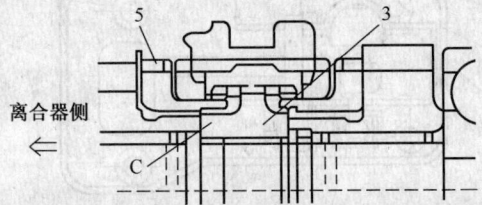

图 4-28　三、四档同步器的安装
1. 三、四档同步器弹簧　2. 滑块　3. 齿毂　4. 齿套　5. 第三档齿轮　A＝B　C. 长凸缘（离合器侧）　D. 滑块槽

维修提示：

◆一档同步器齿环的滑块槽宽度小于二档同步器齿环的滑块槽宽度。宽度差别如下：宽度"b"：8.2mm，"c"：8.8mm，见图 4-29。

（3）将一、二档同步器齿套装到齿毂上，插入三个滑块，然后按照图 4-30 所示装上弹簧。
说明：一、二档同步器齿毂和各滑块没有规定具体的方向，但在装配时应设定一个方向。

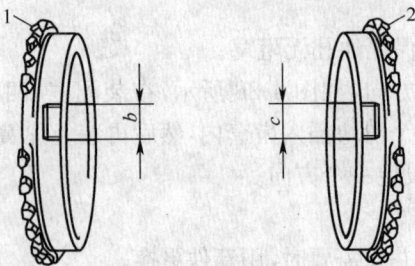

图 4-29　一档同步器齿环小于二档同步
器齿环的滑块槽宽度
1. 一档同步器齿环　2. 二档同步器齿环

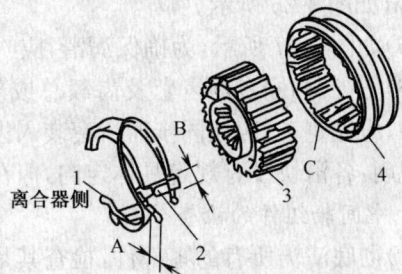

图 4-30　一、二档同步器的安装
1. 一、二档同步器弹簧　2. 滑块　3. 齿毂
4. 齿套　A＝B　C. 滑块槽

3. 输出轴组件的检查

(1)检查输出轴花键有无严重磨损和损坏。若有,则必须更换输出轴。

(2)见图 4-31,检查同步器组件的滑动灵活性。若有卡滞现象,则必须修复或更换零件。

(3)按图 4-32 所示,组装五档同步器齿套和带滑块及弹簧的齿毂。

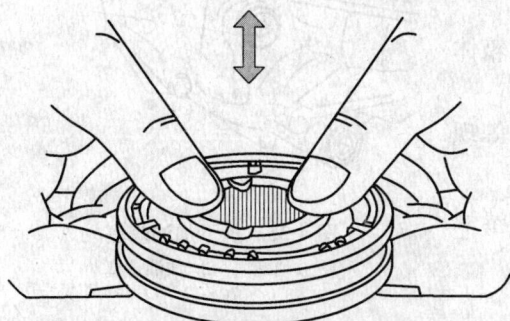

图 4-31 检查同步器组件的滑动灵活性

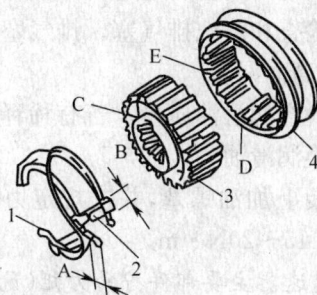

图 4-32 组装五档同步器齿套和带滑块及弹簧的齿毂

1. 五档同步器弹簧 2. 滑块 3. 齿毂 4. 齿套
A＝B C. 卡凸缘 D. 滑块槽 E. 倒棱齿槽

维修提示:

◆图 4-32 中,齿毂内的长凸缘 C 和齿套内的倒棱的齿槽 E 应朝内配合(后壳侧)。

4. 换档叉与同步器齿套的检查

如图 4-33 所示,用塞尺检查换档叉与同步器齿套之间的间隙,如超过 1.0mm 的极限,应更换这些零件。

5. 换档拨叉轴弹簧的检查

如果齿轮处于脱离啮合状态,则应用游标卡尺检测各拨叉轴弹簧的自由长度是否符合标准,如图 4-34 所示。

如果自由长度短于使用极限,应换用新件。换档拨叉轴弹簧自由长度的标准值为 25.5mm,使用极限为 21.0mm。

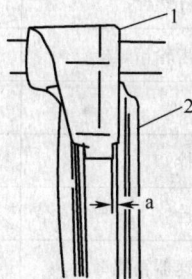

图 4-33 换档叉与同步器齿套间隙的检查

1. 换档叉 2. 同步器齿套 a. 间隙

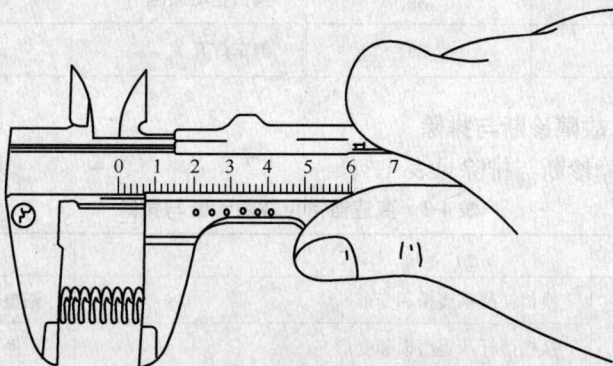

图 4-34 换档拨叉轴弹簧自由长度的检查

6. 变速器油液面的检查

(1)见图 4-35,拆下变速器加油螺塞。

(2)检查润滑油液面,以油面与加油口下缘对齐为准。油面过低可能会造成润滑不良而烧坏轴承和齿轮;油面过高则会引起过热和漏油。

(3)检查和清洗排气塞。排气塞堵塞会造成箱体内气压过高而漏油。

(4)检查润滑油质量。若有稀释、结胶、过脏等现象,应更换润滑油。

(5)装上加油螺塞,并按规定力矩上紧。螺塞规定力矩为 15～20N·m。

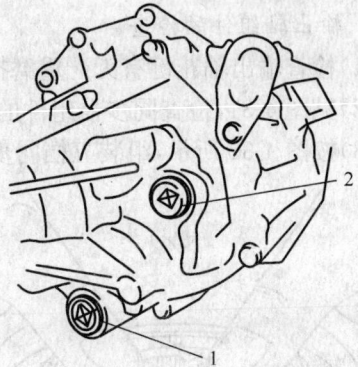

图 4-35　拆下加油螺塞
1. 放油螺塞　2. 加油螺塞

7. 变速器主要部件拧紧力矩(见表 4-2)

表 4-2　变速器主要部件拧紧力矩

紧 固 件	拧紧力矩(单位 N·m)	紧 固 件	拧紧力矩(单位 N·m)
放油螺塞	36～50	前、后壳螺栓	19
传动轴万向接头凸缘螺栓	55	倒档轴螺栓	23
换档控制杆螺栓	13	换档固定轴螺栓	13
选择式拉索杆螺栓	23	后壳板螺栓	23
车速表从动齿轮箱螺栓	10	中间轴螺母	68
后装配螺栓	50	第五档拨叉螺栓	10
左加强件螺栓	55	第五档换档杆螺栓	23
右加强件螺栓	61	主轴前轴承板螺栓	23
气缸体与变速器箱螺母	61	加长箱螺栓	19
气缸体与变速箱螺栓	61	换档导套壳螺栓	23
控制拉索支架螺栓	23	第五档至倒档互锁导套螺栓	23
油槽板螺栓	10	换档止动螺栓	23
倒档换档杆螺栓	23	倒车灯开关	20

三、变速器常见故障诊断与排除

变速器常见故障诊断与排除见表 4-3。

表 4-3　变速器常见故障诊断与排除

故障模式	原　因	处理方法
脱档	换档杆严重磨损和变形	调整或更换
	换档摆杆严重磨损和变形	更换
	自锁钢球与换档杆凹槽磨损严重	更换

续表 4-3

故障模式	原因	处理方法
脱档	弹簧弹性不足	更换
	齿轮轴向间隙过大	更换
	拨叉磨损及变形	调整或更换
	同步器齿壳、齿套、齿环磨损	更换
噪声过大或异响	油量不足或油质低劣	加油或换油
	齿轮轴向间隙过大	调整或更换
	齿轮磨损或折断	更换
	同步器齿环损坏	更换
	轴承损坏和磨损	更换
	齿轮挡圈损坏和磨损	更换
挂档困难	离合器分离不彻底	检查调整
	换档机构磨损或变形	更换
	同步器齿环卡在齿轮锥部	更换
	同步器弹簧损坏	更换
	齿套齿端磨损或齿环键槽磨损变宽	更换
渗、漏油	加油过多,油温过高	放油至规定位置
	需涂胶的螺栓未涂胶	涂胶
	密封件漏油	更换
	箱体接合面漏油	检查或更换
	放油螺塞漏油	调整或更换
	螺栓松动或漏装	补装并按规定拧紧
轴承、齿轮烧结	油量不足或油质低劣	加油或换油
	润滑油太脏	更换
	不同油料混用或使用添加剂	更换
	使用不合格的轴承	更换
乱档	互锁销脱落或磨损严重	更换
同步器损坏	换档用力过猛	更换
	同步器弹簧损坏	更换

第三节　传动轴

一、传动轴结构简介

微型客车传动轴总成一般由传动轴和前、后两个万向节三部分组成。传动轴通过凸缘接头连接圆锥主轮轴轮,通过带内花键滑动套管叉连接变速器输出轴。前万向节叉有内花键接套,变速器输出轴的花键端装入其内。后万向节接头为凸缘式,用螺栓将此凸缘与装在差速器前端的凸缘连接。每个万向节的十字轴均装有四个滚针轴承。

传动轴总成的组成如图 4-36 所示。

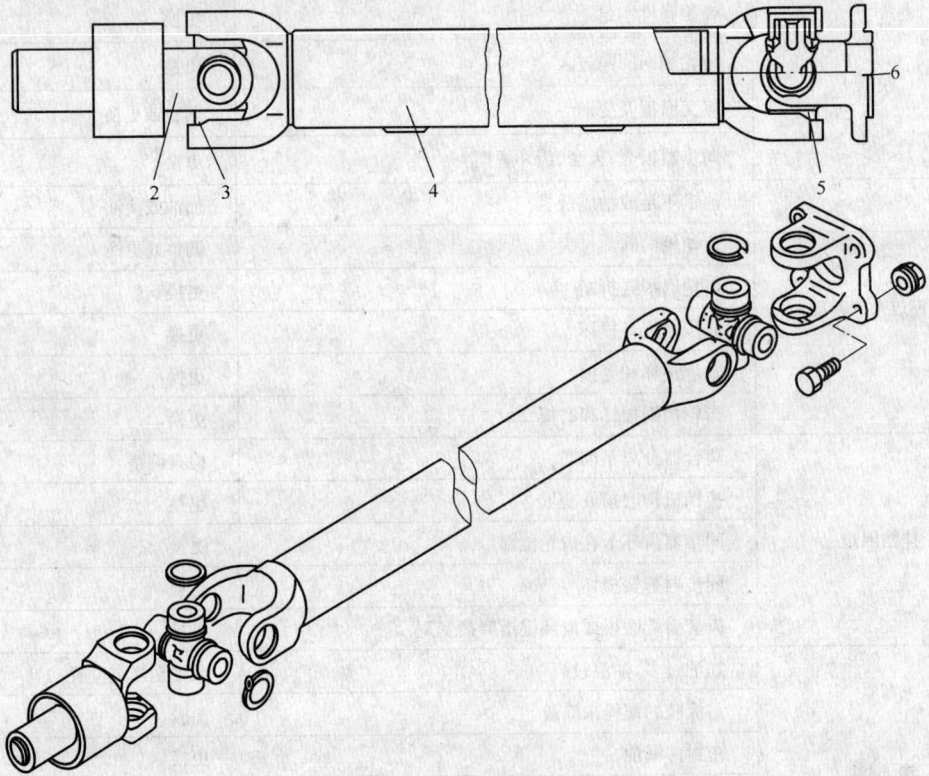

图 4-36　传动轴的组成

1. 连接变速器输出轴　2. 套管叉　3. 前万向节　4. 传动轴焊接组件　5. 后万向节　6. 连接后桥主动齿轮

二、传动轴的检查与调整

1. 传动轴弯曲的检查

如图 4-37 所示,用专用工具百分表和百分表固定座检查传动轴的弯曲。弯曲限度在 0.5mm 以下。若超过该值,应当进行校正,并需经动平衡校正,也可直接更换。

2. 轴颈轴向侧隙的检查

如图 4-38 所示,用塞尺检查轴颈轴向侧隙。标准数值为 0~0.06mm。若超过该值,应当进行校正或更换。

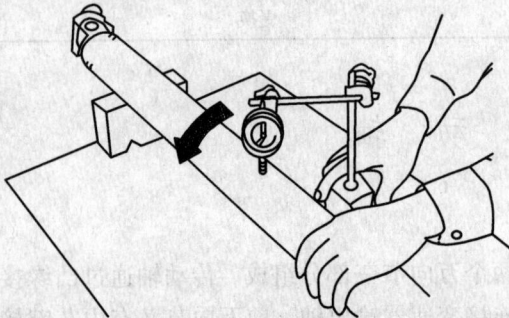

图 4-37　传动轴弯曲的检查

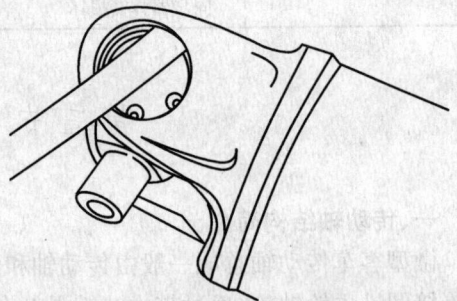

图 4-38　传动轴轴颈轴向侧隙的检查

3. 传动轴噪声的检查

(1)在高速时出现的噪声。整车有抖动感觉,一般是传动轴总成动平衡超过规定或已弯曲变形引起。应当进行校正,并需经动平衡校正或是更换。

(2)在低速或变速时出现的噪声一般是零件磨损松动引起。如系滑动叉花键、十字轴和滚针轴承磨损严重,则应更换整根传动轴。

三、传动轴常见故障诊断与排除

1. 传动装置异响

(1)现象。汽车起步或车速突然改变时,车身发抖,传动装置发出撞击声。

(2)原因。

①十字轴及滚针轴承磨损松旷或轴承滚针破碎。

②驱动桥主减速器凸缘花键槽磨损过甚。

③变速器第二轴上的花键齿与传动轴套管叉花键套磨损过甚。

④各连接部位的固定螺栓松动。

(3)诊断与排除。传动装置有异响时,应停车检查。首先检查凸缘连接螺栓,看其是否松动。如松动应予紧固,不松动时,可两手分别握住万向节的两端或者传动轴套管叉的主、从动部分,检查其游动间隙。如果万向节游动间隙过大,则响声来自十字轴及滚针轴承;如果传动轴套管叉游动间隙过大,则为传动轴套管叉花键套磨损过甚所致,应分别进行修理或更换。

2. 传动轴异响

(1)现象。汽车在行驶中,发出一种周期性的响声,车速增加,响声增大,严重时车身抖振,甚至握转向盘的手有麻木感。

(2)原因。

①传动轴弯曲、轴管凹陷或平衡片脱焊,转动时不平衡造成发响。

②传动轴的凸缘或轴管歪斜,运转时不平衡发响。

(3)诊断与排除。架起驱动桥,发动汽车,挂上高速档,观察传动轴的振摆情况。若收油门车速下降后,振动更大,一般属传动轴凸缘和轴管歪斜或轴管弯曲变形,使传动轴运转不平衡而引起发响,应视情况进行修理或更换。

第四节 驱 动 桥

一、驱动桥结构简介

微型客车驱动桥结构基本相同。

1. 后驱动桥桥壳和半轴总成部件(见图 4-39)

2. 后驱动桥减速器总成部件(见图 4-40)

二、驱动桥的检查与调整

(一)驱动桥的检查

1. 后桥传动系统总间隙的检查

(1)把变速器换档杆置于空档,拉起驻车制动手柄。

(2)顺时针将传动轴转到底,打上匹配记号,如图 4-41 所示。

(3)如图 4-42 所示,再反时针将传动轴转到底,测量匹配记号距离。此距离即为后桥传

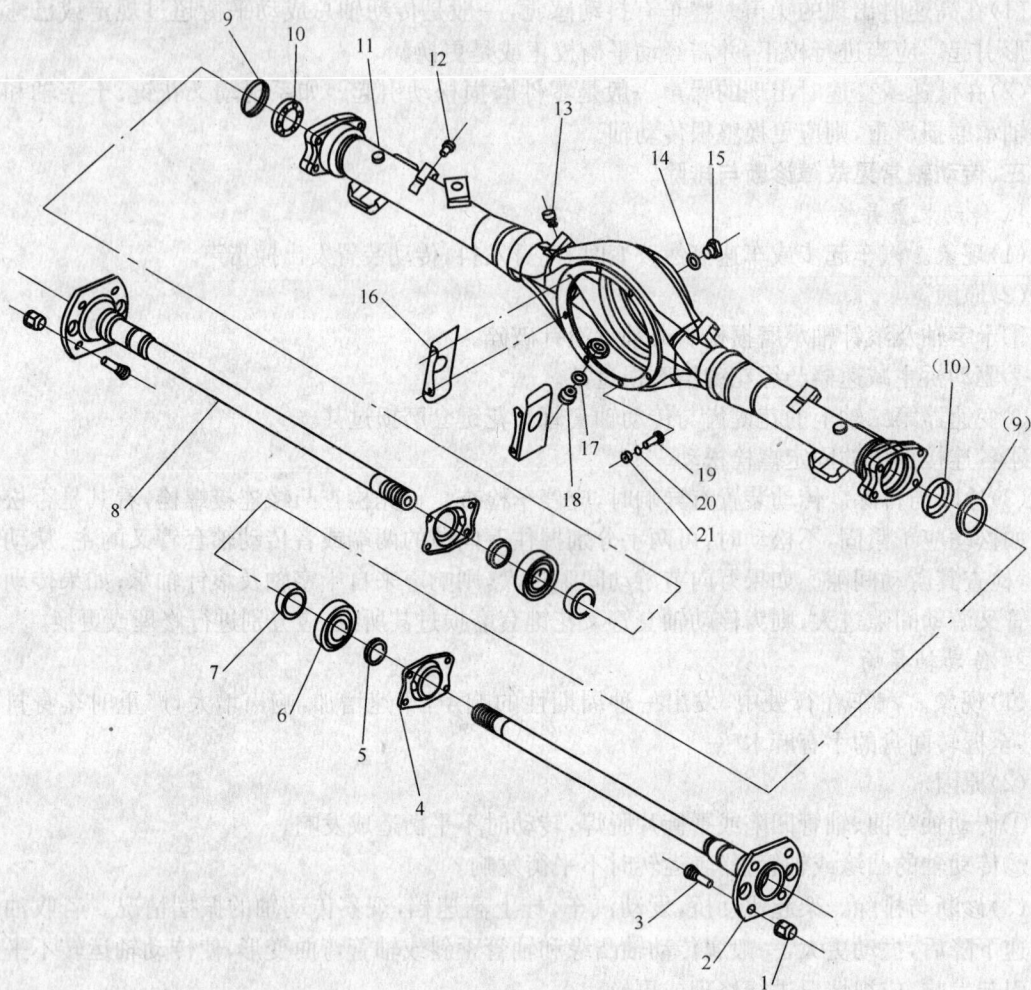

图 4-39　后驱动桥桥壳和半轴总成部件

1. 车轮螺母　2. 左半轴　3. 后轮胎螺栓　4. 轴承盖　5. 半轴垫圈　6. 轴承　7. 半轴轴承紧固套　8. 右半轴
9. 半轴油封总成　10. 支撑环　11. 后桥壳焊接总成　12. 螺栓组合件　13. 通气塞　14. 铜垫圈　15. 螺塞
16. 隔板　17. 铜垫圈　18. 放油螺塞总成　19. 特种螺栓　20. 垫圈　21. 螺母

动系统总间隙,极限值为 5mm。

(4)如间隙超过极限值,应将减速器总成拆下并进行调整。

2. 主减速器润滑油油位检查

(1)将汽车停在水平地面上,并拉紧中央制动器。

(2)卸下加油口螺塞,如图 4-43 所示。

(3)手指伸进加油口感觉油面位置。正常油位如图 4-44 所示。

(4)安装加油口螺塞。紧固加油口螺塞扭矩至 40~60N·m。

注意:车辆行驶后,油温很高,应让温度降低后再进行油位检查,两手感觉放油口螺塞不再烫手即可。

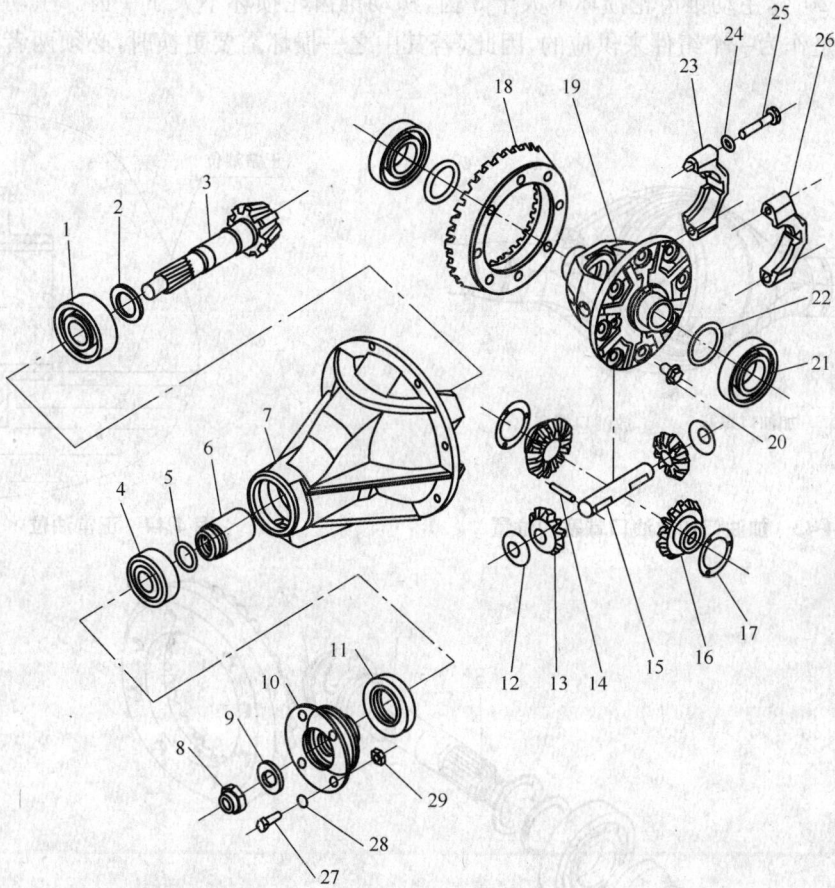

图 4-40　后驱动桥减速器总成部件

1. 轴承（Ⅰ）　2. 调整垫片（Ⅰ）　3. 主动锥齿轮　4. 轴承（Ⅱ）　5. 调整垫片（Ⅱ）　6. 隔套　7. 轴承座
8. 主动锥齿轮锁紧螺母　9. 垫圈（Ⅰ）　10. 连接法兰总成　11. 油封　12. 球面垫片　13. 行星齿轮
14. 圆柱销　15. 行星轮轴　16. 半轴齿轮　17. 调整垫片（Ⅲ）　18. 从动锥齿轮　19. 差速器壳　20. 螺栓
（Ⅰ）　21. 轴承（Ⅲ）　22. 调整垫片（Ⅳ）　23. 左轴承盖　24. 垫圈（Ⅱ）　25. 螺栓（Ⅱ）　26-右轴承盖　27. 螺
栓（Ⅲ）　28. 垫圈（Ⅲ）　29. 螺母

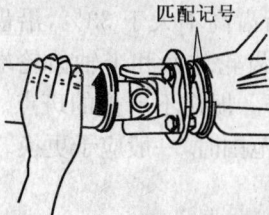

图 4-41　在传动轴上做匹配记号

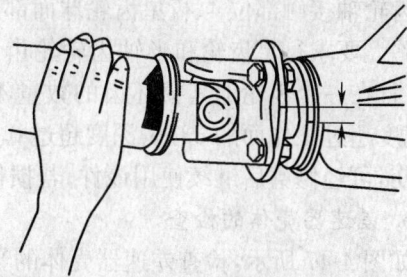

图 4-42　测量后桥传动系统总间隙

3. 主动锥齿轮和从动锥齿轮的检查

如图 4-45 所示，检查齿部 1、半轴齿轮凸面 2、半轴齿轮花键部 3 有无裂纹、表面点蚀和剥脱、机械损伤或严重磨损等缺陷。如有，应更换。要求轮齿剥落面积不大于 25％，轮齿损坏不大于齿长的 20%,主动锥齿轮损坏不大于 3 齿,从动锥齿轮损坏不大于 4 齿。主动锥齿轮和从动锥齿轮是作为一个组件来供应的,因此,若其中之一损坏需要更换时,必须两者同时成对进行更换。

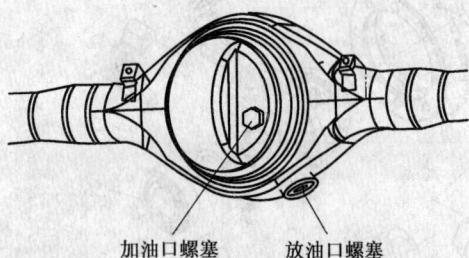

图 4-43　加油口和放油口螺塞的位置

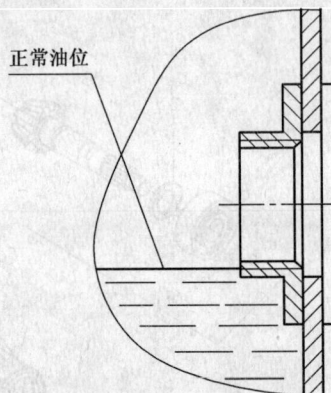

图 4-44　正常油位

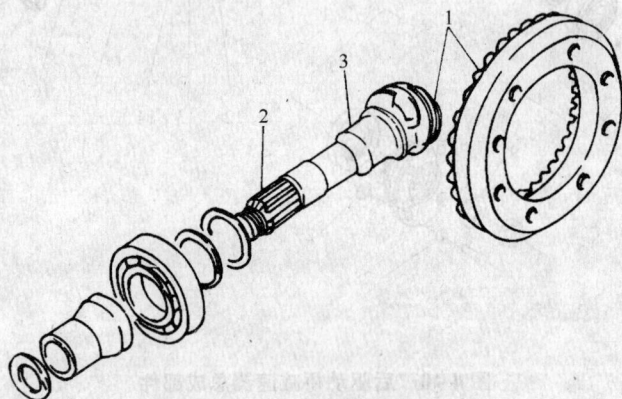

图 4-45　主、从动锥齿轮的检查

1. 齿部　2. 半轴齿轮凸面　3. 半轴齿轮花键部

4. 半轴齿轮和行星齿轮的检查

如图 4-46 所示,检查半轴齿轮和行星齿轮的齿部 1、半轴齿轮凸面 2、半轴齿轮花键部 3、行星齿轮轴接触部位 4、行星齿轮球面部 5 有无裂纹、表面点蚀和剥落、机械损伤或严重磨损等缺陷。要求行星齿轮和半轴齿轮轮齿工作面上的缺损沿齿高不大于 33%,沿齿长不大于 25%,且在一个齿轮上其损坏齿的数量不多于 3 个。行星齿轮球面和半轴齿轮端面上的擦伤,宽度超过工作面的 33%、深度超过 0.5mm 时,应予修磨。损伤不严重的斑点、剥落、毛刺或擦伤,可经修磨后继续使用该件;若损伤超过规定的允许范围时,一般应予更换。

5. 差速器壳体的检查

如图 4-47 所示,检查差速器壳体的半轴和行星齿轮接触面、轴承安装部位 1、从动锥齿轮配合部位 2 和壳体 3 表面有无裂纹、变形、严重磨损等缺陷。如有,应更换。

6. 轴承的检查

检查差速器轴承和主动齿轮轴轴承的运动情况,如有卡滞、异响或松旷等缺陷时,应更换轴承。

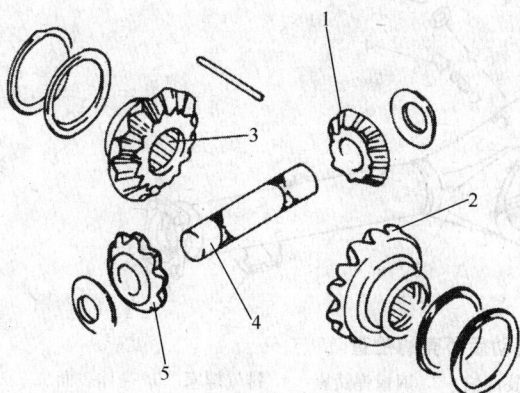

图 4-46 半轴齿轮和行星齿轮的检查
1. 半轴齿轮和行星齿轮的齿部 2. 半轴齿轮凸面 3. 半轴齿轮
花键部 4. 行星齿轮轴接触部位 5. 行星齿轮球面部

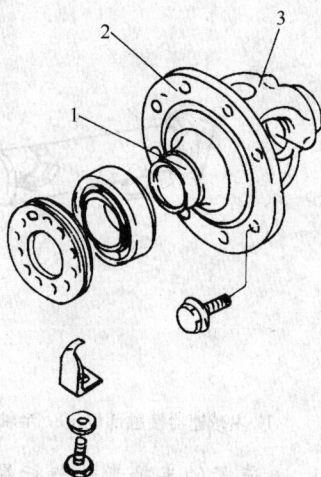

图 4-47 差速器壳体的检查
1. 轴承安装部位 2. 从动锥齿
轮配合部位 3. 壳体

7. 主减速器壳体的检查

如图 4-48 所示,检查主减速器的轴承支承部位1、油封装配部位2、后桥壳接触部位3、调整螺母安装部位4 有无机械损伤、裂纹或变形等缺陷。如有,应予修理或更换壳体。

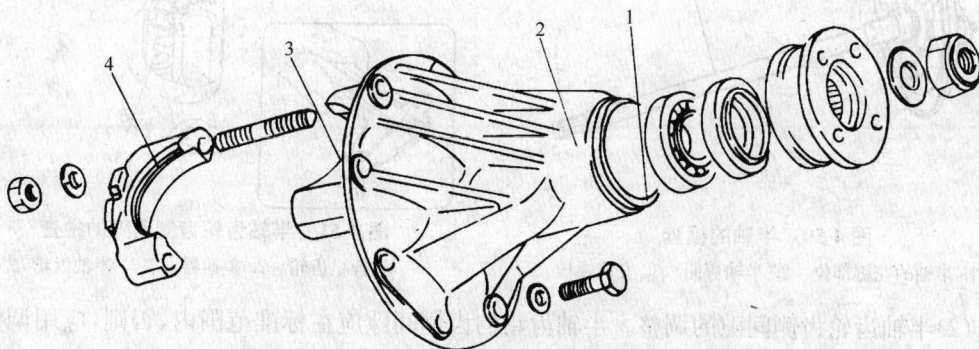

图 4-48 主减速器壳体的检查
1. 主减速器的轴承支承部位 2. 油封装配部位 3. 后桥壳接触部位 4. 调整螺母安装部位

8. 驱动后桥壳的检查

如图 4-49 所示,检查后桥壳的主减速器接触部位1、半轴轴承及油封安装部位2、钢板弹簧座3、排气螺塞4、壳体表面5 有无机械损伤、裂纹、接触处变形等缺陷,如有,应予修理。

9. 半轴的检查

如图 4-50 所示,检查半轴的花键部位1、半轴弯曲2、安装螺栓3 有无磨损、弯曲、机械损伤或螺栓松动。半轴弯曲可在压力机上进行冷压矫正;半轴花键齿过度磨损或花键产生裂纹时,更换半轴;半轴装油封的轴颈处若出现明显沟槽或严重磨损影响其密封性时,或在半轴凸缘根部出现裂纹时,应更换半轴。

(二)驱动桥的调整

驱动桥的装配过程与拆卸和分解的顺序相反,但必须注意组装过程中各种配合间隙、接触印迹、装配预紧度的检查和调整。驱动桥组装过程中,有如下重要的检查和调整项目。

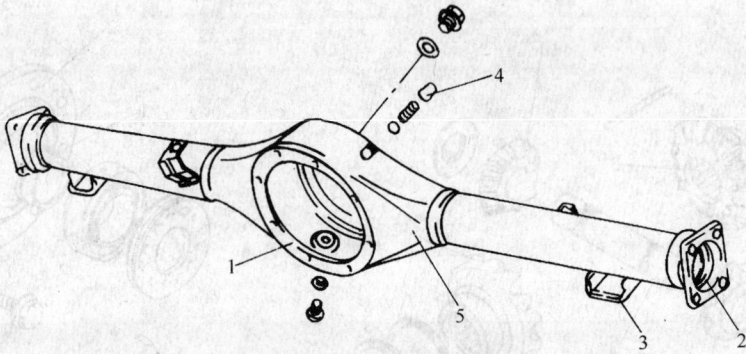

图 4-49　驱动后桥壳的检查

1. 主减速器接触部位　2. 半轴轴承及油封安装部位　3. 钢板弹簧座　4. 排气螺塞　5. 壳体表面

1. 差速器的半轴齿轮与行星齿轮侧隙

(1)半轴齿轮与行星齿轮的侧隙检查用熔丝旋入两齿轮的啮合面间,熔丝压扁平后再用游标卡尺测量其最大扁平处的厚度,来间接地测量齿侧间隙,如图 4-51 所示。

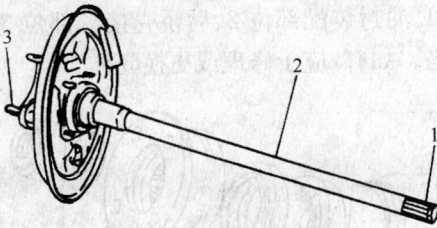

图 4-50　半轴的检查

1. 半轴的花键部位　2. 半轴弯曲　3. 安装螺栓

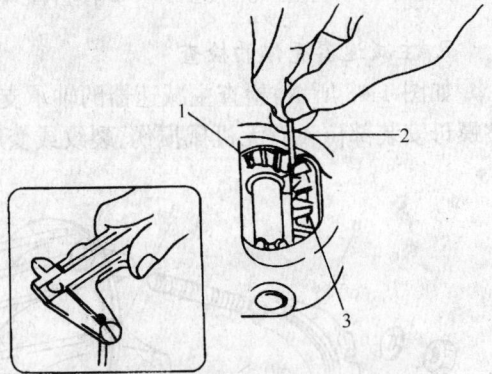

图 4-51　半轴齿轮齿侧间隙的检查

1. 行星齿轮　2. 差速器壳　3. 半轴齿轮

(2)半轴齿轮齿侧间隙的调整。半轴齿轮的齿侧间隙应在标准范围内,否则,应用调整垫片加以调整。齿侧间隙的标准值为 0.05～0.15mm。调整垫片厚度规格为 0.8mm、0.9mm、1.0mm、1.1mm、1.2mm。

2. 主动锥齿轮轴安装距

(1)主动锥齿轮轴安装距的检查。主动锥齿轮轴在重新装配时,要检查其安装距,以确定安装位置,保证正确的啮合间隙。具体检查步骤如下:

①将百分表置于专用主动齿轮测量模具上,使百分表的芯轴从模具的底部凸出 5～6mm,如图 4-52 所示。

②将模具连同百分表安放在平台上,并把百分表调零。

③将带轴承的模具主动锥齿轮装入主减速器壳,使它位于正确的位置,并安装凸缘盘,拧紧主动锥齿轮螺母至 7N·m 的紧固力矩。同时把测量模具连同百分表放置到主减速器壳上,观测百分表的读数,该数值"b"即为主动锥齿轮轴的安装止推垫片厚度,如图 4-53 所示。

④安装距及调整垫片厚度计算。在图 4-53 中,$a+c=80$mm;$80+b-$标准值=所需止推垫片厚度。

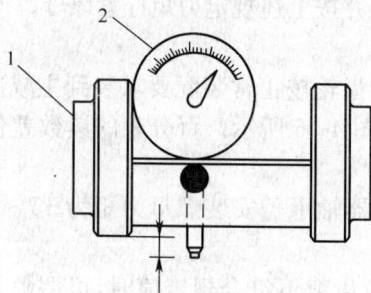

图 4-52　千分表的安装

1. 测量模具　2. 百分表

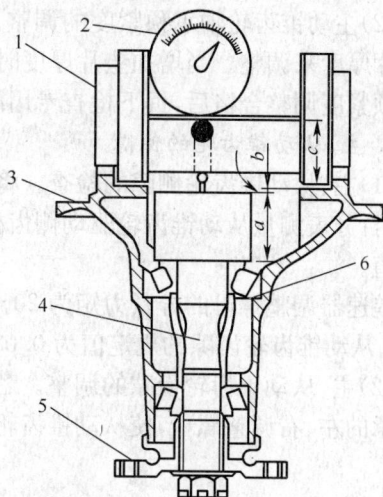

图 4-53　安装间隙的测量

1. 测量模具　2. 百分表　3. 主减速器壳
4. 主动锥齿轮轴模具　5. 凸缘盘　6. 止推垫片安装处

标注数值标记位于齿轮轴上,如图 4-54 所示。

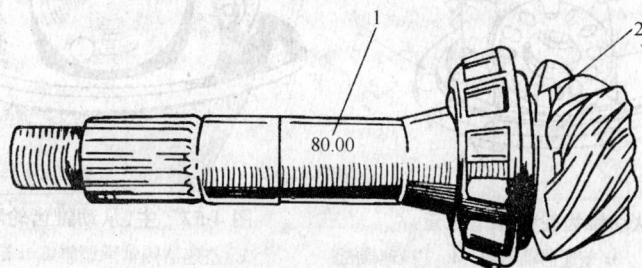

图 4-54　主动齿轮轴

1. 标注值:"80"标记　2. 主动锥齿轮

(2)主动锥齿轮轴安装距的调整。根据上述测出的所需止推垫片厚度的要求,选择相应规格的止推垫片。止推垫片厚度规格为 0.03mm,0.05mm, 0.1mm,0.3mm,0.5mm。

3. 主动锥齿轮轴承预紧度的检查

(1)把主动锥齿轮轴承和凸缘盘按正常装配要求安装到主减速器壳体上,然后用拉力器测量其起动转矩,如图 4-55 所示。

凸缘盘紧固螺母的拧紧力矩为 110～170N·m;轴承预紧度为 0.3～0.7N·m;起动转矩为 6～14N(拉力器拉力)。

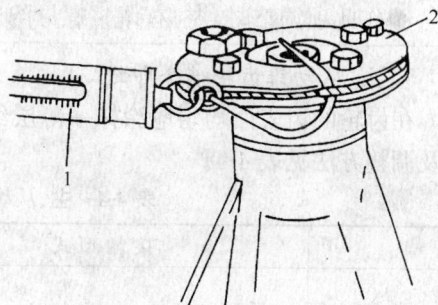

图 4-55　轴承预紧度的测量

1. 拉力器　2. 预紧度检查专用滑轮

维修提示:

◆作此项检查时,不得装齿轮轴油封。

(2)主动锥齿轮轴承预紧度的调整。若轴承预紧度不符合规定时,可通过增加或减少止推垫片厚度来调整。当增加垫片厚度时,预紧度减少;减少垫片厚度时,预紧度增大。

预紧度调整合格后,拆下检查专用滑轮,装回油封,并按上述规定力矩拧紧螺母。

4. 主、从动锥齿轮的侧隙

(1)主、从动锥齿轮侧隙的检查。将差速器、从动锥齿轮按正常装配要求装到主减速器壳上,用百分表测量从动锥齿轮驱动侧齿根的圆跳动,如图 4-56 所示。百分表的读数差值即为侧隙值。

差速器调整螺母的拧紧力矩为 $20\sim25\mathrm{N\cdot m}$;差速器轴承盖安装螺母力矩为 $15\sim23\mathrm{N\cdot m}$;主、从动锥齿轮齿隙的规定值为 $0.08\sim0.12\mathrm{mm}$。

(2)主、从动锥齿轮齿隙的调整。若主、从动锥齿轮齿隙不符合规定值时,可调整差速器壳轴承的左、右调整螺母,使从动锥齿轮向主动锥齿轮靠近或离开,如图 4-57 所示。

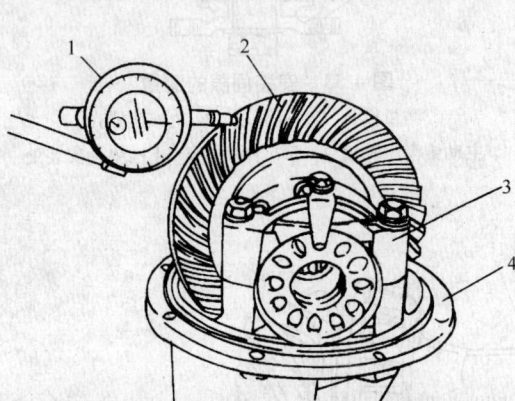

图 4-56　主、从动锥齿轮侧隙的检查
1. 百分表　2. 从动锥齿轮　3. 差速器轴承盖　4. 主减速器壳

图 4-57　主、从动锥齿轮啮合间隙的调整
1. 差速器侧轴承调整螺母旋转器　2. 轴承盖

维修提示:

◆作此项调整时,左、右调整螺母的进、退应相等。

5. 主、从动锥齿轮啮合印迹

在齿轮的齿表面均匀地涂抹一薄层红丹油,然后缓慢转动齿轮,检查啮合印迹。啮合印迹及调整方法见表 4-4。

表 4-4　主、从动锥齿轮啮合印迹及调整方法

	接 触 型 式	判 断 与 处 理
正常接触		在驱动侧(凸面)和不工作侧(凹面),接触印痕均大致在齿面中心位置略偏小端,形状如图所示为椭圆形

续表 4-4

接 触 型 式	判 断 与 处 理
垫片调整不正确时的接触	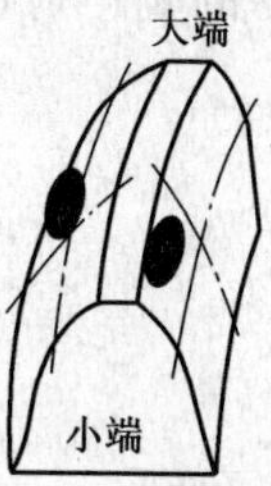 高接触:驱动侧接触印痕在大端而不工作侧在小端。这说明主动齿轮太靠后,必须增加调整垫片厚度,使主动齿轮前移
	低接触:驱动侧接触印痕在小端而不工作侧在大端。这说明主动齿轮太靠近从动齿轮,必须减小调整垫片厚度,使主动齿轮后退
因部件有问题引起的接触型式	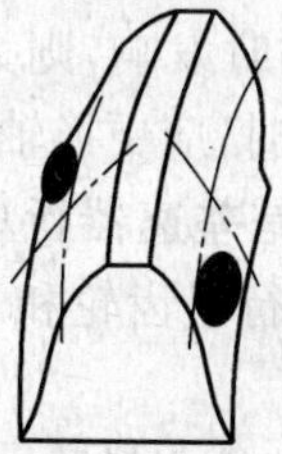 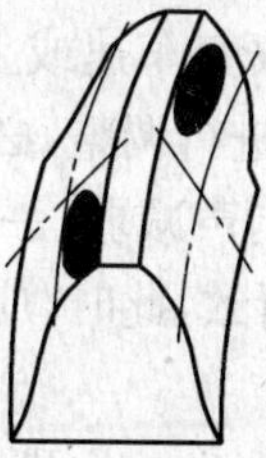 图示接触型式表明主减速器壳偏心太小或太大,应该更换壳体
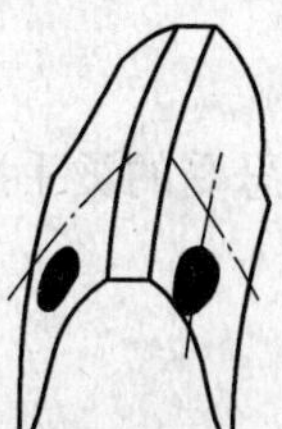 	这些接触印痕在驱动侧和不工作侧,均位于大端或小端。这表明:①主、从动齿轮均有缺陷;②主减速器壳体安装不正确及未对正;③从动齿轮未正确安装在差速器壳体上,应更换有问题配件
 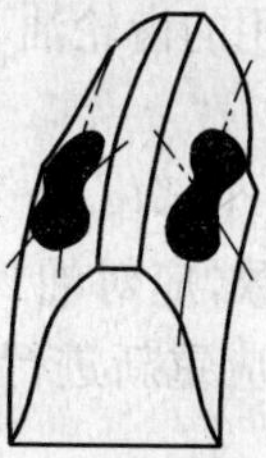	不规则型式:如果接触印痕不是椭圆形,表明锥齿轮有缺陷,在齿面或从动齿轮座上存在高低不平是造成在某些齿上出现不规则接触印痕的原因,应更换有问题的配件

三、驱动桥常见故障诊断与排除

1. 驱动桥异响

(1)现象。

①汽车挂档行驶时，驱动桥发出较大的响声，而在滑行或低速行驶时响声减弱或消失。

②汽车转弯时，驱动桥发出较大的响声，而直线行驶时响声减弱或消失。

③汽车起步或突然改变车速时，驱动桥发出"吭吭"的响声，汽车低速时驱动桥发出"格啦、格啦"的撞击声。

（2）原因。

①齿轮或轴承严重磨损或损坏。

②主、从动锥齿轮配合间隙过大。

③从动锥齿轮紧固螺栓松动。

④差速器行星齿轮、半轴内端或半轴齿轮键槽磨损、松旷。

⑤齿轮油不足或齿轮油牌号不对。

（3）诊断与排除。

①驱动桥有异响时，可将驱动桥架起，起动发动机并挂上档，然后急剧改变车速，听驱动桥响声来源，以判断故障所在部位。随即熄灭发动机并挂入空档，在传动轴停止转动后，用手转动主动锥齿轮凸缘，若有明显松旷感觉，说明齿轮啮合间隙过大；若无活动感觉，则说明啮合间隙过小。间隙不当时应予调整。

②汽车在行驶中，如车速越高，响声越大，而滑行时响声减小或消失，一般是因轴承磨损、松旷或主、从动锥齿轮间隙偏大所致。如急剧改变车速或上坡时发响，则为齿轮啮合间隙过大，应予调整。如是轴承松旷引起，则应对轴承进行调整，必要时，应更换轴承。

③如汽车转弯时发响，而低速直线行驶时响声减弱，一般是差速器行星齿轮与半轴齿轮的啮合间隙过大或半轴齿轮及键槽磨损、松旷所致，此时，应对行星齿轮和半轴齿轮的技术状况进行检查与调整，必要时更换齿轮。

④行驶中若驱动桥突然发响，多半为齿轮损坏，应立即停车检查排除。如继续行驶，将会打坏轮齿。

2. 驱动桥发热

（1）现象。汽车行驶一段路程后，用手触摸后桥时，有难以忍受的烫手感觉。

（2）原因。

①轴承装配过紧，转动时摩擦加剧、发热增加，温度升高。

②齿轮啮合间隙过小。

③油封过紧。

④驱动桥内缺少齿轮油，齿轮油变质，或使用的齿轮油不符合规定要求。

（3）诊断与排除。

①汽车行驶一定里程后，用手触摸驱动桥各个部位，查看是局部过热还是整体过热。

a. 如是油封处局部过热，则是油封太紧所致，应对油封技术状况进一步检查，并视情更换。如是轴承处局部过热，则是轴承太紧所致，应重新进行调整。其他局部过热部位也应逐项进行检查并予以排除。

b. 如是整体过热，首先应检查后桥壳齿轮油平面，如太低，应按规定加注齿轮油。用手捻试齿轮油，检查其黏度是否过高、润滑性能是否太差或其规定是否符合要求，并视情更换齿轮油。

②松开驻车制动，变速器置于空档，轻轻地周向晃动驱动桥凸缘盘，检查主、从动锥齿轮

的啮合间隙。必要时进行调整。

③如上述均正常，则应检查差速器行星齿轮与半轴齿轮的啮合间隙，并视情调整。

3. 驱动桥漏油

(1)现象。齿轮油经驱动桥主减速器油封或衬垫向外渗漏。

(2)原因。

①驱动桥内的齿轮油加注过多或齿轮油变质。

②主动锥齿轮前油封磨损损坏，造成齿轮油渗漏。

③注油螺塞或放油螺塞没有按规定力矩拧紧。

(3)诊断与排除。

①齿轮油自半轴端漏油，如系油封磨损或损坏时，应予更换；如是半轴套管有裂纹或断裂时，应予修理或更换。

②齿轮油从主动锥齿轮轴端漏油时，应检查主动锥齿轮凸缘是否松动、前油封是否磨损或损坏。

③其他部位漏油可根据油迹查明原因并排除。

第五章　行驶系统的维修

第一节　前　悬　架

一、前悬架结构简介

微型客车的前悬架结构基本相同，一般都是滑柱摆臂式独立悬架。支柱的上端通过一支撑件与车体联接。支柱与支撑件通过一橡胶安装件相隔。在橡胶安装件下部还装有一支柱轴承。

支柱的下端与转向节的上端相连。转向节的下端与球头销相连。球头销与摆臂共同组成一个装置。横拉杆端与转向节相连。

因此，转向盘的动作被传送至横拉杆端，然后至转向节，最后使车轮转动。在这个操作过程中，随着转向节的运动，支柱同时通过支柱轴承和下端球头销而转动。

前悬架的结构见图5-1、图5-2。

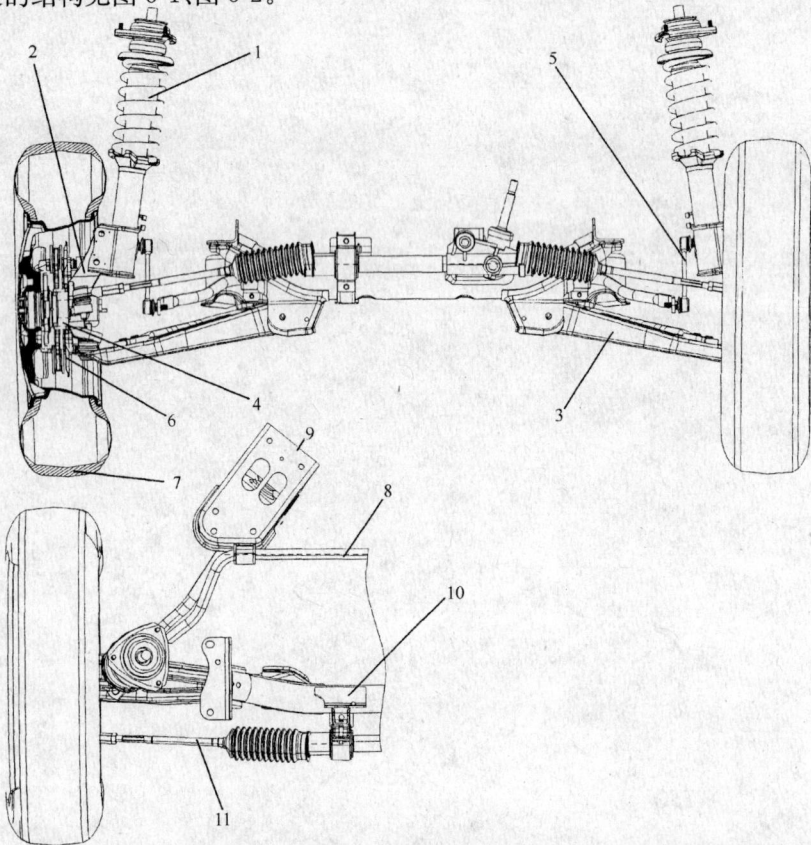

图 5-1　前悬架组成
1. 前支柱总成　2. 转向节　3. 前轴摆臂总成　4. 车轮轴承　5. 连杆总成　6. 前轮毂
7. 车轮　8. 前稳定杆总成　9. 前悬压杆总成　10. 前轴本体　11. 横拉杆

二、前悬架的检修

1. 前悬架的检修方法

(1)支座的检修。检查支座有无变形、开裂和螺栓孔损坏等缺陷。如有不良情况,应予更换。

(2)缓冲(橡胶)块的检修。检查缓冲块表面有无裂纹、老化变形、机械损伤和沾有油污等现象。如有油污,应擦拭干净;如裂纹变形严重时,应予更换。

(3)减摩垫的检修。检查减摩垫是否严重磨损,表面有无裂纹或剥脱损伤等现象。如有不良情况,应予更换。

(4)螺旋弹簧的检修。

①检查螺旋弹簧有无裂纹或严重变形。如有,应更换。

②检查螺旋弹簧的自由长度。若自由长度小于规定限度时,表明其弹力减弱,应予更换。

(5)活塞杆的检修。检查活塞杆是否有弯曲,表面有无被刮伤或其他损伤。如有,应更换减振器总成。

(6)减振器的检修。检查前悬架减振器是否漏油。如有,应更换减振器总成。

(7)支撑杆的检修。如图 5-3 所示,检查支撑杆有无损坏或变形。如有不良情况,应予更换。

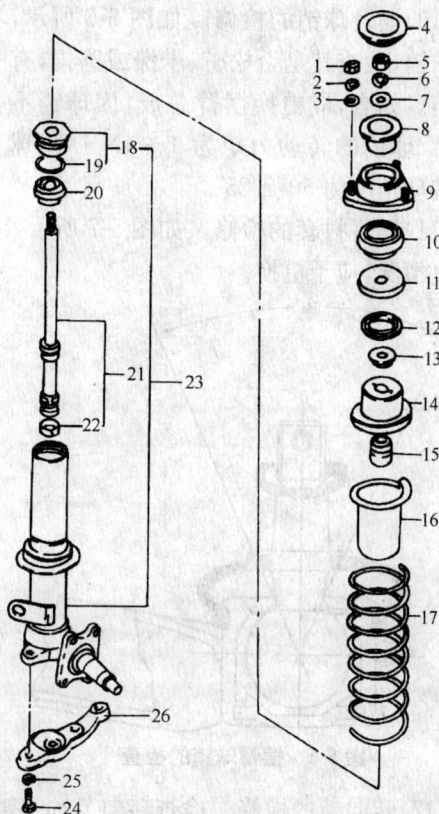

图 5-2　前悬架组件

1. 螺母　2. 弹性垫圈　3. 垫圈　4. 支座盖　5. 螺母　6. 弹性垫圈　7. 垫圈　8. 定位套　9. 支座　10. 减振块　11. 防尘座　12. 密封圈　13. 减摩垫　14. 上弹簧座　15. 缓冲块　16. 防尘罩　17. 螺旋弹簧　18. 端盖　19. O 形密封圈　20. 衬套　21. 活塞杆　22. 活塞环　23. 减振器总成　24. 螺栓　25. 弹性垫圈　26. 转向节臂

维修提示:

◆减振器总成的检查也可采用按压车身的方法来进行,用力压按车身,然后突然放开,如果汽车摆动 3～4 次,即表明减振器的减振能力弱,可视情更换。

(8)支撑杆衬套检修。如图 5-4 所示,检查支撑杆衬套是否有损坏、磨损或老化变形。如有,应予更换。

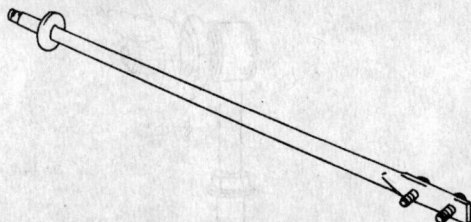

图 5-3　支撑杆的检查

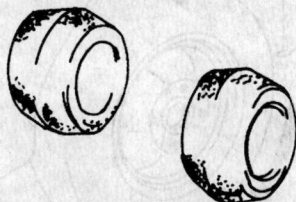

图 5-4　支撑杆衬套的检查

(9)摆臂的检修。如图 5-5 所示,检查摆臂有无裂纹、变形或损坏,防尘皮碗有无破裂、老化变形,球销螺柱有无损坏。如有,应更换。

　　(10)摆臂球销的检修。如图5-6所示，转动球销，检查其是否松旷、卡滞或磨损，有否噪声。如有，应更换摆臂总成(因球销不可拆)。球销的转动力矩为1~4N·m；球销的转动角度为50°±25°。

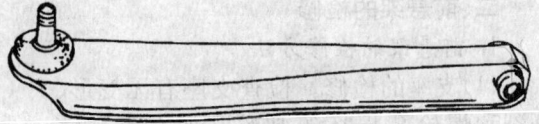
图5-5　摆臂的检查

　　(11)摆臂衬套的检修。如图5-7所示，检查摆臂是否有裂纹、磨损、老化变形或损坏。如有不良情况，应予更换。

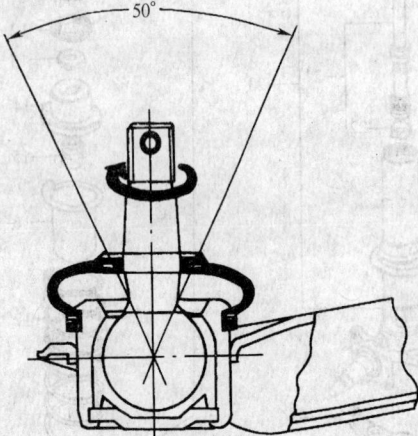
图5-6　摆臂球销的检查

图5-7　摆臂衬套的检查

　　(12)转向节的检修。检查转向节轴端螺纹与螺母的配合情况，检查转向节有无损伤及裂纹。检查裂纹可用磁力探伤法或浸油敲击法进行。

　　(13)车轮轴向间隙的检修。如图5-8所示，检查车轮轴向间隙。车轮应能灵活地在轮毂轴承上旋转而无卡滞现象，但又不能有过大的轴向间隙。检查轴向间隙时，先拆下车轮防尘罩，将百分表吸盘支架置于转向节上，触头垂直于轮毂表面。然后轴向扳动车轮，此时百分表的指示值即为轴向间隙，其极限值为0.1mm。如超过极限值，应进行修理或更换不良的零件。转动车轮，检查轮毂轴承是否有噪声，旋转是否顺利。如有不良现象，应更换轮毂轴承。

　　(14)横向稳定杆防尘罩的检修。检查横向稳定杆球销上的防尘罩(如图5-9所示)是否出现破损、漏油现象。如有破损漏油现象，必须更换填充润滑脂的防尘罩。

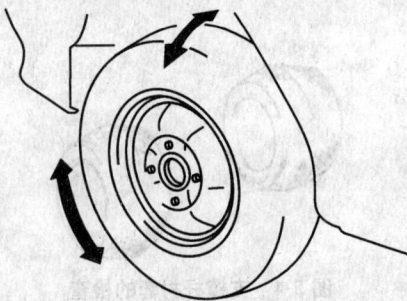
图5-8　车轮轴向间隙的检查

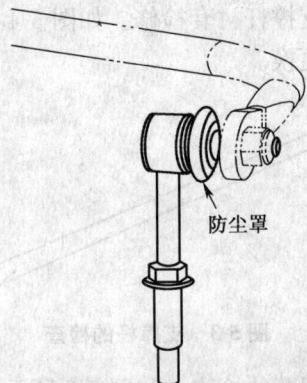
防尘罩

图5-9　横向稳定杆防尘罩的检查

2. 前悬架的拧紧力矩(见表 5-1)

表 5-1　前悬架的拧紧力矩

紧固零件	拧紧力矩(N·m)	紧固零件	拧紧力矩(N·m)
压杆支架螺栓	55	稳定杆安装支架螺栓	25
压杆前螺母	95	稳定杆连接螺母	23
压杆后螺母	65	稳定杆接头螺母	50
支柱支架螺母	95	主轴螺母	175
支柱螺母	50	制动卡钳架螺栓	95
支柱支撑螺母	73	横拉杆端螺母	43
制动卡钳销螺栓	35	车轮螺栓	110
球头销螺栓	55	悬架支架螺栓	95
摆臂螺母	73	转向齿轮箱安装螺栓	25

第二节　后　悬　架

一、后悬架结构简介

微型客车后悬架主要由钢板弹簧、后桥、减振器、缓冲垫、钢板弹簧压板、鞍式垫板、钢板弹簧衬垫、内外连接板、骑马(U型)螺栓、后衬套组成。

减振器装在车身与后桥之间,用于吸收车身的上下振动。

钢板弹簧分装在后桥上,前端通过衬套直接装在车身上,后端通过内外连接板与车身相连。在运动过程中,后桥跟随弹簧一起上下移动。

后悬架的结构见图 5-10。

二、后悬架的检修

1. 注意事项

(1)后悬架的定位是不可调的。当数值超出公差范围时,应检查横拉杆或后桥是否变形或损坏。必要时,应更换损坏的部件。

(2)拆卸车轮时,标好轮毂的位置作为安装时的参考。

(3)车轮螺栓应紧固至 90～110N·m。

(4)所有接触面安装时必须干净,无毛刺。

(5)安装半轴时使用新的螺栓。

(6)后弹簧、后减振器、缓冲块应成对更换。

(7)检查后弹簧缓冲块,如有损坏、开裂或老化失效,则应更换。

(8)检查横向拉杆总成的橡胶衬套合件、左右摆臂总成的橡胶衬套合件等橡胶件。如有损坏、开裂或老化失效,则应更换。

(9)检查后减振器总成。如有漏油、异响、失效,卡滞,则应更换。

(10)检查摆臂与车架、摆臂与后桥连接的螺栓、横向拉杆总成与车架连接的螺栓等紧固件。如有裂纹、磨损,则应立即更换。

(11)更换零件时应注意以下几方面:

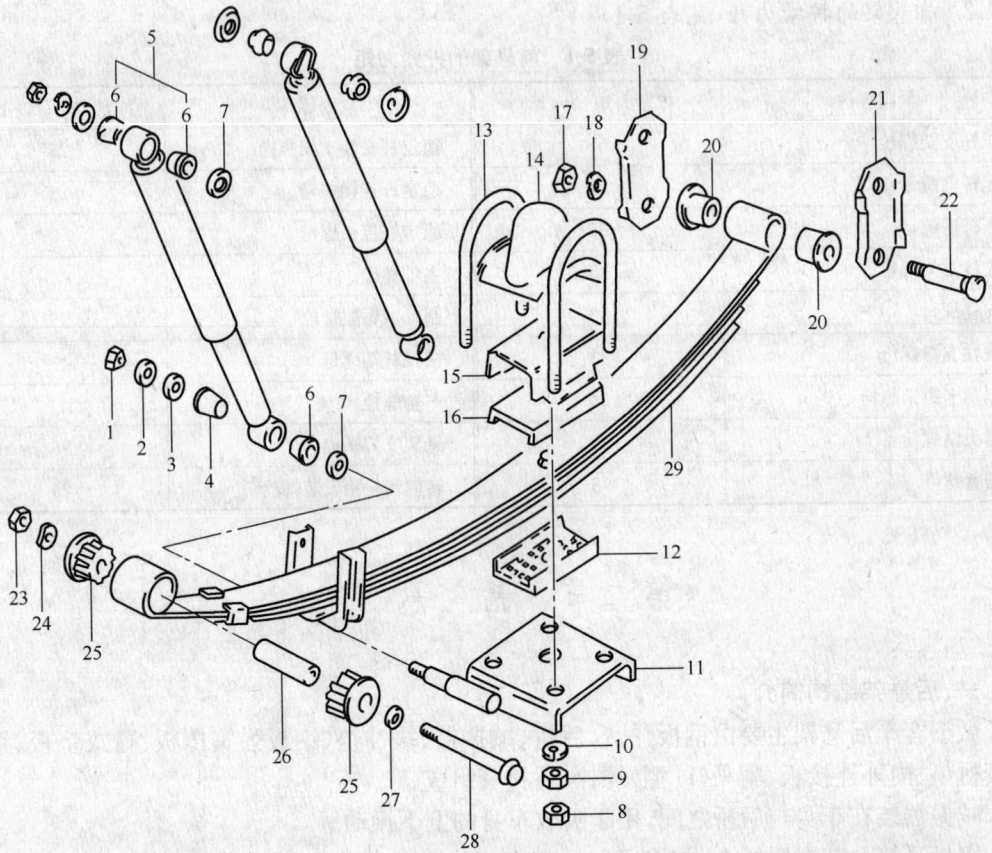

图 5-10　后悬架组件

1. 螺母　2. 弹性垫圈　3、7. 垫圈　4、6. 橡胶衬套　5. 减振器　8. 锁紧螺母　9. 螺母　10. 弹性垫圈
11. 钢板弹簧座　12. 下垫板　13. U 型螺栓　14. 缓冲块　15. 钢板弹簧压板　16. 钢板弹簧座　17. 螺母
18. 弹性垫圈　19、21. 吊耳　20、25. 衬套　22. 轴销　23. 螺母　24. 弹性垫圈　26. 套管　27. 垫圈　28.
螺栓　29. 钢板弹簧总成

①装配后减振器总成时,为顺利安装,可在后减振器总成的橡胶衬套上涂上肥皂沫或水,但切不可沾上油。

②同一辆车上的左右螺旋弹簧的分组号必须相同。

③装配螺旋弹簧时,螺旋弹簧的下端面必须安装在后悬挂摆臂总成的弹簧座上。

④后悬架总成的所有紧固件必须按要求的拧紧力矩拧紧。

2. 后减振器的检修

把减振器的一端固定,用力快速拉动一端,若无阻力或阻力太小时,即表示减振器已失效,应予更换。

3. 骑马螺栓(U 型螺栓)的检修

钢板弹簧的骑马螺栓要经常检查其锁紧螺母是否松动,骑马螺栓有无移位或其他损伤。如有损伤,应予更换;若螺母松动,应予紧固并拧紧。

4. 钢板弹簧的检修

检查钢板弹簧中心螺栓是否松动、折断,各片钢板弹簧是否错位,钢板夹是否松脱或失去夹持作用,钢板弹簧片是否有裂纹(特别是第一片簧卷耳附近)。若有不良现象,要予以修理,必要时更换。

5. 钢板弹簧卷耳衬套和吊耳的检修

检查钢板弹簧卷耳各橡胶衬套是否有损坏、磨损、老化变形等缺陷,吊耳和轴销螺栓是否有损坏或变形。如有不良现象,应予更换。

6. 缓冲块的检修

检查缓冲块橡胶是否有裂纹、损坏或橡胶与钢座分离等现象。如有缺陷,应更换缓冲块总成。

2. 后悬架部件的拧紧力矩(见表 5-2)

表 5-2 后悬架部件的拧紧力矩

紧 固 件	拧紧力矩(N·m)	紧 固 件	拧紧力矩(N·m)
减振器上安装螺母	55	内板与板簧连接螺母	80
减振器下安装螺栓	55	底制动板螺栓	23
骑马螺栓	45	制动器连接螺栓	16
钢板弹簧前吊耳螺栓	60	车轮螺栓	110
内板与车身连接螺母	45		

第三节 车轮与轮胎

一、轮胎的维护

轮胎的维护项目有:

(1)检查轮胎配备是否齐全。

(2)检查轮胎气压是否正常。

(3)检查轮胎外表面、气门嘴是否碰擦轮辋或制动鼓,车轮螺栓是否松动或缺少,轮胎有无伤痕、穿孔、裂纹等损伤。

(4)剔除胎面花纹夹石、硬物、铁屑或其他尖锐物。

(5)车轮行驶途中,检查轮胎温度是否过高。

(6)适时拆检轮胎、轮辋,除去污物和锈迹,并在轮辋上涂油漆。

(7)适时进行轮胎换位,更换磨损严重的轮胎。

二、轮胎的更换与换位

1. 轮胎的更换

(1)轮胎磨损的指示标记。轮胎存在损坏、磨损或老化严重时,必须予以更换。轮胎磨损指示标记如图 5-11 所示。

当轮胎磨损至指示标记 1 时,轮胎应换位;当花纹深度 2 在两个地方少于 16mm 时,应更换轮胎。

(2)轮胎的更换方法。拆卸时,应对称旋松轮胎螺母,然后拆下轮胎。把经动平衡后的轮胎安装到轮毂上,按图 5-12 所示标号顺序紧固车轮螺栓。车轮螺栓的紧固力矩为 110N·m。

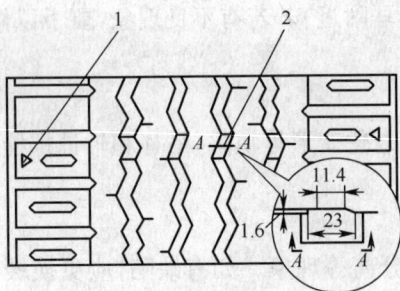

图 5-11　轮胎磨损指示标记

1. 磨损指示标记　2. 花纹深度

图 5-12　车轮螺栓紧固顺序

2. 轮胎的换位

轮胎经过一定行驶里程的使用后,为使胎面磨损均匀,延长其使用寿命,要进行定期换位外。除了定期地换位外,每当发现轮胎磨损不均匀时,也应将轮胎换位。子午线轮胎在肩部区域特别是前端磨损较快,非驱动轴位置的子午线轮胎可能产生不规则磨损而增大轮胎噪声。这就需要定期地四轮换位来解决。

轮胎定期换位里程为每行驶 10000km 一次。换位方法见图 5-13 所示。

三、行驶系统常见故障诊断与排除

1. 汽车行驶跑偏

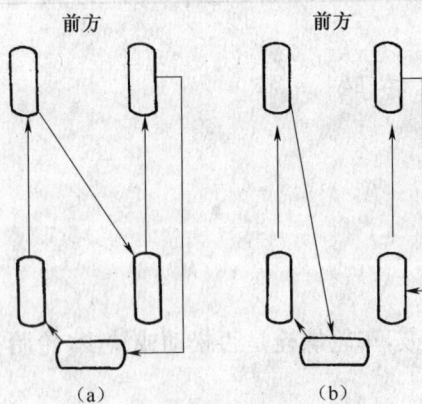

图 5-13　轮胎换位方法示意图

(a)普通帘线轮胎　(b)子午线轮胎

(1)现象。汽车行驶时,不能保持直线方向,而是自动偏向一边,必须用力握住转向盘才能保持直线行驶。

(2)原因。

①两前轮轮胎气压不相等或轮胎直径不等、磨损不均匀。

②两前轮外倾角、主销后倾角和主销内倾角不符合技术要求。

③前束过大或过小。

④前轮左、右轮毂轴承松紧调整不当。

⑤加强杆、横摆臂已磨损或变形。

⑥前、后桥两端车轮有制动卡死现象。

⑦前悬架装置部件有松动,影响车轮按正确的轨迹运动。

⑧前悬架螺旋弹簧技术状况不良,左、右螺旋弹簧弹力不一致,或弹簧有断损等。

⑨前悬架左、右螺旋弹簧疲劳变形,高低不一,致使前桥歪斜出现跑偏。

(3)诊断与排除。

①汽车在无风、无拱度的道路上行驶,如果汽车自动偏向一边,首先应停车检查两前轮的轮胎磨损程度和气压、规格型号是否一致。若不一致,应进行调整,必要时更换轮胎。

②汽车走热后再进行检查。用手触摸各车轮左右两边的制动盘(或制动鼓)和轮毂轴承处,测试温度是否相同。如果不相同,说明故障是由于单边制动或单边轮毂轴承、油封松紧不一所致,应调整或更换不良的零件。

③将汽车停在平坦地面,然后从车前往后看。如果汽车一边高一边低,说明悬架装置左右状况不一致。应对悬架装置作进一步的检查,查明原因予以排除,必要时应更换部件。

④检查前轮前束,如不符合要求,应进行调整。如前束正常,则应进一步检查前轮外倾角、主销后倾角和主销内倾角。一般情况下,汽车将向前轮外倾角大、主销后倾角小或主销内倾角小的一边跑偏。

2. 轮胎磨损异常

(1)现象。轮胎磨损速度加快,胎面形状出现异常。

(2)原因。

①轮胎气压不符合要求,或轮胎长期未换位。

②前轮定位不正确,尤其是前束与外倾角配合不当。

③轮毂轴承松旷或纵、横拉杆及转向器松旷。

④钢板弹簧U形螺栓松动。

⑤前轮端面径向圆跳动过大或前轮不平衡。

⑥轮辋变形,车架歪斜等。

⑦各车轮制动力大小不一致。

(3)诊断与排除。

①查看轮胎胎面的磨损情况。如果轮胎胎面磨损具有一定的规律性,例如胎冠磨损严重,说明轮胎气压过高,使胎面中部着地;如轮胎两胎肩磨损严重,说明轮胎气压过低,使胎面中部向上拱起,胎面两边着地;如前轮胎面外侧磨损严重,说明前束过大,汽车行驶时车轮滚动的同时还与地面滑移。反之,如前轮胎面内侧磨损严重,说明前束过小。应重新检查和调整汽车轮胎的气压和前束。

②如果胎面磨损无一定的规律性,则故障是由于各部分松旷、变形、使用不当或轮胎质量不佳等原因所致。应视情进行调整、修理或更换。

③查看汽车制动时,车轮与地面的滑移距离,以便观察左右车轮制动力的大小,并视情进行调整或修理。

3. 前轮摆振

(1)现象。汽车在某低速或某高速范围内行驶时,有时会出现两前轮各自围绕支柱轴线进行角振动的现象称为前轮摆振。尤其是高速摆振时,汽车行驶不稳,驾驶人握转向盘的手有麻木感,甚至在驾驶室内可见整个车头在晃动。

(2)原因。

①前轮旋转质量(包括轮胎、轮辋、制动盘或制动鼓、轮毂等)不平衡。

②前轮端面圆跳动过大。

③前轮外倾角太小、前束太大、主销前倾角(负后倾)或主销后倾角太小。

④两前轮的主销后倾角或主销内倾角不一致。

⑤前桥弯、扭变形。

⑥转向器间隙太大或转向器在车架上的连接松动。

⑦纵、横拉杆等杆件连接松动。

⑧减振器失效或左、右两边减振器效能不一。

⑨左、右两悬架高度或刚度不一。

（3）诊断与排除。

①在平坦的道路上行驶时，如出现汽车前轮摆振，应首先检查前轮与转向系统各处是否松旷。并视情进行紧固或修理。

②检查前悬架各处是否松旷，并视情进行紧固或修理。

③检查左、右悬架减振器的效能是否一致，如工作失效，应予修理或更换新件。

④支起前桥，检查车轮的径向、端面圆跳动以及车轮的平衡情况。如不符合要求，应及时修理或更换。

⑤检查前轮定位值，并视情进行调整或更换不良的零部件。

第六章 转向系统的维修

第一节 转向系统结构与检查调整

一、转向系统结构简介

微型客车转向系统的结构见图 6-1～图 6-3。

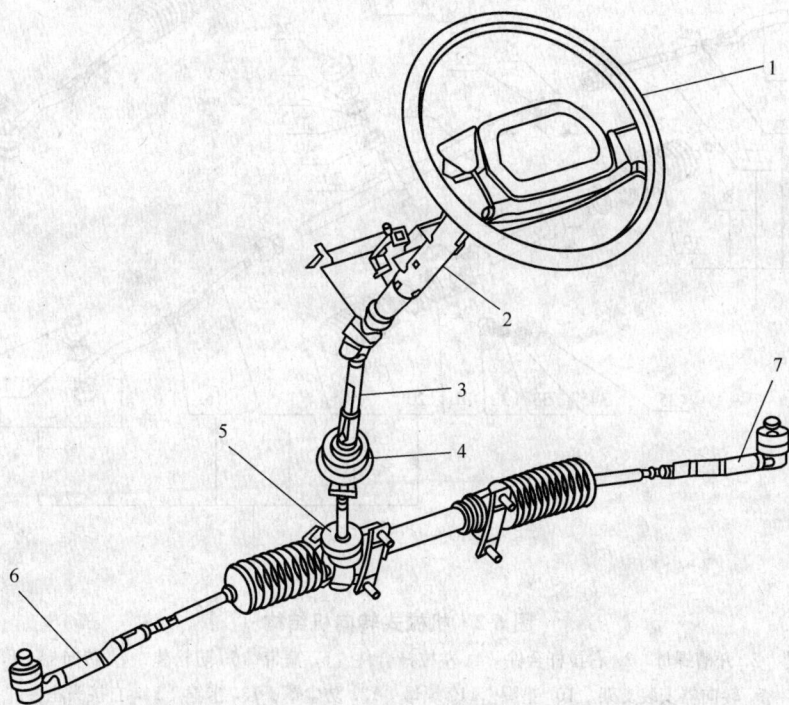

图 6-1 转向系统的组成
1. 转向盘总成 2. 转向管柱 3. 转向传动轴 4. 防尘罩 5. 转向器 6. 左拉杆合件 7. 右拉杆合件

二、转向系统的检查与调整

1. 转向盘自由行程的检查

车辆停在平坦的地面上时,检查转向盘的自由行程,如图 6-4 所示。转向盘自由行程 a:0～30mm。如果转向盘的自由行程不在规定范围之内,则按以下步骤进行检查。如果发现损坏,应进行更换。

①转向横拉杆端头球销是否磨损(当施加大于 2N 力矩时,球销应活动)。

②下球头是否磨损。

③转向轴节头是否磨损。

④转向小齿轮或者齿条齿轮是否磨损或者断裂。

⑤是否有零件松动。

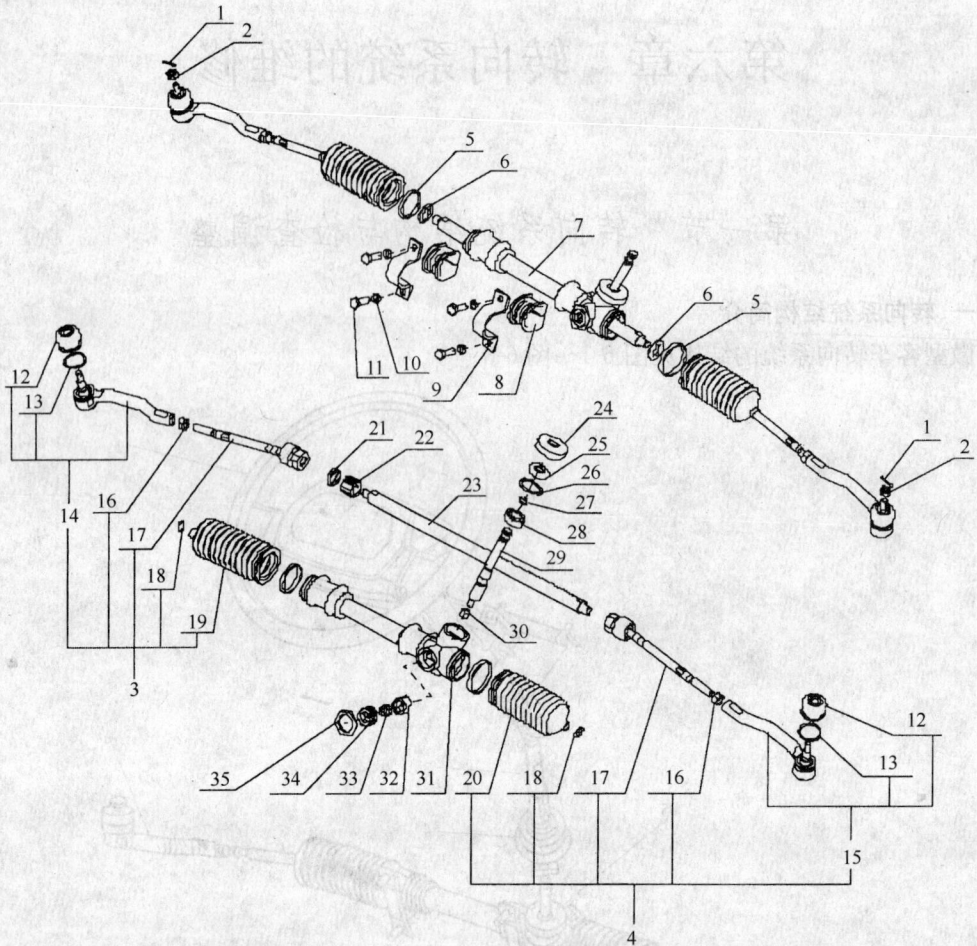

图 6-2　机械式转向机结构

1. 开口销　2. 开槽螺母　3. 右拉杆合件　4. 左拉杆合件　5. 箍带　6. 防松垫　7. 转向器　8. 转向器安装胶套　9. 转向器安装支架　10. 垫圈　11. 螺母　12. 防尘罩　13. 卡箍　14. 右接头座合件　15. 左接头座合件　16. 锁紧螺母　17. 球头拉杆合件　18. 自紧弹簧　19. 右伸缩胶套　20. 左伸缩胶套　21. 紧固套　22. 齿条导套　23. 转向齿条　24. 防尘罩　25. 油封总成　26. 挡圈　27. 挡圈　28. 轴承　29. 转向齿轮　30. 滚针轴承　31. 转向器壳体　32. 调整楔块　33. 调整弹簧　34. 调整螺塞　35. 锁紧螺母

2. 转向器传动机构的检查

(1)检查壳体是否有裂纹或损坏。必要时予以更换。

(2)检查转向螺杆、转向螺母是否有裂纹;检查钢球滚道、齿条和齿扇表面是否有严重磨损或剥落。必要时应予更换。

(3)检查钢球是否有疲劳、破碎或严重磨损现象。否则应成组更换。

(4)检查球轴承是否损坏。必要时应予以更换。

3. 转向柱挠性橡胶垫板的检查

如图 6-5 所示,检查转向柱之间的挠性橡胶垫板有无裂纹或破损,螺栓连接是否可靠。如有不良情况,予以更换。

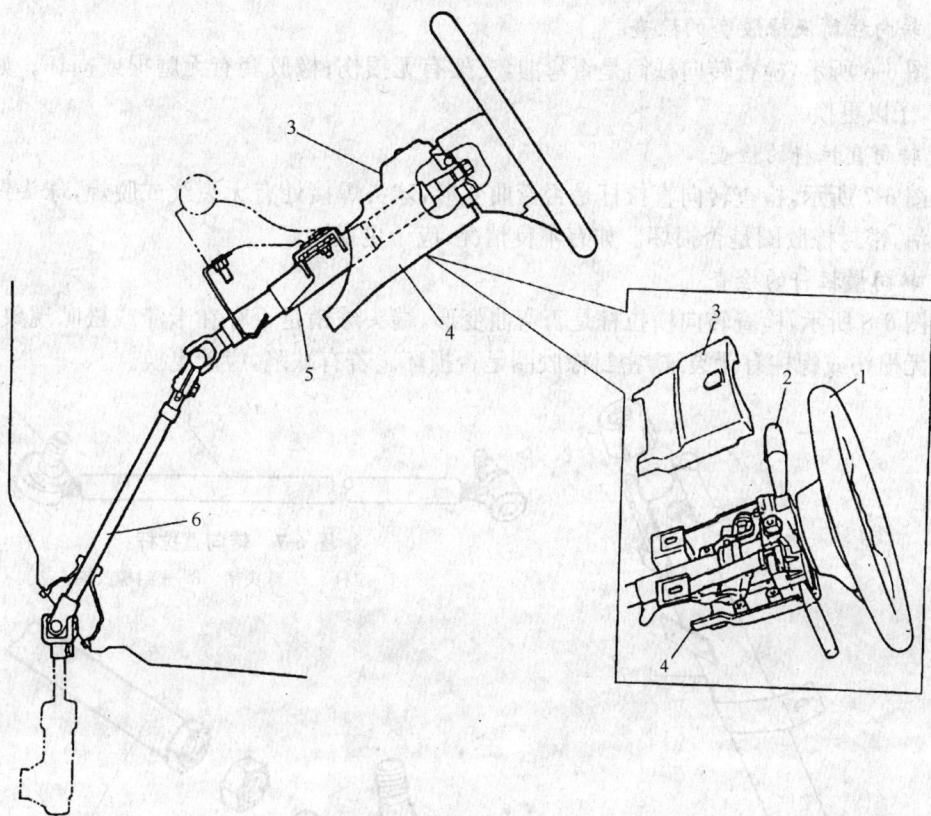

图 6-3　转向盘与转向柱

1. 转向盘　2. 组合开关　3. 转向柱上盖　4. 转向柱下盖　5. 转向柱总成　6. 转向下轴

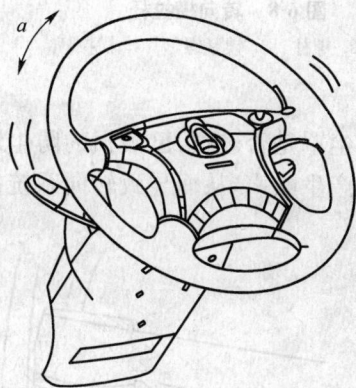

图 6-4　转向盘自由行程的检查

a. 转向盘自由行程

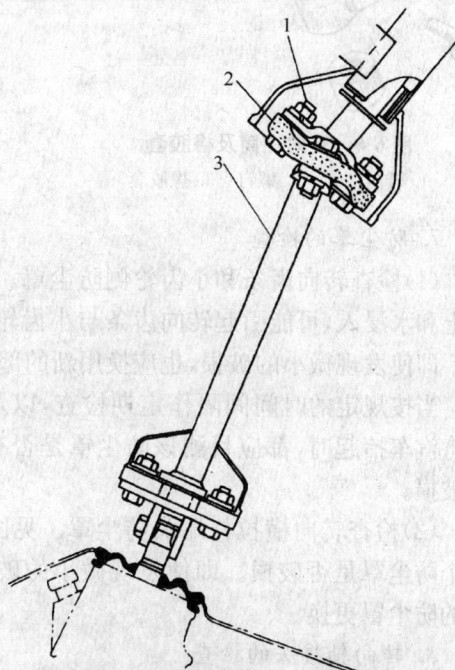

图 6-5　转向柱的挠性橡胶垫板

1. 螺栓　2. 橡胶垫板　3. 转向柱

4. 转向柱筒及橡胶套的检查

如图 6-6 所示,检查转向柱筒是否弯曲,支架有无损伤;橡胶套有无磨损或损坏。如有不良情况,予以更换。

5. 转向直拉杆的检查

如图 6-7 所示,检查转向直拉杆是否弯曲变形,球头焊接处有无裂纹或脱焊,球头销转动是否灵活,密封橡胶圈是否损坏。如有不良情况,应予更换。

6. 转向横拉杆的检查

如图 6-8 所示,检查转向横拉杆是否弯曲变形,端头球销是否存在卡滞或松旷现象,球销螺纹有无损伤或螺柱有无裂纹,密封橡胶圈是否损坏。若有缺陷,应予更换。

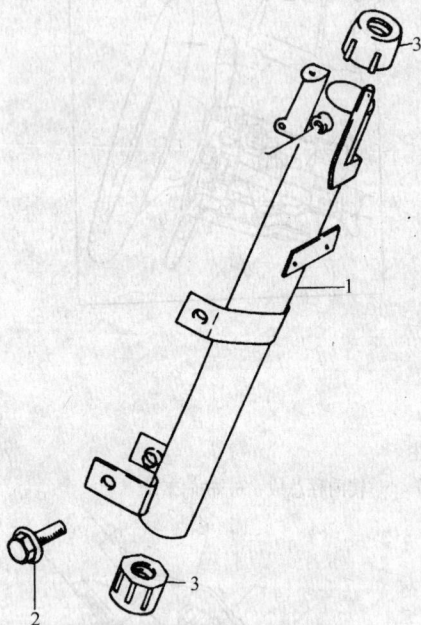

图 6-7　转向直拉杆
1. 拉杆　2. 球头销　3. 密封橡胶圈

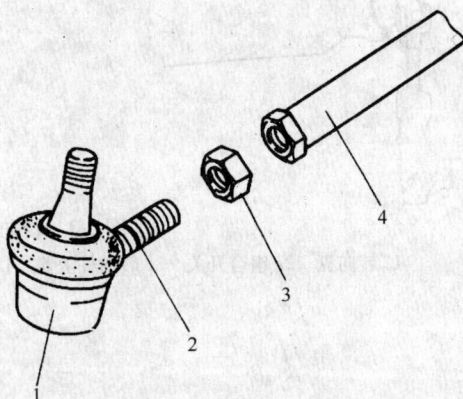

图 6-6　转向柱筒及橡胶套
1. 转向柱管　2. 螺钉　3. 橡胶套

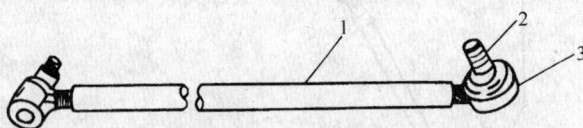

图 6-8　转向横拉杆
1. 球销　2. 螺柱　3. 锁紧螺母　4. 横拉杆

7. 防尘罩的检查

(1)检查转向齿条和小齿轮侧防尘罩。检查每个防尘罩是否破损,已破损的防尘罩会使尘土和水浸入,可能引起转向齿条与小齿轮磨损、生锈,产生噪声,从而导致转向系统操作故障。即使发现微小的破损,也应换用新的部件。

当按规定的时间间隔作定期检查,以及因其他目的将汽车抬起时,都应目测该防尘罩是否有任何损伤和破损。

(2)检查转向横拉杆端头防尘罩。见图 6-9,检查每个防尘罩是否破损。即使发现微小的破损,也应用新的防尘罩更换。

8. 转向轴接头的检查

见图 6-10,检查转向轴接头是否磨损、断裂和其他损伤。如果有任何损坏迹象,应进行更换。

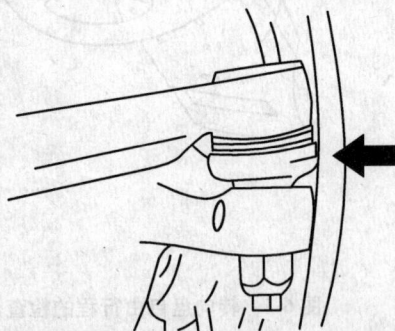

图 6-9　检查转向横拉杆端头防尘罩

9. 转向器齿轮机构的检查

(1)检查齿条柱塞(见图6-11)。检查齿条柱塞是否磨损或者损坏;检查齿条柱塞弹簧是否损坏变形。上述两种情况中,只要任何一种情况发生故障,应予以更换。

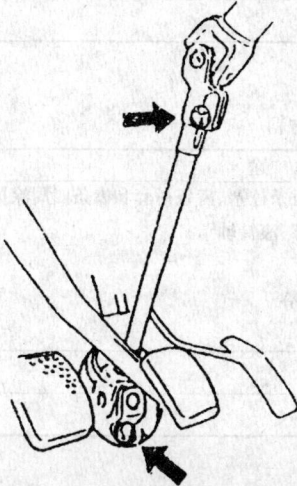

图6-10 检查转向轴接头

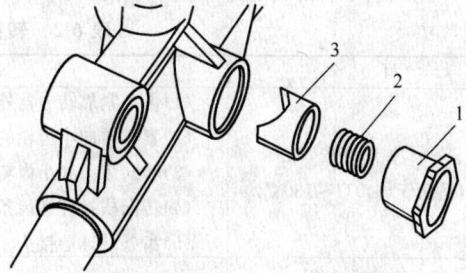

图6-11 检查齿条柱塞
1. 齿条减振垫螺钉 2. 齿条柱塞弹簧 3. 齿条柱塞

(2)检查转向小齿轮(见图6-12)。检查小齿轮的齿面是否磨损或损坏;检查油封是否损坏;检查齿轮箱密封件是否损坏。发现损坏,应更换受损的零件。

(3)检查转向小齿轮轴承。检查轴承的旋转状态;检查零件是否磨损。如果发现损坏,更换齿轮箱总成。

(4)检查转向齿条(见图6-13)。检查齿条是否有偏差、磨损或者损坏,检查背面是否磨损或者损坏。

齿条偏差范围为0.1mm。如果偏差超过范围,应更换齿条。

注意,进行清洁时,不得使用金属刷。

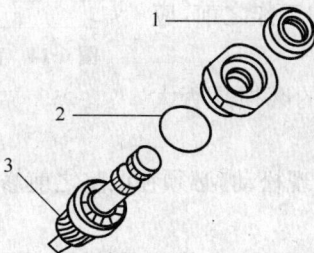

图6-12 检查转向小齿轮
1. 齿轮箱油封 2. O形环 3. 转向小齿轮

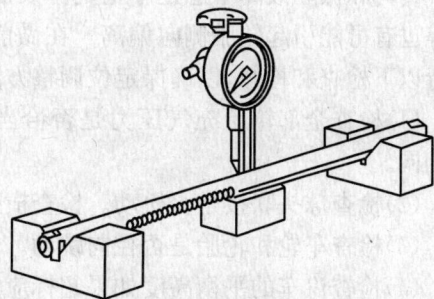

图6-13 检查转向齿条

10. 转向系统部件拧紧力矩与维护材料

(1)转向系统部件拧紧力矩见表6-1。

表 6-1　转向系统部件拧紧力矩　　　　　　　　　　　　(N·m)

转向轴轴联器螺栓	25	转向轴轴联器螺栓	25
转向齿轮箱螺栓	25	转向小齿轮轴承塞	95
转向横拉杆端头锁紧母	43	转向横拉杆内侧球形螺母	85
转向横拉杆端头锁紧螺母	45	车轮螺母	85

(2)转向系部件维护材料见表 6-2。

表 6-2　转向系统部件维护材料

材　料	用　途
锂润滑脂 (适用于−40℃~130℃)	(1)齿条紧靠转向器外壳的滑动部分(对齿条柱塞、齿条衬套和齿条四周涂抹润滑脂) (2)紧靠转向小齿轮的滑动部分(油封唇部、滚针轴承) (3)转向齿条和小齿轮齿牙 (4)转向横拉杆和齿条侧防护罩的接触部分 (5)齿条端球形接头
锁紧粘接剂	小齿轮箱
密封剂	齿条减振垫螺钉的螺纹部分

第二节　前轮定位及转向系统常见故障

一、前轮定位

前轮定位应参考前轮之间、前轮悬架附件和地面间的角度关系。通常,前轮定位的调节仅调整车轮的前束,不能调整外倾和主销内倾角。因此,当外倾角和主销内倾角不符合技术要求时,应检查车身或者悬架处是否有变形。如果车身或悬架变形损坏,应修理车身或悬架。

1. 前轮定位维修数据(以长安微型客车为例)

前束值(见图 6-14):B−A=8.5mm;车轮外倾角:1.025°;主销后倾角:4°;主销内倾角:11°。

2. 前轮定位调节前的预先检查

转向和振动故障不总是车轮定位失准的结果,磨损或者轮胎不合格等也有可能引起轮胎侧向偏离。在做前轮定位调节的工作之前,应进行以下检查和检修,以确保定位调整方法的正确性:

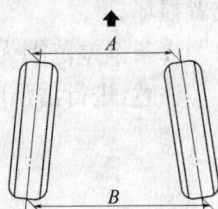

图 6-14　前束值
A、B——距离

(1)检查全部轮胎充气压力是否恰当,以及轮胎面的磨损是否大致相同。

(2)检查球头联接是否松动。检查横拉杆端,如果发现松动,必须在调整之前修正。

(3)检查车轮和轮胎是否径向跳动。

(4)检查汽车的平衡高度如果超标应及时修正,在调整前束之前,必须做好本项工作。

(5)检查摆臂是否松动。

(6)检查稳定杆是否松动或遗漏。

(7)必须考虑附加负载的问题(如工具箱)。如果这种附加负载经常放在车内,那么,在进行定位检查时,应将它留在车内。

（8）应考虑用来做定位检查的设备状态是否良好，并按照厂家提供的说明书来进行操作。

（9）为进行设定工作，在考虑用于检查校定设备的情况下，必须使汽车在前/后横向都处于一个水平位置。

3. 前束调整

前束的调整如图 6-15 所示。通过改变该转向横拉杆长度的方式调整前束。

（1）先拧松右转向和左转向横拉杆端部的紧固螺母。

（2）按前束设定技术要求，左右转动横拉杆（用相同的力矩）。在转动转向横拉杆之前，应在转向横拉杆与齿条防尘罩之间加润滑脂，使防尘罩不致扭曲。

（3）在调整时，左右横拉杆长度应相等（见图 A）。

（4）调整之后，按规定的力矩拧紧锁紧螺母。拧紧力矩为 45N·m。

4. 外倾角和主销后倾角的检查

检查发现外倾角和主销后倾角不符合技术要求时，首先应确定原因。如果是因损坏、松动、弯曲、凹陷或悬架部件磨损造成，应将它们更换。如果是因汽车自身原因造成，应修理使之达到技术要求。

为防止外倾角和主销后倾角的测量数值错误，在检查之前，必须将汽车的前端上下移动若干次。

5. 转向角的检查

当更换转向横拉杆或者转向横拉杆端部时，先检查车轮的前束，然后用转向半径测定器检查转向角，如图 6-16 所示。

如果转向角不正确，检查左、右转向横拉杆长度 A 是否相等。

说明：如果为调整转向角而改变转向横拉杆的长度，那么，应重新检查车轮的前束。

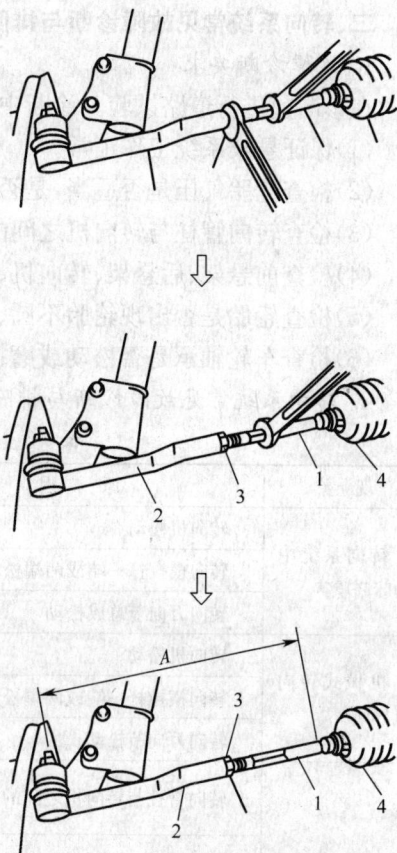

图 6-15　前束的调整

1. 转向横拉杆　2. 转向横拉杆端部　3. 转向横拉杆紧固螺母　4. 齿条防尘罩　A. 左、右转向横拉杆长度

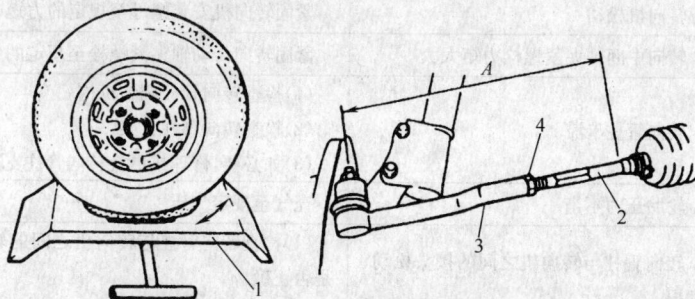

图 6-16　转向角的检查

1. 转向半径测定器　2. 转向横拉杆　3. 转向横拉杆端头　4. 转向横拉杆端螺母　A. 左、右转向横拉杆长度

二、转向系统常见故障诊断与排除

1. 故障诊断要求

在诊断前进行道路试验。诊断中应注意以下系统或部件：

(1)保证悬架系统工作正常。

(2)检查轮胎气压是否适当，是否有磨损不均匀。

(3)检查转向管柱与转向机之间的万向节连接是否松动或磨损。

(4)检查前悬架、后悬架、转向机、转向横拉杆、转向管柱等部件是否松动或损坏。

(5)检查轮胎是否出现轮胎不圆、轮胎不平衡、车轮弯曲变形等情况。

(6)检查车轮轴承是否松动或磨损。

2. 转向系统常见故障诊断与排除见表 6-3。

表 6-3　转向系统常见故障诊断与排除

现　象	原　因	故障诊断与排除
转向系统中的咔嗒噪声	转向机松动	紧固转向机螺母至规定力矩
	转向横拉杆一端或两端松动	必要时。修理或更换转向拉杆接头座合件
	转向万向节总成松动	必要时，修理或更换转向万向节总成
机械式转向机异响	转向机松动	紧固转向机螺母至规定力矩
	转向横拉杆一端或两端松动	必要时，修理或更换转向拉杆接头座合件
	转向万向节松动	必要时，修理或更换转向万向节
转向盘自由行程过大或转向过松	转向管柱与转向机之间的接头松动	(1)检查转向管柱与转向机之间的转向万向节 (2)如必要，更换转向管柱与转向机之间的转向万向节
	转向机支架松动	(1)检查转向机支架 (2)紧固机械转向机安装螺栓至规定的力矩
	转向拉杆接头座球头松动	(1)检查转向拉杆接头座球头合件 (2)更换转向拉杆接头座合件
	车轮轴承磨损	(1)更换车轮轴承 (2)更换轮毂
转向盘回位不良	转向拉杆球头销卡滞	(1)检查转向拉杆球头销 (2)如必要，更换转向拉杆接头座合件
	前轮定位不正确	(1)检查前轮定位参数 (2)如必要，进行前轮定位检查和调整
	转向机松动	紧固转向机安装螺母至规定的力矩
	转向中间轴夹紧螺栓力矩太大	紧固转向传动轴夹紧螺栓至规定的力矩
	转向管柱卡滞	(1)检查转向管柱调整机构 (2)检查转向管柱支架 (3)如必要，修理或更换转向管柱支架
	轮胎压力不当	充气至规定气压
转向过松或转向机构间隙过大	转向管柱与转向机之间的接头松动、磨损	(1)检查转向管柱与转向机之间的转向万向节紧固力矩是否正确 (2)如必要，更换转向管柱与转向机之间的转向万向节
	转向机安装支架松动	(1)检查转向机安装支架 (2)紧固转向机安装螺母至规定的力矩

续表6-3

现　象	原　因	故障诊断与排除
转向过松或转向机构间隙过大	转向横拉杆接头座球头松动	(1)检查转向拉杆接头座合件 (2)如必要,更换转向拉杆接头座合件
	车轮轴承磨损	更换轮毂与轴承总成
转向机构摆动或不稳定	前轮定位不准确	(1)检查前轮定位 (2)如必要,进行前轮定位检查和调整
	前悬架减振弹簧断裂、松弛	(1)检查断裂、松弛的弹簧 (2)更换断裂、松弛的弹簧
	稳定杆松动	(1)检查稳定杆安装螺栓有无松动 (2)紧固横向稳定杆螺母至规定力矩
	减振器磨损	(1)检查减振器是否损坏或失效 (2)如必要,更换减振器
	轮胎磨损不均匀、定位不正确	(1)检查、修理轮胎 (2)如必要,更换轮胎 (3)检查前轮定位 (4)如必要,进行前轮定位检查调整
制动时方向跑偏	外倾角不正确	进行车轮定位的检查
	控制臂松动	(1)检查控制臂 (2)如必要,更换控制臂
	制动盘翘曲	如必要,更换制动盘
	弹簧断裂、松弛	(1)检查弹簧 (2)如必要,更换弹簧
	车轮轴承磨损	(1)更换车轮轴承 (2)如必要,更换轮毂
	左右制动力不等	(1)调整左右制动间隙 (2)如必要,更换左右制动块并调整制动间隙
	转向机松动	(1)检查转向机安装是否正确 (2)紧固转向机安装螺母至规定的力矩
	转向横拉杆接头座球头松动	(1)检查转向横拉杆接头座球头合件 (2)更换转向拉杆接头座合件
	转向万向节松动	(1)检查转向万向节 (2)如必要,更换转向万向节
转向柱松动	转向柱安装螺栓松动	紧固转向柱安装螺栓至规定的力矩
	转向管柱总成支承松动或损坏	(1)检查转向柱支承总成 (2)如必要,修理或更换转向柱支承总成
转向盘松动	转向盘安装螺母松动	(1)检查转向盘的安装 (2)重新紧固转向盘的安装螺母
	转向盘损坏	(1)检查转向盘 (2)更换转向盘
	转向中间轴磨损或损坏	(1)检查转向中间轴 (2)更换转向中间轴

第七章 制动系统的维修

第一节 常规制动系统的维修

一、常规制动系统结构简介

微型客车常规制动系统的结构见图7-1~图7-4。较早出厂的部分微型客车未装配 ABS 防抱死系统,但安装有感载比例阀(LSPV)。

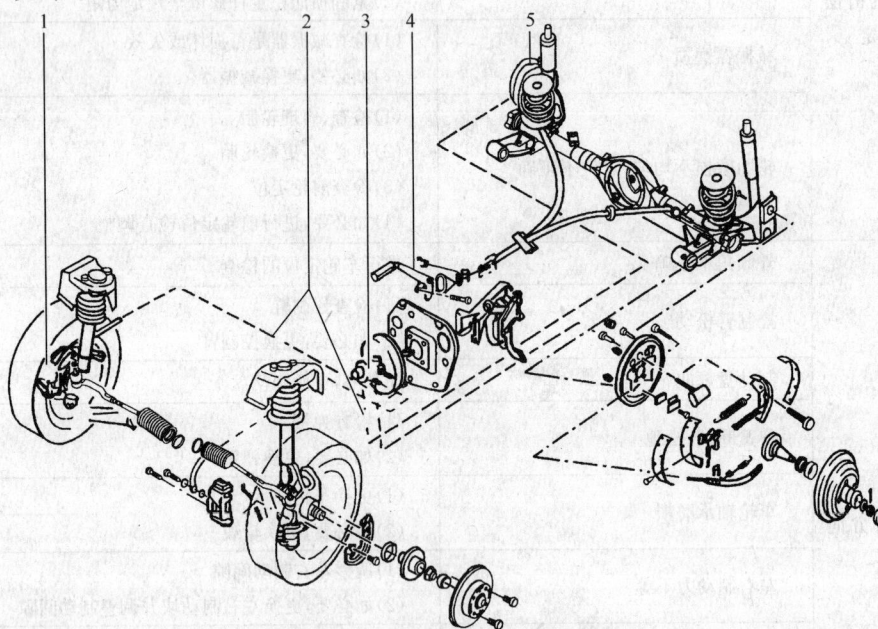

图7-1 常规制动系统的结构

1. 盘式制动器 2. 制动油管 3. 制动总泵 4. 驻车制动器 5. 鼓式制动器

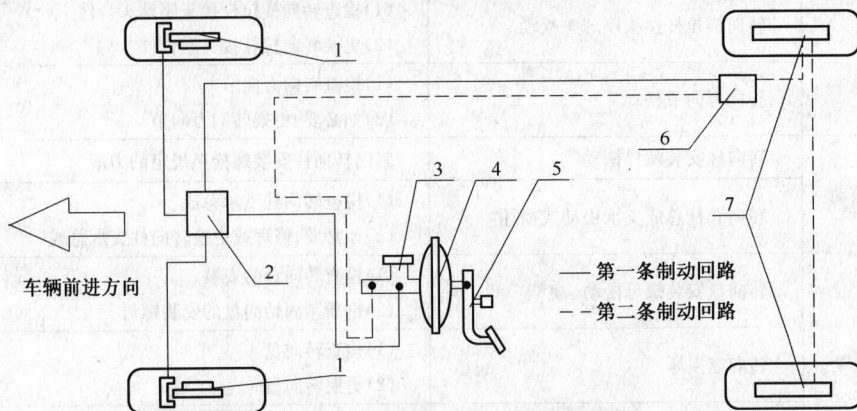

车辆前进方向

——第一条制动回路

---第二条制动回路

图7-2 常规制动系统的布置

1. 前制动器总成 2. 四通阀Ⅰ 3. 制动总泵 4. 真空助力器 5. 制动踏板总成 6. 感载比例阀总成 7. 后制动总成

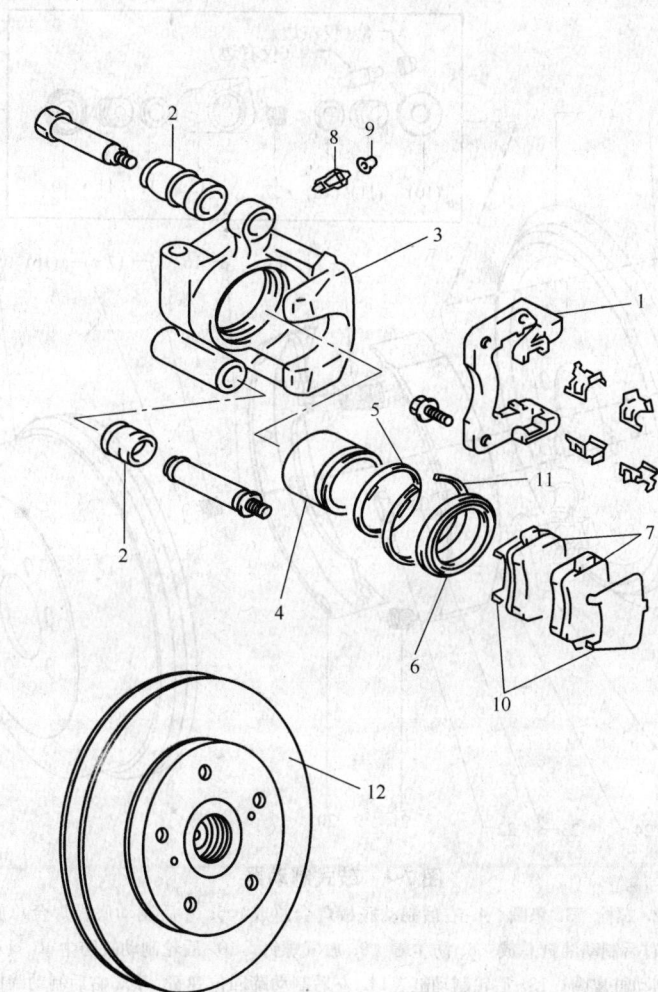

图 7-3 盘式制动器

1. 制动器卡钳定位架 2. 防护罩 3. 卡钳 4. 盘式制动器活塞
5. 活塞密封件 6. 气缸衬套 7. 制动器垫 8. 放气螺钉
9. 放气螺钉帽 10. 垫块(片) 11. 防护罩定位环 12. 制动盘

二、常规制动系统的检查和调整

(一)常规制动系统的检查

1. 制动储液罐及制动液液位的检查

(1)制动储液罐的检查。检查制动储液罐是否渗漏、老化变形,储液罐盖是否损坏,盖合不严,制动液软胶管是否损坏,卡箍是否有效。如有不良情况,应予以更换。

(2)制动液液位的检查。如图 7-5 所示,检查制动液液位。制动液液位应在储液罐标注的最低和最高液位线之间。在车辆使用过程中,当制动液液位警告灯点亮时,应及时添加制动液至最高液位线。

当制动液快速减少时,应检查制动系统是否有泄漏。

一定要使用汽车储液罐盖上标注牌号的制动液或用厂家推荐的制动液。

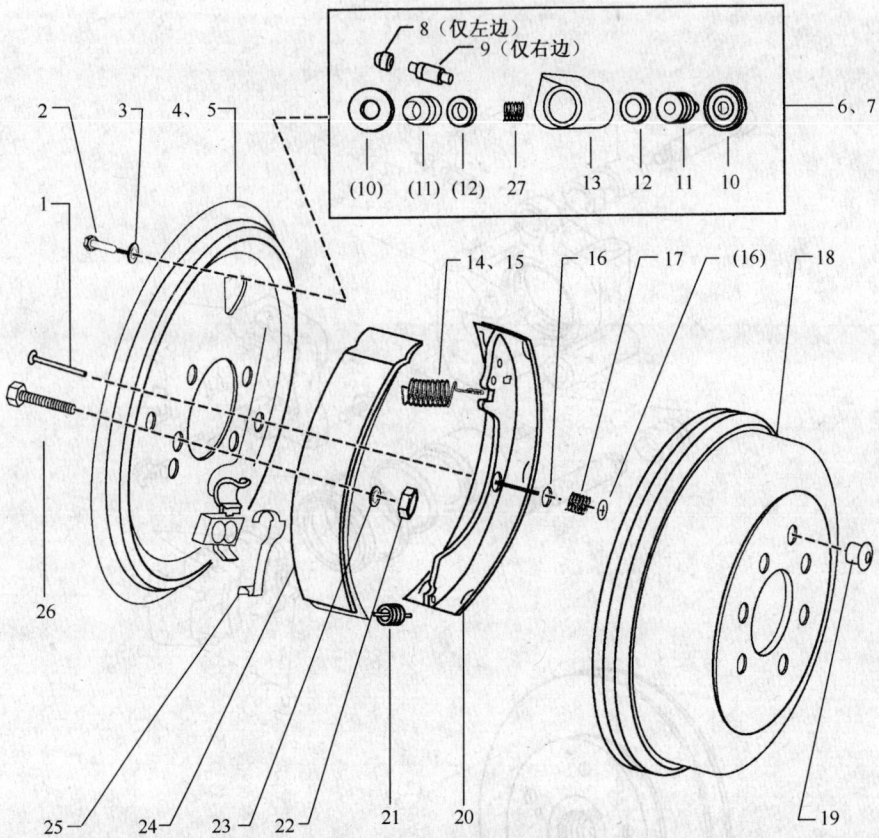

图 7-4　鼓式制动器

1. 前弹簧座杆　2. 螺栓　3. 垫圈　4. 右后制动底板焊合总成　5. 左后制动底板焊合总成　6. 左后制动油缸总成　7. 右后制动油缸总成　8. 防尘帽　9. 放气螺钉　10. 后轮制动缸防尘罩　11. 后轮制动缸活塞　12. 后轮制动缸皮圈　13. 后轮制动缸　14. 左后制动蹄回位弹簧　15. 右后制动蹄回位弹簧　16. 弹簧座　17. 制动蹄靠背弹簧　18. 制动鼓　19. 胶塞　20. 后制动蹄总成　21. 后制动蹄小弹簧　22. 螺母　23. 垫圈　24. 后制动领蹄总成　25. 弹簧夹　26. 后制动器底板螺栓　27. 回位弹簧

2. 制动总泵的检查

制动总泵结构见图 7-6。

(1)检查制动总泵壳体。检查总泵壳体是否磨蚀、擦伤或有裂纹等缺陷。如有不良情况，更换制动总泵。

(2)检查制动总泵进、出油管组件。检查进油管接头是否老化、开裂或漏油，O 形密封圈是否密封可靠，出油橡胶阀是否失效，弹簧是否变软。如有不良情况，应予更换。

(3)检查制动总泵活塞组件。检查制动总泵活塞是否严重磨损，回位弹簧弹力是否下降，活塞皮碗是否有老化失效、破裂等缺陷。如有不良情况，应更换。

3. 制动分泵的检查

制动分泵的结构见图 7-7。

(1)检查制动分泵壳体。检查制动分泵壳体和缸孔是否腐蚀、擦伤或有裂纹等缺陷。如有不良情况，应予以更换。

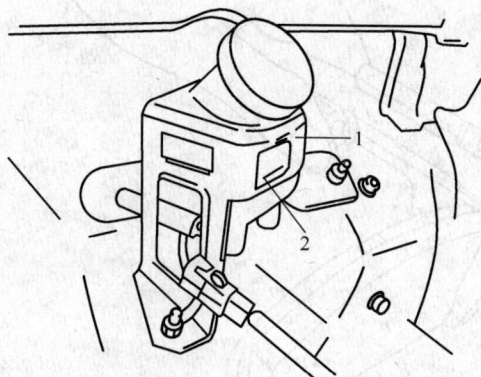

图 7-5　制动储液罐

1. 最高液位线　2. 最低液位线

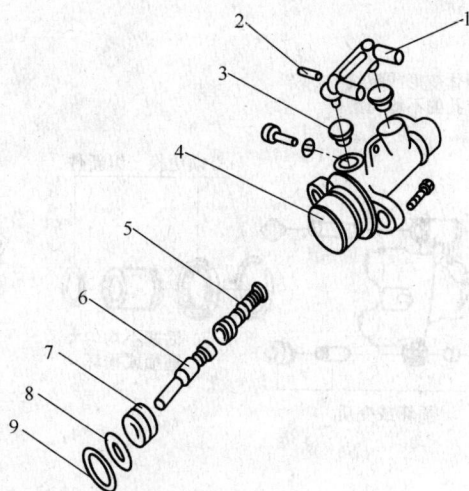

图 7-6　制动总泵

1. 进油接头　2. 卡销　3. 密封圈　4. 主缸缸体　5. 前活塞组件
6. 后活塞组件　7. 导套　8. 挡圈　9. O 形密封圈

（2）检查皮碗及防尘罩。检查皮碗及防尘罩有无破损、老化变形、严重磨损等缺陷。如有不良情况，应予更换。若制动分泵漏油，也应更换皮碗。

（3）检查活塞回位弹簧。检查活塞回位弹簧是否有弹力下降、变形、折断等缺陷。如有，应更换。

4. 盘式制动器的检查

（1）如图 7-8 所示，检查钳体、导套防尘罩、连接套、短导套和消声片等，应无不均匀磨损、变形、裂损。否则，应更换。

（2）检查制动块摩擦片（见图 7-9）和

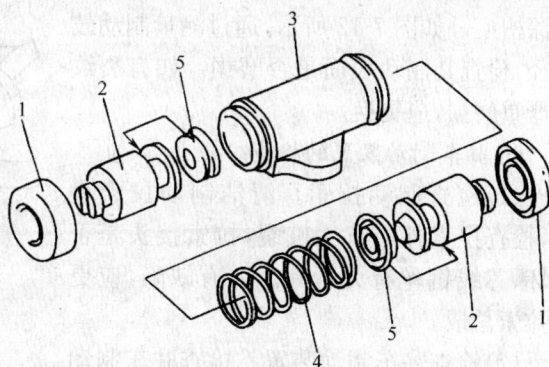

图 7-7　制动分泵的检查

1. 防尘罩　2. 活塞　3. 制动分泵壳体
4. 回位弹簧　5. 皮碗

制动盘的厚度（见图 7-10）应不小于使用极限值。否则，应更换。

5. 鼓式制动器的检查

鼓式制动器的检查见图 7-11。

（1）检查制动底板。检查制动底板是否变形，或制动蹄接触面磨损、机械损伤等缺陷。如有不良情况，应更换或修复制动底板。

（2）检查各制动蹄回位弹簧。检查制动蹄回位弹簧是否有塑性变形、弹力下降或外形变形等损伤。如有不良情况，应更换回位弹簧。

（3）检查制动蹄摩擦片。检查制动蹄摩擦片表面有无龟裂、严重磨损，制动蹄变形或裂纹等缺陷。如有，应更换制动蹄摩擦片总成。若制动蹄摩擦片的厚度小于使用极限值时，应予更换。

钳体变形或裂纹
缸孔的不均匀磨损

必须更换一组新件

活塞不均匀
磨损或损坏

损坏或变质

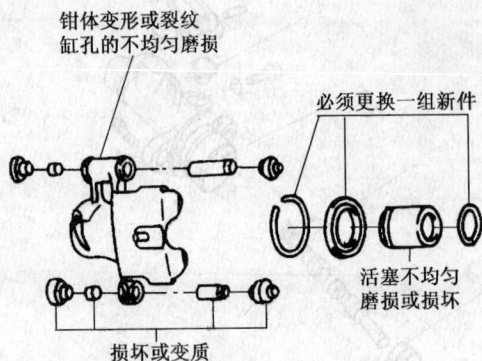

图 7-8　制动钳组件的检查

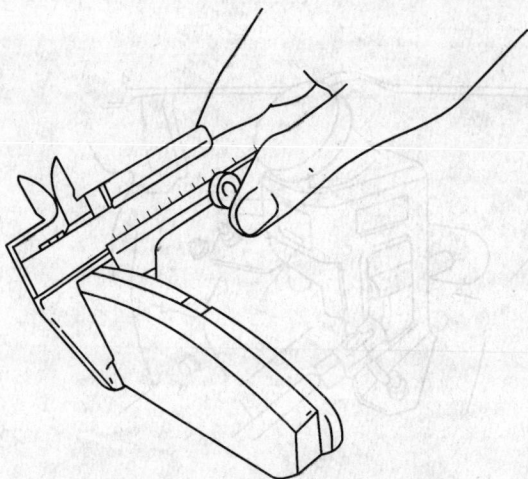

图 7-9　检查制动块摩擦片厚度

(4)检查制动鼓。清洁制动鼓表面,检查是否有裂纹,制动鼓摩擦表面是否擦伤或有深槽痕。如图 7-12 所示,通过测量制动鼓内径,检查其制动表面是否磨损。如有裂纹或严重磨损,应更换。

6.驻车制动装置的检查

(1)检查制动拉索。清洁制动拉索表面,检查拉索外层有无破裂,拉索接头是否损坏,芯线钢丝有无折断。如有缺陷,应更换拉索总成。

图 7-10　测量制动盘厚度

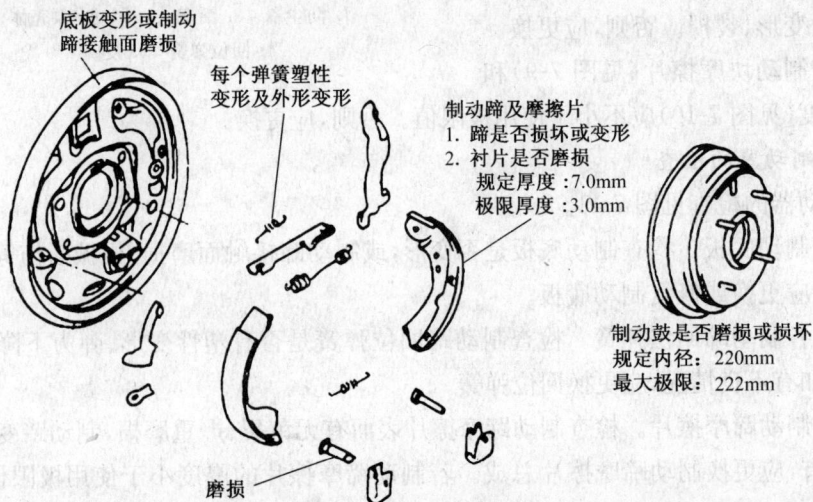

(2)检查驻车制动装置。检查驻车制动手柄锁止齿板与棘爪是否变形或损坏,锁止是否可靠,放松是否灵活。如有缺陷,应更换制动

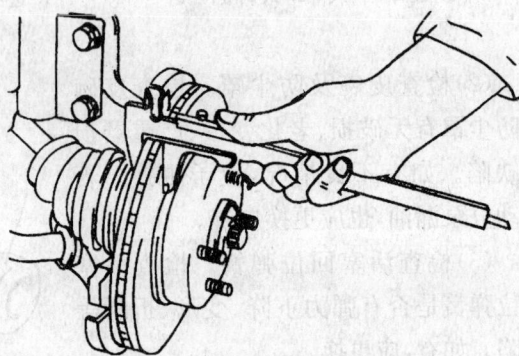

底板变形或制动
蹄接触面磨损

每个弹簧塑性
变形及外形变形

制动蹄及摩擦片
1.蹄是否损坏或变形
2.衬片是否磨损
规定厚度:7.0mm
极限厚度:3.0mm

制动鼓是否磨损或损坏
规定内径:220mm
最大极限:222mm

磨损

图 7-11　鼓式制动器的检查

手柄总成。

(3)检查制动手柄套。检查制动手柄套是否破裂或损伤、松脱。如有不良情况，应更换制动手柄套，并装配稳固可靠。

(4)检查制动手柄按钮。拉起制动手柄时，手柄锁止应可靠；放松驻车制动时，按下制动手柄按钮应解除锁止，制动手柄回位正常。否则，应调整制动手柄按钮或制动系统。

(5)检查制动拉索回位弹簧。检查制动拉索回位弹簧挂钩是否正确，弹簧弹力有无下降，弹簧是否折断或变形。如有缺陷，应予更换。

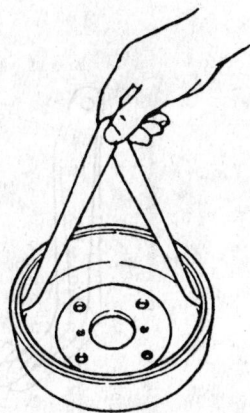

图 7-12 测量制动鼓内径

7. 真空助力器工作情况检查

检查时，应确保液压管路内无空气。

(1)检查气密性。

①起动发动机。

②发动机运行 1~2min 后，关闭发动机。

③用相同的一般制动力踩动制动踏板几次，并观察踏板行程。如果第一次踏板下沉很深，第二次和第三次踩下踏板时，其行程减小，表示气密形成。

④如果踏板行程不变，表明气密并未形成。

(2)检查工作情况。

①发动机停止运转后，用相同的力踩动制动踏板几次，确认踏板行程未改变。

②在起动发动机的同时，踩制动踏板。如果踏板行程有少许增大，则表明操作良好。如踏板行程无变化，则表明有故障。

(3)负荷条件下气密性检查。

①在发动机运转的同时，踩动制动踏板，然后让发动机停止运转而制动踏板仍保持踩下状态。

②让制动踏板保持踩下状态 30s，如果踏板高度不发生变化，则表明良好。如踏板升高，则表明有问题。

(二)常规制动系统的调整

1. 制动踏板自由行程的调整

如图 7-13 所示，制动踏板自由行程为 1~8mm。如果踏板自由行程不符合此规定值时，应检查踏板臂轴螺栓和总泵的安装是否松动，或部件过度磨损，如有不良情况，应予紧固或更换。同时，还应检查踏板回位弹簧和制动灯开关总成是否装配正确。必要时作适当调整。

2. 制动踏板自由高度的调整

用约 300N 的力踩住制动踏板，制动踏板到车前围板内壁的距离应在 45mm 以上，如图 7-14 所示。如果此距离小于 34mm，则应检查制动管路中是否存在空气或制动器摩擦片已严重磨损。

如果制动踏板自由高度不符合技术要求，可进行如下调整：

(1)如图 7-15 所示，检查并调整真实助力器安装表面和 U 形销孔中心之间的距离。其规定长度为(115±0.5)mm，螺母 a 拧紧力矩为 25N·m。重新安装拉杆 U 形销时，也应注意调节该距离。

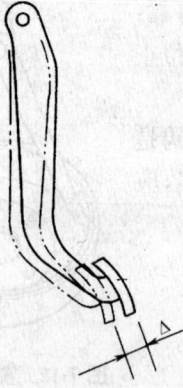

图 7-13　踏板自由行程

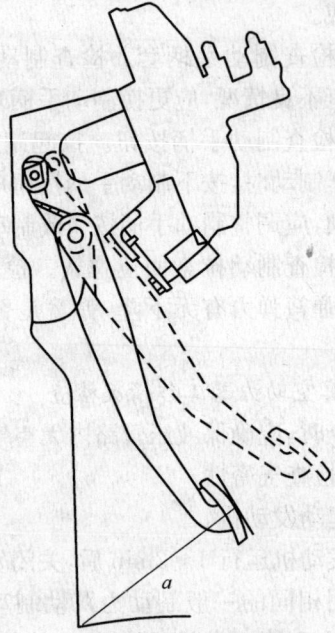

图 7-14　制动踏板自由高度

a. 制动踏板到车前围板内壁的距离

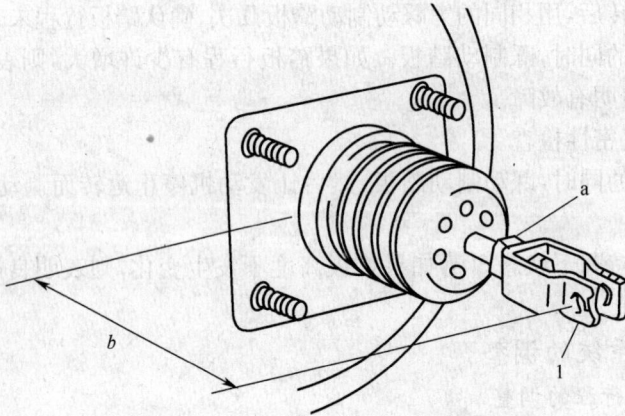

图 7-15　检查并调整真实助力器安装表面和 U 形销孔中心之间的距离

1. 拉杆 U 形销　　*a.* 螺母　　*b.* 距离

(2)检查制动灯开关位置。如不符合技术要求,应进行调整。

3. 制动灯开关总成与踏板臂间隙的调整

制动灯开关总成与踏板臂间隙为 1.5～2.0mm,如图 7-16 中的 *a*,若此间隙不符合规定值,应进行调整。调整时,先拧松制动灯开关总成调整螺母,把间隙 *a* 调整到规定值,再拧紧调整螺母。调整螺母拧紧力矩为 7.5N·m。

4. 驻车制动手柄行程的调整

握住制动手柄中央处,以约 200N 的力慢慢地向上拉起驻车制动手柄,直至制动器被完全制动,其行程为 4～7 齿。若驻车制动手柄不符合规定的行程,则应调整制动拉索长度,见图 7-17。

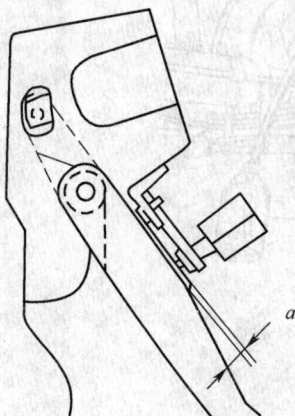

图 7-16　制动灯开关总成间隙
a. 调整间隙(1.5～2.0mm)

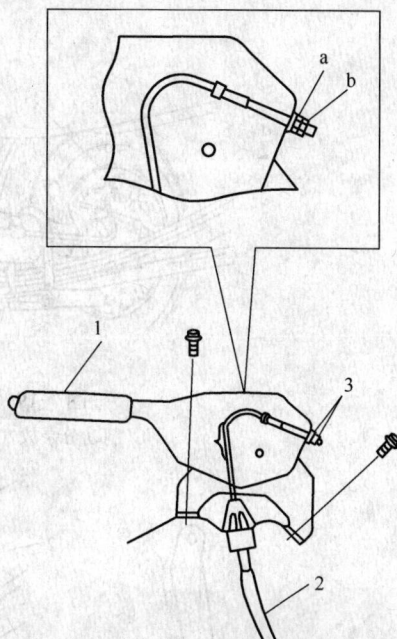

图 7-17　制动拉索的调整
1. 驻车制动手柄　2. 制动器拉索　3. 调整螺母
a. 调整螺母　*b*. 锁紧螺母

5. 制动系统的排气

若制动系统管路进入空气,应对制动系统管路进行排气。制动管路的排气方法是:

(1)制动管路的排气顺序如图 7-18 所示,先排与制动总泵距离最远的左轮制动分泵"C",再分别排左、右制动分泵"A"和"B"。

(2)向制动总泵的储液罐加注制动液,并保证排气过程中制动液量不得少于储液罐的一半("MIN"刻线以上)。

(3)拆下放气螺塞帽,把透明导液管接到制动分泵的放气螺塞上,导液管的另一端插入容器中,如图 7-19 所示。

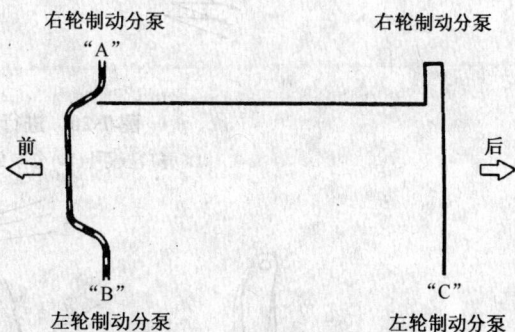

图 7-18　制动管路排气顺序

(4)踩动几次制动踏板,使总泵和储液罐中的制动液部分进入制动管路,然后踩住踏板,拧松放气螺塞1/3～1/2圈,如图 7-20 所示。

(5)反复踩动制动踏板,直到透明导液管流出的制动液无任何气泡为止,然后踩住踏板,拧紧制动分泵的放气螺塞,如图 7-21 所示。

维修提示:

◆在排气过程中,要随时加注制动液,使储液罐中的制动液量保持在"MIN"刻线以上,以防止空气进入制动总泵。

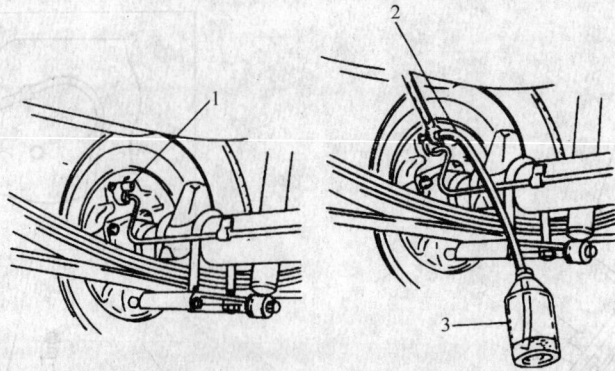

图 7-19　接制动分泵排气导液管

1. 制动分泵放气螺塞帽　2. 透明导液管　3. 容器

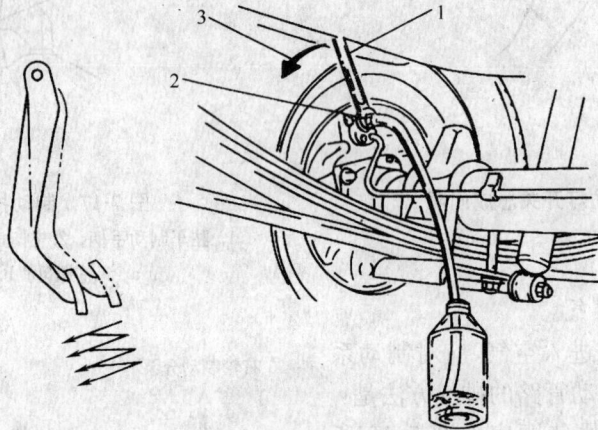

图 7-20　进行制动系统放气

1. 开口扳手　2. 分泵放气螺塞　3. 旋松方向

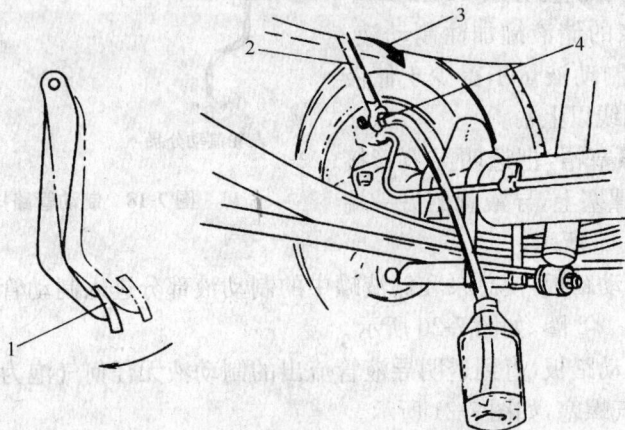

图 7-21　在踏板踩下时拧紧放气螺塞

1. 制动踏板处于踩住状态　2. 开口扳手　3. 拧紧方向　4. 分泵放气螺塞

　　(6)取下制动液导液管,检查有无制动液渗漏。确认管路密封良好后,装回制动分泵放气螺塞帽。

（7）向储液罐里加注制动液，并使液位达到储液罐的"MAX"刻线，但不宜超过该刻线，以免制动液溢出，腐蚀车体零件。

6. 感载比例阀（LSPV）的检查与调整

在检查与调节前，应用燃油将油箱注满，汽车应装有备用胎、工具、千斤顶和千斤顶手柄，汽车无任何其他负载。

检查与调整方法如下：

（1）把汽车置于平地上。

（2）用手向上推动 LSPV 杆直到其停止，拉出螺旋弹簧时，测量其长度（见图 7-22 中的 L）。

（3）弹簧长度 L 应为 243mm。注意：测量弹簧长度时，不得踩动制动踏板。

（4）如弹簧长度不符合规定，应通过改变螺栓 a 的位置，将其调节到规定的尺寸。调节后，按规定力矩拧紧螺栓 a。拧紧力矩为 23N·m。

注意：检查须确保 LSPV 座和制动管接头不漏液。如有泄漏，应更换损坏元件。

（三）制动系统部件拧紧力矩

制动系统部件拧紧力矩见表 7-1。

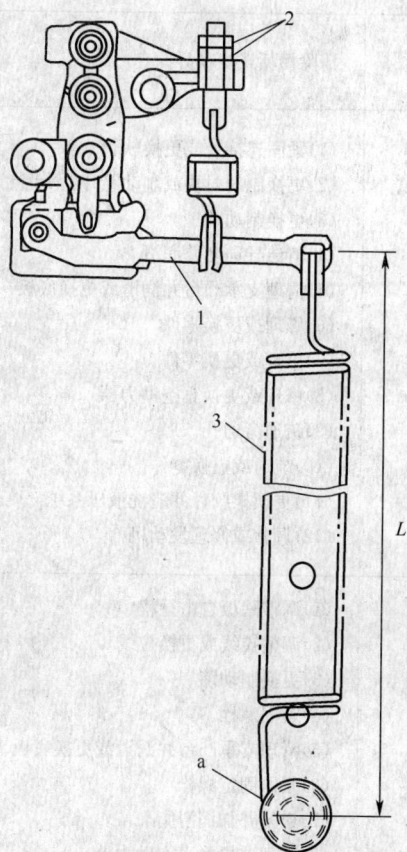

图 7-22　感载比例阀的检查与调整

1. LSPV 杆　2. 螺母　3. 弹簧
L. 弹簧长度　a. 调整螺栓

表 7-1　制动系统部件拧紧力矩

紧固件螺栓或螺母		拧紧力矩(N·m)
制动器卡钳托架螺栓		95
制动器卡钳销螺栓		85
前制动器软管接头螺栓		16
后制动器螺栓		23
总泵螺母或助力器螺母		13
制动器助力器推杆螺母		25
制动管 4 通接头螺母		11
制动油管螺母		16
制动踏板支架螺栓和螺母		25
制动器放气螺钉	前制动器	11
	后制动器	8
车轮螺母		85
车轮制动泵螺栓		12
停车制动杆螺栓		20

三、常规制动系统常见故障诊断与排除

常规制动系统常见故障诊断及排除见表 7-2。

表 7-2　常规制动系统常见故障诊断与排除

故 障 现 象	可 能 原 因	排 除 方 法
制动不灵,踏板行程过大	(1)制动器间隙自调机构失效,间隙过大 (2)后轮制动器制动摩擦片过度磨损 (3)踏板自由行程过大 (4)制动蹄弯曲变形 (5)液压系统中有空气	(1)修理或更换自调机构零件 (2)更换制动蹄摩擦片 (3)调整踏板自由行程 (4)更换制动蹄 (5)排出系统中的空气
以恒定的力踩踏板,踏板碰到地板	(1)液压系统泄漏 (2)液压系统中有气体 (3)使用非标准牌号的制动液 (4)制动主缸活塞皮圈过度磨损或刮伤 (5)制动主缸缸筒过度磨损或被腐蚀	(1)查找泄漏部位,修理或更换零件 (2)排除系统中的空气 (3)加注标准牌号的制动液 (4)更换制动主缸皮圈 (5)更换制动主缸
第一次制动踏板碰地板,继续踩则正常	制动钳导向套上有污垢或被腐蚀	清除污垢或更换导向套
制动踏板过硬,并可能伴随制动衰退现象	(1)真空助力器供液软管松脱或漏气 (2)制动衬块或蹄片不符合规定或质量差 (3)制动蹄弯曲或扭曲 (4)制动钳粘连或卡住 (5)制动蹄卡在制动板上 (6)制动主缸活塞粘结或卡在缸筒内 (7)制动轮缸活塞粘结或卡在缸筒内 (8)真空助力器内部卡住 (9)制动主缸旁通孔被堵塞 (10)制动软管、油管或接头阻塞 (11)制动液被不合适的油类沾污 (12)发动机真空度低	(1)紧固连接处或更换软管 (2)更换制动衬块或制动蹄片 (3)更换制动蹄 (4)清洁导向套并润滑 (5)清理支承凸台并润滑或更换底板 (6)修理或更换零件 (7)修理或更换零件 (8)修理或更换真空助力器 (9)疏通旁通孔 (10)疏通或更换零件 (11)更换橡胶件并清洗液压系统 (12)调整或修理发动机
制动器发咬	(1)制动踏板无自由行程 (2)驻车制动器拉线调整不当或卡住 (3)制动蹄片不合适或蹄片松脱 (4)制动钳固定螺栓松动 (5)制动蹄卡在制动底板上 (6)制动底板松动 (7)制动踏板卡在销轴上 (8)真空助力器内部卡住 (9)制动蹄回位弹簧过软、松脱或折断 (10)制动器间隙自调机构失效 (11)制动钳、主缸或轮缸活塞粘结卡住 (12)制动主缸旁通孔堵塞	(1)调整踏板自由行程 (2)调整拉线或更换拉线 (3)更换制动蹄 (4)紧固螺栓 (5)清理支承凸台并润滑或更换底板 (6)紧固固定螺栓 (7)松开并加润滑脂 (8)修理或更换真空助力器 (9)更换回位弹簧 (10)调整或更换自调机构 (11)修理或更换零件 (12)疏通旁通孔

续表 7-2

故 障 现 象	可 能 原 因	排 除 方 法
制动时跑偏	(1)左右轮胎气压不一致 (2)轮毂轴承磨损或损坏 (3)一侧制动衬块或蹄片被沾污 (4)一侧制动蹄弯曲变形 (5)一侧制动底板变形或松动 (6)一侧制动钳固定螺栓松动 (7)一侧制动钳活塞粘结或卡住 (8)悬架部件安装或固定件的螺栓松动	(1)调整轮胎气压 (2)更换轮毂轴承 (3)清理制动衬块或蹄片 (4)更换制动蹄 (5)紧固或更换制动底板 (6)紧固固定螺栓 (7)修理或更换制动钳 (8)紧固螺栓,更换悬架零部件
制动时抖动或震颤	(1)制动蹄变形、弯曲 (2)制动钳固定螺栓松动 (3)制动鼓失圆 (4)制动盘端面跳动过大 (5)制动盘磨损过大,厚度过小	(1)更换制动蹄 (2)紧固螺栓 (3)更换制动鼓 (4)修磨或更换制动盘 (5)更换制动盘
制动时有噪声	(1)制动蹄弯曲变形 (2)制动盘表面有铁锈 (3)制动衬块被压裂或松动 (4)制动衬块被压裂 (5)制动底板支承凸台不平或缺润滑脂 (6)制动盘或鼓破裂、磨出沟槽或刮伤	(1)更换制动蹄 (2)去掉铁锈 (3)更换制动衬块或制动蹄片 (4)更换制动衬块 (5)润滑支承凸台 (6)更换制动盘或制动鼓

第二节 五菱微型客车 ABS 防抱死制动系统

一、ABS 防抱死制动系统结构简介

五菱汽车安装 MGH-25 ABS 防抱死制动系统。其作用是在汽车紧急制动时最大程度地减少车轮打滑现象,提高汽车行驶稳定性。

如图 7-23 所示,ABS 系统主要由电子液压控制单元(HECU)、轮速传感器、液压电机等

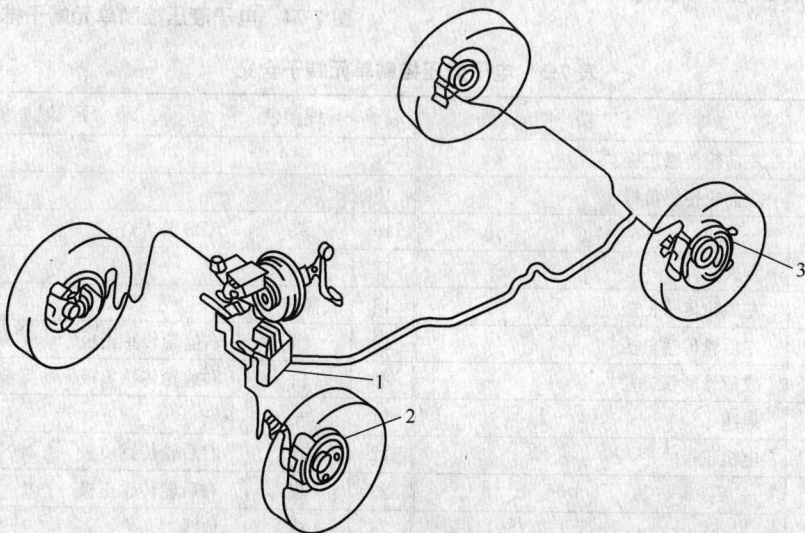

图 7-23 ABS 系统的组成
1. 电子液压控制单元 2. 前轮轮速传感器 3. 后轮轮速传感器

组成。ECU 通过 4 个车轮轮速传感器传来的信号,计算每个车轮的速度及加减速度,判断车轮滑动状态,由此驱动电磁阀及电机控制液压制动管路增压、减压和维持状态等。

二、ABS 防抱死制动系统故障诊断

1. 基本知识

(1)ABS 系统故障诊断检测的顺序如下:

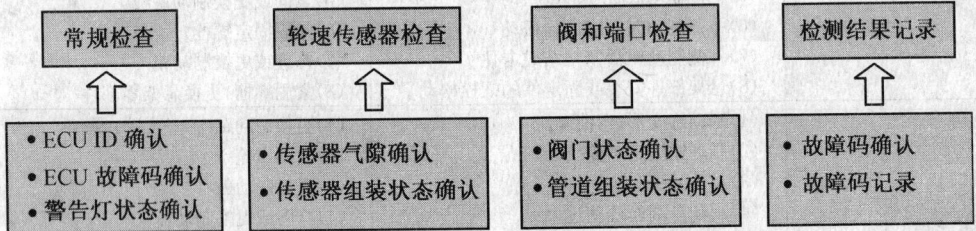

常规检查	轮速传感器检查	阀和端口检查	检测结果记录
• ECU ID 确认 • ECU 故障码确认 • 警告灯状态确认	• 传感器气隙确认 • 传感器组装状态确认	• 阀门状态确认 • 管道组装状态确认	• 故障码确认 • 故障码记录

(2)检查 ABS、EBD 警告灯。

①旋转汽车钥匙,接通电路,ABS 警告灯点亮,约 3s 后熄灭。

②如果出现的不是①中的状况,则表示有故障,需要检查故障码并参考故障码检查表。

③如果警告灯完全不亮,则参考无故障码故障检查表。

2. 电子液压控制单元端子含义

电子液压控制单元端子排列如图 7-24 所示,端子含义如表 7-3 所示。

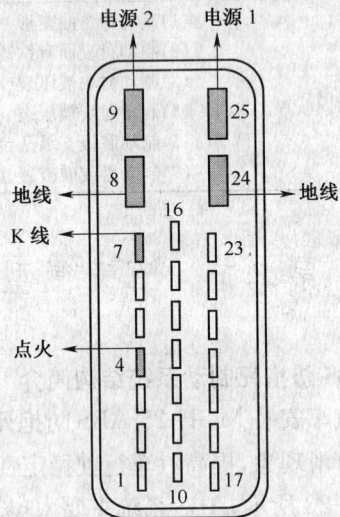

图 7-24　电子液压控制单元端子排列

表 7-3　电子液压控制单元端子含义

端子	导线颜色	端子功能	端子	导线颜色	端子功能
1	橙	左前轮传感正极	14	—	—
2	白	左前轮传感负极	15	—	—
3	—		16	棕	ABS 警告灯
4	红绿	点火	17		
5	红绿	左后轮传感正极	18	黑蓝	—
6	红白	左后轮传感负极	19	绿	右前轮传感正极
7	蓝黄	故障诊断仪	20	白	右前轮传感负极
8	红黑	地线	21	—	—
9	红	电机正极	22	蓝	右后轮传感负极
10	—	—	23	灰	右后轮传感正极
11	—	—	24	棕	地线
12			25	黑红	电源
13					

3. ABS系统常见故障(见表7-4)

表7-4　ABS系统常见故障表

位　置	原　因	结　构	警　告　灯	
			ABS	EBD
车辆线束	制动管组装错误	车轮抱死,制动跑偏	灭灯	灭灯
	制动器漏油	ABS、EBD启动不良		
	配线安装错误	无法制动		
	排气故障	ABS性能降低		
电动机	电动机故障	ABS无法启动	亮灯	灭灯
ECU	ECU电源线故障	ABS、EBD无法启动	亮灯	亮灯
	阀电源线故障	ABS、EBD无法启动		
	ECU接地不良	ABS、EBD无法启动		
	ECU故障	ABS、EBD无法启动		
	电动机电源线故障	ABS无法启动	亮灯	灭灯
轮速传感器	传感器断路/短路	一个发生故障时:ABS无法启动	亮灯	灭灯
		两个发生故障时:ABS/EBD无法启动	亮灯	亮灯
	齿圈故障 传感器干扰故障 气隙故障	一个发生故障时:ABS错误启动	亮灯	灭灯
		两个发生故障时:ABS、EBD无法启动	亮灯	亮灯

4. ABS系统故障码表(见表7-5)

表7-5　ABS系统故障码表

故障码	内　容	故障码	内　容
C 1200	左前传感器断路/短路	C 1206	左后传感器断路/短路
C 1201	左前传感器或齿圈干扰	C 1207	左后传感器或齿圈干扰
C 1202	左前传感器气隙错误	C 1208	左后传感器气隙错误
C 1203	右前传感器断路/短路	C 1209	右后传感器断路/短路
C 1204	右前传感器或齿圈干扰	C 1210	右后传感器或齿圈干扰
C 1205	右前传感器气隙错误	C 1211	右后传感器气隙错误
C 1101	蓄电池电压偏高(17V以上)	C 2112	电磁阀熔丝或电磁阀继电器故障
C 1101	蓄电池电压偏低(9.4V以下)	C 2402	电动机熔丝或电动机故障
C 1604	ECU内部电路或电磁阀线圈故障		

5. 故障码故障检查（见表 7-6～表 7-12）

表 7-6　故障码 C1200、C1203、C1206、C1209 故障检查

故障码	C1 200(11)　　C1 203(21) C1 206(31)　　C1 209(41)	注:如果能够确认 2 个以上故障码对应的故障,消除故障码（可消除的故障码）后以 40km/h 以上的速度行车后重新确认该故障码对应的故障,按照登记的故障码检查（确认同一个故障码）
可能原因	传感器断路/短路: 传感器电池正极或负极短路或断路时发生的故障	

排除流程

卸下 ECU 连接件后,检测与不良编号相应的线侧管脚 A 两侧的电阻

是否为 700～1500Ω 以内 —— 不是 —→ ① 卸下线束与传感器的连接件,确认组装状态及管脚的偏位

是 ↓

确认线束侧各个管脚 A 是否与地线（车体地线）通电

ECU —— A —— 线束 —— B C —— 传感器

传感器头部

状态是否良好 —— 不是 —→ 修正连接件管脚,正确组装连接件

是 ↓

确认线束侧管脚 A 和组装传感器的连接件 B 之间的两条线路是否都通电

是否通电 —— 不是 —→ 确认及修理配线断线部位,更换配线

是 ↓

检测传感器侧连接件 C 两端的电阻

是否为 700～1500Ω 以内 —— 不是 —→ 更换传感器

是 ↓

从①项开始重新检查

是否不通电 —— 不是 —→ ② 卸下传感器侧连接件 B 和 C,确认线束侧各个连接件 A 与地线是否通电

是 ↓

确认线束侧各个管脚 A 是否与电池正极通电

是否通电 —— 不是 —→ 确认传感器侧各个连接件 C 是否与地线通

是 ↓

更换线束配线 —— 是否通电 —— 不是 —→ 从②项开始重新检查

是 ↓

更换传感器

是否不通电 —— 不是 —→ ③ 卸下传感器侧连接件 B 和 C,确认线束侧各个连接件 A 与电池正极是否通

是 ↓

更换 HECU

是否通电 —— 不是 —→ 确认传感器侧各个连接件 C 是否与电池正极通电

是 ↓

更换线束配线 —— 是否不通电 —— 不是 —→ 从③项开始重新检查

是 ↓

更换传感器

表 7-7　故障码 C1202、C1205、C1208、C1211 故障检查

故障码	C1 202(13)　C1 205(23) C1 208(33)　C1 211(43)	注:①气隙是指齿圈与传感器之间的间隙; ②如果能够确认 2 个以上故障码对应的故障,消除故障码 (可消除的故障码)后以 40km/h 以上的速度行车后重新确认 该故障码对应的故障,按照登记的故障码检查(确认同一个 故障码)
可能原因	气隙错误: 气隙太大或传感器本身短路(电阻为 0)而没 有信号或者齿圈没有安装好	
排除流程	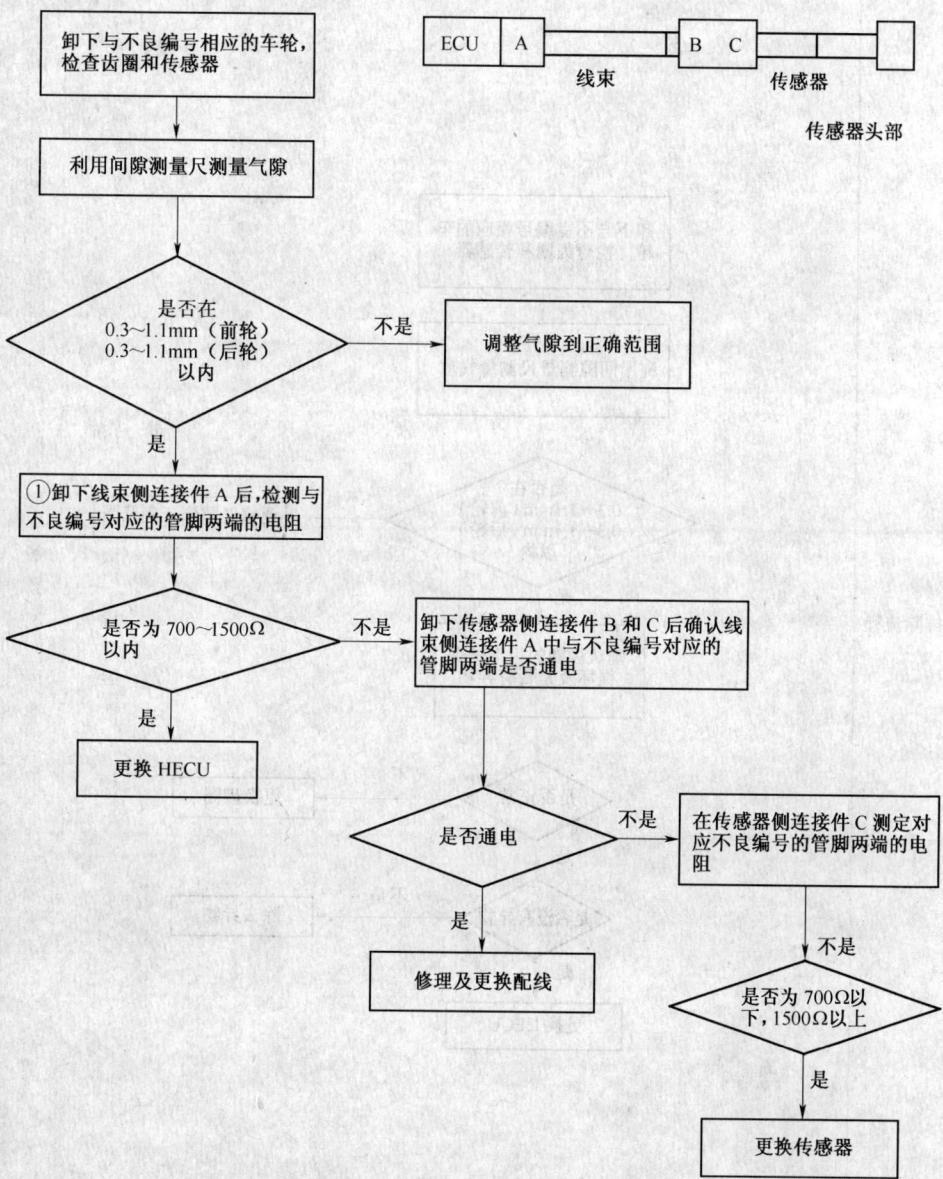	

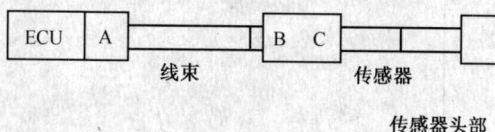

表 7-8　故障码 C1201、C1204、C1207、C1210 故障检查

故障码	C1201(12)　C1204(22) C1207(32)　C1210(42)	注：①齿轮之中附着机油和铁屑等异物时，传感器信号不均匀； ②气隙是指齿圈与传感器之间的气隙； ③如果能够确认 2 个以上故障码对应的故障，消除故障码（可消除的故障码）后以 40km/h 以上的速度行车后重新确认该故障码对应的故障，按照登记的故障码检查（确认同一个故障码）
可能原因	齿圈或传感器干扰； 安装非标准规格的齿圈时发生	
排除流程	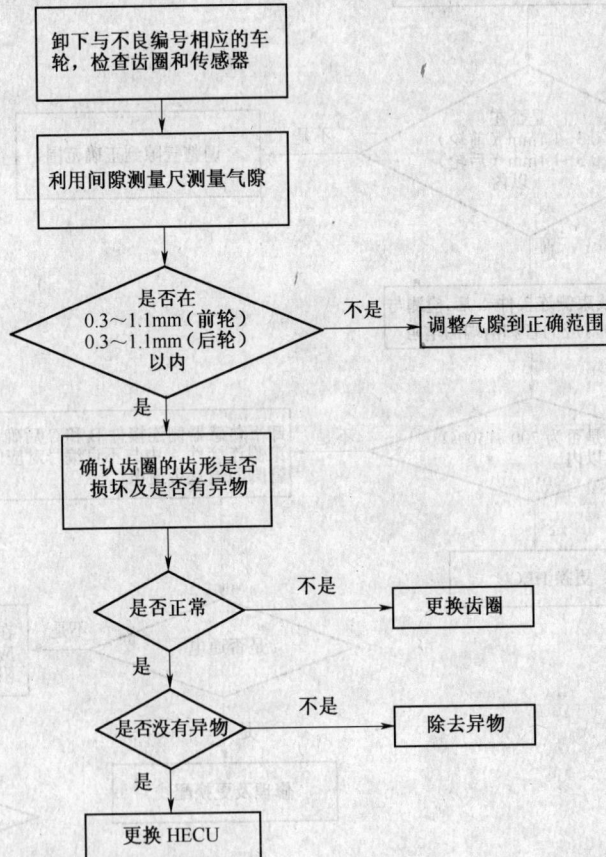	

表 7-9　故障码 C1101、C1102 故障检查

故障码	C1101(51)　C1102(52)	注:如果能够确认 2 个以上故障码对应的故障,消除故障码(可消除的故障码)后以 40km/h 以上的速度行车后重新确认该故障码对应的故障,按照登记的故障码检查(确认同一个故障码)
可能原因	蓄电池电压不正常; 电压偏高或偏低时发生	

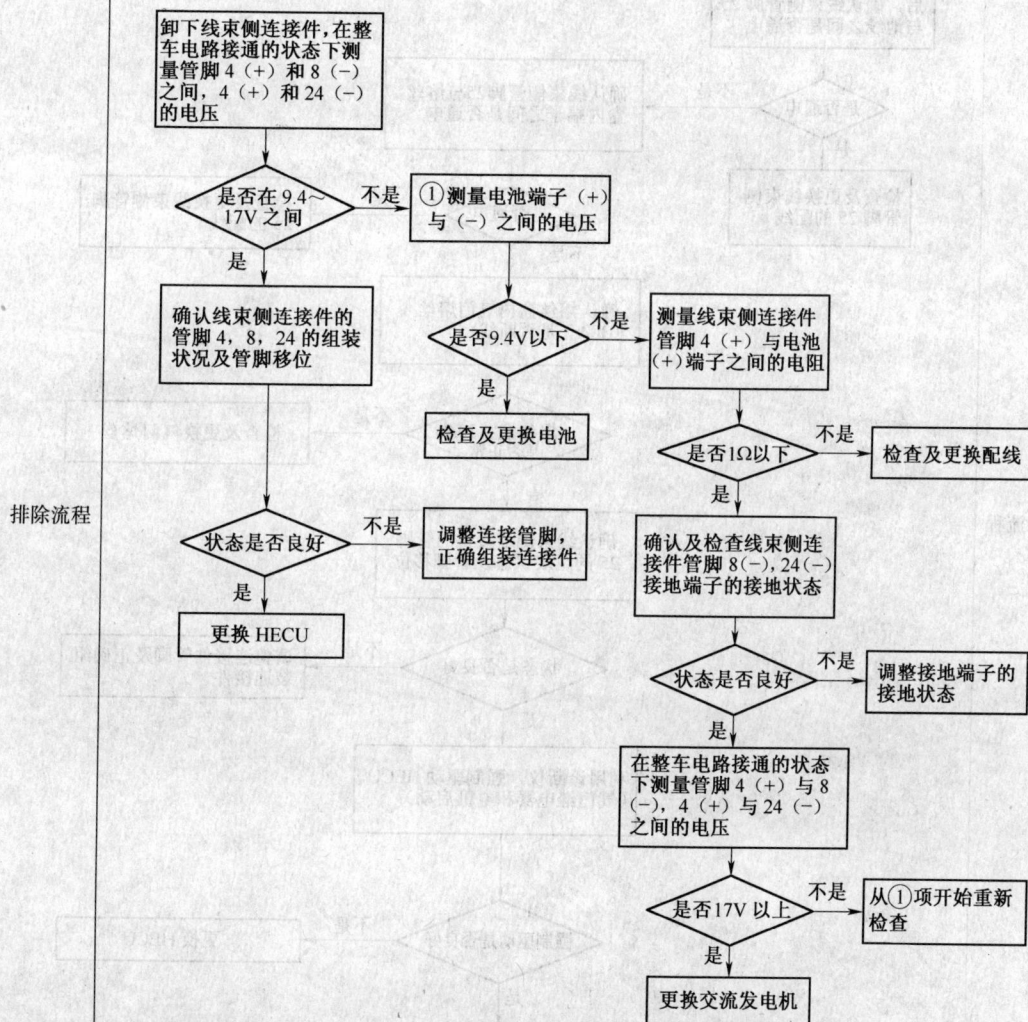

排除流程

卸下线束侧连接件,在整车电路接通的状态下测量管脚 4(+)和 8(-)之间,4(+)和 24(-)的电压

↓

〈是否在 9.4~17V 之间〉 —不是→ ① 测量电池端子(+)与(-)之间的电压

是↓　　　　　　　　　　　　　　↓

确认线束侧连接件的管脚 4,8,24 的组装状况及管脚移位　　　　〈是否 9.4V 以下〉 —不是→ 测量线束侧连接件管脚 4(+)与电池(+)端子之间的电阻

↓　　　　　　　　　　　是↓　　　　　　　　　　↓

　　　　　　　　　　　检查及更换电池　　　　〈是否 1Ω 以下〉 —不是→ 检查及更换配线

〈状态是否良好〉 —不是→ 调整连接管脚,正确组装连接件　　是↓

是↓　　　　　　　　　　　　　　　　　　　确认及检查线束侧连接件管脚 8(-)、24(-)接地端子的接地状态

更换 HECU　　　　　　　　　　　　　　　↓

　　　　　　　　　　　　　　　　　〈状态是否良好〉 —不是→ 调整接地端子的接地状态

　　　　　　　　　　　　　　　　　是↓

　　　　　　　　　　　　　　在整车电路接通的状态下测量管脚 4(+)与 8(-),4(+)与 24(-)之间的电压

　　　　　　　　　　　　　　↓

　　　　　　　　　　　〈是否 17V 以上〉 —不是→ 从① 项开始重新检查

　　　　　　　　　　　是↓

　　　　　　　　　　更换交流发电机

表 7-10 故障码 C2402 故障检查

故障码	C2402(55)	注:如果能够确认2个以上故障码对应的故障,消除故障码(可消除的故障码)后以40km/h以上的速度行车后重新确认该故障码对应的故障,按照登记的故障码检查(确认同一个故障码)
可能原因	电机熔丝/电机故障	
排除流程		

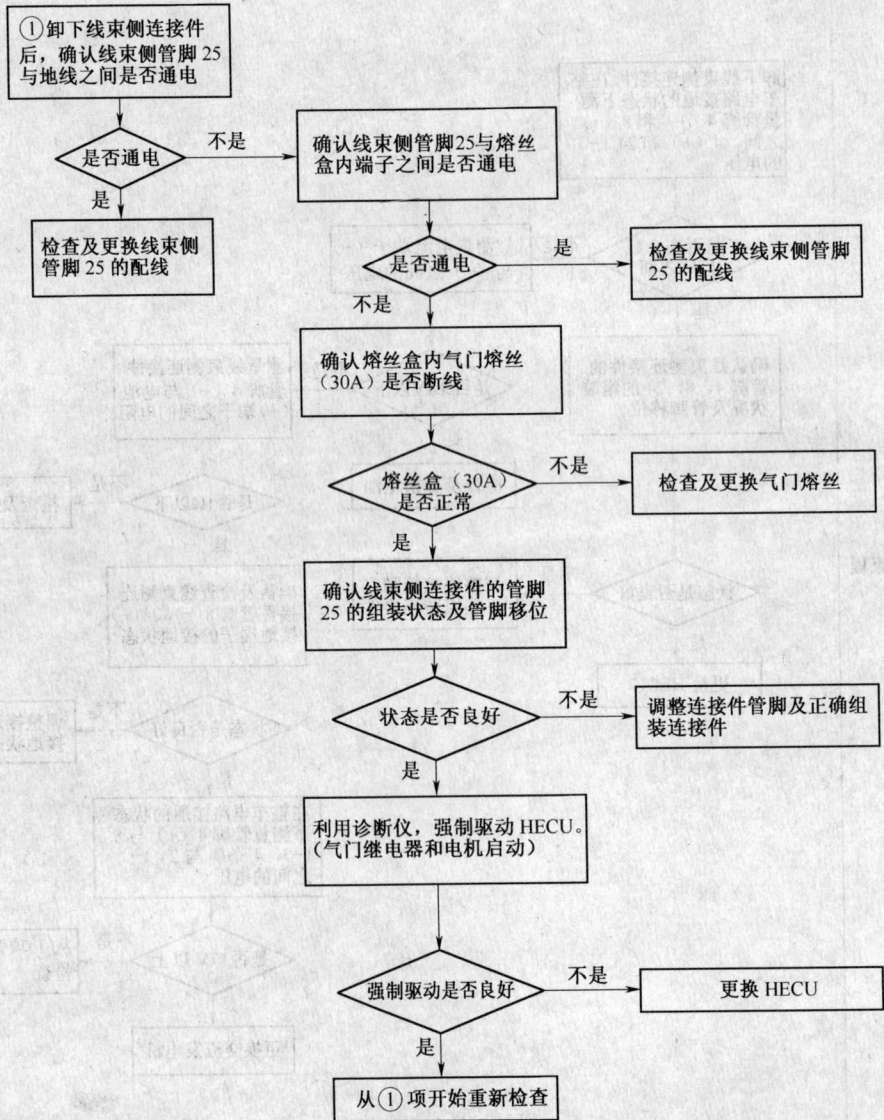

表 7-11　故障码 C2112 故障检查

故障码	C2112(54)	注:如果能够确认 2 个以上故障码对应的故障,消除故障码(可消除的故障码)后以 40km/h 以上的速度行车后重新确认该故障码对应的故障,按照登记的故障码检查(确认同一个故障码)
可能原因	阀熔丝,继电器故障: a)主继电器或熔丝断开 b)主继电器短路	
排除流程		

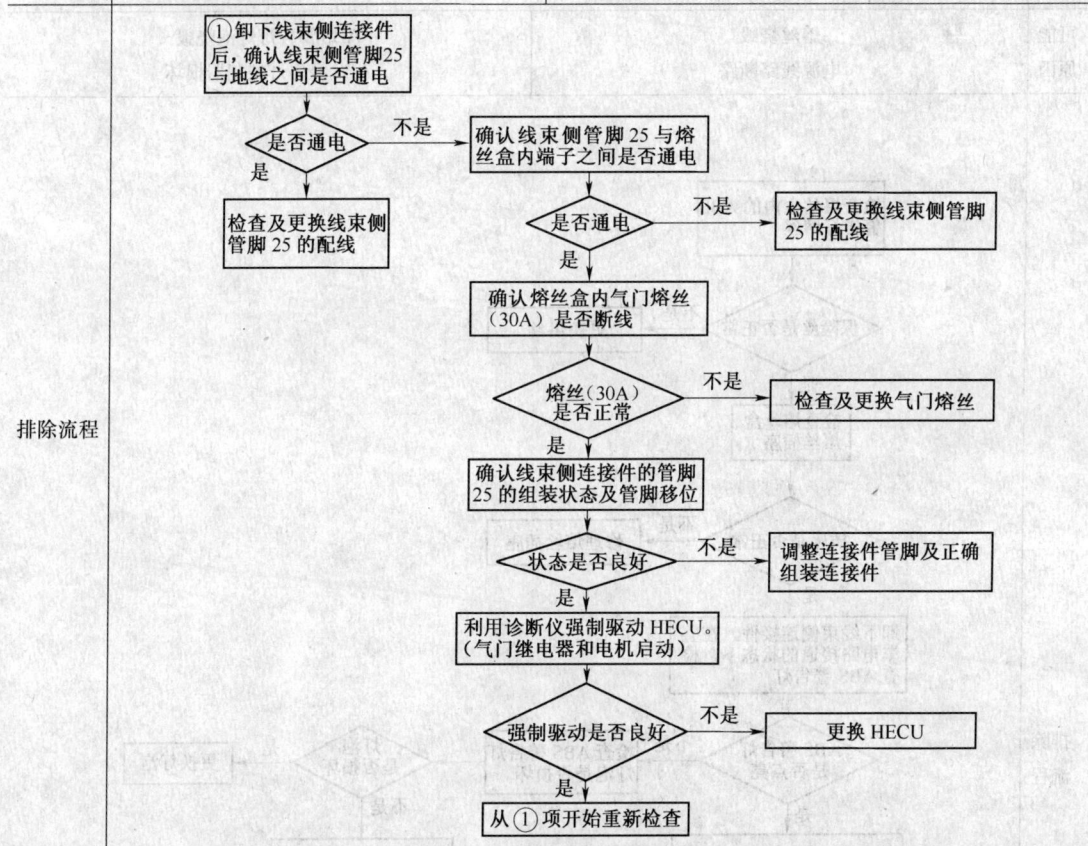

①卸下线束侧连接件后,确认线束侧管脚25与地线之间是否通电

是否通电 —— 不是 → 确认线束侧管脚 25 与熔丝盒内端子之间是否通电

是 ↓
检查及更换线束侧管脚 25 的配线

是否通电 —— 不是 → 检查及更换线束侧管脚 25 的配线

是 ↓
确认熔丝盒内气门熔丝（30A）是否断线

熔丝（30A）是否正常 —— 不是 → 检查及更换气门熔丝

是 ↓
确认线束侧连接件的管脚 25 的组装状态及管脚移位

状态是否良好 —— 不是 → 调整连接件管脚及正确组装连接件

是 ↓
利用诊断仪强制驱动 HECU。（气门继电器和电机启动）

强制驱动是否良好 —— 不是 → 更换 HECU

是 ↓
从①项开始重新检查

表 7-12　故障码 C1604 故障检查

故障码	C1604(53)	注:如果能够确认 2 个以上故障码对应的故障,消除故障码(可消除的故障码)后以 40km/h 以上的速度行车后重新确认该故障码对应的故障,按照登记的故障码检查(确认同一个故障码)
可能原因	ECU 内部电路,阀线圈故障	
排除流程		

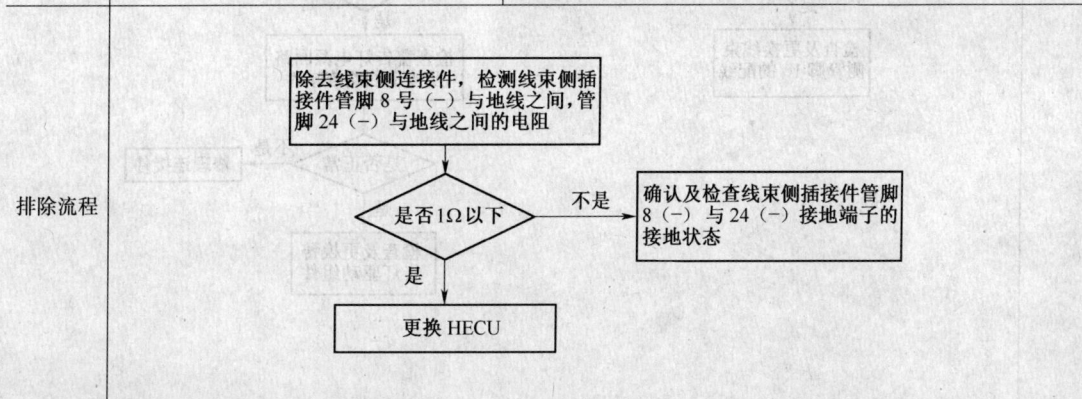

除去线束侧连接件,检测线束侧插接件管脚 8 号（-）与地线之间,管脚 24（-）与地线之间的电阻

是否1Ω以下 —— 不是 → 确认及检查线束侧插接件管脚 8（-）与 24（-）接地端子的接地状态

是 ↓
更换 HECU

6. 无故障码故障检查

无故障码的故障检查见表 7-13~表 7-17。

表 7-13　起动发动机,ABS 警告灯不亮

故障症状	起动发动机,ABS 警告灯不亮	
可能原因	熔丝烧毁 电源线路断路	ABS 警告灯灯泡烧毁 ABS 警告灯控制器损坏
排除流程		

表 7-14　车辆起动后，ABS 警告灯常亮

故障症状	车辆起动后，ABS 警告灯常亮
可能原因	ABS 警告灯控制器损坏 ABS 警告灯控制器回路开路 ABS 的 ECU 损坏
排除流程	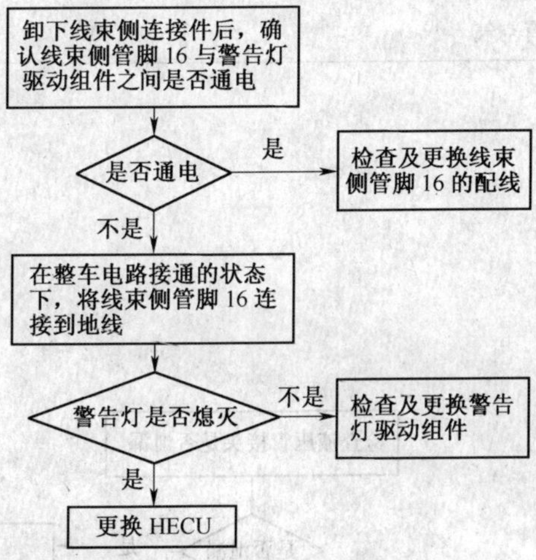

卸下线束侧连接件后，确认线束侧管脚 16 与警告灯驱动组件之间是否通电

是否通电　——是——→　检查及更换线束侧管脚 16 的配线

不是

在整车电路接通的状态下，将线束侧管脚 16 连接到地线

警告灯是否熄灭　——不是——→　检查及更换警告灯驱动组件

是

更换 HECU

表 7-15　ABS 系统工作异常

故障症状	ABS 工作异常	
可能原因	传感器损坏 传感器安装不当 传感器线束有问题 传感器黏附异物	齿圈损坏 车轮轴承损坏 ABS 的 HECU 损坏 ABS 的 ECU 损坏
排除流程		

传感器安装是否正确

不是

用正确的方法重新安装传感器

问题是否仍然存在　——不是——→　完成检查

是

更换传感器

问题是否仍然存在　——不是——→　完成检查

是

检查 ABS ECU 插座及连接件是否正常　——不是——→　更换 HECU 或连接件

是

更换线束、连接件或 HECU

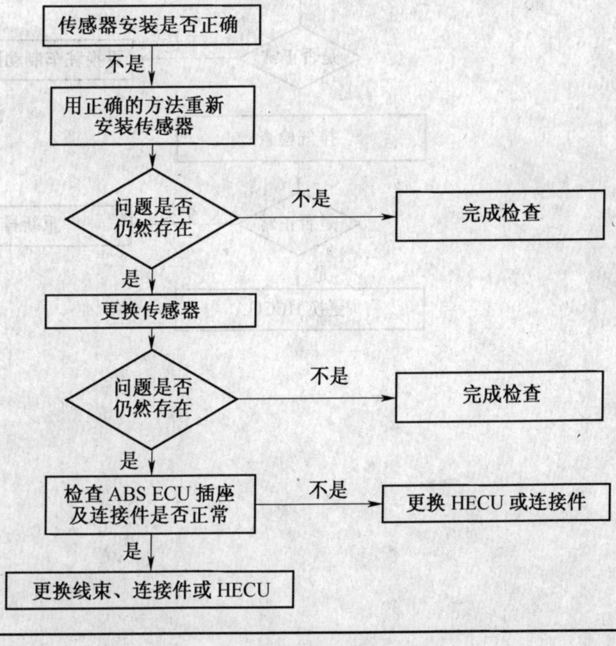

表 7-16　制动踏板行程过长

故障症状	制动踏板行程过长
可能原因	驻车制动调整不当 制动液泄漏 制动器摩擦片严重磨损 常闭阀泄漏 系统中有空气
排除流程	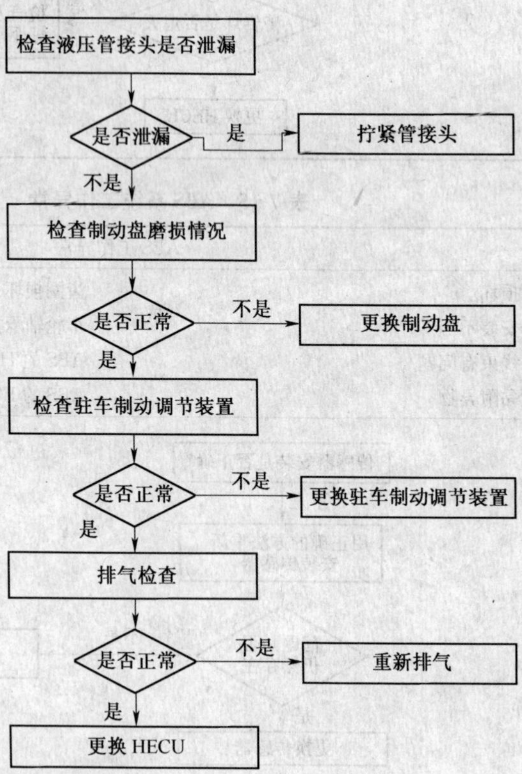

检查液压管接头是否泄漏

是否泄漏 ── 是 → 拧紧管接头

不是

检查制动盘磨损情况

是否正常 ── 不是 → 更换制动盘

是

检查驻车制动调节装置

是否正常 ── 不是 → 更换驻车制动调节装置

是

排气检查

是否正常 ── 不是 → 重新排气

是

更换 HECU

表 7-17　无故障码输出（无法与故障诊断仪器通信）

故障症状	无诊断码输出（无法与故障诊断仪器通信）
可能原因	诊断仪器有问题 熔丝烧毁 诊断线断裂或接头松脱 ABS 的 ECU 损坏
排除流程	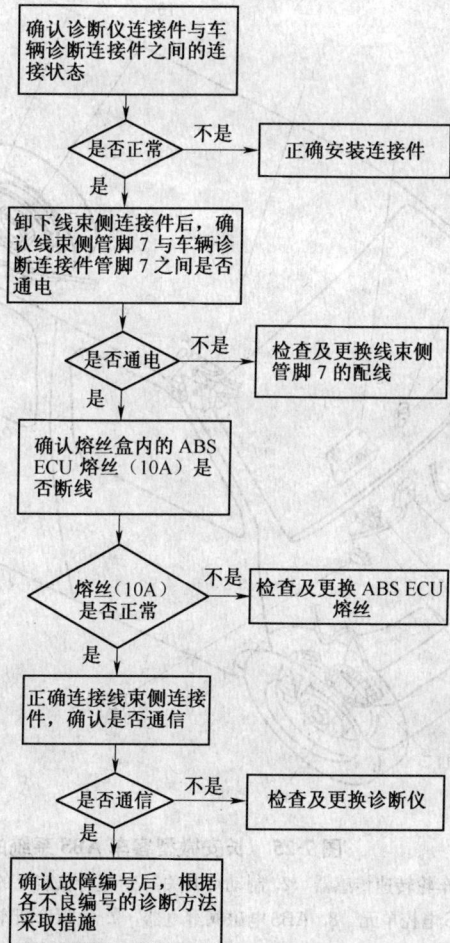

确认诊断仪连接件与车辆诊断连接件之间的连接状态

是否正常 —— 不是 —— 正确安装连接件

是

卸下线束侧连接件后，确认线束侧管脚 7 与车辆诊断连接件管脚 7 之间是否通电

是否通电 —— 不是 —— 检查及更换线束侧管脚 7 的配线

是

确认熔丝盒内的 ABS ECU 熔丝（10A）是否断线

熔丝（10A）是否正常 —— 不是 —— 检查及更换 ABS ECU 熔丝

是

正确连接线束侧连接件，确认是否通信

是否通信 —— 不是 —— 检查及更换诊断仪

是

确认故障编号后，根据各不良编号的诊断方法采取措施

第三节　长安微型客车 ABS 防抱死制动系统

一、ABS 系统结构简介

1. 结构图

如图 7-25 所示,长安微型客车 ABS 系统主要由电子液压控制单元(ECU)、轮速传感器、液压电机等组成。ECU 通过 4 个车轮轮速传感器传来的信号,计算每个车轮的速度及加减速度,判断车轮滑动状态由此驱动电磁阀及电机,控制液压制动管路增压、减压和维持状态等。

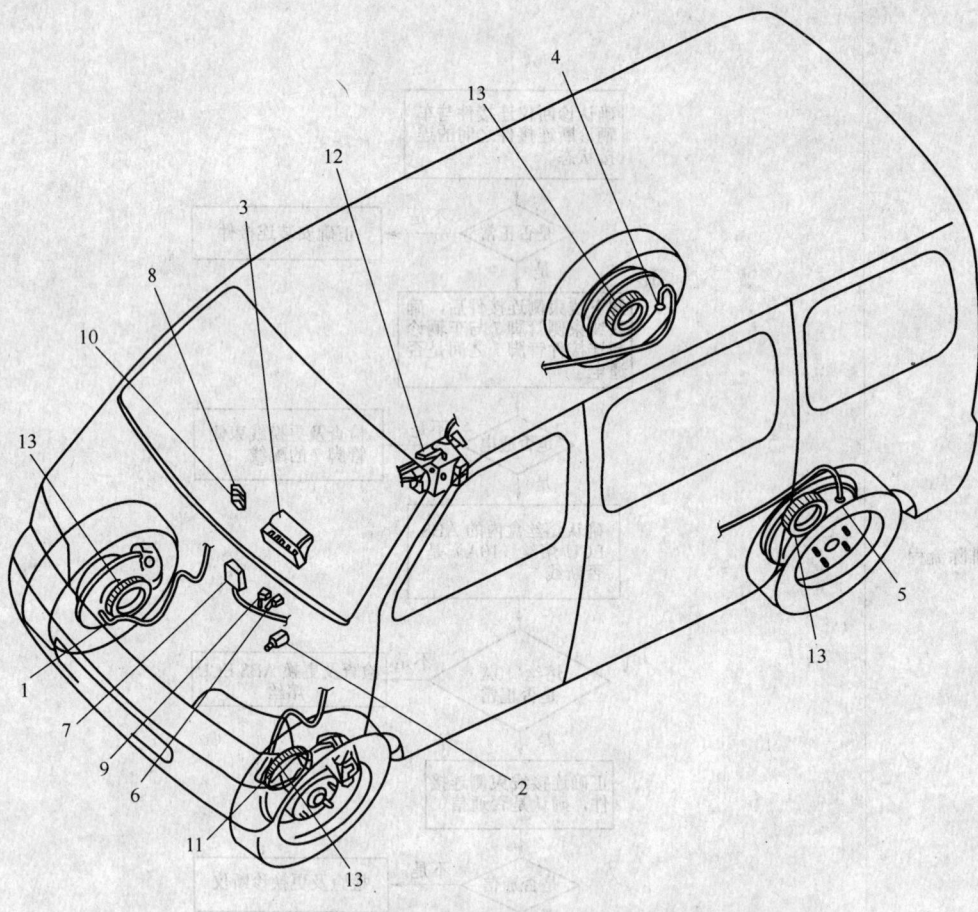

图 7-25　长安微型客车 ABS 系统的组成

1、4、5、11. 车轮转速传感器　2. 制动灯开关　3. 组合仪表上的 ABS 警告灯　6. ABS 二极管
7. ABS 电控单元　8. ABS 电磁阀继电器　9. 故障诊断座　10. ABS 泵电机继电器
12. ABS 液压单元　13. 车轮转速传感器转子(齿圈)

2. ABS 系统主要零部件功能

(1)车轮转速传感器:感知每个车轮的转速并将信号送达 ABS 电控单元。

(2)ABS 电控单元:根据每个车轮转速传感器信号,将操作信号送到 ABS 电控单元,并对每个车轮制动分泵进行液压控制,从而防止车轮抱死。

（3）ABS 液压单元：根据 ABS 电控单元的指令进行操作，并控制每一车轮分泵的液压。

（4）电磁阀继电器：在 ABS 电控单元中，电磁阀继电器向电磁阀提供动力。

（5）泵电机继电器：在 ABS 电控单元中，泵电机继电器向泵电机提供动力。

（6）ABS 警告灯：当系统运行错误时，ABS 警告灯闪亮。

二、ABS 系统故障诊断

（一）基本检查

1. ABS 系统故障诊断流程（见表 7-18）

表 7-18　ABS 系统故障诊断流程表

步骤	检 查 方 法	有	无
1	根据客户反映的情况进行故障分析、故障信号确认和故障诊断代码检查记录及清除。是否有故障代码	转第 2 步	转第 5 步
2	进行道路试验 判别有无故障信号	转第 3 步	转第 6 步
3	检查故障诊断代码 有无故障代码	转第 4 步	转第 5 步
4	根据故障诊断代码表来进行检查和维修，然后在清除故障诊断代码后进行最后的确认试验 有无故障产生	转第 7 步	结束
5	根据"故障诊断"来进行检查和维修，然后在清除故障诊断代码后进行最后的确认试验 有无故障产生	转第 7 步	结束
6	根据"间歇中断及接触不良"和第 3 步中记录的故障代码相关电路来检查间歇中断，然后在清除故障诊断代码后进行最后的确认试验 有无故障产生	转第 7 步	结束
7	进行故障诊断代码检查和清除 有无故障代码	转第 4 步	转第 5 步

2. ABS 警告灯检查

ABS 警告灯控制电路见图 7-26。

图 7-26 中，ABS 报警灯的动作（开/关）由 ABS 电控单元和 ABS 电磁阀继电器控制。当点火开关接通时，ABS 电控单元将 ABS 电磁阀继电器触点从灯电路侧（继电器关闭）转换到电控单元电路侧（继电器接通）。如果防抱死制动系统状态良好，在点火开关接通时，ABS 电控单元将 ABS 报警灯点亮，保持仅 2s（在 2s 内进行初始检查）后又熄灭。如果发现系统异常，则 ABS 电控单元和 ABS 电磁阀继电器将灯点亮。当 ABS 电控单元接头断开时，可通过 ABS 电磁阀继电器将灯点亮。

（1）点火开关打开时，ABS 警告灯不亮的故障诊断流程（见表 7-19）。

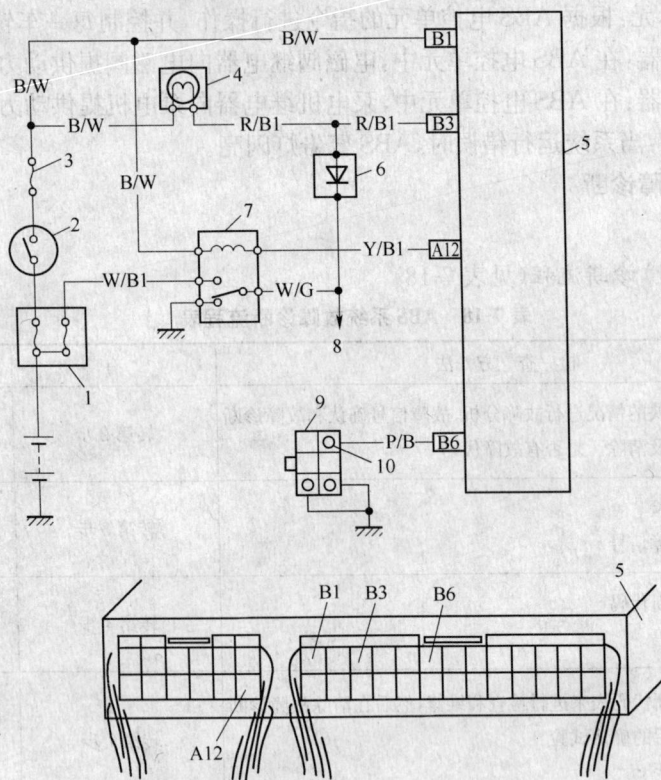

图 7-26　ABS 系统警告灯控制电路

1. 熔丝　2. 点火开关　3. 点火电路熔丝　4. 组合仪表上的 ABS 警告灯　5. ABS 电控单元　6. ABS 二极管
7. ABS 电磁阀继电器　8. 至电磁阀(ABS 电控单元)　9. 诊断座　10. 故障诊断触发连接器

表 7-19　点火开关打开时,ABS 警告灯不亮的故障诊断流程

步骤	检 查 方 法	是	否
1	检查 ABS 二极管接头和 ABS 电控单元线束插接头是否连接正确	转第 2 步	完全连接好
2	(1)将点火开关接通 (2)其他报警灯是否良好	转第 3 步	转第 4 步
3	(1)拆卸组合仪表 (2)ABS 报警灯是否良好	R/Bl 电路断开或端子 R/Bl 上组合仪表接触不良	更换灯泡
4	点火开关熔丝是否良好	组合仪表"B/W"线断开或接触不良	维修并更换

(2)点火开关打开时,ABS 警告灯常亮的故障诊断流程(见表 7-20)。

表 7-20　点火开关打开时,ABS 警告灯常亮的故障诊断流程

步骤	检 查 方 法	是	否
1	根据故障代码检查 是否有故障诊断代码	进入 ABS 故障诊断流程表的第 2 步	转第 2 步
2	(1)关闭点火开关 (2)断开 ABS 电控单元接头,然后从组合仪表处断开 13 孔连接器接头 (3)测量 ABS 电控单元连接器端子 B3 的对搭铁电阻,电阻是否为无穷大	换上好的 ABS 电控单元并重新检查	R/Bl 线搭铁短路

（二）ABS 系统故障自诊断

1. ABS 系统电路图（见图 7-27）

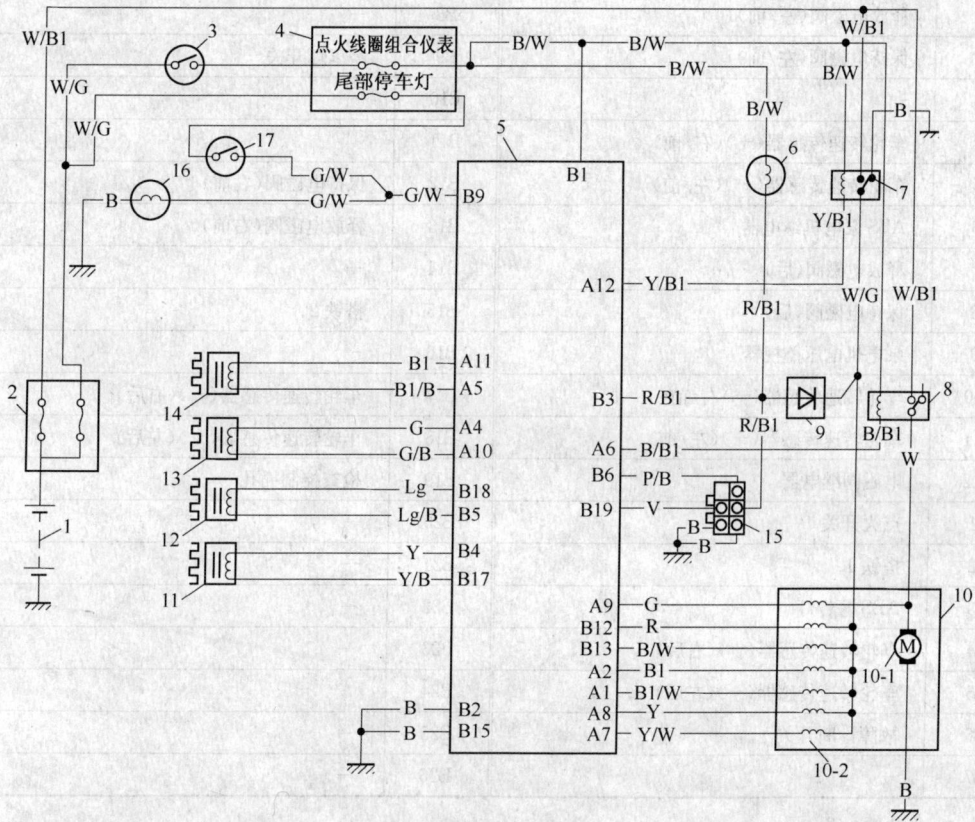

图 7-27 ABS 系统电路图

1. 蓄电池 2. 熔丝 3. 点火开关 4. 电路熔丝 5. ABS 电控单元 6. ABS 警告灯 7. ABS 电磁阀继电器 8. ABS 泵电机继电器 9. 二极管 10. ABS 液压单元 10-1. 泵电机 10-2. 电磁阀 11. 右后轮转速传感器 12. 左后轮转速传感器 13. 右前轮转速传感器 14. 左前轮转速传感器 15. 诊断座 16. 制动灯 17. 制动灯开关

注：电路图中导线颜色代号：B：黑色 B/Bl：黑/蓝色 B/W：黑/白色 Bl：蓝色 Bl/B：蓝/黑色 Bl/W：蓝/白色 G：绿色 G/B：绿黑色 G/W：绿白色 Lg：淡绿色 Lg/B：淡绿/黑色 P/B：淡红/黑色 R：红色 R/Bl：红/蓝色 R/W：红/白色 V：紫色 W：白色 W/Bl：白/蓝色 W/G：白/绿色 Y：黄色 Y/B：黄/黑色 Y/W：黄/白色

2. ABS 电控单元端子含义

电子液压控制单元端子排列如图 7-28 所示，端子含义如表 7-21 所示。

A1	A2	A3	A4	A5	A6		B1	B2	B3	B4	B5	B6	B7	B8	B9	B10	B11	B12	B13
A7	A8	A9	A10	A11	A12		B14	B15	B16	B17	B18	B19	B20	B21	B22	B23	B24	B25	B26

图 7-28 电子液压控制单元端子排列

表 7-21　电子液压控制单元端子含义

端子	含　义	端子	含　义
A1	释放电磁阀(左/前)	B8	—
A2	保持电磁阀(左/前)	B9	停车灯开关
A3	—	B10	—
A4	车轮转速传感器(＋)(右/前)	B11	—
A5	车轮转速传感器(－)(左/前)	B12	保持电磁阀(右前)
A6	ABS 泵电机继电器	B13	释放电磁阀(右前)
A7	释放电磁阀(后)	B14	—
A8	保持电磁阀(后)	B15	搭铁 2
A9	泵电机电压监视器	B16	—
A10	车轮转速传感器(－)右/前	B17	车轮转速传感器(－)(右后)
A11	车轮转速传感器(＋)(左/前)	B18	车轮转速传感器(＋)(左后)
A12	电磁阀继电器	B19	检查控制插孔
B1	点火开关	B20	—
B2	搭铁 1	B21	—
B3	ABS 警告灯	B22	—
B4	车轮转速传感器(＋)(右后)	B23	—
B5	车轮转速传感器(－)(左后)	B24	—
B6	故障诊断开关	B25	—
B7	—	B26	—

3. ABS 电控单元端子标准电压(见表 7-22)

表 7-22　ABS 电控单元端子标准电压

端子	电线颜色	电路	标准电压(V)	条件
A1	Bl/W	电磁阀释放(左-前轮)	10~14	电控单元不工作
A2	Bl	电磁阀吸持(左-前轮)	10~14	电控单元不工作
A4	G	车轮转速传感器＋(右-前轮)	1V 以下	当汽车停下
A5	Bl//B	车轮转速传感器－(左-前轮)	1V 以下	—
A6	B/Bl	ABS 泵电机继电器	10~14	电控单元不工作时
A7	Y/W	电磁阀释放(后轮)	10~14	电控单元不工作
A8	Y	电磁阀吸持(后轮)	10~14	电控单元不工作
A9	G	泵电机电压监测器	1V 以下	电控单元不工作
A10	G/B	轮速传感器－(右-前轮)	1V 以下	—
A11	Bl	轮速传感器＋(左-前轮)	1V 以下	当汽车停下
A12	Y/Bl	电磁阀继电器	2V 以下	当电控单元不工作
B1	B/W	点火开关	10~14	—
B2	B	搭铁 1	1V 以下	—

续表 7-22

端子	电线颜色	电路	标准电压(V)	条件
B3	R/B1	ABS 报警灯	2V 以下	ABS 报警灯接通
			10～14	ABS 报警灯断开
B4	Y	轮速传感器＋(右-后轮)	1V 以下	当汽车车停下
B5	Lg/B	轮速传感器－(左-后轮)	1V 以下	—
B6	P/B	故障诊断开关	9～14	当诊断开关断开
B9	G/W	停车灯开关	10～14	压下制动踏板
			1V 以下	释放制动踏板
B12	R	电磁吸持阀(右-前轮)	10～14	当电控单元不工作
B13	R/W	电磁阀释放(右-前轮)	10～14	当电控单元不工作
B15	B	搭铁 2	1V 以下	—
B17	Y/B	轮速传感器－(右-后轮)	1V 以下	—
B18	Lg	轮速传感器＋(左-后轮)	1V 以下	当汽车停下
B19	V	控制器检查端子	9～14	控制装置断开

注意事项：

(1)千万不要将电压表或电阻表连接到拆下接头的 ABS 电控单元上。否则,会导致 ABS 电控单元损坏。

(2)由于每个端子电压均会受蓄电池电压的影响,在点火开关接通的情况下,应确保蓄电池电压为 11V 或者 11V 以上。

4. ABS 系统故障码的读取

(1)先进行路试,让车辆以 40km/h 的速度行驶 1min 以上。

(2)使车辆停止,打开点火开关,如图 7-29 所示,将诊断座连接器端子 3、4 短接,并将 ABS 二极管拆下。

(3)此时,仪表板上的 ABS 警告灯开始闪亮。若系统无故障,则 ABS 警告灯均匀闪亮;若系统有故障,则输出由两位数字组成的故障码。

(4)ABS 警告灯闪烁的规律是:故障码的十位数,ABS 警告灯每隔 0.3s 闪一次;十位数闪完后,间隔 1s 转换成每隔 0.3s 闪一次故障码个位数。故障码与故障码之间停止闪烁 3s。例如故障码 21 (DTC21)的闪烁情况见图 7-30。

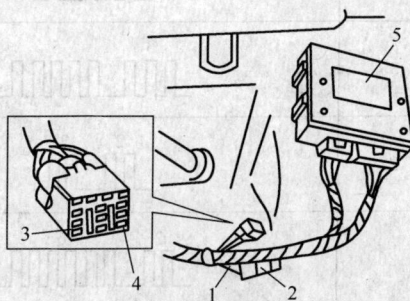

图 7-29　ABS 诊断座位置图
1. 诊断座　2. ABS 二极管　3. 搭铁端子
4. 故障诊断触发连接器　5. ABS 电控单元

5. ABS 系统故障码的清除

维修和更换故障部件后应清除故障码,方法如下:

(1)关闭点火开关。

(2)将故障诊断触发连接器与搭铁端子相连。

(3)打开点火开关,在 10s 内将搭铁端子连接线接通/断开 5 次以上,且接通时间在 0.1s 以下。

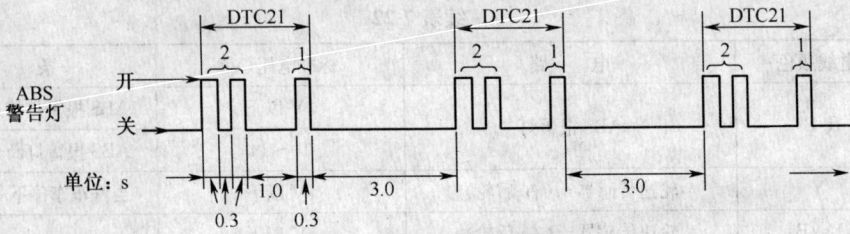

图 7-30　故障码 21 的闪烁情况

（4）关闭点火开关，并拆下连接线。

（5）再读取故障码，看 ABS 是否仍有故障码。若有，则排除故障后再清除故障码。

6. ABS 故障码表（见表 7-23）

表 7-23　ABS 故障码表

故障码	ABS警告灯闪烁方式	诊断项目	
12		正常	
16		制动灯开关电路	
21		右前 (RF)	
25		左前 (LF)	
31		右后 (RR)	
35		左后 (LR)	
22		右前 (RF)	车轮转速传感器电路或传感器齿圈
26		左前 (LF)	
32		右后 (RR)	
36		左后 (LR)	
41		右前 (RF)	ABS电磁阀电路
42			

续表 7-23

故障码	ABS 警告灯闪烁方式		诊 断 项 目
45	4　　5	左前 (LF)	ABS 电磁阀电路
46	4　　6		
55	5　　5	后部 (R)	
56	5　　6		
57	5　　7	电源	
61	6　　1	ABS 泵电机/电机继电器电路	
63	6　　3	ABS 电磁阀电路	
71	7　　1	ABS 电控单元	

7. 故障码(DTC)诊断

(1)DTC16——制动灯开关电路故障。当点火开关 ON、ABS 电控单元监测制动灯上的电压未在规定范围时,将显示 DTC16。

制动灯开关控制电路见图 7-31,DTC16 故障诊断流程见表 7-24。

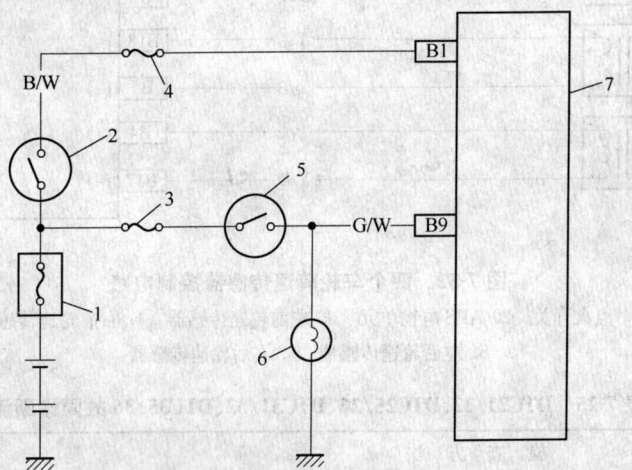

图 7-31　制动灯开关控制电路
1. 熔丝　2. 点火开关　3. 尾灯电路熔丝　4. 点火电路熔丝
5. 制动灯开关　6. 制动灯　7. ABS 系统电控单元

表 7-24 DTC16 故障诊断流程

检 查 方 法	是	否
(1)断开点火开关 (2)踩下制动踏板 (3)测量制动灯端子"B9"和搭铁端子间的电压,看其是否为 3.3~9.4V	"G/W"电路断开	更换 ABS 电控单元并重新检查

(2)DTC21/22、DTC25/26、DTC31/32、DTC35/36——四个车轮转速传感器电路或传感器齿环故障。当点火开关 ON、ABS 电控单元监控每一传感器正极端子上的电压未达到规定的范围之内时,应显示对应的 DTC。如果在起动或运转时,没有传感器信号被输入,又显示一组对应的 DTC。

注意:当汽车有下述情况中的任一种时,也有可能显示故障码:

①汽车行驶时,驻车制动器未完全松开。

②汽车行驶时,制动器卡住。

③行驶时,车轮打滑。

④汽车被顶起后,车轮被转动过。

车轮转速传感器控制电路见图 7-32,DTC21/22、DTC25/26、DTC31/32、DTC35/36 故障诊断流程见表 7-25。

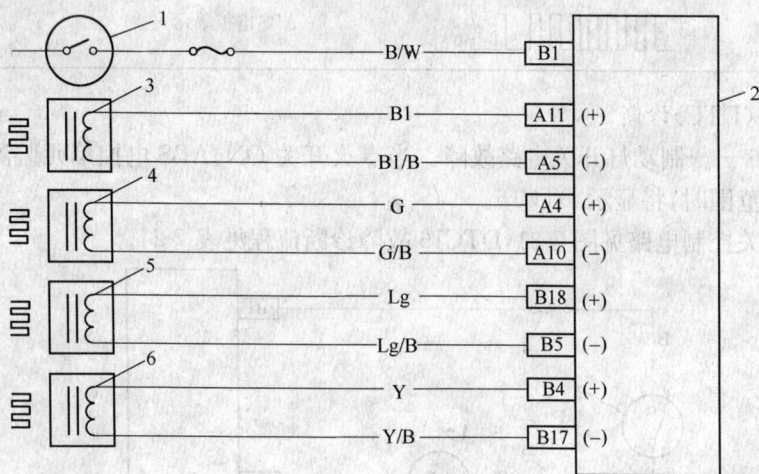

图 7-32 四个车轮转速传感器控制电路

1. 点火开关 2. ABS 电控单元 3. 左前轮速传感器 4. 右前轮速传感器
5. 左后轮速传感器 6. 右后轮速传感器

表 7-25 DTC21/22、DTC25/26、DTC31/32、DTC35/36 故障诊断流程

步骤	检 查 方 法	是	否
1	(1)在点火开关断开时,取下 ABS 车轮转速传感器 (2)测量 ABS 车轮转速传感器插接件端子间电阻是否在 1.4~1.8kΩ 范围之内	转第 2 步	更换 ABS 车轮转速传感器总成

续表 7-25

步骤	检 查 方 法	是	否
2	(1)断开点火开关 (2)断开 ABS 电控单元插接件 (3)检查每一个传感器端子是否与 ABS 电控单元正确连接 (4)如果一节良好,则闭合点火开关并测量模块插接头的传感器正极端子和搭铁端子间的电压是否为 0V	转第 3 步	ABS 车轮转速传感器正极电路与电源短路
3	(1)断开点火开关 (2)连接 ABS 车轮传感器插接件 (3)测量 ABS 车轮转速传感器正极端子和模块负极插接头之间、正极端子和搭铁之间的电阻。检查所测得的电阻值是否达到上面第 1 步所规定的范围	转第 4 步	电路搭铁开路式短路
4	(1)拆卸 ABS 车轮速度传感器 (2)检查传感器损坏情况或是否有异物。看其是否处于良好工作状态	转第 5 步	清洁、修理或更换
5	目测 ABS 车轮转速传感器安装孔(前轮)或拆下后鼓(后轮)并检查以下内容: (1)转子齿是否缺或损坏 (2)是否有异物附着 (3)转子是否偏心 (4)车轮轴承是否间隙过大 以上零件是否良好	转第 6 步	清洁、修理或更换
6	(1)将 ABS 车轮转速传感器装到转向节处 (2)按规定力矩拧紧传感器螺栓并检查传感器和转向节之间是否有间隙,是否良好	转第 7 步	更换 ABS 车轮转速传感器
7	检查前轮转速传感器输出电压或波形是否正常	更换 ABS 电控单元并重新检查	更换传感器并重新检查

(3)DTC41、42、45、46、55、56——保持和释放电磁阀电路故障。当保持和释放电磁阀输出端子上的电压太低或太高时,ABS 电控单元发出"电磁阀关闭"信号,DTC 会显示。

保持和释放电磁阀控制电路见图 7-33,图中电磁阀与端子编号等的对应关系见表 7-26,DTC41、42、45、46、55、56 故障诊断流程见表 7-27。

表 7-26 电磁阀与端子编号等的对应关系

电 磁 阀	端子编号	导线颜色
右前轮电磁阀吸持电路	B12	R
左前轮电磁阀吸持电路	A2	B1
后轮电磁阀吸持电路	A8	Y
右前轮电磁阀释放电路	B13	R/W
左前轮电磁阀释放电路	A1	B1/W
后轮电磁阀释放电路	A7	Y/W

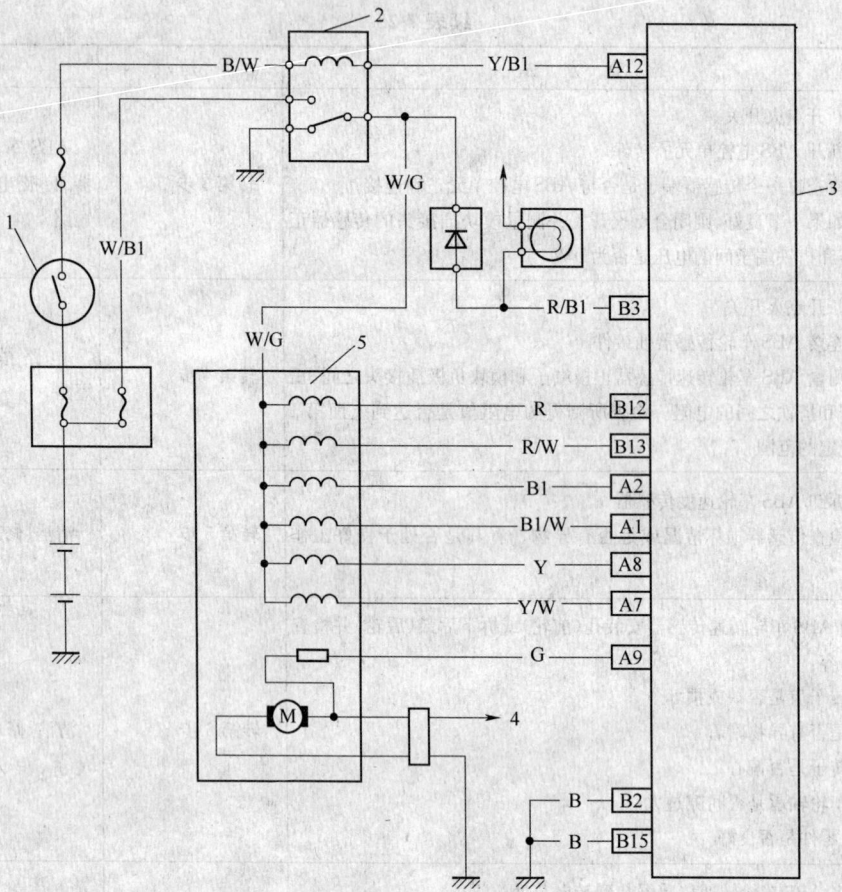

图7-33　保持和释放电磁阀控制电路

1. 点火开关　2. ABS电磁阀继电器　3. ABS电控单元
4. 至ABS泵电机继电器电路　5. 电控单元电磁阀

表7-27　DTC41、42、45、46、55、56故障诊断流程

步骤	检 查 方 法	是	否
1	(1)将点火开关断开,从ABS电控单元上取下插接件 (2)检查ABS电控单元电磁阀端子连接是否正确 (3)如果正确,则检查电磁阀电阻和对搭铁是否短路,状态是否良好	转第2步	更换ABS电控单元
2	(1)断开点火开关 (2)测量线束侧电磁阀插接件端子"W/G"和搭铁之间的电阻	进入3步	"W/G"电路开路
3	(1)拆下ABS电控单元接头 (2)检查ABS电控单元的接线端"A1"、"A2"、"A7"、"A8"、"B12"、"B13"是否与电磁阀电路正确连接好 (3)如果连接好了,则测量模块端子A1、A2、A7、A8、B12或B13对搭铁电压(点火开关闭合时),看是否为0V	转第4步	"R"、"R/W"、"Bl"、"Bl/W"、"Y"或"Y/W"电路与电源短路

续表 7-27

步骤	检 查 方 法	是	否
4	(1)断开点火开关 (2)将插接件接到ABS电控单元上 (3)测量模块端子A1、A2、A7、A8、B12或B13对搭铁的电阻。看是否导通	更换ABS电控单元并重新检查	"R"、"R/W"、"Bl"、"Bl/W"、"Y"或"Y/W"电路开路，接触不良或搭铁短路

(4)DTC57——电源电路故障。当ABS电控单元监控端子"B1"处的电源电压变得过低时，该DTC将显示。一旦该电压升高或降低到规定值，该DTC将被清除。

ABS电源的控制电路见图7-34，DTC57故障诊断流程见表7-28。

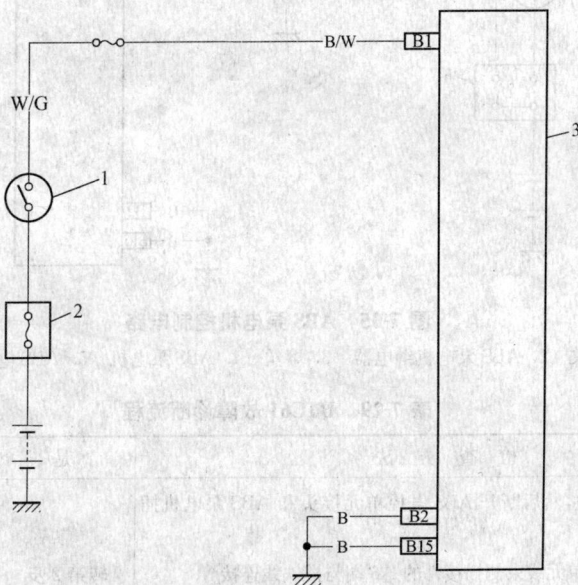

图 7-34　ABS 电源电路的控制电路
1. 点火开关　2. 熔丝　3. ABS系统电控单元

表 7-28　DTC57 故障诊断流程

步骤	检 查 方 法	是	否
1	(1)在蓄电池正极和搭铁之间连接一个电压表 (2)起动发动机并测量发动机高速空转时最大电压，是否在14V以上	检查充电系统	转第2步
2	使发动机高速运转，测量ABS电控单元端子B1和搭铁(所有插接件连好)间的电压是不是一直在9V以下	(1)检查充电系统 (2)B/W电线电阻增大 (3)B/W和搭铁线之间绝缘不良	(1)ABS电控单元端子B1、B2或B15接触不良 (2)"B"线的电阻增大 如果上述各项状态良好，则更换ABS电控单元并重新检查

(5)DTC61——ABS泵电机电路故障。当ABS电控单元发出的电机工作信号到达ABS泵电机时，如果端子"A9"上的电压太低或太高，DTC都会显示；在ABS电控单元刚向ABS

泵电机发出"停机"信号,而该泵电机的惯性转矩所产生的电动势(电压)未能输入"A9"端子时,DTC同样会显示。

ABS泵电机控制电路见图7-35所示,DTC61故障诊断流程见表7-29。

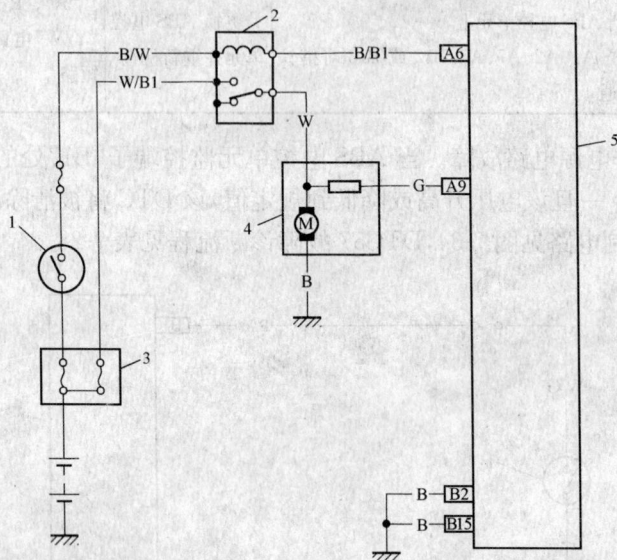

图 7-35　ABS 泵电机控制电路

1. 点火开关　2. ABS 泵电机继电器　3. 熔丝　4. ABS 泵电机　5. ABS 电控单元

表 7-29　DTC61 故障诊断流程

步骤	检 查 方 法	是	否
1	(1)关闭点火开关,然后断开 ABS 电控单元接头和 ABS 泵电机插接件 (2)把 ABS 电控单元线束侧插接件的 A6 端与搭铁线连接 (3)关闭点火开关,测量 ABS 电机动性线束侧"A9"端对搭铁电压是否为 10～14V	转第 2 步	转第 4 步
2	检查泵电机继电器状态是否良好	转第 3 步	更换 ABS 泵电机继电器
3	(1)断开点火开关并让"A6"端子与地脱离 (2)安装 ABS 泵电机继电器 (3)拆卸 ABS 电控单元接头并闭合点火开关。ABS 泵电机运转是否正常	"W"电路与电源电路短路	检查 ABS 泵电机搭铁是否良好,如果正确,则更换 ABS 电控单元并重新检查
4	(1)断开点火开关 (2)检查 ABS 泵电机继电器是否正确连接好 (3)如果连接良好,则检查泵电机继电器,继电器工作状态是否良好	转第 5 步	更换 ABS 泵电机继电器
5	(1)检查连接到 ABS 泵电机上的接头是否接好 (2)如果接好,则检查 ABS 泵电机,电机状态是否良好	转第 6 步	更换 ABS 泵电机
6	(1)断开 ABS 电控单元接头、ABS 泵继电器和 ABS 泵电机 (2)检查 A6、A9 端子是否连接恰当 (3)如连好,则检查"B/B1""W"和"G"电路是否开路以及对搭铁短路	转第 7 步	"B/B1""W"或"G"电路开路或对搭铁短路

续表 7-29

步骤	检查方法	是	否
7	(1)检查"G"和"W/B1"电路是否开路	转第8步	"G"或"W/B1"电路开路
8	(1)连接ABS泵电机插接件 (2)测量模块接头端子A9对搭铁电阻。检查其是否导通	更换ABS电控单元并重新检查	电机"B"电路开路

（6）DTC63——ABS电磁阀继电器电路故障。ABS电控单元发出"电磁阀继电器闭合"信号,但如果无电流流到电磁阀,DTC会显示;反之,有电流流到电磁阀,但模块发出"继电器断开"信号,DTC也会显示。

ABS电磁阀继电器控制电路见图7-36,DTC63故障诊断流程见表7-30。

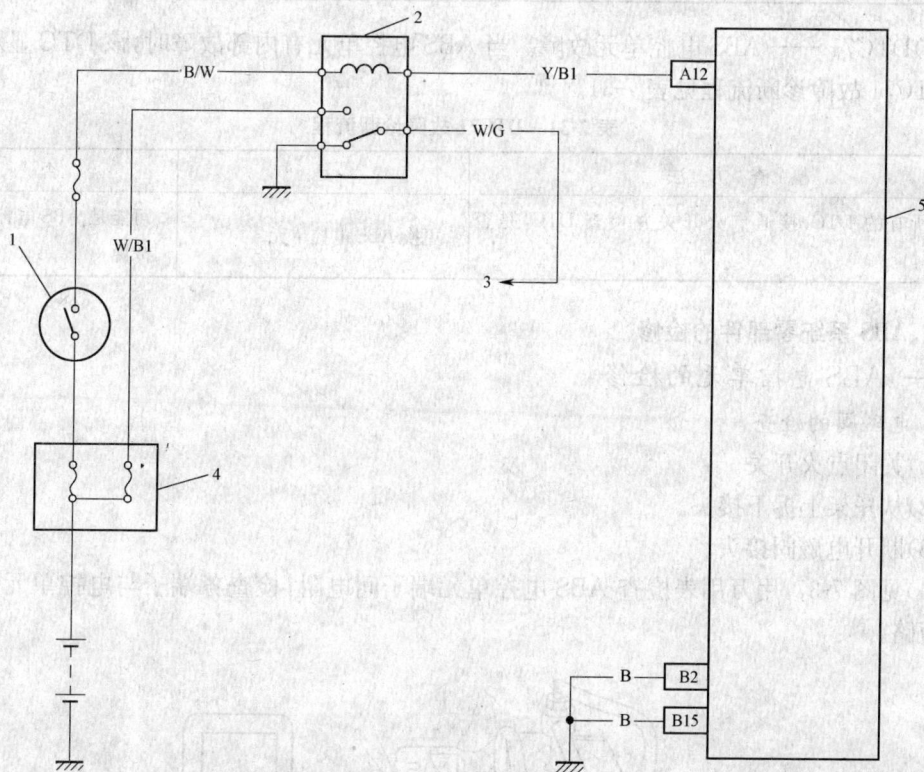

图 7-36　ABS电磁阀继电器控制电路
1. 点火开关　2. ABS电磁阀继电器　3. 至电磁阀(ABS电控单元)　4. 熔丝　5. ABS电控单元

表 7-30　DTC63故障诊断流程

步骤	检查方法	是	否
1	(1)断开点火开关 (2)拆卸ABS电磁阀继电器 (3)检查电磁阀继电器接头连接是否完好 (4)如果连好,则检查ABS电磁阀继电器继电器状态是否良好	转第2步	更换ABS电磁阀继电器

续表 7-30

步骤	检 查 方 法	是	否
2	测量"Y/B1"电路的电阻 检查其是否导通	转第 3 步	"Y/B1"电路开路
3	(1)安装电磁阀继电器 (2)拆卸 ABS 电控单元接头 (3)检查 ABS 电控单元端子 A1,A2,A7,A8,A9,A12,B12 和 B13 连接是否完好 (4)如完好,在点火开关闭合情况下,测量模块端子"A12"的 对搭铁电压是否为 10~14V	更换 ABS 电控单元 并作重新检查	"B/B1"电路开路或对搭 铁短路

(7)DTC71 —— ABS 电控单元故障。当 ABS 电控单元有内部故障时,该 DTC 显示。DTC71 故障诊断流程见表 7-31。

表 7-31 DTC71 故障诊断流程

检 查 方 法	是	否
清除所有的 DTC,接通点火开关并检查 DTC,是否 是 DTC71	更换 ABS 电控单元	可能是 ABS 电控单元暂 时故障

三、ABS 系统零部件的检修

(一)ABS 电控单元的检修

1. 电磁阀的检查

(1)关闭点火开关。

(2)从托架上拆下接头。

(3)断开电磁阀接头。

(4)见图 7-37,用万用表检查 ABS 电控单元端子间电阻,检查各端子与电控单元壳之间是否短路。

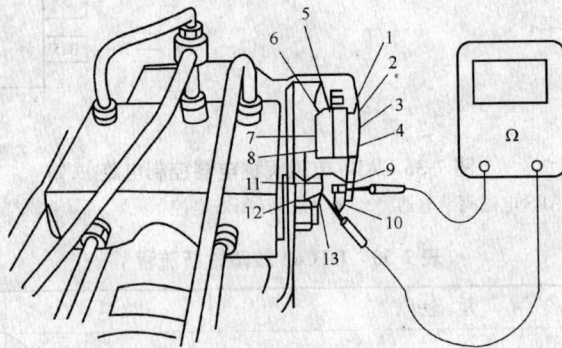

图 7-37 检查 ABS 电控单元电磁阀

1~13. 电控单元的端子

各端子之间标准电阻值如下:

①端子 1 与 12、端子 3 与 12、端子 4 与 12 的电阻为 6.0～14.5Ω；

②端子 5 与 12、端子 7 与 12、端子 8 与 12 的电阻为 3.2～7.2Ω；

③端子 9 与 13 的电阻为 26～40Ω；

④各端子和 ABS 电控单元壳之间电阻：∞（无穷大）。

如果检测的数据不符合标准值，说明电磁阀损坏，应更换 ABS 电控单元。

2. 泵电机的检查

(1)关闭点火开关。

(2)拆下电机接头。

(3)见图 7-38，用万用表测量 ABS 泵电机的电阻。其标准值如下：

①电机端子之间电阻：小于 1Ω。

②端子和电机壳体之间的电阻：1MΩ 以上。

(4)将蓄电池正极连接到电机接头端子"9"上，蓄电池负极端子连到"10"上，如图 7-39 所示。然后检查能否听到电机工作声。如果没有电机工作的声音，说明 ABS 泵电机有故障，应更换 ABS 电控单元。

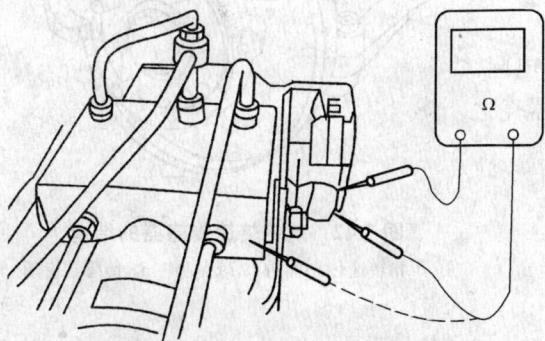

图 7-38　测量 ABS 泵电机的电阻　　　　　图 7-39　ABS 泵电机通电试验

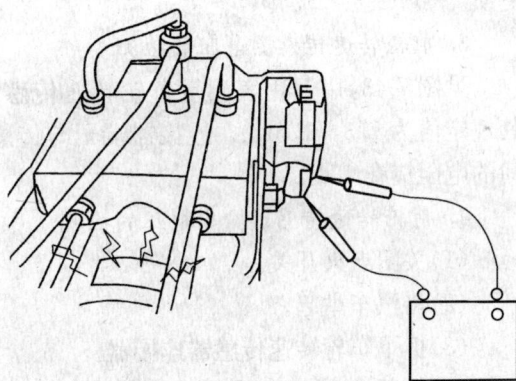

(二)ABS 电磁阀继电器/ABS 泵电机继电器的检修

(1)从电池上断开负极电线。

(2)从支架上拆下电磁阀继电器或泵电机继电器，见图 7-40。

(3)见图 7-41，用万用表检查两接线柱之间电阻。其中，端子 1 和 3 电阻：70～90Ω；端子 2 和 5：导通；端子 4 和 5：断路。

(4)见图 7-41，将蓄电池连到端子 1 和 3 上，然后检查相关端子的电阻是否一致。其中，端子 2 和 5 间：断路；端子 4 和 5 间：导通。

(5)如果检测的结果不符合上述规定，则更换继电器。

(三)前轮转速传感器的检修

1. 前轮转速传感器的结构

见图 7-42，前轮转速传感器由车轮转速传感器和传感器齿圈组成。

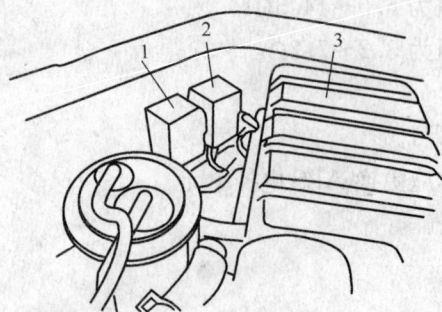

图 7-40　拆下电磁阀继电器或泵电机继电器

1. ABS 泵电机继电器　2. ABS 电磁阀继电器
3. 空气滤清器

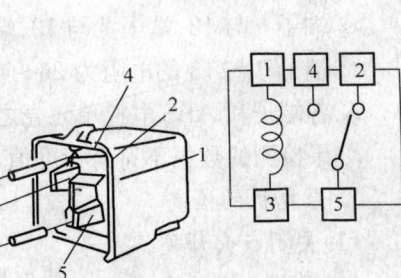

图 7-41　继电器电阻的测量

1～5. 端子

2. 前轮转速传感器外观的检查

(1)检查车轮转速传感器头部是否粘有异物。若有,则清除。

(2)检查车轮转速传感器是否损坏。若损坏,则更换。

3. 前轮转速传感器电阻的检测

见图 7-43,用万用表测量车轮转速传感器电阻。其规定值为 1.3～1.5kΩ。连接器端子与传感器壳之间的电阻应在 1MΩ 以上。

4. 前轮转速传感器输出电压的检测

(1)关闭点火开关。

(2)将汽车举起。

(3)拆下车轮转速传感器连接器。

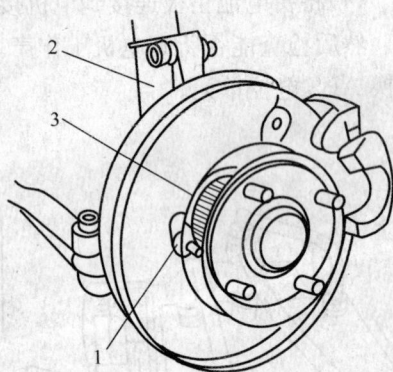

图 7-42　前轮转速传感器的结构

1. 车轮转速传感器　2. 减振器　3. 传感器齿圈

(4)见图 7-44,用万用表测量连接器端子电压。在车轮转动时,输出的交流电压应在 100mV 以上。若测得的电压与规定值不符,则检查车轮转速传感器。

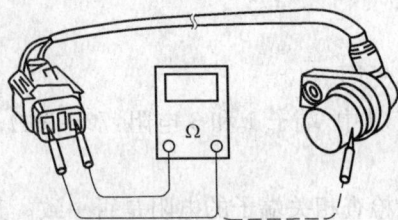

图 7-43　测量车轮转速传感器电阻

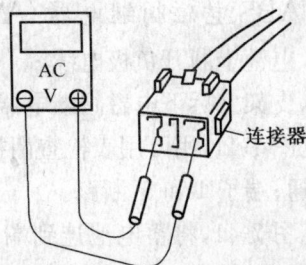

图 7-44　车轮转速传感器电压检查

5. 前轮转速传感器传感器齿圈的检查

(1)检查传感器齿圈是否缺齿或有其他损伤。如有,则维修或更换。

(2)检查传感器齿圈是否附有异物。如有,则维修或更换。

(四)后轮转速传感器的检修

1. 后轮转速传感器的结构

见图7-45,后轮转速传感器由车轮转速传感器和传感器齿圈组成。

2. 后轮转速传感器的外观检查

(1)检查车轮转速传感器头部是否粘有异物。若有,则清除。

(2)检查车轮转速传感器是否损坏。若损坏,则更换。

3. 后轮转速传感器电阻的检查

参照图7-43所示,用万用表测量车轮转速传感器电阻,规定值为 $1.4 \sim 1.8 k\Omega$。

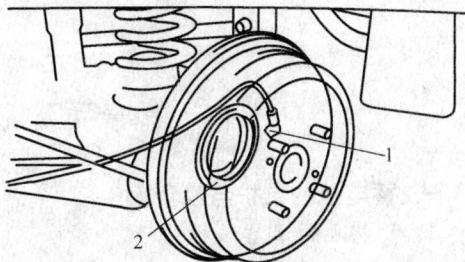

图7-45　后轮转速传感器的组成
1. 后轮转速传感器　2. 传感器齿圈

4. 后轮转速传感器输出电压的检查

(1)关闭点火开关。

(2)将汽车举起。

(3)拆下车轮转速传感器连接器。

(4)参照图7-44所示,用万用表测量连接器端子电压。在车轮转动时,输出的交流电压应在100mV以上。若测得的电压与规定值不符,则检查车轮转速传感器。

5. 后轮转速传感器齿圈的检查

(1)检查传感器齿圈是否缺齿或有其他损伤。如有,则维修或更换。

(2)检查传感器齿圈是否附有异物。如有,则维修或更换。

第八章　电气设备的维修

第一节　充电系统的维修

一、蓄电池的维护与检查

1. 蓄电池的清洁维护

(1)日常应保持蓄电池内外的清洁。蓄电池内除加注电解液和蒸馏水外,不允许落入杂物或金属导体。

(2)经常清洗蓄电池外表。除去电源接线柱的氧化物,并涂适量工业凡士林或润滑脂于电源接线柱和电源线裸露表面,以防止氧化。

(3)清洁蓄电池加液盖的通气孔,使其保持通畅,防止蓄电池内气体膨胀而损坏其壳体,甚至爆裂。

2. 蓄电池的检查

(1)蓄电池安装的可靠性检查。蓄电池的安装压板应稳固,压紧力适度,各紧固件应无松动。

(2)蓄电池的电源线和搭铁线的连接夹头检查。电源线和搭铁线的连接夹头与蓄电池接线柱应稳固可靠,接线柱应无氧化现象;如有不良情况,应清除氧化层,重新装夹,并涂工业凡士林油。

(3)电解液液面高度的检查。电解液液面应高出蓄电池极板 10～15mm,即液面高度应在电池壳的"UPPERLEVEL"(上刻线)与"LOWER LEVEL"(下刻线)之间;若低于规定值时,应补充蒸馏水。

(4)电解液密度检查。如图 8-1 所示,用吸式密度计检查电解液相对密度。根据实际测得的电解液相对密度与标准电解液密度比较,以粗略估算蓄电池的放电程度,并判断是否应对蓄电池进行充电。

3. 蓄电池的使用须知

(1)蓄电池不允许长时间大电流充、放电和过充电。

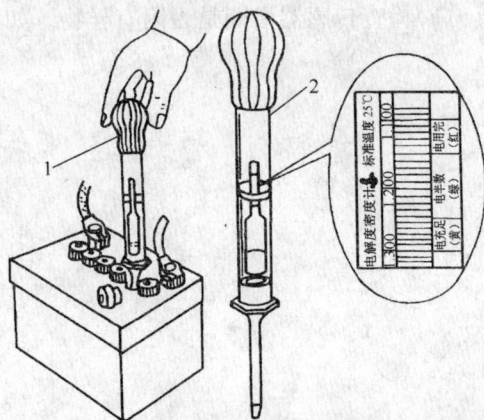

图 8-1　测量电解液的相对密度和温度

1,2. 密度计

(2)起动发动机时,接通起动机的时间不超过 5s;二次起动的时间间隔不少于 15s,连续三次起动不成功时,应检查原因并排除。

(3)蓄电池应按规定的充电电流和充电时间进行充电,以防过充电而影响蓄电池寿命。

(4)蓄电池冬季放电程度不应超过 25%,夏季不应超过 50%。否则,应进行补充充电。

(5)蓄电池长期不用时,应拆下妥善保管,以免损坏。

4. 蓄电池的充电

(1)充电前,先取下全部蓄电池通气塞,将蓄电池与其他电气系统断开。

(2)将蓄电池正极与充电器的正极相连接,蓄电池的负极与充电器的负极连接。

（3）在充电过程中,电解液的温度不能超过 40℃。如果超出此温度,可停止充电或减少充电电流。

（4）当蓄电池大量冒气泡,并且在 1h 间隔内,相邻三次读数中电压或电解液的密度不再增加,则表示蓄电池已完全充电,应结束充电。

（5）结束充电后,检查电解液液面高度,视需要添加蒸馏水。

（6）蓄电池充电结束,待继续排气 20min 后,方可旋上蓄电池通气塞。

二、交流发电机的结构及其检修

1. 交流发电机组件结构（如图 8-2 所示）

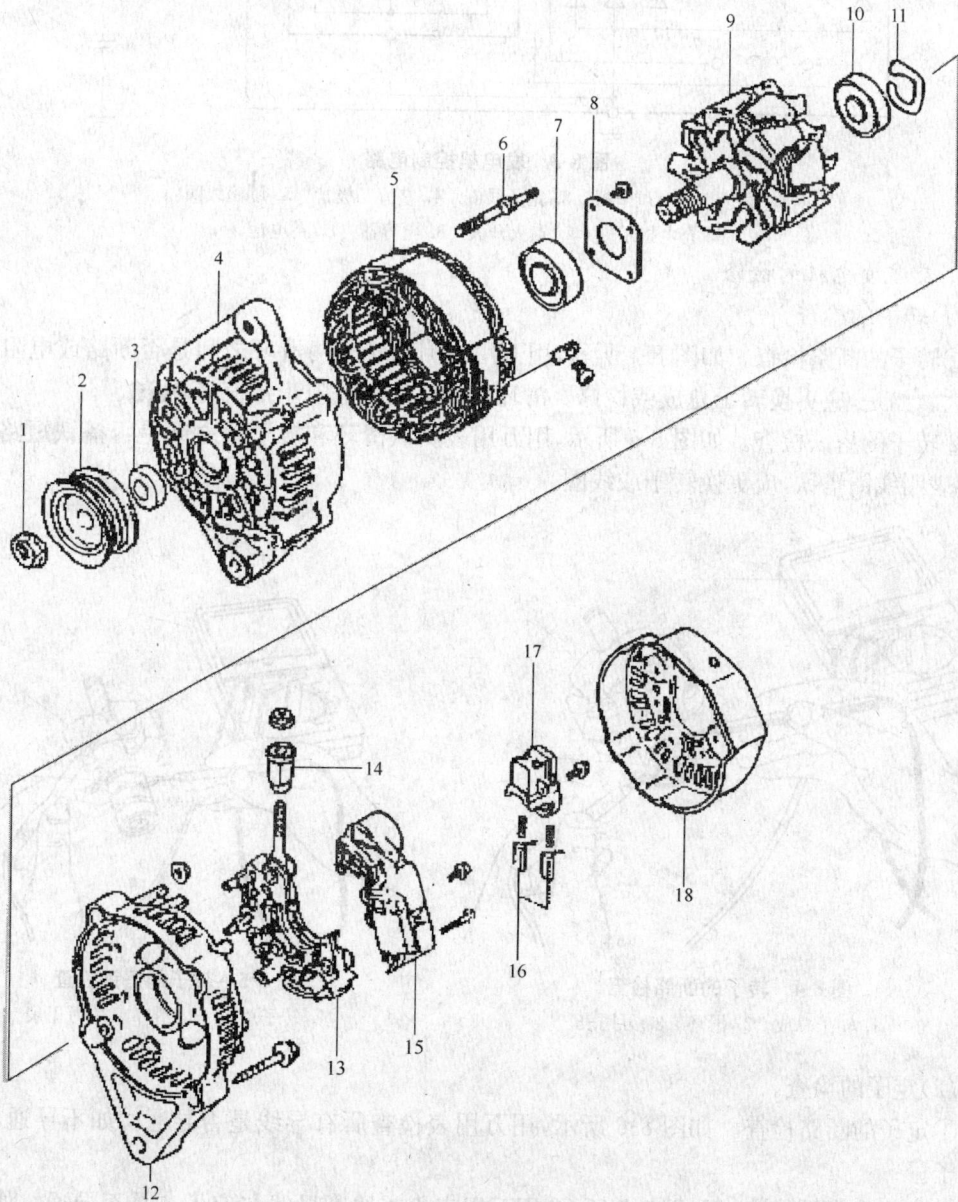

图 8-2 交流发电机结构

1. V带轮螺母 2. V带轮 3. 隔环 4. 驱动端盖 5. 定子 6. 双头螺栓 7. 驱动端轴承 8. 轴承护圈（定位架） 9. 转子 10. 端盖轴承 11. 轴承盖 12. 后端盖 13. 整流器 14. 绝缘件 15. 电压调节器 16. 电刷 17. 电刷定位架 18. 后端盖罩

2. 发电机控制电路(见图 8-3)

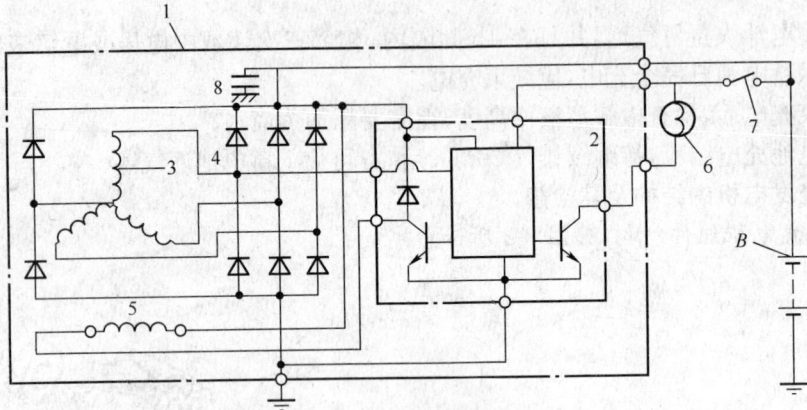

图 8-3 发电机控制电路

1. 发电机 2. 调节器 3. 定子线圈 4. 整流二极管 5. 励磁线圈
6. 充电指示灯 7. 点火开关 8. 电容器 B. 蓄电池

3. 交流发电机的检修

(1)转子的检查。

①转子的断路检查。如图 8-4 所示,用万用表测试转子两滑环之间是否断路或电阻值是否过大。如是,应更换转子总成或检修。滑环与滑环之间电阻正常值为 2.9Ω。

②转子的搭铁检查。如图 8-5 所示,用万用表测试滑环和转子轴之间是否搭铁短路。如是,则表明线圈搭铁,应更换转子或线圈。

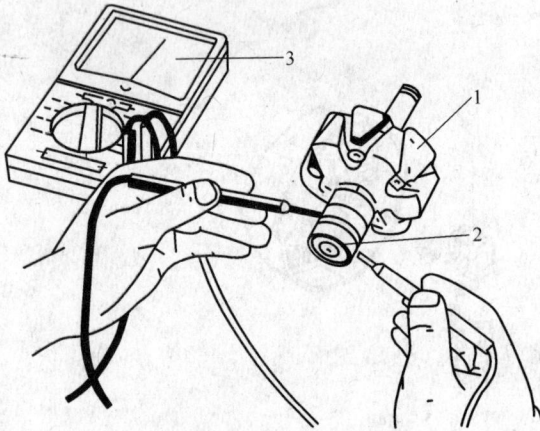

图 8-4 转子的断路检查

1. 转子总成 2. 滑环 3. 万用表

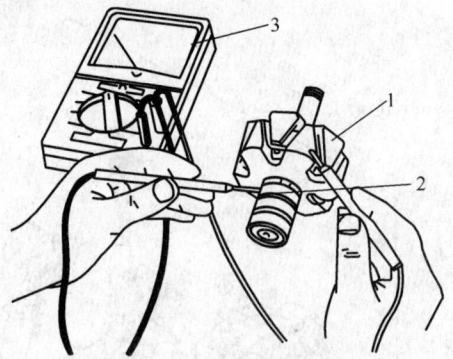

图 8-5 转子的搭铁检查

1. 转子总成 2. 滑环 3. 万用表

(2)定子的检查。

①定子的断路检查。如图 8-6 所示,用万用表检查所有导线是否导通。如不导通,应更换定子。

②定子的搭铁检查。如图 8-7 所示,用万用表检查线圈导线与定子芯是否导通。如能导通,应更换定子。

(3)电刷长度的检查。如图 8-8 所示,用卡尺测量电刷的长度,标准值:10.5mm;极限值:

4.5mm。如低于使用极限值时,应更换新的电刷;如表面烧损,应予修磨。

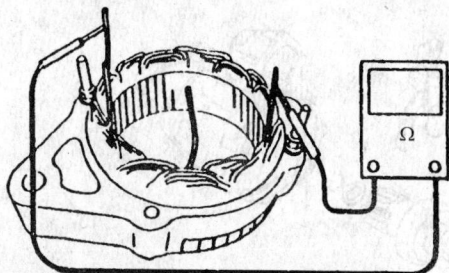

图8-6 定子的断路检查

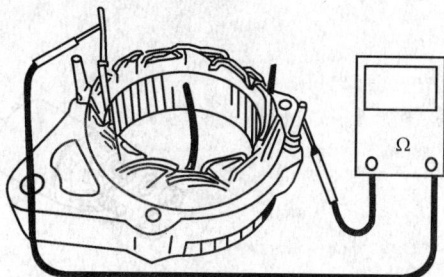

图8-7 定子的搭铁检查

(4)整流器的检查。如图8-9所示,用万用表分别测量 B 与 P1、P2、P3、P4;E 与 P1、P2、P3、P4 之间的正向和反向导通情况。正常时,应为正向导通,反向截止。若正、反向电阻值均为0,则说明二极管短路;若正、反向电阻值均为无穷大,则说明二极管断路。应更换整流器。

(5)交流发电机性能测试。如图8-10所示,检修装复的交流发电机在车辆使用大灯、应急闪光灯(4 个)、雨刮器的情况下,发动机以 3000~4000r/min 的

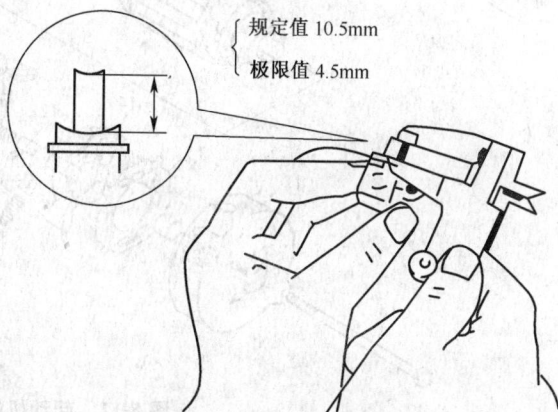

规定值 10.5mm
极限值 4.5mm

图8-8 电刷长度的测量

转速运转,用万用表测试其输出电压和电流。若测量数据与标准值不符时,应找出原因并予以修理。

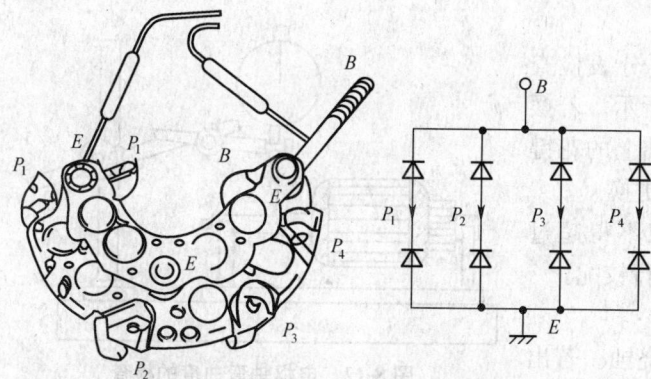

图8-9 整流器的检测

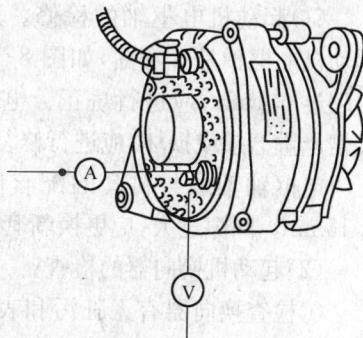

图8-10 发电机的检测

B. 正极接线柱 E. 负极接线柱 P1~P4—整流器接线柱

第二节 起动系统的维修

一、起动机的结构简介

起动机是起动系统的主要组成部分,由串励式直流电动机、传动机构和电磁开关三部分

组成。起动机的结构见图8-11。

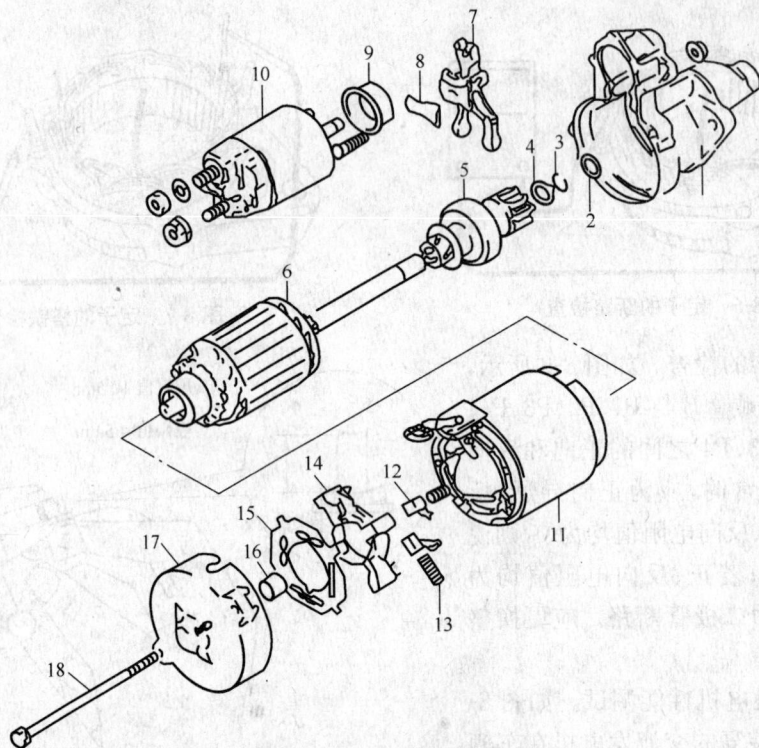

图 8-11　起动机的结构

1. 驱动端端盖　2. 垫圈　3. 锁环　4. 小齿轮止动挡圈　5. 单向离合器　6. 电枢
7. 拨叉　8. 密封件　9. 罩壳　10. 电磁开关　11. 定子总成　12、16. 衬套
13. 电刷弹簧　14. 电刷支架　15. 绝缘垫　17. 后端盖　18. 穿心螺栓

二、起动机的检修

1. 起动机零部件的检修

（1）起动机电枢轴的检修。用百分表检查起动机电枢轴是否弯曲，如图8-12所示。若摆差超过0.1mm，应进行矫正。电枢轴上的花键齿槽严重磨损或损坏，应进行修复或更换。

电枢轴轴颈与衬套的配合间隙不得超过0.15mm。间隙过大，应更换新套，进行铰配。

（2）起动机换向器的检查。

①检查换向器有无脏污和表面烧蚀。若出现此情况，用400号砂纸或在车床上修整。

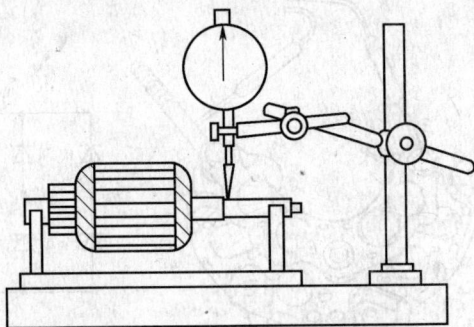

图 8-12　电枢轴弯曲度的检查

②检查换向器的径向圆跳动，如图8-13所示。将换向器放在V形铁上，用百分表测量圆周上径向跳动。其最大允许径向圆跳动为0.05mm。若径向圆跳动大于规定值，应在车床上矫正。

③用游标卡尺测量换向器的直径，如图8-14所示。其标准值为30.0mm，最小直径为29.0mm。若直径小于最小值，应更换电枢。

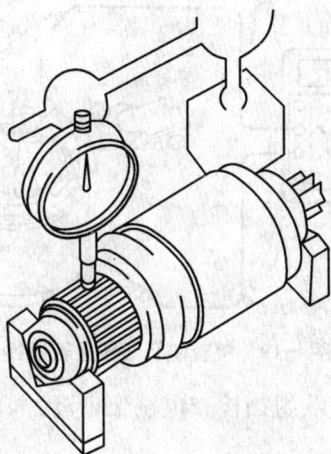

图 8-13　检查换向器径向圆跳动

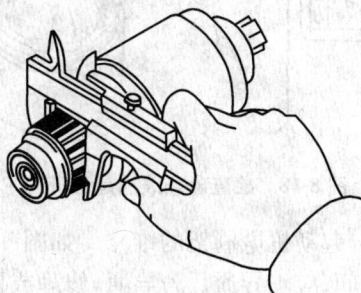

图 8-14　检查换向器直径

④检查换向器底部凹槽深度。凹槽应清洁无异物,边缘光滑。如图 8-15 所示,标准凹槽深度为 0.6mm,最小凹槽深度为 0.2mm。若凹槽深度小于最小值,用钢锯条修正。

(3)起动机电枢线圈的维修。

①检查换向器是否开路。如图 8-16 所示,用欧姆表检查换向片之间,应导通。若换向片之间不导通,应更换电枢。

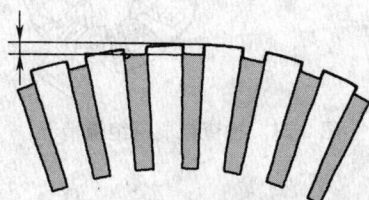

图 8-15　检查换向器底部凹槽深度

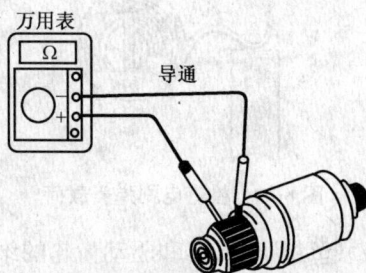

图 8-16　检查换向器是否开路

②检查换向器是否搭铁。如图 8-17 所示,用欧姆表检查换向器与电枢线圈铁心之间,应不导通。若导通,应更换电枢。

(4)起动机磁场线圈的检查。

①检查磁场线圈是否开路。如图 8-18 所示,用欧姆表检查引线和磁场线圈电刷引线之间,应导通。否则,更换磁极框架。

②检查磁场线圈是否搭铁。如图 8-19 所示,用欧姆表检查磁场线圈末端与磁极框架之间,应不导通。若导通,修理或更换磁极框架。

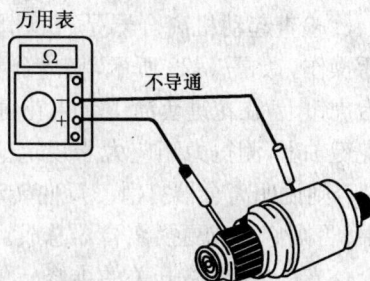

图 8-17　检查换向器是否搭铁

(5)起动机电刷弹簧的维修。可按如图 8-20 所示,读取电刷弹簧从电刷分离瞬间的拉力计读数。标准弹簧安装载荷为 17~23N,最小安装载荷为 12N。若安装载荷小于规定值,应更换电刷弹簧。

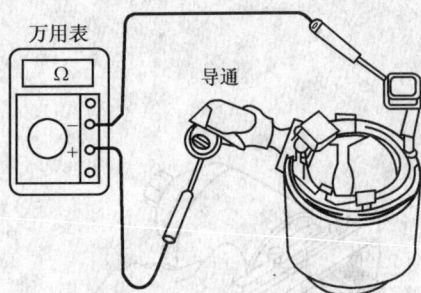

图 8-18　检查磁场线圈是否开路

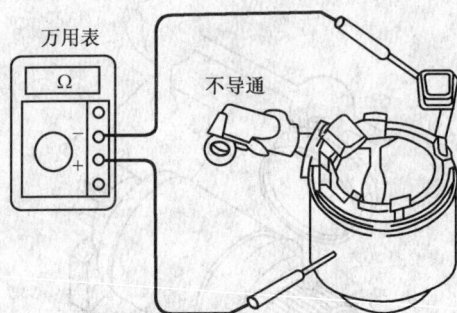

图 8-19　检查磁场线圈是否搭铁

(6)起动机电刷架的维修。如图 8-21 所示,用万用表欧姆挡检查电刷架正极(十)与负极(一)之间,应不导通。若导通,修理或更换电刷架。

图 8-20　检查电刷弹簧载荷

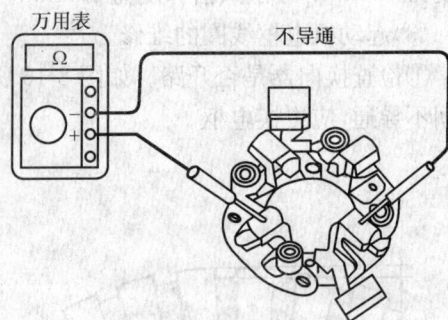

图 8-21　检查电刷架绝缘情况

(7)起动机离合器和驱动齿轮的维修。

①检查离合器驱动齿轮是否严重损伤或磨损。如有损坏,应进行更换。

②检查起动机离合器是否打滑或卡滞,可用扳手操作。如图 8-22 所示,将离合器驱动齿轮夹在台虎钳上,在花键套筒中套入花键轴,使扳手接在花键轴上,测得力矩应大于规定值(24～26N·m),否则说明离合器打滑。反向转动离合器应不卡滞,否则修理或更换离合器总成。

(8)起动机电磁开关的维修。

①检查电磁开关内部线圈有否断路、短路或搭铁故障。可用万用表测线圈电阻后与标准值比较进行判断。

②按照图 8-23 所示连接好线路,接通开关 K 后应能听到活动铁心动作的声音,同时,试灯 L 应被点亮;开关 K 断开后,试灯 L 应立即熄灭。否则应更换电磁开关或更换起动机总成。

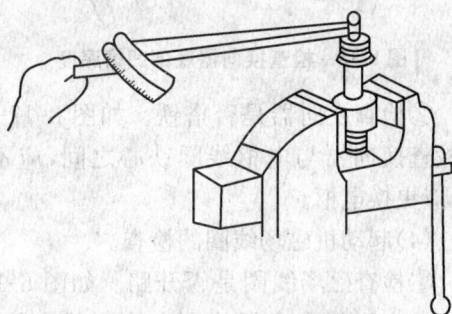

图 8-22　检查离合器工作是否正常

2. 起动机的整体检查

(1)起动机空载性能检测。检测时,先将蓄电池充足电,每项检测应在 3～5s 内完成,以防线圈被烧坏。

①如图 8-24 所示,用导线将起动机与蓄电池和电流表(量程为 0～100A 以上的直流电流表)连接。蓄电池正极与电流表正极连接,电流表负极与起动机"30"端子连接,蓄电池的负极与起动机外壳连接。

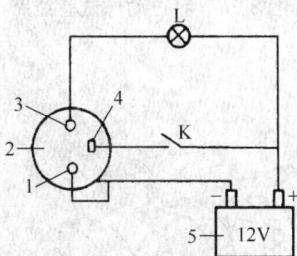

图 8-23 电磁开关的检查
1. 磁场线圈接线柱   2. 起动机开关
3. 蓄电池接线柱   4. 点火开关接线柱   5. 蓄电池

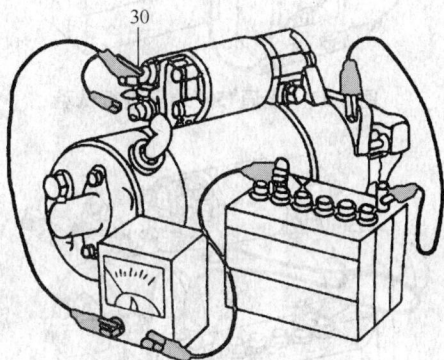

图 8-24 起动机的空载试验

②如图 8-25 所示,用带夹电缆将"30"端子与"50"端子连接起来。此时,驱动齿轮应向外伸出,起动机应平稳运转。当蓄电池电压大于或等于 11.5V 时,消耗的电流应不超过 50A,用转速表测量电枢轴的转速应不低于 5000r/min。

③如电流大于 50A 或转速低于 5000r/min,说明起动机装配过紧或电枢绕组和磁场绕组有短路或搭铁故障。如电流和转速都低于标准值,说明电动机电路接触不良,如电刷与换向器接触不良或电刷弹簧弹力不足等。

(2)电磁开关检测。

①吸拉动作试验。将起动机固定到台虎钳上,拆下起动机端子"C"上的磁场绕组电缆引线端子,用带夹电缆将起动机"C"端子和电磁开关壳体与蓄电池负极连接,如图 8-26 所示。用带夹电缆将起动机"50"端子与蓄电池正极连接。此时,驱动齿轮应向外移动。如驱动齿轮不动,说明电磁开关有故障,应予修理或更换。

②保持动作试验。在吸拉动作基础上,当驱动齿轮保持在伸出位置时,拆下电磁开关"C"端子上的电缆夹,如图 8-27 所示。此时驱动齿轮应保持在伸出位置不动。如驱动齿轮回位,说明保持线圈断路,应予修理。

③回位动作试验。在保持动作的基础上,再拆下起动机壳体上的电缆夹,如图 8-28 所示。此时,驱动齿轮应迅速回位。如驱动齿轮不能回位,说明回位弹簧失效,应更换弹簧或电磁开关总成。

(3)全制动试验。如图 8-29 所示,将起动机放在测矩台上,用弹簧秤 5 测出其发出的力矩。当制动电流小于 480A 时,输出的最大力矩不小于 13N·m。

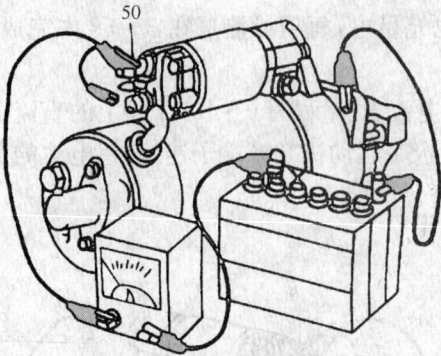

图 8-25 接通"50"端子进行试验

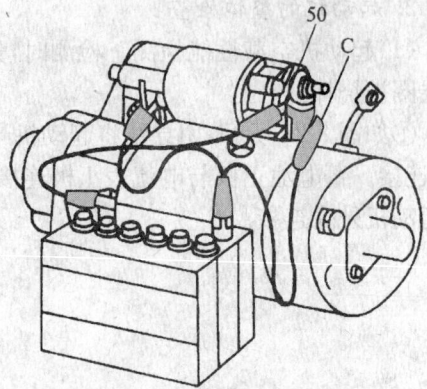

图 8-26 吸拉动作试验线路

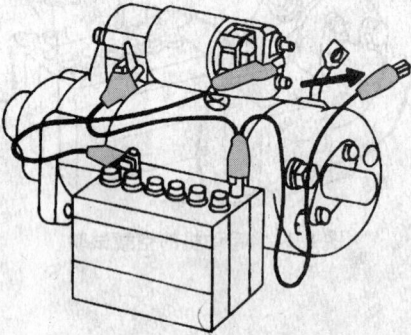

图 8-27 保持动作试验方法

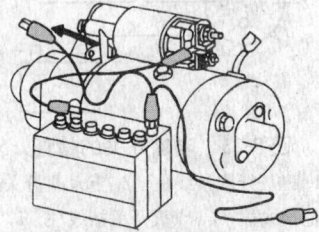

图 8-28 回位动作试验方法

3. 起动机的调整与使用

(1)起动机的调整。起动机修复后重新装配时,要检查驱动齿轮与止推垫圈之间的间隙,一般为 1.5～2.5mm。检查方法如图 8-30 所示,用导线分别将蓄电池的正极与起动机的起动接线柱"50"端子连接、蓄电池的负极与起动机的外壳连接起来。这样,可使驱动齿轮到达啮合位置,然后可检测驱动齿轮与止推垫圈之间的间隙。

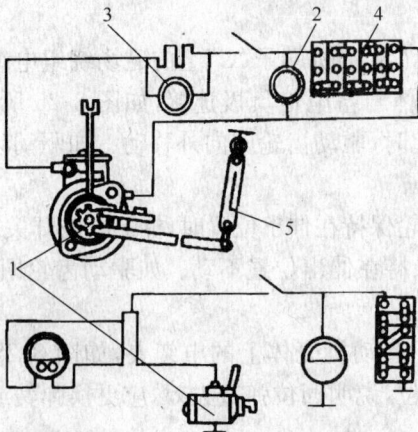

图 8-29 起动机的全制动试验

1. 起动机 2. 电压表 3. 电流表 4. 蓄电池 5. 弹簧秤

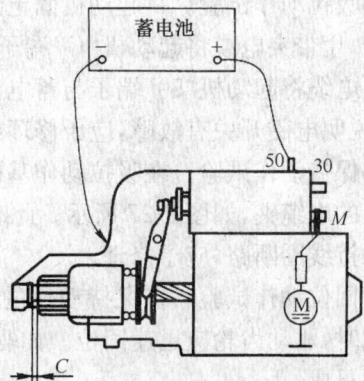

图 8-30 检查驱动齿轮与止推垫圈之间的间隙

（2）起动机的使用与维护注意事项。

①起动机的使用注意事项。

a. 起动前，应将变速器挂上空档。装有自动变速器的汽车应将变速杆置于 P 位或 N 位。起动同时踩下离合器踏板。

b. 每次接通起动机的时间不得超过 5s，两次之间应间隔 15s 以上。

c. 发动机起动后，应立刻松开点火开关，切断 ST 档，使起动机停止工作。

d. 经过三次起动，发动机仍没有起动着火，则应停止起动，进行简单的检查，如蓄电池的容量、极柱的连接、油电路等。否则，蓄电池的容量将严重下降，起动发动机将更加困难。

②起动机的维修注意事项。

a. 在车上进行起动检测之前，一定要将变速器挂上空档，并实施驻车制动。

b. 在拆卸起动机之前，应先拆下蓄电池的搭铁电缆线。

c. 有些起动机在起动机与法兰盘之间使用了多块薄垫片，在装配时应按原样装回。

三、起动系统的故障诊断与排除

起动系统的故障诊断与排除见表 8-1。

表 8-1　起动系统的故障诊断与排除

故　障	故　障　原　因	诊断方法
起动机不运转	（1）电磁开关无工作声	
	①蓄电池没电	充电
	②蓄电池性能下降而导致蓄电池电压太低	更换蓄电池
	③蓄电池接线柱接触不良	拧紧或更换
	④搭铁线接头松动	拧紧
	⑤熔丝松动或熔断	拧紧或更换
	⑥点火开关和电磁开关接触不良	更换
	⑦引线连接处松动	拧紧
	⑧点火开关和电磁开间电路断开	修理
	⑨吸合线圈电路断开	更换电磁开关
	⑩电刷定位松动或磨损	修理或更换
	⑪柱塞或小齿轮滑动不良	修理
	（2）电磁开关有工作声	
	①蓄电池电量不足	充电
	②蓄电池性能下降致电压过低	更换蓄电池
	③蓄电池接线松动	拧紧
	④电源触点烧坏或电磁开关接触不良	更换电磁开关
	⑤电刷定位不好或磨损	修理或更换
	⑥电刷弹簧弹力减弱	更换
	⑦整流器烧坏	更换电枢
	⑧线圈搭铁不良	修理
	⑨电枢隔层短路	修理
	⑩曲轴转动受阻	修理

续表 8-1

故　障	故　障　原　因	诊断方法
起动机运转太慢	如果蓄电池和导线都无问题,则检查起动电机 ①电磁开关触点接触不良 ②电枢隔层断路 ③整流器断开、烧坏或磨损 ④线圈搭铁不良 ⑤电刷磨损 ⑥电刷弹簧弹力减弱 ⑦端部衬套烧坏或异常磨损	 更换电磁开关 更换 修理或更换电枢 修理 更换电刷 更换弹簧 更换衬套
起动机工作,但发动机不能起动	①小齿轮尖部磨损 ②超速离合器滑动不良 ③超速离合器打滑 ④小齿轮磨损	更换过载离合器 修理 修理 更换飞轮
起动机有噪声	①电刷异常磨损 ②小齿轮磨损或小齿轮传动齿磨损 ③小齿轮滑动不良(不能回位) ④零件缺润滑油	更换 更换小齿轮或飞轮 修理或更换 润滑
起动机不停机	①电磁开关触点熔化 ②电磁开关线圈间短路(隔层短路) ③点火开关回位故障	更换电磁开关 更换电磁开关 更换

第三节　无触点电子点火系统的维修

一、无触点电子点火系统结构简介

无触点电子点火系统由蓄电池、火花塞、点火线圈、分电器等组成。图 8-31 为无触点电子点火系统的组成及线路连接图。

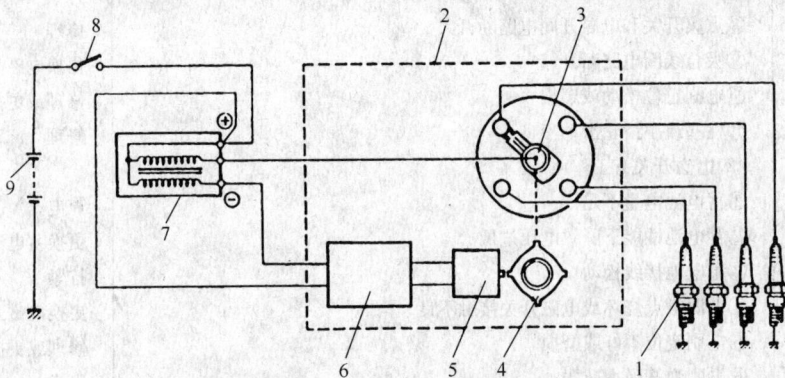

图 8-31　无触点电子点火系统的组成及线路连接图
1. 火花塞　2. 分电器总成　3. 分火头　4. 触发轮　5. 传感器　6. 点火模块　7. 点火线圈　8. 点火开关　9. 蓄电池

分电器的结构见图 8-32。分电器由一个分火头、一个点火模块(点火模块和传感器)、一个真空点火提前装置和一个离心点火提前装置组成。

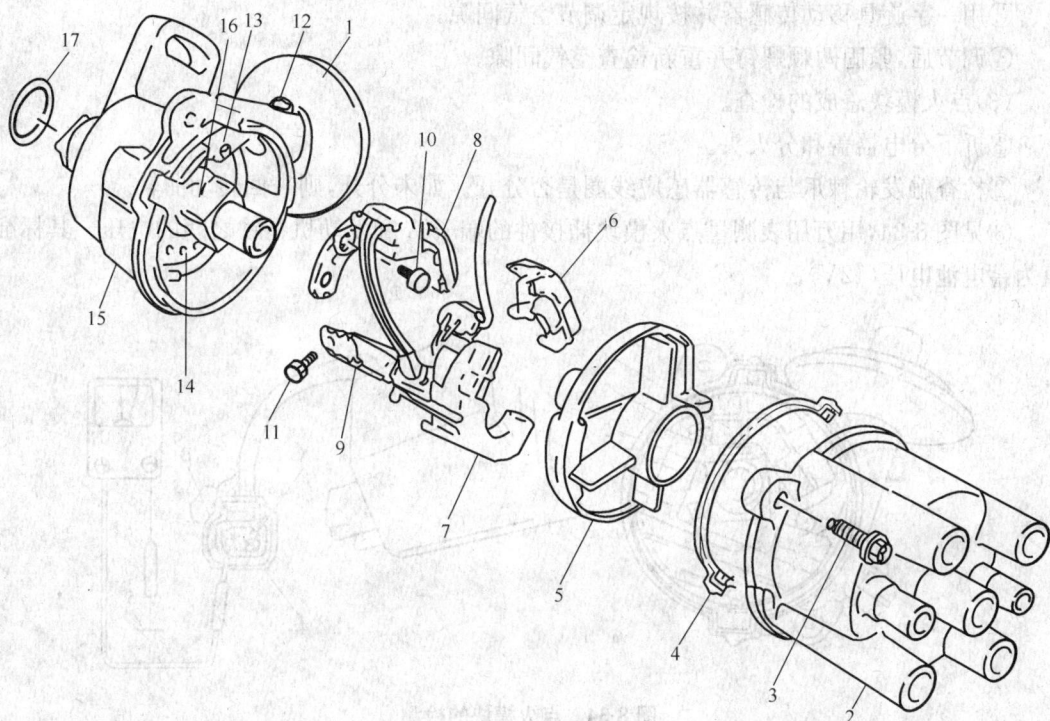

图8-32　分电器结构

1. 真空膜片室　2. 分电器盖　3. 分电器盖固定螺钉　4. 密封圈　5. 分火头　6. 传感器防尘盖
7. 点火模块防尘盖　8. 传感器　9. 点火模块　10. 传感器固定螺钉　11. 点火模块固定螺钉
12. 真空膜片室固定螺钉　13. 卡簧　14. 传感器底板　15. 分电器壳体　16. 触发轮　17. O形密封圈

点火模块和传感器不能分解。传感器包括触发轮、磁铁和感应线圈,用来产生点火控制信号。触发轮装在分电器轴上,磁铁和感应线圈装在传感器板上。

当分电器主轴转动时,通过感应线圈的磁通随着感应线圈磁极与触发轮棘爪之间的空气间隙变化而改变,在感器线圈中感应出交变电压信号。这个电压信号控制点火器的导通和截止,从而控制点火线圈的初级绕组电流,使得点火线圈在其次级绕组内产生点火高压,在火花塞上产生点火火花。

二、无触点电子点火系统的检修与调整

1. 分电器的检查与调整

(1)检查分电器盖和分火头是否破裂,接线柱是否腐蚀和磨损。如有必要,进行更换。

(2)触发轮空气间隙的检查。用塞尺测量触发轮棘爪和传感器间的空气间隙。触发轮空气间隙标准值为:0.2~0.4mm,见图8-33所示。如果空气间隙不符合规定,则应调节。调节方法如下:

①拆下分电器上的点火模块。

②松动紧固传感器的两颗螺钉。

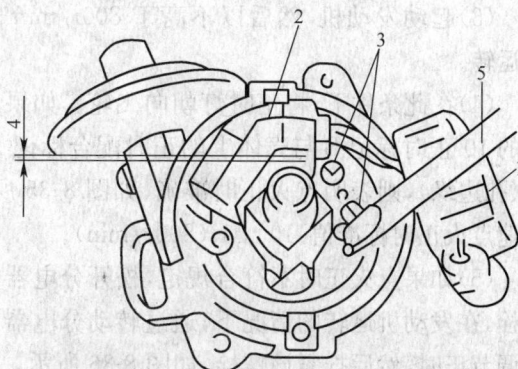

图8-33　分电器触发轮空气间隙的调整

1. 点火模块　2. 传感器　3. 调整螺钉
4. 触发轮空气间隙　5. 一字旋具

③用一字旋具移动传感器并按规定调节空气间隙。

④调节后,紧固两颗螺钉并重新检查空气间隙。

（3）点火模块总成的检查。

①拆下分电器盖和分火头。

②检查触发轮棘爪与传感器感应线圈是否分开。如未分开,则来回转动曲轴。

③见图8-34,用万用表测量点火模块插接件的端子A和发动机搭铁之间的电压。其标准值为蓄电池电压（12V）。

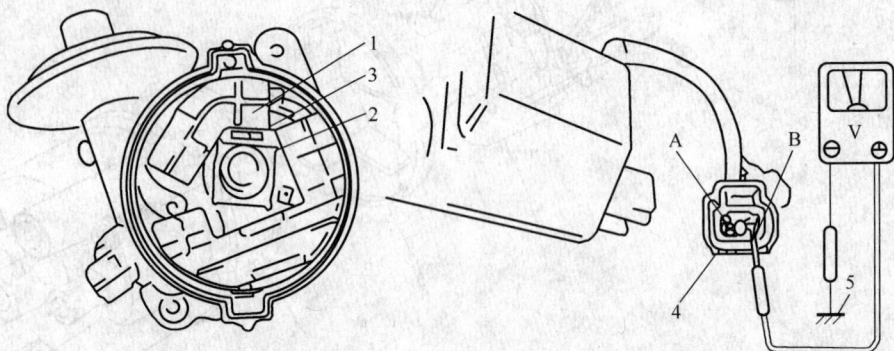

图 8-34　点火模块的检测

1. 感应线圈　2. 触发轮　3. 一字旋具位置　4. 插接件　5. 发动机搭铁线　A、B. 端子

④把电压表连接到点火模块插接件的端子B和发动机搭铁之间（见图8-34）。

⑤把一字旋具插入触发轮和传感器感应线圈之间,然后快速抽出并重复几次。当一字旋具插入或抽出时,电压表上的电压应有约0.3V,如果不是这样,则说明传感器可能已损坏,应更换传感器总成。注意:传感器和点火模块不可拆分。

2. 点火正时的检查与调整

注意:起动发动机,将变速杆放到空档位置并锁紧驻车制动器。

（1）从地板处拆下分电器维修盖,然后从变速器前壳处取下塞子。

（2）把正时灯连到1号高压阻尼线上。

（3）起动发动机,然后以不高于800r/min的转速运转。

（4）在此条件下,将正时灯朝向飞轮。如果飞轮上的10°正时标记B与壳体上的正时配合标记A对准（孔边缘）,则表明点火正时准确,如图8-35所示。怠速点火正时标准值:10°±1°（800r/min）。

（5）如果点火正时不符合规定,松开分电器安装螺栓,在发动机运转的情况下,通过转动分电器总成来调节正时,然后拧紧该螺栓,如图8-36所示。

（6）拧紧分电器安装螺栓后,重新检查点火正时是否在规定的范围之内。

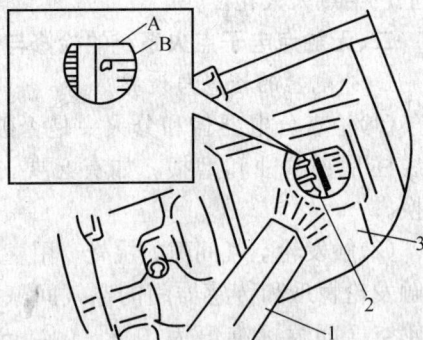

图 8-35　检查点火正时

1. 点火正时灯　2. 飞轮　3. 变速器壳

A. 变速器壳上的正时标记

B. 飞轮上10°正时标记

3. 高压线的检查

(1)用万用表测量高压线的电阻,如图 8-37 所示。高压线电阻标准值:10~22kΩ。

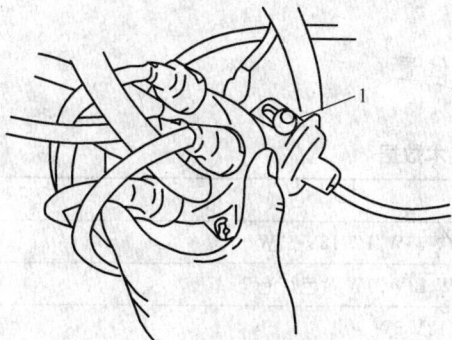

图 8-36　点火正时的调整
1. 分电器安装螺栓

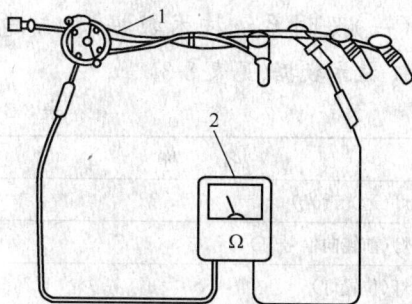

图 8-37　测量高压线
1. 高压线　2. 万用表

(2)如果电阻值超过规定,应更换高压线。

4. 火花塞的检查

(1)检查火花塞电极的磨损情况和绝缘体损伤情况,检查积炭是否严重。

(2)检查火花塞跳火间隙。其规定值为 0.7~0.8mm。若该间隙不符合规定,应予以调整。

三、无触点电子点火系统的故障诊断与排除

无触点电子点火系统的故障诊断与排除见表 8-2。

表 8-2　无触点电子点火系统的故障诊断与排除

故障现象	故障原因	排除方法
中央高压线无高压火	中央高压线故障	更换中央高压线
	点火线圈故障	更换点火线圈
	点火模块故障	更换点火模块
	触发转子与传感器之间的间隙不正确	调整触发转子与传感器之间的间隙
	点火线圈无低压电	检查并排除点火线圈线路故障
单缸高压线无高压火(中央高压线有高压火)	单缸高压线故障	更换单缸高压线
	分电器盖故障	更换分电器盖
点火错乱	点火正时不正确	调整点火正时
	分电器盖漏电	更换分电器盖
	分火头漏电	更换分火头
	高压线插错	将高压线插对

第四节　照明系统的维修

一、五菱微型客车照明系统的维修

(一)照明系统技术数据、控制电路及部件位置

1. 技术数据(见表8-3)

表 8-3　照明系统技术数据

名　　称	规　　格
前大灯(远光近光)	H3 12V 55W/H7 12V 55W
前大灯(前转向信号灯)	PY21W 12V 21W 黄色灯泡
前大灯(位置灯)	W5W 12V 5W
前雾灯	H3 12V 55W
后灯(转向信号灯)	PY21W 12V 21W 黄色灯泡
后灯(雾灯)	P21W 12V 21W
后灯(倒车灯)	P21W 12V 21W
后灯(停车/位置灯)	P21/5W 12V 21W,5W
后小灯	W5W 12V 5W
侧转向信号指示灯	W5W 12V 5W
高位制动信号灯	4×12V 5W
阅读灯	2×12V 10W
牌照灯	12V 5W

2. 控制电路(见图 8-38～图 8-42)

3. 照明系统部件车上位置(见图 8-43、图 8-44)

(二)照明系统常见故障诊断与排除

1. 高位制动信号灯不工作(除基本型)故障诊断方法(见表8-4)

2. 车顶灯不工作故障诊断方法(见表8-5)

3. 阅读灯不工作故障诊断方法(见表8-6)

注意事项:在检查的时候,阅读灯开关保持在中间位置。

4. 阅读灯、顶灯常亮故障诊断方法

所谓"常亮"是指:所有车门关闭,照明灯开关关闭的情况下灯一直亮。排除故障步骤:

(1)检查左前侧接触开关,如出现故障将其更换。

(2)检查右前侧接触开关,如出现故障将其更换。

(3)检查左后侧接触开关,如出现故障将其更换。

(4)检查右后侧接触开关,如出现故障将其更换。

(5)检查照明灯开关,如出现故障将其更换。

5. 远/近光灯故障诊断方法

(1)所有的远/近光灯都不工作的故障诊断方法见表8-7。

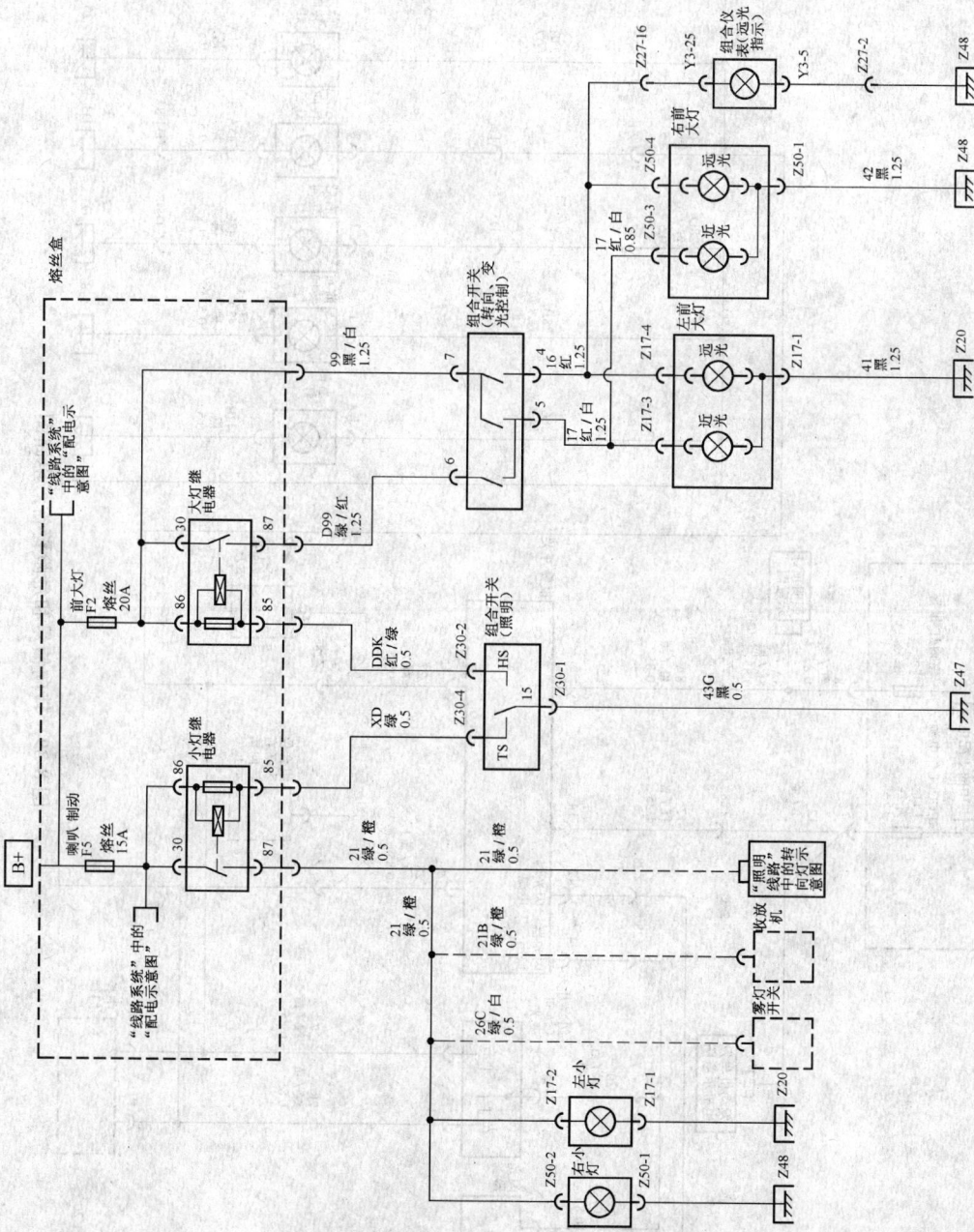

图 8-38　前大灯近光、远光电路图

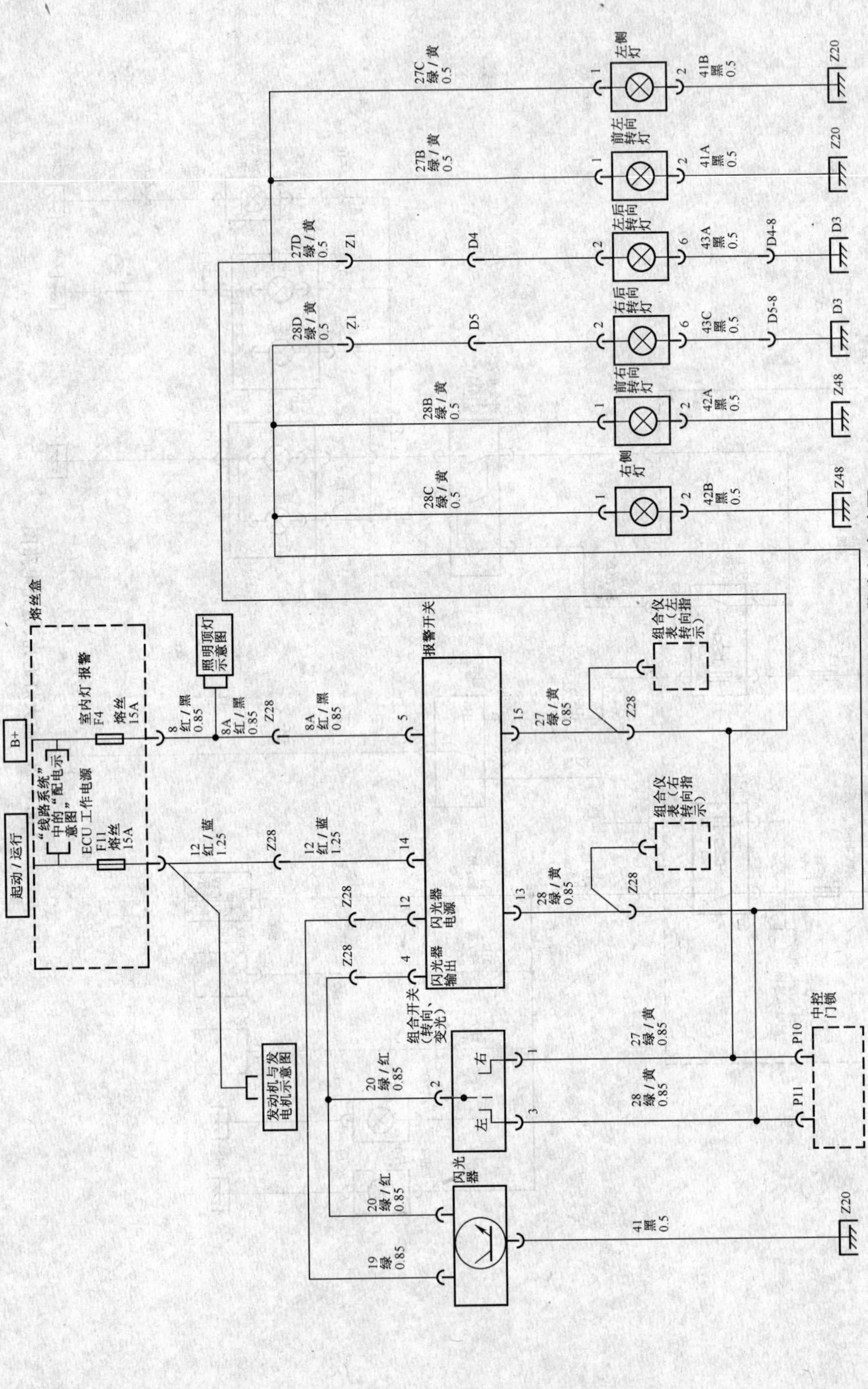

图 8-39　转向信号和危险警告灯电路图

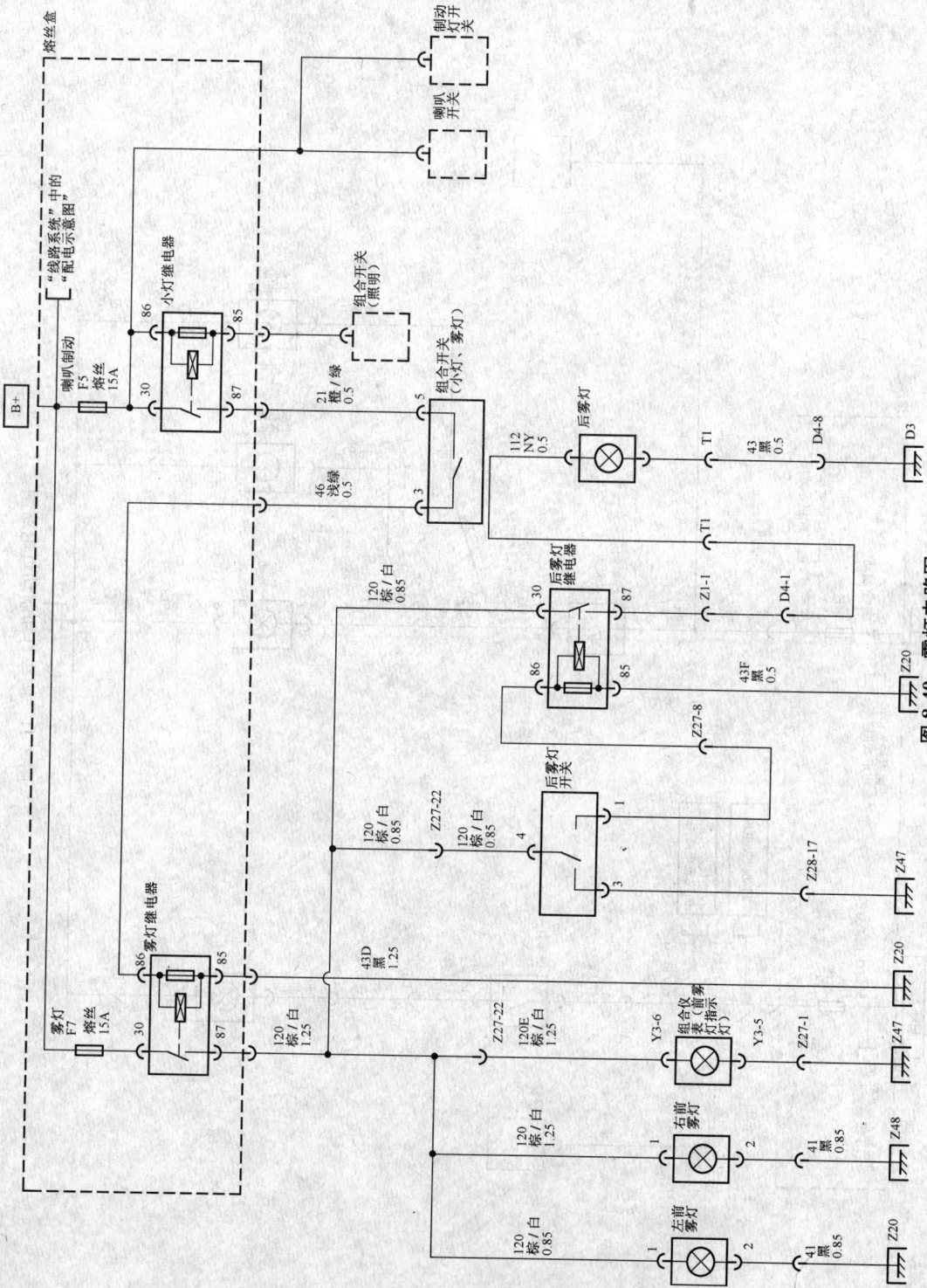

图 8-40 雾灯电路图

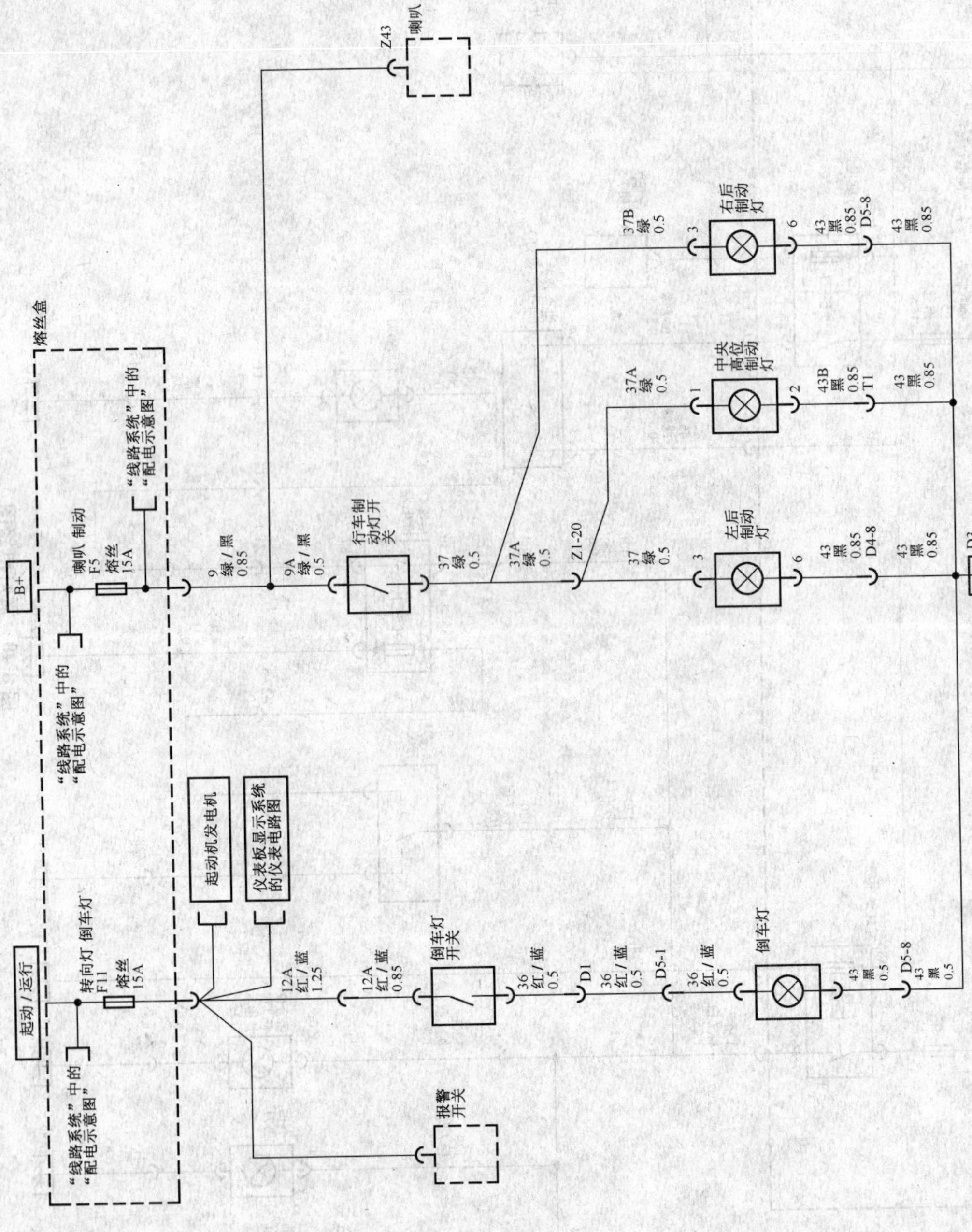

图 8-41　倒车灯和制动灯电路图

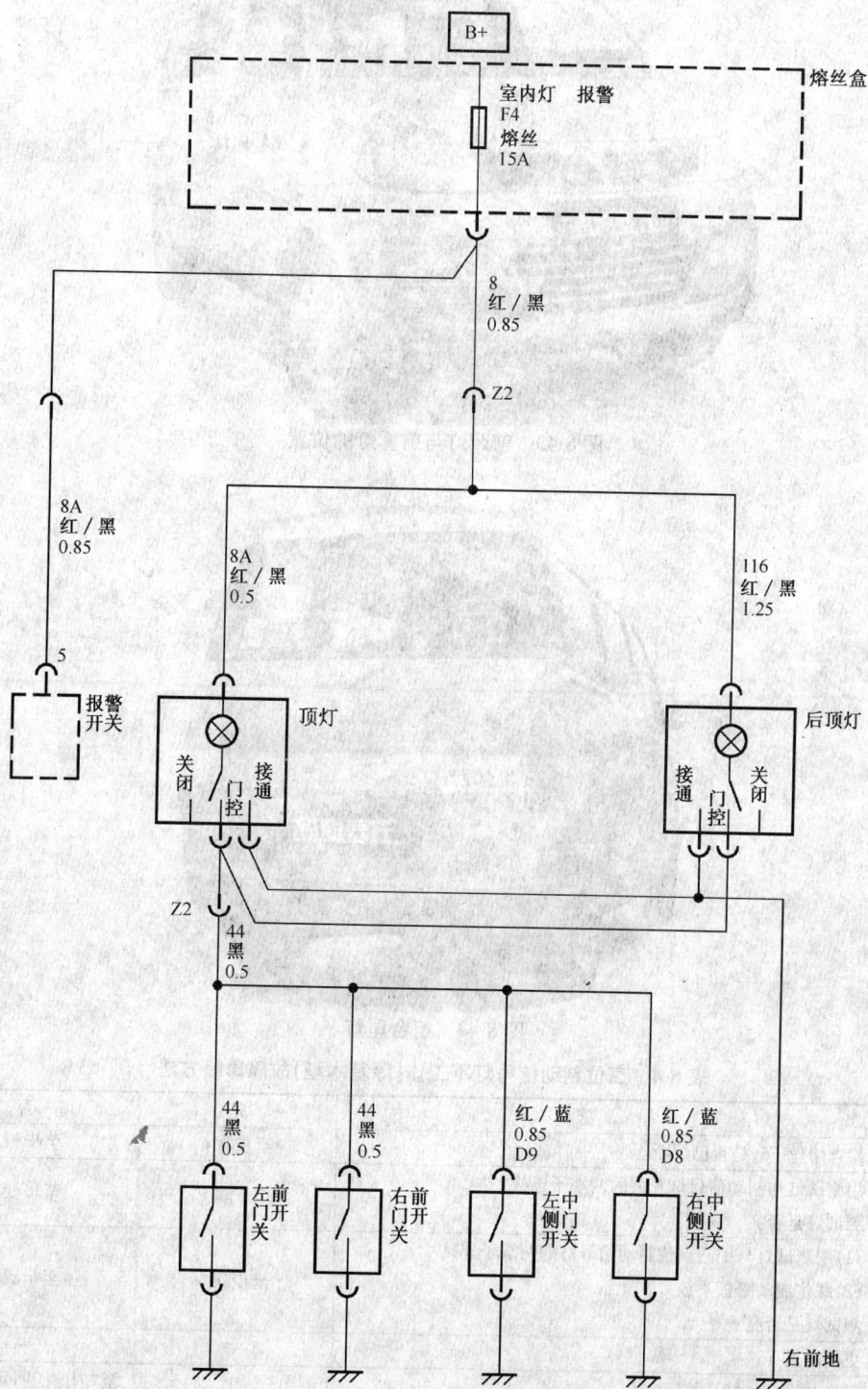

图 8-42　顶灯电路图

图 8-43 前照灯与前雾灯的位置

图 8-44 组合尾灯

表 8-4 高位制动信号灯不工作(除基本型)故障诊断方法

步骤	措　　　施	是	否
1	检查熔丝 F5,是否已熔断	至步骤 4	至步骤 2
2	用测试灯与制动信号灯开关的两端子连接 测试灯是否亮	至步骤 5	至步骤 3
3	(1)用测试灯与中心高位制动信号灯的两端子连接 (2)踩住制动踏板不放 测试灯是否亮	至步骤 6	至步骤 7
4	更换熔丝 F5	—	—
5	更换制动信号灯开关	—	至"内部照明系统检查"
6	更换高位制动信号灯	—	至"内部照明系统检查"
7	修理接触不良的线路	—	至"内部照明系统检查"

表 8-5　车顶灯不工作故障诊断方法

步骤	措　施	是	否
1	检查车顶灯灯泡灯丝是否熔断	至步骤 4	至步骤 2
2	检查熔丝 F4 是否熔断	至步骤 5	至步骤 3
3	分别用测试灯连接顶灯开关(接通门控)的两端子与其电源端子,测试灯是否亮	至步骤 6	至步骤 7
4	更换灯泡	—	至内部照明系统检查
5	更换熔丝	—	至内部照明系统检查
6	更换顶灯开关	—	至内部照明系统检查
7	修理接触不良的线路	—	至内部照明系统检查

表 8-6　阅读灯不工作故障诊断方法

步骤	措　施	是	否
1	检查阅读灯灯泡灯丝是否熔断	至步骤 4	至步骤 2
2	检查熔丝 F4 是否熔断	至步骤 5	至步骤 3
3	分别用测试灯连接阅读灯开关两端子,测试灯是否亮	至步骤 6	至步骤 7
4	更换灯泡	—	至内部照明系统检查
5	更换熔丝	—	至内部照明系统检查
6	更换阅读灯开关	—	至内部照明系统检查
7	修理接触不良的线路	—	至内部照明系统检查

表 8-7　所有的远/近光灯都不工作的故障诊断方法

步骤	措　施	是	否
1	将灯开关拨至"iO"位置,将远/近光开关拨至远光位置。检查熔丝 F2,是否完好	至步骤 2	至步骤 3
2	测量熔丝 F2 的电压,是否正常	至步骤 7	至步骤 4
3	更换受损熔丝,它是否还是损坏	至步骤 7	至步骤 2
4	检查远/近灯开关,确定没有问题	至步骤 5	更换开关
5	检查灯开关,确认没有问题	至步骤 6	更换开关
6	检查远光信号装置是否工作	至步骤 8	参见组合仪表诊断
7	检查远/近灯及其与电线线束的接插件,确认它是否完好	至步骤 9	修理接插件
8	检查灯接插件,确认电线接地良好	至步骤 10	修理接插件
9	检查远/近光灯泡是否完好	—	更换灯泡

(2)只有远光灯不工作的故障诊断方法见表 8-8。

表 8-8　只有远光灯不工作的故障诊断方法

步骤	措　施	是	否
1	检查远光信号装置是否工作(仅对于远光)	至步骤 2 至步骤 3	—
2	检查灯及其与电线线束的接插件,确保在调到远光位置时没有问题	至步骤 3	—
3	检查远/近光开关以及从开关到熔丝的线束接口	至步骤 4	修理端子接口
4	检查远光灯灯泡	—	更换灯泡

（3）只有近光灯不工作的故障诊断方法见表8-9。

表8-9　只有近光灯不工作的故障诊断方法

步骤	措　施	是	否
1	检查近光灯灯泡,确认没有问题	至步骤2	更换灯泡
2	检查远/近光开关以及从开关到主线束的连接	—	修理端子

6. 所有驻车灯/尾灯都不工作的故障诊断方法见表8-10。

表8-10　所有驻车灯/尾灯都不工作的故障诊断方法

步骤	措　施	是	否
1	将灯开关拨到"ɔ∞ɛ"位置。检查熔丝F5是否完好	至步骤2	至步骤3
2	利用数字万用表测量熔丝F5的电压是否正确	至步骤4	至步骤7
3	更换熔丝,它是否仍是损坏	至步骤4	至步骤1
4	检查底盘线束和左后部线束连接器D4,底盘线束和右后部线束连接器D5以及主线束和底盘线束连接器Z1是否完好	至步骤6	至步骤5
5	维修或者更换线束或者接插件	—	—
6	检查主线束和左、右后部线束	—	—
7	拆下灯开关并且进行检查,是否工作良好	至步骤9	至步骤8
8	更换灯开关	—	—
9	检查灯泡	—	更换灯泡

7. 前、后雾灯故障诊断方法

（1）前、后雾灯都不工作的故障诊断方法见表8-11。

表8-11　前、后雾灯灯都不工作的故障诊断方法

步骤	措　施	是	否
1	将灯开关拨到"ɔ∞ɛ"位置,打开前雾灯开关,检查开关上的指示器是否完好	至步骤8	至步骤2
2	检查熔丝F5、F7是否完好	至步骤4	至步骤3
3	更换受损熔丝	至步骤4	—
4	拆下小灯继电器,测量继电器30号和86号端子的电压,电压是否正常	至步骤6	至步骤5
5	根据电路图,检查主线束前雾灯开关,线路是否正常？必要时应进行维修	—	—
6	拆下雾灯继电器,测量继电器30号和86号端子的电压,电压是否正常	至步骤7	—
7	更换继电器,雾灯是否正常	—	至步骤8
8	检查雾灯接插件,确保电压和接地端子没有问题	至步骤9	更换灯泡
9	根据电路图,检查从继电器到雾灯的主线束	—	—

（2）近光灯打开的时候,后雾灯不工作的故障诊断方法见表8-12。

（3）前雾灯打开的时候,后雾灯不工作的故障诊断方法见表8-13。

（4）前雾灯和后雾灯打开的时候,后雾灯不工作的故障诊断方法见表8-14。

表 8-12　近光灯打开的时候,后雾灯不工作的故障诊断方法

步骤	措　施	是	否
1	拆下后雾灯继电器,打开近光灯,测量继电器上端子 87 的电压,电压是否正常	至步骤 3	至步骤 2
2	根据电路图,检查灯开关和后雾灯继电器之间仪表板线束和主线束。必要时应进行维修	—	—
3	更换继电器并且检查主线束	—	—

表 8-13　前雾灯打开的时候,后雾灯不工作的故障诊断方法

步骤	措　施	是	否
1	拆下后雾灯继电器,打开前雾灯,测量继电器 85 号端子的电压,电压是否正常	至步骤 2	至步骤 4
2	更换继电器,后雾灯是否正常	—	至步骤 3
3	检查至继电器上 86 号端子的仪表板线束和主线束	—	—
4	检查从后雾灯开关到继电器的仪表板线束,是否有问题	更换开关	更换后雾灯

表 8-14　前雾灯和后雾灯打开的时候,后雾灯不工作的故障诊断方法

步骤	措　施	是	否
1	打开近光灯和前雾灯,打开后雾灯的开关,开关的指示器是否工作	至步骤 2	至步骤 6
2	检查后雾灯以及至电线线束的接插件,确保电压和接地端子没有问题	至步骤 3	至步骤 11
3	检查仪表板和主线束之间接插件 227 上的 8 号、22 号端子,测量电压是否正确	至步骤 4	至步骤 5
4	检查从接插件 Z1 至后雾灯的底盘线束、左后部线束和尾门线束,必要时应进行维修	—	—
5	检查从后雾灯开关到接插件 227 的仪表板线束,必要时应进行维修	—	—
6	拆下后雾灯的开关,测量电线线束上接插件的端子 1 的电压,电压是否正常	至步骤 7	至步骤 8
7	更换后雾灯的开关,后雾灯是否正常	—	至步骤 3
8	更换继电器,后雾灯是否正常	—	至步骤 9
9	检查从继电器(端子 86)至开关(端子 1)的仪表板线束,确保它没有问题	至步骤 10	—
10	检查至后雾灯继电器的仪表板线束和主线束,必要时应进行维修	—	—
11	更换后雾灯	—	—

8. 倒车灯不工作的故障诊断方法

倒车灯不工作的故障诊断方法见表 8-15。

9. 制动灯的故障诊断方法

制动灯都不工作的故障诊断方法见表 8-16。

表 8-15　倒车灯不工作的故障诊断方法

步骤	措　施	是	否
1	检查 F11 号熔丝是否完好	至步骤 3	至步骤 2
2	更换受损熔丝,倒车灯是否完好	—	至步骤 3
3	检查底盘和右后部线束之间的接插件 D5。测量端子 18 的电压,是否正常	至步骤 4	至步骤 6
4	检查倒车灯及其到电线线束的接插件,确保它没有问题	至步骤 5	至步骤 10
5	检查从接插件(D5)到倒车灯的右后部线束		
6	分开倒车灯开关的接插件,测量端子的电压,是否正常	至步骤 8	至步骤 7
7	检查从熔丝 F11 到倒车灯开关的主线束和发动机线束(经过 28)	—	—
8	检查从倒车灯开关的至接插件 28 的发动机线束和 28 至 Z1 的主线束,确保它没有问题	至步骤 9	
9	检查倒车灯开关,如有需要加以维修		
10	更换倒车灯	—	—

表 8-16　制动灯不工作的故障诊断方法

步骤	措　施	是	否
1	将点火开关拨到 ON 位置,检查 F5 号熔丝,此熔丝是否完好	至步骤 3	至步骤 2
2	更换熔丝,它是否仍是损坏的	至步骤 5	至步骤 3
3	测量熔丝的电压,是否正常	至步骤 5	至步骤 4
4	检查主线束	—	—
5	分开制动器开关接插件,并且检查制动器开关,确保制动器开关没有问题。测量端子的电压,是否正常	至步骤 7	至步骤 6
6	检查从制动器开关到熔丝的主线束	—	—
7	检查主线束和底盘线束之间接插件 Z1(1) 及底盘线束和左后部线束之间的接插件 D4(3),确信它没有问题	至步骤 8	
8	检查从接插件 D4 至制动灯的后车身线束	至步骤 9	
9	检查制动灯及其至电线线束的接插件	至步骤 10	—
10	检查底盘线束和左后部线束 D4(8),检查底盘线束接地点,确信它接地良好		

10. 转向信号灯和危险警告灯的故障诊断方法

转向信号灯和危险警告灯的故障诊断方法见表 8-17。

表 8-17　转向信号灯和危险警告灯的故障诊断方法

步骤	措　施	是	否
1	检查 F4 和 F11 号熔丝是否完好	至步骤 3	至步骤 2
2	更换受损熔丝	至步骤 3	—
3	拆下闪光继电器,使用数字万用表(DMM)测量继电器上端子的电压,电压是否正常	至步骤 7	至步骤 4

续表 8-17

步骤	措　施	是	否
4	拆下危险警告灯开关,使用数字万用表测量开关上端子 15 和端子 4 的电压,电压是否正常	至步骤 5	至步骤 6
5	检查危险警告灯开关和从危险警告灯开关(端子 12)到闪光继电器的主线束和仪表板线束	—	
6	检查从熔断丝(1 号和 21 号)到危险警告开关的主线束和仪表板线束		
7	检查闪光继电器,确信它没有问题,检查继电器上的接地线,确信它接地良好	至步骤 8	—
8	检查从继电器至危险警告开关(端子 4)和转向信号开关(端子 2)的仪表板线束和主线束。如必要加以修理,确信它没有问题	至步骤 9	—
9	检查危险警告开关以及转向信号灯开关,如必要请加以更换并且确信它没有问题	至步骤 10	—
10	检查转向信号灯及其至电线线束的接插件	至步骤 11	—
11	检查主线束、仪表板线束以及底盘线束、右后部线束和左后部线束,如必要加以维修	至步骤 12	—
12	检查仪表板和主线束之间的接插件 Z28、主线束至底盘线束接插件 Z1、底盘线束至右后部线束接插件 D5 和底盘线束至左后部线束接插件 D40	—	至步骤 13
13	检查灯泡,是否有问题	更换灯泡	

二、哈飞微型客车照明系统的维修

(一)前照灯的检修

1. 照明系统控制电路(见图 8-45)

2. 光束照射位置的检验

前照灯光束照射位置检验方法有多种(如屏幕法、前照灯校正仪等),这里仅介绍屏幕法。

检查用场地应平整,屏幕与场地应垂直。被检验车辆应在轮胎气压正常,乘坐一名驾驶人的条件下进行。将车辆停置于屏幕前,并与屏幕垂直,使前照灯基准中心距离 10m,在屏幕上确定与前照灯基准中心离地面 H 等高的水平基准线为基准确定的左右前照灯基准中心位置线,分别测量左右近光光束的水平和垂直照射方位的偏移值。

前照灯光束中心点离地面的高度应为 $0.6\sim0.8H$(见图 8-46)。

前照灯光束水平方向位置向左向右偏均不得超过 100mm(见图 8-47)。

3. 前照灯光束的调整

如图 8-48 所示,前照灯背面带两个调整轮(1、2),通过这两个调整轮来调整光束的照射位置。

(二)雾灯的检修

1. 雾灯控制电路(见图 8-49)

当小灯打开时,红/黄线和黑线接通,前雾灯开关与后雾灯开关照明指示灯亮,显示为绿

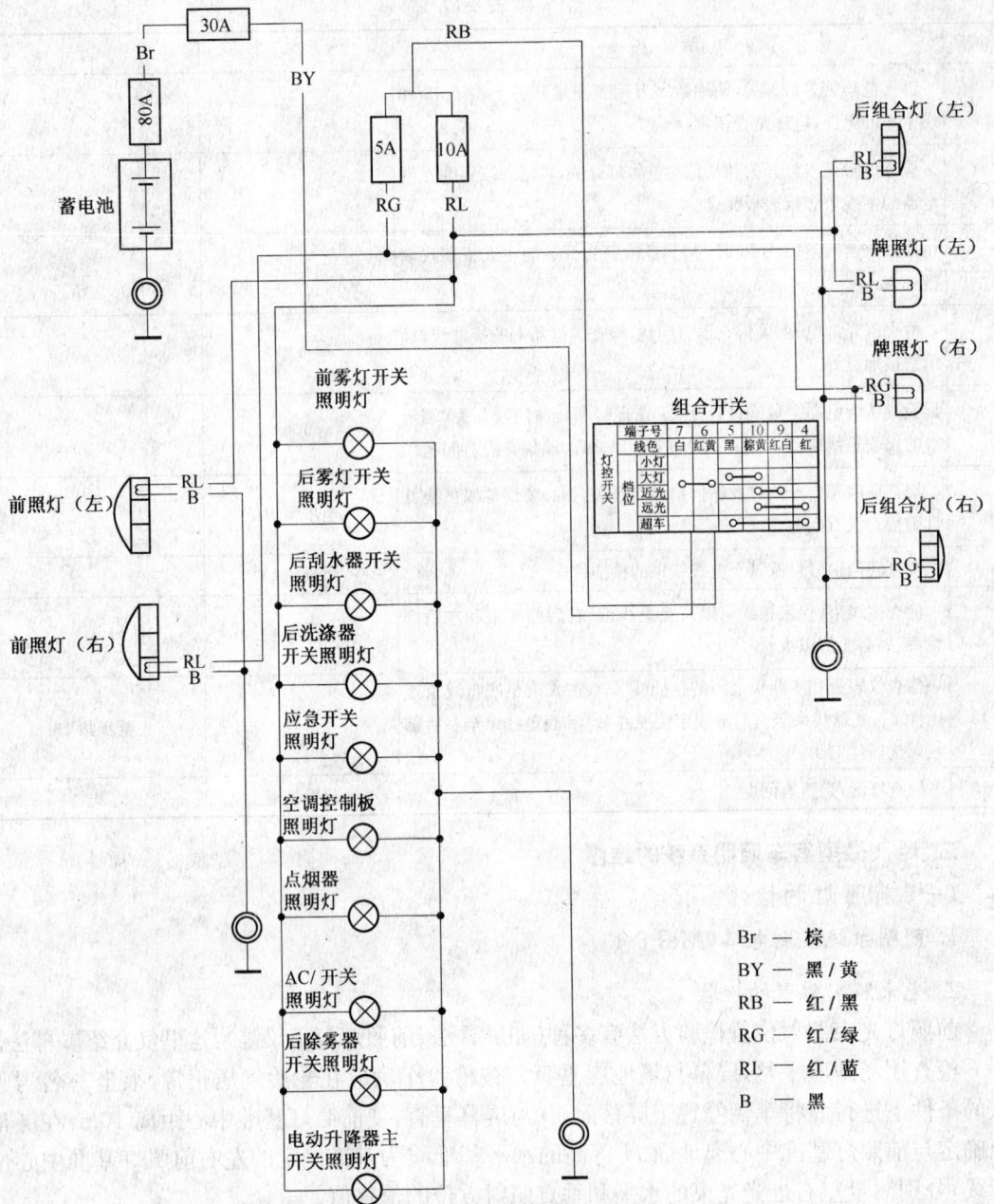

图 8-45　哈飞照明系统控制电路

色。当前雾灯开关接通时,粉红线和粉红/黄接通,前雾灯亮。同时,前雾灯开关内部照明指示熄灭,工作指示灯亮,显示为绿色。

组合开关打到前照灯位置,粉红/蓝线和黑线(搭铁线)接通。此时,将后雾灯开关接通,粉红线与粉红/绿线接通,后雾灯亮。同时,后雾灯开关内部照明指示熄灭,工作指示灯亮,显示为黄色。

2. 雾灯开关的检修

用万用表检查灯光开关的导通性。雾灯开关端子排列见图 8-50。雾灯开关端子导通情况见图 8-51。组合开关端子的排列见图 8-52。组合开关端子导通情况见图 8-53。

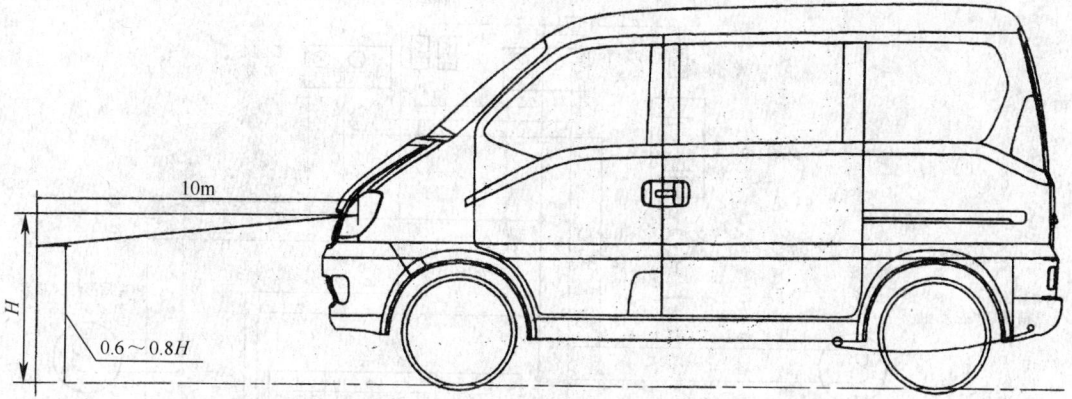

图 8-46　前照灯光束中心点离地面的高度

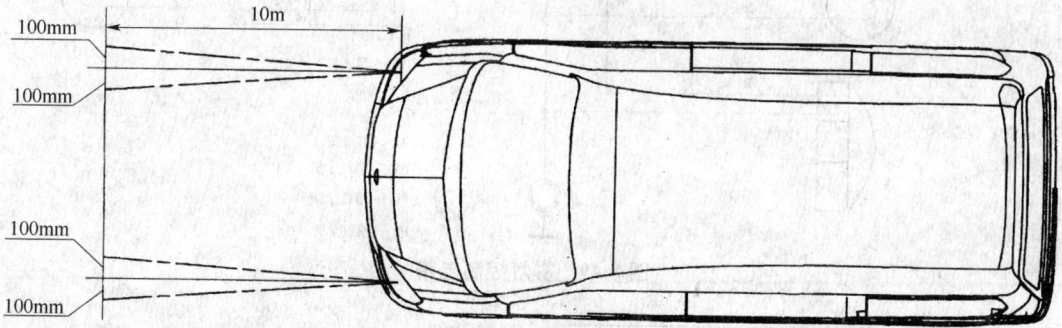

图 8-47　前照灯光束水平方向位置

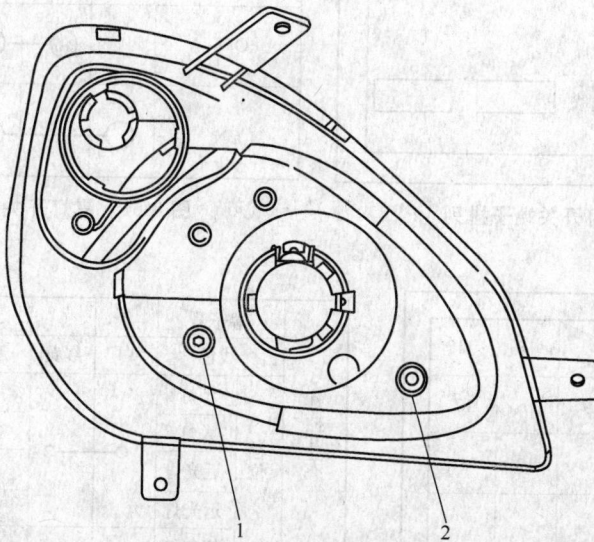

图 8-48　前照灯光束的调整

1、2. 调整轮

图 8-49　雾灯控制电路

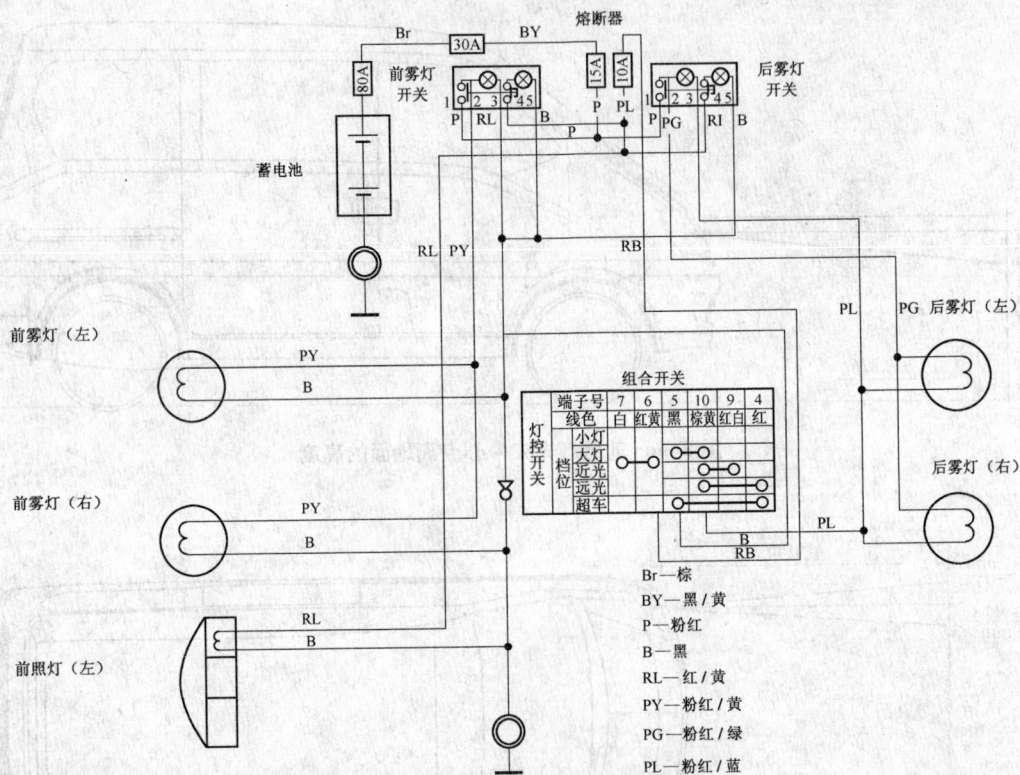

Br—棕
BY—黑 / 黄
P—粉红
B—黑
RL—红 / 黄
PY—粉红 / 黄
PG—粉红 / 绿
PL—粉红 / 蓝

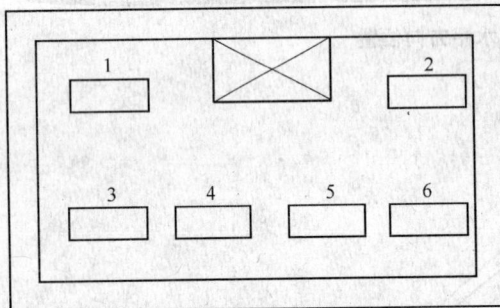

图 8-50　雾灯开关端子排列

开关挡位	端子号码					
	1	4	ILL	3	2	5
OFF		◯	⊗			◯
ON		◯	⊗	◯	◯	

图 8-51　雾灯开关端子导通情况

图 8-52　组合开关端子排列

	端子号	7	6	5	10	9	4
	线色	白	红黄	黑	棕黄	红白	红
灯控开关 挡位	小灯				◯	◯	
	大灯	◯	◯				
	近光灯				◯	◯	
	远光灯				◯		◯
	超车灯	◯	◯				

图 8-53　组合开关端子导通情况

（1）前雾灯开关导通情况的检查。当前雾灯开关接通时,前雾灯开关的端子1、2和3导通,见图8-51。

（2）组合开关导通情况的检查。当组合开关转到小灯位置时,组合开关的端子7和6连通;当组合开关转到大灯位置时,组合开关的端子7和6、5和10连通(见图8-53)。

（3）后雾灯开关导通情况的检查。当后雾灯开关接通时,1、2和3连通(见图8-51)。

（三）转向灯的检修

1. 转向灯控制电路（见图8-54）

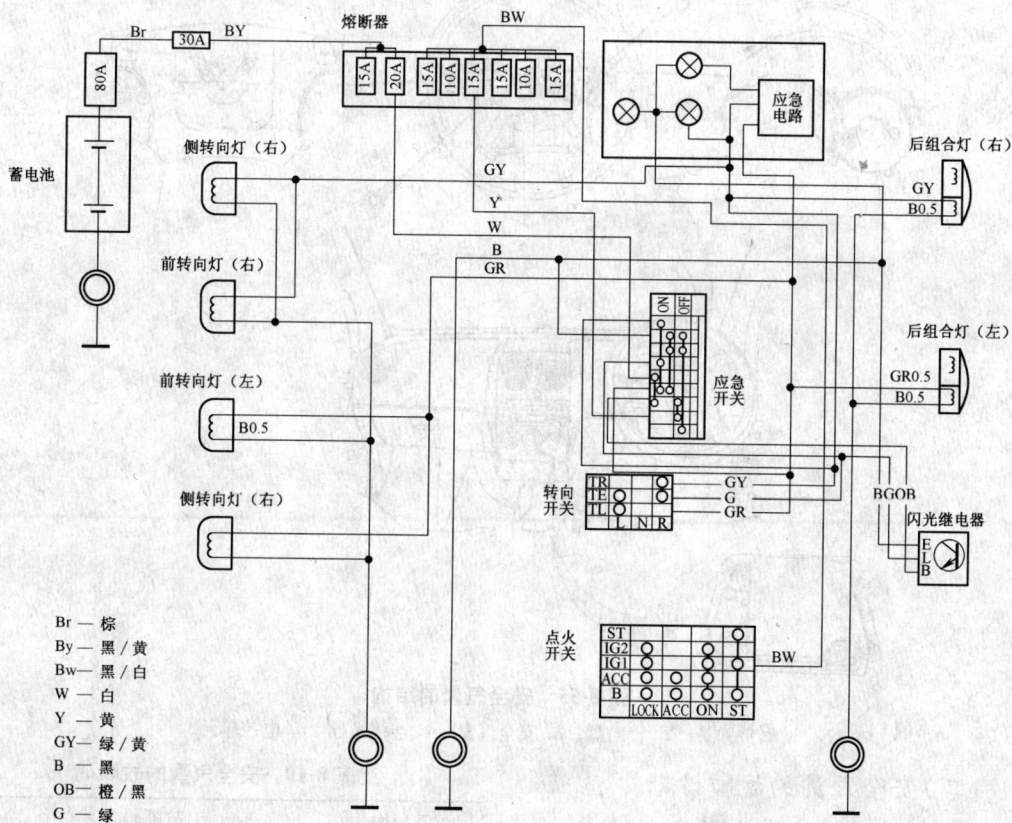

Br — 棕
By — 黑/黄
Bw— 黑/白
W — 白
Y — 黄
GY— 绿/黄
B — 黑
OB— 橙/黑
G — 绿

图8-54　转向灯控制电路

2. 转向灯故障诊断与排除（见表8-18）

表8-18　转向灯故障诊断与排除

故　　障	原　　因	排除方法
任何一组灯都不亮	熔丝已熔断	更换
应急开关接通时,转向信号灯亮	20A熔丝已熔断,或组合开关不良	更换或维修
转向时,转向信号灯不亮	转向触点接触不良	更换或维修
转向开关接通时,转向信号灯不亮;应急开关接通时,转向信号灯不亮	10A熔丝已熔断,或应急开关触点接触不良	更换或修理
闪光频率不稳定,或灯一直亮	闪光器故障	更换
应急开关接通时,只有一组转向信号灯亮	应急开关触点接触故障	修理或更换

第五节　安全气囊的维修

一、五菱微型客车安全气囊的维修

(一)安全气囊的结构

安全气囊的结构见图8-55。

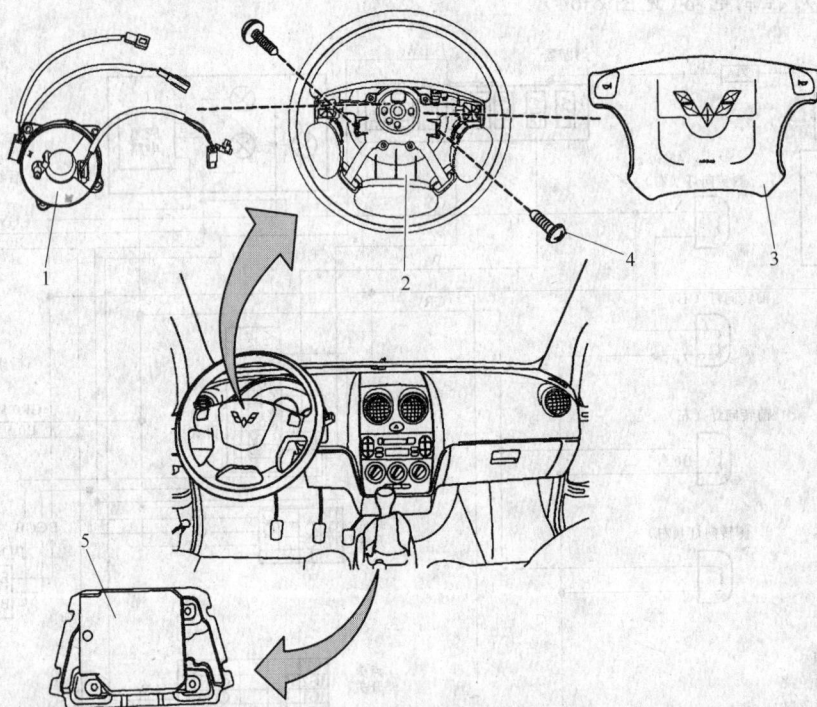

图8-55　安全气囊的结构
1. 时钟弹簧　2. 转向盘　3. 安全气囊　4. 连接螺栓　5. 电控单元

(二)安全气囊的故障诊断

1. 安全气囊的故障码(见表8-19)

2. 安全气囊典型故障码的故障诊断

(1)故障码 DTC B0021 的诊断见表8-20。设置故障码的条件是:安全气囊阻值太大,阻值大于 3.0Ω。

(2)故障码 DTC B0061 的诊断见表8-21。设置故障码的条件是:故障指示灯回路对地短路、对电源短路、故障灯线束断开或组合 SDM 故障灯损坏。

二、长安微型客车安全气囊的维修

(一)安全气囊的结构

1. 电控式安全气囊的结构

表8-19　安全气囊的故障码

故障码	故障码含义
DTC B0021	驾驶座气囊回路阻值过高
DTC B0022	驾驶座气囊回路阻值过低
DTC B0024	驾驶座气囊回路对地短路
DTG B0025	驾驶座气囊回路对电源短路
DTG B0031	电源电压过高
DTC B0032	电源电压过低
DTG B0042	驾驶人安全带预紧回路阻值过低
DTC B0043	驾驶人安全带预紧回路对地短路
DTC B0044	驾驶人安全带预紧回路对电源短路
DTC B0051	碰撞纪录
DTC B0054	超过最大循环使用次数
DTC B0061	故障指示灯失效
DTG B0071	SDM 内部故障

表 8-20　DTC B0021 故障码的诊断

步骤	操　作	是	否
1	用 X-431 检测 SDM 模块时,故障代码是否 B0021	至步骤 2	其他
2	关掉电源,检查 SDM 模块连接器是否插好(线束连接是否完好)	至步骤 3	至步骤 6
3	断开电瓶负极电缆 30s 以上,检查驾驶人安全气囊连接器是否插好(线束连接是否完好)	至步骤 4	至步骤 6
4	驾驶人安全气囊阻值是否正常(典型数值 2.364Ω～3.036Ω)	至步骤 5	至步骤 6
5	更换驾驶人安全气囊	—	—
6	修复后接通电源,观察故障灯状态,此时故障灯亮 4s 后应该熄灭	至步骤 7	至步骤 1
7	已排除故障,用 X-431 清除故障码		

表 8-21　故障码 DTC B0061 的诊断

步骤	操　作	是	否
1	用 X-431 检测 SDM 模块时,故障代码是否 B0061	至步骤 2	其他
2	关掉电源,检查 SDM 线束连接是否正常	至步骤 3	至步骤 7
3	检查 SDM 模块连接器故障指示灯线是否连好	至步骤 4	至步骤 7
4	检查组合仪表发光二极管是否正常	至步骤 5	至步骤 6
5	更换 SDM 模块	至步骤 7	—
6	更换组合仪表	至步骤 7	—
7	修复后接通电源,观察故障灯状态,此时故障灯亮 4s 后应该熄灭	至步骤 8	至步骤 1
8	已排除故障,用 X-431 清除故障码	—	—

长安 CM8 等部分微型汽车上安装有电控式驾驶人安全气囊和前排乘客安全气囊。如图 8-56 所示,电控式安全气囊系统由电控单元、充气袋、气体发生器、线束等部件组成。

安全气囊电控单元在接到额定的触发信号后,触发气体发生器,释放出气体,迅速填充充气袋。通过充气袋来吸收碰撞能量,防止驾驶人和前排乘客身体撞击汽车内部构件,避免人身受到伤害。在正常的操作与储存条件下,安全气囊的使用期限为 12 年。

(1)驾驶人安全气囊。驾驶人安全气囊由气体发生器(充气器)、安全气囊总成和外壳等组成。提示:不要拆散或修理驾驶人安全气囊,如发现了任何异常情况,必须更换驾驶人安全气囊。

①气体发生器。气体发生器的作用是提供气体,填充气袋。气体发生器安装了一个内部短路环,它是自动短路的。当连接好点火管连接器时,内部短路环脱离,从而允许电流通过。当插入正确形状的点火管时,电流才能到达点火器,从而减小了安全气囊意外充气膨胀的风险。

②安全气囊总成。安全气囊总成由尼龙材料制成。

③外壳。外壳的作用是将安全气囊、气体发生器和附件连接到车辆转向盘上,并具备浮动喇叭的功能。

(2)螺旋弹簧。螺旋弹簧由 3 个通电线圈组成,其中两个是气体发生器的,另一个是在转向盘转动时保证喇叭电路连接通畅的。螺旋弹簧由点火管连接器、电缆和外壳组成。

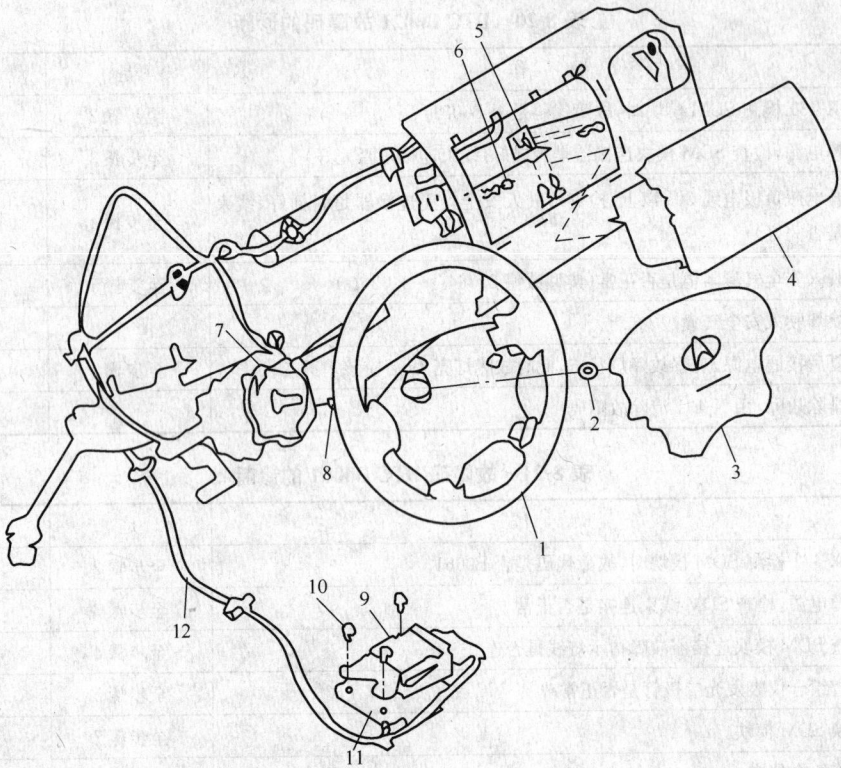

图 8-56　安全气囊组成

1. 转向盘总成　2. 螺母　3. 驾驶人安全气囊　4. 前排乘客安全气囊　5. 前排乘客安全气囊连接板(2块)
6. 六角螺栓弹簧垫组合件(8个)　7. 旋转连接器总成　8. 十字沉头螺钉(4个)　9. 安全气囊电控单元
10. 六角法兰面螺栓(3个)　11. 安全气囊电控单元支架　12. 线束总成

(3)安全气囊警告灯。当安全气囊电控单元检测到系统存在故障后,驱动仪表板上的安全气囊警告灯闪烁,以提示存在故障。

(4)安全气囊系统线束及连接器。当线束断路、损坏或者连接器和端子损坏时,必须更换相应的线束或连接器。

2. 机械式安全气囊的结构

长安之星等部分长安微型汽车的安全气囊系统为机械式。机械式安全气囊总成固定在转向盘上盖内,由传感器、充气装置和充气袋等组成,结构如图 8-57、8-58 所示。当车辆在一定角度内碰撞且碰撞超过一定速度时,安全气囊展开,以保护驾驶人的安全。

(1)传感器。如图 8-59 所示,传感器由传感器球、触发器轴、撞针、推臂组件、偏置弹簧和撞针弹簧组成。传感器球可测量车辆的减速度,在超过车辆减速度的设定值时,通过推臂组件将它的机械动作传给触发器轴,引爆充气袋充气。

(2)传感器闭锁装置。如图 8-60 所示,传感器闭锁装置由传感器闭锁释放板和传感器闭锁释放杆组成。

(3)充气装置和充气袋。如图 8-61 所示,充气装置由点火管、引燃剂、气体生成剂、气体冷却剂和箱体等组成。

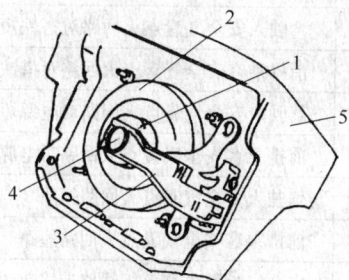

图 8-57 机械式安全气囊的结构(一)

1. 传感器 2. 充气装置 3. 传感器闭锁释放杆

4. 传感器闭锁释放板 5. 转向盘

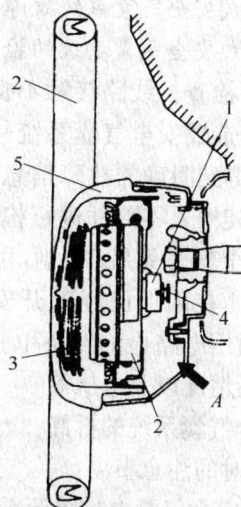

图 8-58 机械式安全气囊的结构(二)

1. 传感器 2. 充气装置 3. 充气袋

4. 传感器闭锁释放板 5. 安全气囊总成

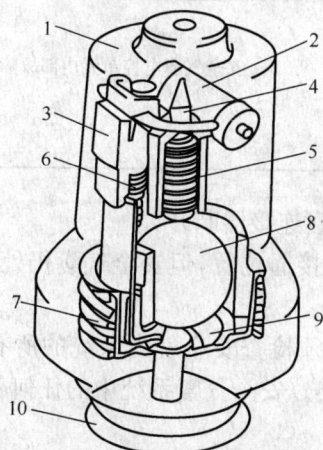

图 8-59 传感器结构图

1. 传感器 2. 触发器轴 3. 推臂组件 4. 撞针

5. 撞针弹簧 6. 偏置弹簧 7. 回位弹簧

8. 传感器球 9. 锁止板 10. 传感器闭锁释放板

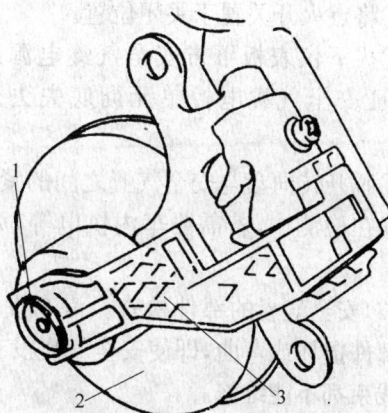

图 8-60 传感器闭锁装置结构图

1. 传感器闭锁释放板 2. 充气装置

3. 传感器闭锁释放杆

(二)电控式安全气囊系统的检修

1. 故障码的读取与清除

(1)故障码的读取。当电控式安全气囊系统有故障时,安全气囊电控单元检测到系统存在故障后,仪表板上的安全气囊警告灯闪烁,以提示存在故障。可使用故障诊断仪读取故障码,根据故障码的提示进行检修。

(2)故障码的清除。当故障排除后,使用故障诊断仪清除所有故障码。

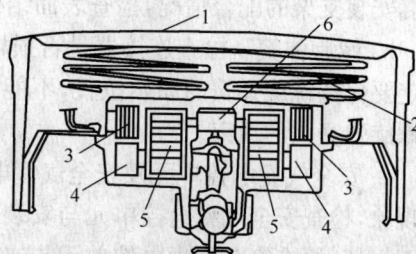

图 8-61 充气装置和充气袋结构图

1. 上盖 2. 充气袋 3. 箱体 4. 气体冷却剂

5. 气体生成剂 6. 引燃剂

2. 电控式安全气囊系统故障码表(表8-22)

3. 电控式安全气囊系统的检修

(1)线路检查。线路接触不良、短路、断路、错接等是造成安全气囊系统故障的最常见原因。在得到明确的故障信息后,对安全气囊系统及其相关零部件进行检修时,必须暂时断开安全气囊系统,否则,可能导致安全气囊展开。在确保已经断开安全气囊系统后,使用通用电路检测设备单独检查线束的电阻、通断情况以及电压等。

(2)安全气囊系统的拆卸。

①拆卸时的注意事项:

a. 拆卸安全气囊电控单元前应,先切断安全气囊电控单元电源。

b. 拆卸转向器时,应将前轮固定在正前方,拔出点火开关,否则会损坏螺旋线圈。

②将点火开关置于关闭位置。

③拔下仪表板下方安全气囊电源连接器,保证安全气囊电控单元彻底失去外部电源。

表 8-22　电控式安全气囊系统故障码

故障码	故障码内容
0103	驾驶人安全气囊点火回路断路
0104	前排乘客安全气囊点火回路断路
0203	驾驶人安全气囊点火回路对搭铁短路
0204	前排乘客安全气囊点火回路对搭铁短路
0303	驾驶人安全气囊点火回路对电源短路
0304	前排乘客安全气囊点火回路对电源短路
0C03	驾驶人安全气囊点火回路短路
0C04	前排乘客安全气囊点火回路短路
0240	安全气囊警告灯负极线路连接错误
0340	安全气囊警告灯正极线路连接错误
0DC0	安全气囊电控单元发出了点火信号
1142	蓄电池或供电线路间歇性接触不良
1242	电压失常(过高或过低)
……	
0301	安全气囊电控单元内部故障
0DC1	
0DCB	

④脱开转向盘与安全气囊之间的紧固螺栓,将安全气囊连接器断开。

⑤在检测中,若需要车内供电等,可将点火开关转至接通位置,但安全气囊仍处于断开状态。

(3)安全气囊的部件检查。汽车发生碰撞事故后,必须检查安全气囊系统的所有部件。任何部件损坏或弯曲,即使安全气囊没有展开,也必须更换。安全气囊系统中的任何零部件,包括线束都不能维修。

①在事故中安全气囊展开后的零部件更换。如需要重新配置安全气囊系统,则必须更换安全气囊电控单元和安全气囊。

②在事故中安全气囊未展开/展开的零部件检查。

a. 安全气囊。检查驾驶人安全气囊与转向盘的配合情况,检查前排乘客安全气囊与安全气囊安装支架的配合情况,检查表面结构是否破损,检查线路连接器是否损坏。

b. 螺旋弹簧。检查连接器是否损坏,检查连接松紧程度是否合适。在拆卸螺旋弹簧时,一定要保持螺旋弹簧的原始位置,不能随意旋转螺旋弹簧,否则可能导致在转动转向盘时弄断螺旋弹簧内的线束。

c. 安全气囊电控单元及安全气囊电控单元支架。检查安全气囊电控单元是否有外表损伤现象,检查安全气囊电控单元与安装支架的位置是否正确,检查安全气囊电控单元连接器是否损坏,检查安全气囊电控单元与连接器是否连接牢固。

d. 线束和安全气囊警告灯。用诊断仪确认线束和安全气囊警告灯是否完好。

(4)安全气囊系统的安装

①安装前的注意事项。

a. 操作安全气囊时要仔细、认真。

b. 拿起安全气囊时,安全气囊开口(封盖)不要对准人体;放置安全气囊时,必须使安全气囊开口向上。

c. 禁止将安全气囊指向他人。

d. 禁止修理、开启或拆卸安全气囊。

e. 除安装指定程序外,禁止供电。

f. 禁止让安全气囊接触热源或火源。

g. 禁止在安全气囊上放置物体。

h. 严禁测量安全气囊的电阻,严禁为安全气囊供电。

②安装时的注意事项。

a. 安装安全气囊电控单元时,必须保证安全气囊电控单元的安装方向并使其在规定的定位角内。

b. 安全气囊电控单元的固定螺栓或螺母必须按标准力矩拧紧[安全气囊与转向盘之间的拧紧力矩为$(9\pm1)N \cdot m$,安全气囊电控单元与安全气囊电控单元支架之间的拧紧力矩为$(8\pm1)N \cdot m$]。

c. 将安全气囊电控单元安装到汽车底盘上时应固定牢靠。

d. 安全气囊电控单元的安装底面应无油脂、金属屑及其他污物。

e. 安全气囊电控单元的金属盒体与汽车底盘相连(通过固定),以便将辐射干扰造成的影响降到最小。

f. 如果安全气囊系统的部件没有连接到安全气囊电控单元上,那么应该避免安全气囊电控单元通电。

③安装步骤。

a. 将点火开关置于关闭位置。

b. 将转向盘内的安全气囊连接器与安全气囊连接好,并确保连接器锁紧。

c. 拧紧转向盘与安全气囊之间的紧固螺栓。

d. 连接安全气囊电控单元连接器和仪表板下的安全气囊电源连接器。

e. 将点火开关置于接通位置,安全气囊警告灯闪烁几秒钟后熄灭。若安全气囊警告灯不正常,则按照前述故障诊断方法进行诊断并排除故障。

(三)机械式安全气囊系统的检修

1. 安全气囊检修注意事项

(1)应严格按照规则维修。不得随意拆卸安全气囊,应严格按规则进行操作。

(2)不得随意改动转向盘及其上盖,否则会影响安全气囊的性能。

(3)汽车处于温度为93℃以上的环境中时(如烤漆时),事先应取下转向盘和安全气囊,以防止安全气囊意外展开。

(4)勿将转向盘和安全气囊放在热空气或者火焰下烘烤。

(5)携带安全气囊时,囊口不要对准身体。

(6)放置安全气囊时,应将安全气囊的正面向上,同时,禁止在安全气囊装饰盖的顶部放置任何物体。

2. 安全气囊的拆卸

(1)如图 8-62 所示,拆下转向盘左侧的转向盘下盖罩。

(2)如图 8-63 所示,用一字旋具拨出传感器闭锁释放杆,向上滑动并用夹子夹紧,夹紧后能感到有"咔哒"声。

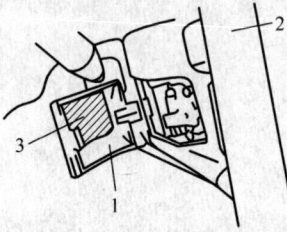

图 8-62　拆卸转向盘下盖罩

1. 警告牌　2. 转向盘　3. 转向盘下盖罩

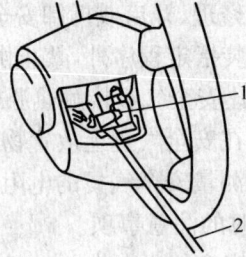

图 8-63　拆卸传感器闭锁释放杆

1. 传感器闭锁释放杆　2. 一字旋具

(3)如图 8-64 所示,拧松并取出左右两侧装配螺栓。

(4)取下安全气囊。

2. 安全气囊的检修

(1)检查转向盘上盖是否有裂纹、破损或变形。

(2)检查充气装置是否有裂纹、破损或变形。

(3)检查转向盘的金属件是否扭曲变形。

若有不良现象,则更换安全气囊总成。

3. 安全气囊的安装

(1)拨出传感器闭锁释放杆。

(2)将两侧的装配螺栓拧紧,将安全气囊装在转向盘上,将左右两侧装配螺栓拧紧。

(3)如图 8-65 所示,从夹子上取下传感器闭锁释放杆,然后将此杆插入传感器闭锁释放板和传感器本体(充气装置)之间,用螺栓盖卡钩将它箍紧。

(4)将转向盘下盖罩安装固定。

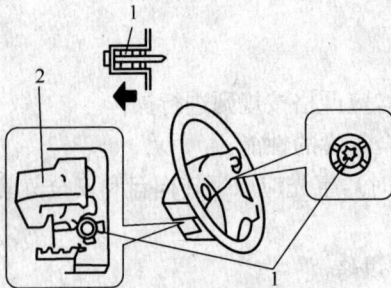

图 8-64　取出装配螺栓

1. 装配螺栓　2. 传感器闭锁释放杆

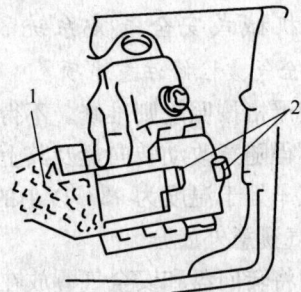

图 8-65　安装安全气囊

1. 传感器闭锁释放杆　2. 螺栓盖卡钩

第六节 防盗系统的维修

一、防盗系统结构简介

部分长安微型汽车(如长安CM8)上安装有防盗系统。防盗系统由防盗控制器、线圈和发射器组成。线圈套在点火锁芯上,通过线路连接在防盗控制器上。发射器装在钥匙柄中。

(1)电源。防盗系统由蓄电池供电。汽车熄火后,防盗系统进入待机状态。

(2)防盗控制器。防盗控制器主要由微处理器和外围元件组成,它与发射器和发动机管理系统进行通信。当点火开关在ON位置时,如果在规定的时间内对发射器认证成功,那么,发动机电控系统就会解除防盗控制,汽车可以起动。

(3)防盗警告灯。防盗控制器驱动一个防盗警告灯,其额定电压为12V。防盗警告灯状态包括正常状态和匹配状态。

①正常状态。当点火开关在OFF位置时,防盗警告灯保持亮0.25s、暗4s的闪烁状态,以起到警告作用。当点火开关在ON位置且确认发射器正常时,防盗警告灯保持长暗状态。

②匹配状态。点火开关在ON位置,匹配钥匙时,防盗警告灯保持亮0.25s、暗4s的闪烁状态。若匹配正确,则防盗警告灯以亮0.25s、暗0.25s的频率闪烁3次,随后保持长暗状态;若匹配不正确,则防盗警告灯保持闪烁。

(4)与发动机电控系统和故障诊断仪的通信。防盗控制器通过专用W线连接到发动机电控系统,通过专用K线连接到故障诊断仪上。

二、防盗系统的故障自诊断

1.防盗系统控制电路

防盗控制器电路原理见图8-66,防盗系统控制电路见图8-67。

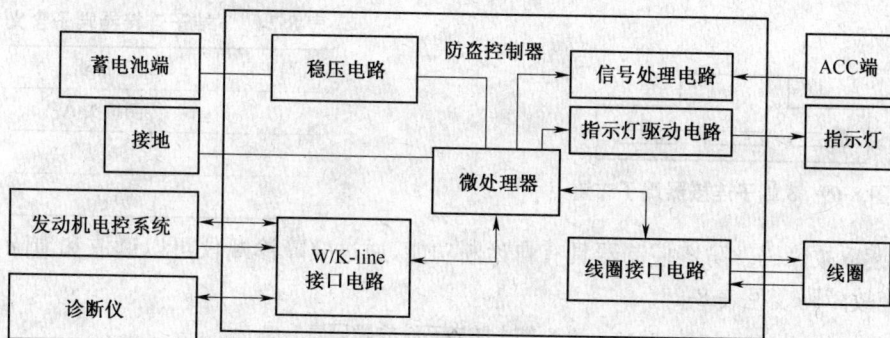

图8-66 防盗控制器电路原理图

2.防盗控制器端子布置及端子含义

发动机防盗控制器共有8端子和3端子两个连接器,其中,8端子连接器端子布置见图8-68,端子含义见表8-23;3端子连接器端子布置见图8-69,端子含义见表8-24。

3.故障自诊断

防盗系统的故障诊断、匹配、状态监控等功能均通过诊断仪实现。将故障诊断仪连到诊断接口上,在主目录下选择"防盗器",故障诊断仪将自动连接防盗器,并显示"正在连接"。若与防盗器通信无误,则会出现防盗器诊断菜单。

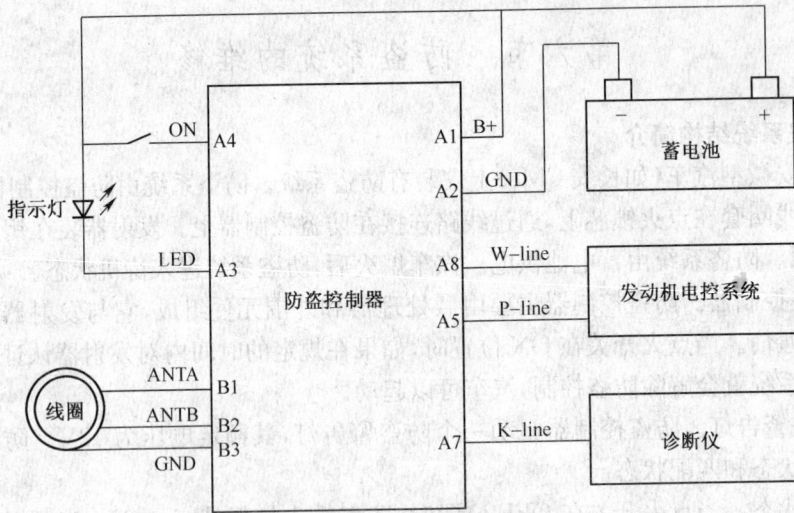

图 8-67　防盗系统控制电路

表 8-23　8 端子连接器端子含义

端子号	端子含义	额定电压(V)
1	接 B+	12
2	搭铁	0
3	接防盗警告灯	12
4	接 ON 端	12
5	接 R 线	12
6	空	—
7	接 K 线	12
8	接 W 线	12

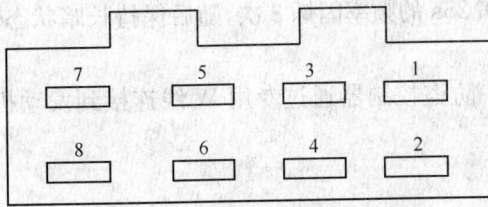

图 8-68　8 端子连接器端子布置

表 8-24　3 端子连接器端子含义

端子号	端子说明
1	线圈接头 A
2	线圈接头 B
3	搭铁

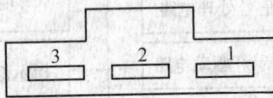

图 8-69　3 端子连接器端子布置

(1)读取故障码。防盗控制器具有自诊断功能,通过故障诊断仪可以读取和清除故障码。防盗系统故障码表见表 8-25。

表 8-25　防盗系统故障码表

故障码	故障原因	故障排除方法
9000	防盗器内部故障	更换防盗器
3010	W 线发生通信错误	(1)检查防盗器 W 线端子的连接线束 (2)更换防盗器
B042	W 线搭铁	检查防盗器 W 线和搭铁线端子的连接线束
B043	W 线与电源短路	检查防盗器 W 线、点火器、蓄电池端子的连接线束
B045	防盗警告灯短路或断路,防盗警告灯工作异常	(1)检查防盗警告灯与防盗器的连接线束 (2)更换防盗警告灯

续表 8-25

故障码	故障原因	故障排除方法
B048	防盗警告灯与电源短路	(1)检查防盗警告灯与防盗器的连接线束 (2)更换防盗警告灯
B055	没有检测到钥匙	(1)检查防盗线圈 (2)更换钥匙中发射器芯片
B056	防盗器未存储任何钥匙信息	用诊断仪将钥匙信息输入到防盗器中
B057	PIN 码没输到防盗器中	用诊断程序向防盗器中写入 PIN 码
B059	未收到来自发动机电控系统的请求信号	检查防盗器 R 线端子的连接线束
B060	收到非法钥匙信息	(1)重新对该钥匙进行匹配 (2)更换钥匙芯片
B061	与钥匙通信被干扰	(1)检查防盗线圈 (2)更换钥匙芯片
B077	检测到只读的钥匙信息	更换钥匙芯片

(2)清除故障码。该选项将清除防盗器中存储的故障码。如需对该项进行操作,则需要输入安全代码(PIN 码)。如果未输入安全代码,就会自动弹出"输入安全代码"的对话框。如果安全代码未设置,那么会弹出"设置安全代码"的对话框。

(3)读基本信息。

①车辆识别码:读出每个车辆的识别码,也就是 VIN 码。

②生产日期:防盗器的生产日期。

③硬件号:防盗器硬件的版本号。

④软件号。

(4)读系统状态。

①点火电源。检测防盗器是否收到点火电源信号。收到时显示 Y,没有收到显示 N。

②钥匙检测。检测是否检测到钥匙。收到显示 Y,没有收到显示 N。

③钥匙存储空间。显示防盗器中的存储状态。防盗器中有 5 个寻访钥匙的位置。如果相应的位置为"空",则该位置未存储钥匙;如果相应的位置为"当前",则表示当前钥匙存储在该位置。

④防盗器工作状态。显示防盗系统的工作状态。如果防盗系统中"收到发动机电控系统请求"、"钥匙验证"、"发动机电控系统验证"这 3 项全部为 Y,则通过防盗认证,车辆可以起动。如果有一项为 N,则说明该项出现了问题,车辆不能起动。

⑤匹配信息。显示钥匙的匹配信息和防盗器的匹配信息。

⑥安全代码。显示安全代码是否被设置,是否出错太多被锁定,还有几次重试的机会。

⑦发动机电控系统故障反馈。查看发动机电控系统的反馈故障。

(5)输入代码。

①设置安全代码(PIN 码)。如果防盗器为新的防盗器,则需要设置安全代码。安全代码一旦被设置,就不能更改。

②输入安全代码。如果防盗器的安全代码被设置,那么,在进行防盗器匹配操作或者防

盗警告灯诊断或者故障码清除的时候,就需要输入安全代码。

3)车辆识别码。给防盗器设置车辆识别码。

三、防盗系统的匹配

1. 防盗器匹配

若需要对该项进行操作时,需要输入安全代码(PIN码)。若未输入安全代码,则会自动弹出"输入安全代码"的对话框。若安全代码未设置,则会弹出"设置安全代码"的对话框。

(1)读防盗器到EMS(集成于发动机电控系统ECU中)。将防盗器中的匹配信息输到EMS中,完成防盗器与EMS的匹配。

(2)读EMS到防盗器。将EMS中的匹配信息输到防盗器中,完成EMS与防盗器的匹配。

(3)匹配钥匙。匹配当前钥匙。

(4)删除钥匙。进入该项后,选择需要删除的钥匙位置,然后删除相应位置上的钥匙。

(5)防盗器复位。该命令仅供汽车生产厂家使用,目的是让防盗器回到初始状态。

(6)EMS复位。该命令仅供汽车生产厂家使用,目的是让EMS回到初始状态。

2. 防盗器匹配举例

(1)匹配新发动机电控单元。

①换上新发动机电控单元。

②将点火开关旋至ON位置。

③在故障诊断菜单的防盗器匹配状态下,将防盗器中的匹配信息输到发动机电控系统中,完成防盗器与发动机电控单元的匹配。

(2)匹配新防盗器。

①换上新防盗器。

②将点火开关旋至ON位置。

③在故障诊断菜单的输入代码状态下设置安全代码。

④在故障诊断菜单的防盗器匹配状态下,将发动机电控系统中的匹配信息输到防盗器中,完成防盗器与发动机电控系统的匹配。

⑤在故障诊断菜单的匹配钥匙状态下,将原来的钥匙全部匹配好。

(3)匹配一把新钥匙。

①将新钥匙插入点火开关中,并将点火开关旋至ON位置。

②在故障诊断菜单的读系统状态下,检查钥匙是否被检测到,钥匙是否为新钥匙。

③在故障诊断菜单的读系统状态下,检查防盗器中是否还有存储空间。如果没有存储空间,那么,需要在故障诊断菜单的删除钥匙状态下清除不想要的钥匙。

④在故障诊断菜单的匹配钥匙状态下配钥匙。

第七节　组合仪表的维修

一、五菱微型客车组合仪表的维修

(一)组合仪表控制电路

组合仪表控制电路见图8-70~图8-72。

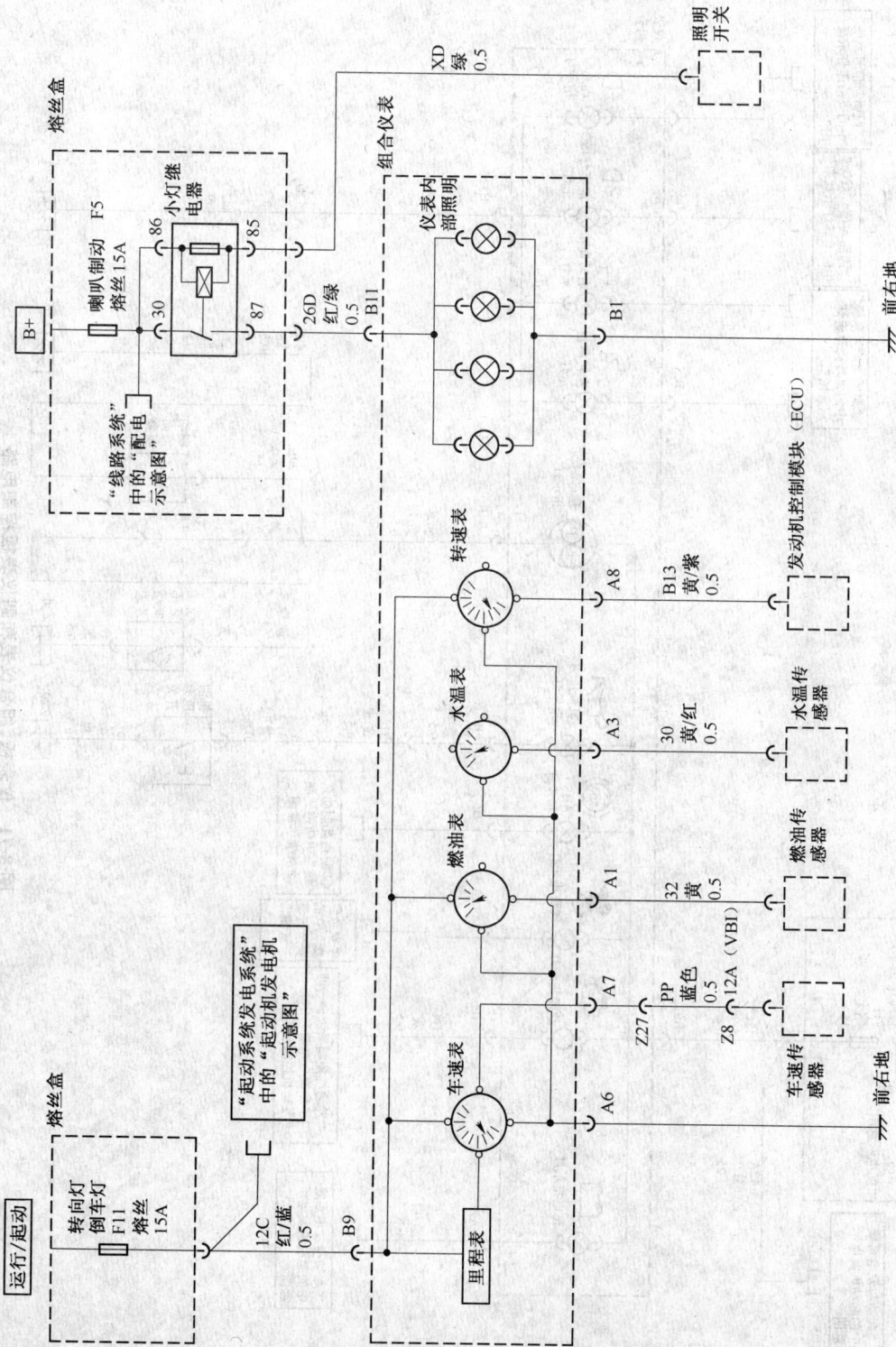

图 8-70　组合仪表控制电路

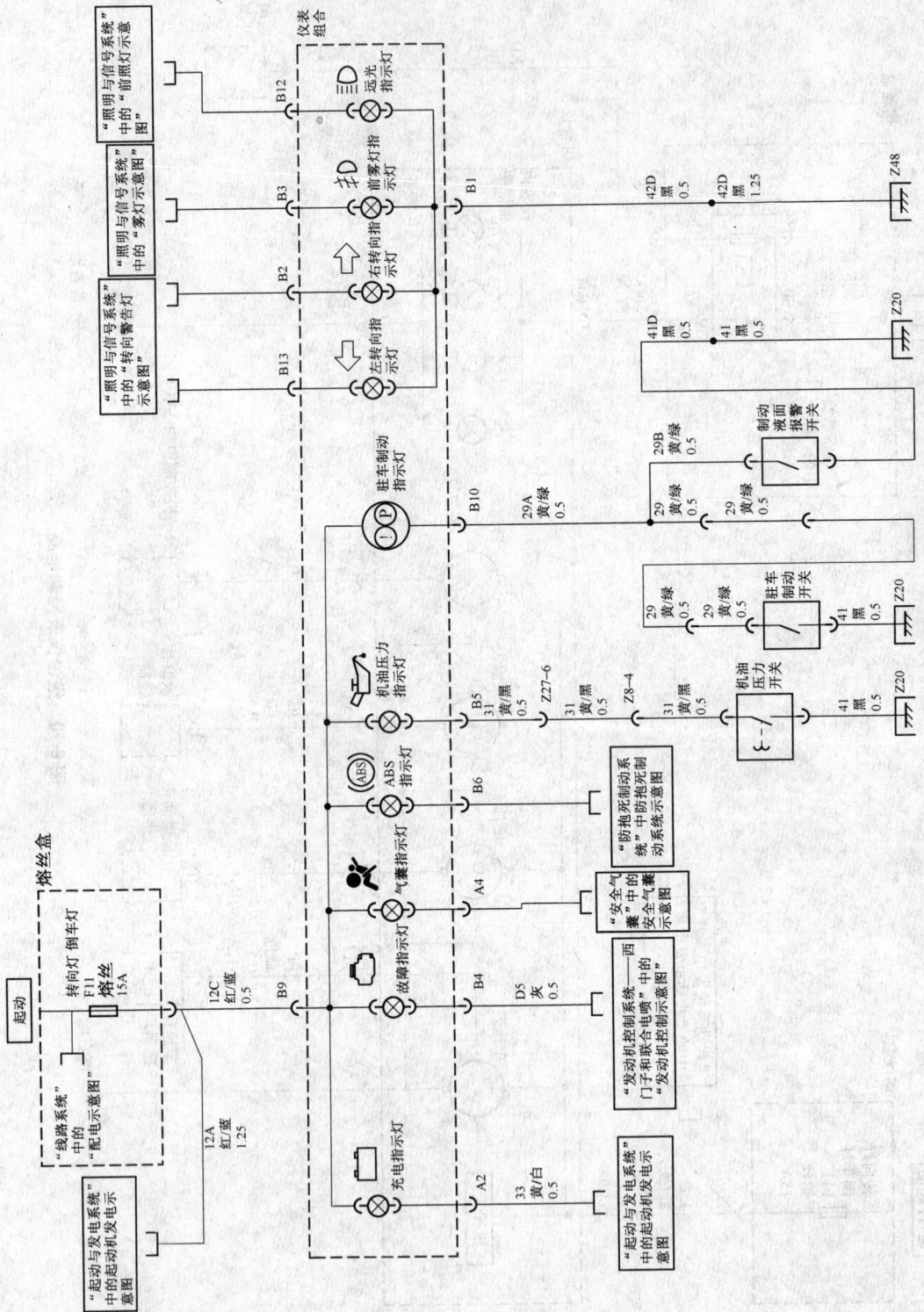

图 8-71　仪表板、组合仪表和副仪表板控制电路

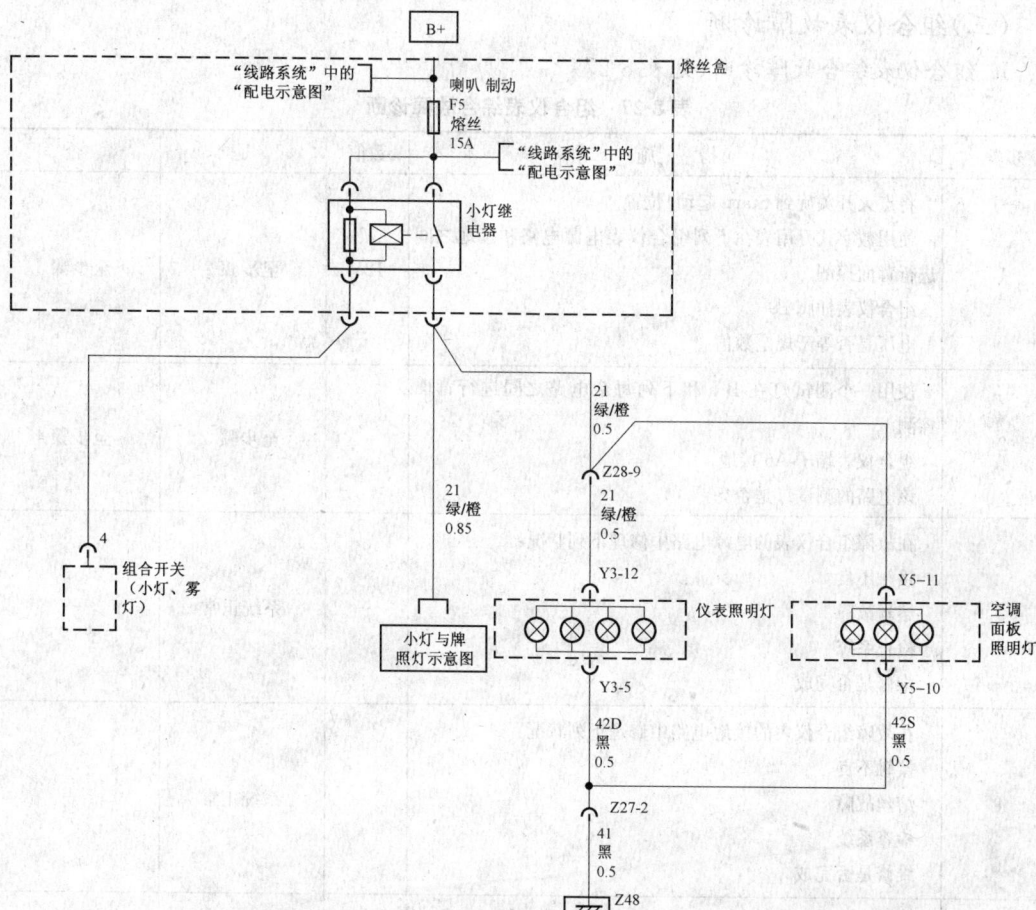

图 8-72 点烟器控制电路

(二)组合仪表端子含义

组合仪表端子(管脚)的排列见图 8-73,含义见表 8-26。

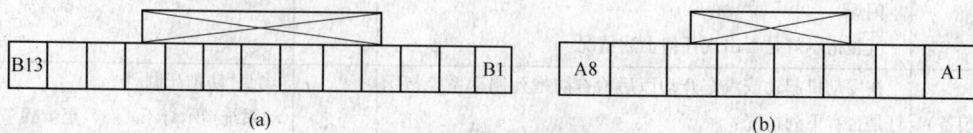

(a)

(b)

图 8-73 组合仪表端子排列

表 8-26 组合仪表端子含义

管脚	线号	导线颜色	功　能	管脚	线号	导线颜色	功　能
A1	32	黄	燃油指示	B2	28A	绿黄	右转向指示
A2	33	黄白	充电指示	B3	120E	棕白	前雾灯指示
A3	30	黄红	水温指示	B4	D5	灰	发动机故障指示
A4	SDM	灰	安全气囊指示	B5	31	黄黑	发动机机油压力指示
A5	42D	黑	仪表接地	B9	12C	红蓝	仪表电源
A6	S1	灰/白	车速信号输出	B10	29A	黄绿	制动系统故障指示
A7	PP	蓝	车速传感器	B11	21D	绿白	仪表内照明电源
A8	B13	黄紫	转速信号	B12	16B	红	远光指示
B1	43C	黑	接地	B13	27A	绿蓝	左转向指示

（三）组合仪表故障诊断

1. 组合仪表综合故障诊断（见表8-27）

表 8-27　组合仪表综合故障诊断

步骤	措　施	数值	是	否
1	将点火开关旋到 Start（起动）位置 使用数字式万用表在下列组合仪表电源电路和接地之间进行背面探测 组合仪表插脚 B9 电压是否等于规定数值	12V	至步骤 2	至步骤 3
2	使用一个测试灯在 B+ 和下列每个电路之间进行背面探测 组合仪表端子 A6 接地 该电路的测试灯是否亮	—	至步骤 5	至步骤 4
3	在故障组合仪表的电源电路中修理下列状况： 接触不良 熔丝故障 检查系统 维修是否完成	—	系统正常	
4	在故障组合仪表的接地电路中修理下列状况： 接触不良 熔丝故障 检查系统 维修是否完成	—	系统正常	
5（如装备）	在发动机起动或汽车开动以后检查气囊指示灯是否有下列情况： 不工作 一直亮着 闪烁 气囊指示灯是否出现任何上述情况	—	参见"辅助充气保护（气囊）诊断系统检查"	至步骤 6
6（如装备）	在发动机起动或汽车开动以后检查防抱死制动系统指示灯是否有下列情况： 该防抱死制动系统指示灯是否工作	—	参见"防抱死制动系统指示灯不工作"	至步骤 7
7（如装备）	在发动机起动或汽车开动以后检查防抱死制动系统指示灯是否有下列情况： 一直亮着 闪烁 防抱死制动系统指示灯是否出现任何上述情况	—	参见"防抱死制动系统指示灯常亮"	至步骤 8
8	检查制动器警告灯 制动警告指示灯是否常亮	—	参见"制动警告指示灯常亮"	至步骤 9
9	设在驻车制动档 当设在驻车制动档以后制动警告指示灯是否启亮	—	至步骤 10	参见"制动警告指示灯不工作"
10	检查制动液 当制动液不足时制动警告指示灯是否亮起	—	至步骤 11	参见"制动警告指示灯不工作"

续表 8-27

步骤	措　　施	数值	是	否
11	检查制动警告指示灯 该指示灯是否工作	—	参见"制动警告 指示灯不工作"	至步骤 12
12	将点火开关旋到 Start(起动)位置或开动汽车 检查充电指示灯有无下列情况: 一直亮着 闪烁 充电指示灯是否出现任何上述情况	—	参见"蓄电池充 电指示灯不工作"	至步骤 13
13	将点火开关旋到 Start(起动)位置或开动汽车 检查充电指示灯有无下列情况: 不工作 充电指示灯是否出现任何上述情况	—	参见"蓄电池充 电指示灯不工作"	至步骤 26
14	将点火开关旋到 Start(起动)位置或开动汽车 检查发动机冷却液温度表有无下列情况: 不工作 不准确 工作不稳定 温度表是否出现任何上述情况	—	参见"发动机冷 却液温度表不准 或不工作"	至步骤 15
15	将点火开关旋到 Start(起动)位置或开动汽车 检查燃油表有无下列情况: 不工作 不准确 工作不稳定 燃油表是否出现任何上述情况	—	参见"燃油表不 准确或不工作"	至步骤 16
16	将点火开关旋到开的位置或开动汽车 检查远光指示灯有无下列情况 不工作 一直亮着 远光指示灯是否出现任何上述情况	—	参见"远光常亮/ 不工作"	至步骤 17
17	将点火开关旋到 Start(起动)位置 为了调暗组合仪表的背景灯,可调节 Dimmer(灯光调节) 开关 组合仪表的背景灯是否正常调节	—	至步骤 18	参见"组合仪表背 景灯不工作"
18	将点火开关旋到起动的位置或开动汽车 检查燃油表指示至少 1/8 满量程 低油量指示灯是否亮	—	参见"低油量指 示灯常亮"	至步骤 19
19	将点火开关旋到起动的位置或开动汽车 检查燃油表指示至少位于 1/8 满以上 低油量指示灯是否工作	—	参见"低油量指 示灯不工作"	至步骤 20
20	将点火开关旋到开的位置或开动汽车 检查机油压力指示灯有无下列情况: 一直亮着 闪烁 机油压力指示灯是否出现任何上述情况	—	参见"发动机油 压指示灯常亮"	至步骤 21

续表 8-27

步骤	措　施	数值	是	否
21	将点火开关旋到 Start(起动)位置 检查机油压力指示灯 机油压力指示灯是否工作	—	参见"发动机油压指示灯不工作"	至步骤 22
22	将点火开关旋到起动位置或开动汽车 "检查发动机"指示灯有无下列情况： 一直亮着 闪烁 "检查发动机"指示灯是否出现任何上述情况	—	参见"检查发动机指示灯常亮"	至步骤 23
23	将点火开关旋到 Start(起动)位置 检查"检查发动机"指示灯 检查"检查发动机"指示灯是否工作	—	参见"检查发动机指示灯不工作"	至步骤 24
24	将点火开关旋到 Start(起动)位置或开动汽车 检查车速表/里程表 车速表/里程表指示灯工作是否不准确或不稳定	—	参见"车速表和/或里程表不准确"	至步骤 25
25	将点火开关旋到 Start(起动)位置或开动汽车 检查车速表/里程表 该车速表/里程表指示灯是否工作	—	参见"车速表和/或里程表不工作"	至步骤 26
26	将点火开关旋到 Start(起动)位置或开动汽车 检查转速表 转速表工作是否不准确或不稳定	—	参见"转速表不准"	至步骤 27
27	将点火开关旋到 Start(起动)位置或开动汽车 检查转速表 转速表指示灯是否工作	—	参见"转速表不工作"	至步骤 28
28	将点火开关旋到 Start(起动)位置或开动汽车 检查左转向信号指示灯 左转向信号指示灯是否工作	—	参见"左转向信号指示灯不工作"	至步骤 29
29	将点火开关旋到 Start(起动)位置或开动汽车 检查右转向信号指示灯 右转向信号指示灯是否工作	—	参见"右转向信号指示灯不工作"	至步骤 30
30	执行组合仪表诊断系统检查中的所有操作步骤 检查是否完成	—	系统正常	—

2. 制动器指示灯常亮或不工作的故障诊断(见表 8-28)

表 8-28　制动器指示灯常亮或不工作的故障诊断

步骤	措　施	数值	是	否
1	将点火开关旋至 Run(运转)位置 制动器指示灯是否一直是亮的	—	至步骤 2	至步骤 7
2	检查是否使用了驻车制动器	—	至步骤 3	至步骤 6
3	在不使用驻车制动器时,在驾车过程中检查制动器指示灯是否一直亮着	—	至步骤 4	至"系统检查"

续表 8-28

步骤	措　施	数值	是	否
4	用数字式万用表检查组合仪表接头(端子 B10)的电压	0伏	到"制动系统检查制动液控制开关和驻车制动开关"	至步骤5
5	更换组合仪表,参见"仪表板组合仪表更换" 维修是否完成	—	至"系统检查"	—
6	检查制动液液面是否太低	—	至步骤3	至步骤4
7	用数字式万用表检查组合仪表接头(端子 B10)的电压	12伏	至步骤8	至步骤5
8	用数字式万用表检查组合仪表接头(B10)和驻车制动开关制动液面报警开关之间的电路是否开路	—	至步骤2	到"制动系统检查制动液控制开关和驻车制动开关"
9	修理组合仪表接头端子(B10)和开关间的开路-黄/绿线 维修是否完好	—	至"系统检查"	—

3. 安全气囊指示灯的故障诊断(见表 8-29)

表 8-29　安全气囊指示灯的故障诊断

步骤	措　施	数值	是	否
1	将点火开关旋至 Run(运转)位置,让发动机熄火 气囊指示灯是否还能亮几秒钟	—	至步骤2	至步骤5
2	将点火开关旋至 Start(起动)位置,让发动机开着 气囊指示灯是否会熄灭	—	至"气囊控制单元中的系统检查"	至步骤3
3	用数字式万用表检查组合仪表接头(端子 A4)的电压	0伏	至"气囊控制单元中的系统检查"	至步骤4
4	更换组合仪表。参见"仪表板组合仪表更换" 维修是否完成	—	至"系统检查"	—
5	用数字式万用表检查组合仪表接头(端子 A4)的电压	0伏	至步骤4	至步骤6
6	用数字式万用表检查气囊控制单元的电压	0伏	至步骤7	至"气囊控制单元中系统检查"
7	修理组合仪表接头(端子 A4)和气囊控制单元之间的开路 维修是否完成	—	至"系统检查"	—

4. 发动机冷却液温度表不准确或不工作的故障诊断(见表 8-30)

表 8-30　发动机冷却液温度表不准确或不工作的故障诊断

步骤	措　施	数值	是	否
1	是否进行过"组合仪表诊断系统检查"	—	至步骤2	至"系统检查"
2	检查发动机冷却液系统(参见"发动机冷却液系统诊断") 是否正常	—	至步骤3	至"发动机冷却液系统修理"
3	更换发动机冷却液温度传感器。参见"温度传感器更换" 是否解决了问题	—	系统正常	至步骤4

续表 8-30

步骤	措　　施	数值	是	否
4	用数字式万用表测试组合仪表(端子 A3)和温度传感器(端子 1)之间的电路 电路是否开路	—	至步骤 5	至步骤 6
5	修理组合仪表(端子 A3)和温度传感器(端子 1)之间的电路 是否解决了问题	—	系统正常	至步骤 6
6	更换组合仪表。参见"组合仪表更换" 维修是否完成	—	系统正常	—

5. 燃油表不准确或不工作的故障诊断(见表 8-31)

表 8-31　燃油表不准确或不工作的故障诊断

步骤	措　　施	数值	是	否
1	是否进行过"组合仪表诊断系统检查"	—	至步骤 2	至"系统检查"
2	用数字式万用表测试组合仪表(端子 A1)和燃油传感器(端子 D)之间的电路 电路是否开路	—	至步骤 3	至步骤 3
3	修理组合仪表和温度传感器之间的电路 是否解决了问题	—	系统正常	至步骤 4
4	更换燃油传感器 参见"传动系统-燃油传感器更换" 是否解决了问题	—	系统正常	至步骤 4
5	更换组合仪表 参见"组合仪表更换" 维修是否完成	—	系统正常	—

6. 车速表和里程表不准确或不工作的故障诊断(见表 8-32)

表 8-32　车速表和里程表不准确或不工作的故障诊断

步骤	措　　施	数值	是	否
1	是否进行过"组合仪表诊断系统检查"	—	至步骤 2	至"系统检查"
2	用 Tech2 检查汽车速度 是否测到车速	—	至步骤 4	至步骤 3
3	更换车速传感器 是否解决了问题	—	系统正常	至步骤 2
4	用数字式万用表检查组合仪表(端子 A7)和车速传感器(端子 1)之间的电路 电路是否断开了	—	至步骤 5	至步骤 6
6	修理断开的电路 是否解决了问题	—	系统正常	至步骤 6
6	更换组合仪表 参见"组合仪表更换" 修理是否完成了	—	至"系统检查"	—

7. 转速表不准确的故障诊断（见表 8-33）

表 8-33 转速表不准确的故障诊断

步骤	措　施	数值	是	否
1	是否进行过"组合仪表诊断系统检查"	—	至步骤 2	至"系统检查"
2	安装一个 Tech2。将点火开关旋到 Start(起动)位置 起动发动机。在主菜单上选择特殊功能 转速表指示灯与 ECM 输出是否完全相同	—	至"发动机控制中的传动系车上诊断系统检查"	至步骤 3
3	更换组合仪表。参见"组合仪表(IRC)更换" 检查系统 维修是否完成	—	至"系统检查"	—

8. 转速表不工作的故障诊断（见表 8-34）

表 8-34 转速表不工作的故障诊断

步骤	措　施	数值	是	否
1	是否进行过"组合仪表诊断系统检查"	—	至步骤 2	至"系统检查"
2	安装一个 Tech2 将点火开关旋到 Start(起动)位置。起动发动机 在主菜单上选择特殊功能 发动机控制模块是否有转速表输出	—	至步骤 3	至"发动机控制中的传动系车上诊断系统检查"
3	用数字式万用表检查组合仪表接头(端子 A8)和发动机控制模块(西门子发动机端子 A68 或联合电子发动机端子 8)之间的电路 电路是否开路	—	至步骤 4	至步骤 5
4	修理开路的线束 维修是否完成	—	至"系统检查"	—
5	更换组合仪表 参见"组合仪表更换" 维修是否完好	—	至"系统检查"	—

9. 蓄电池充电指示灯不工作的故障诊断（见表 8-35）

表 8-35 蓄电池充电指示灯不工作的故障诊断

步骤	措　施	数值	是	否
1	是否进行过"组合仪表诊断系统检查"	—	至步骤 2	至"系统检查"
2	将点火开关旋到 Run(运转)位置 指令发出后蓄电池充电指示灯是否亮起		至步骤 3	至步骤 4
3	将点火开关旋至 Start(起动)位置,让发动机起动 指令发出后蓄电池充电指示灯是否熄灭		至"系统检查"	至步骤 8
4	用数字式万用表检查组合仪表接头(端子 A2)的电压	0V	至步骤 5	至步骤 6
5	更换组合仪表 参见"组合仪表更换" 维修是否完成		至"系统检查"	—
6	用数字式万用表检查在组合仪表接头(端子 A2)和交流发电机接头(端子 11)之间的电路 是否断开的	—	至步骤 7	至"交流发电机系统检查"

续表 8-35

步骤	措　　施	数值	是	否
7	修理断开的电路 维修是否完成	—	至"系统检查"	—
8	用数字式万用表检查交流发电机接头(端子11)的电压	12V	至步骤5	至"交流发电机系统检查"

10. 发动机机油压力指示灯常亮或不工作的故障诊断(见表 8-36)

表 8-36　发动机机油压力指示灯常亮或不工作的故障诊断

步骤	措　　施	数值	是	否
1	是否进行过"组合仪表诊断系统检查"	—	至步骤2	至"系统检查"
2	将点火开关旋至(运转)位置,让发动机熄火 低油压指示灯是否还能亮	—	至步骤3	至步骤4
3	将点火开关旋至 Start(起动)位置,让发动机起动 低油压指示灯是否灭	—	至"系统检查"	至步骤10
4	用数字式万用表检查组合仪表接头(端子 B5)的电压	0V	至步骤7	至步骤5
5	用数字式万用表检查仪表线束与主线束连接器 Z27(端子 6)和主线束与发动机线束连接器 Z8(端子 4)的电压	0V	至步骤8	至步骤6
6	用数字式万用表检查机油压力开关的输出	0V	至步骤9	至"发动机系统检查之油压传感器"
7	更换组合仪表 参见"组合仪表更换" 维修是否完成	—	至"系统检查"	—
8	修理仪表线束与主线束连接器 Z27(端子 6)和主线束与发动机线束连接器 Z8(端子 4)之间的黄黑色线的开路 维修是否完成	—	至"系统检查"	—
9	修理主线束与发动机线束连接器 Z8(端子 4)和机油压力开关之间的黄黑色线的开路 维修是否完成	—	至"系统检查"	—
10	用数字式万用表检查油压传感器的输出	12V	至步骤7	至"发动机系统检查之油压传感器"

11. 左右转向信号指示灯不工作的故障诊断(见表 8-37)

表 8-37　左右转向信号指示灯不工作的故障诊断

步骤	措　　施	数值	是	否
1	打开转向信号开关,以打开左右转向信号灯 用数字式万用表检查组合仪表接头(端子 B1)的电压	12V	至步骤2	至步骤5
2	拆下组合仪表 检查组合仪表接头和左右转向信号指示灯,查找有无开路或连接不紧 组合仪表接头和左右转向信号指示灯工作状态是否正常	—	至步骤3	至步骤4

续表 8-37

步骤	措　施	数值	是	否
3	更换组合仪表。参见"组合仪表更换" 维修是否完成	—	至"系统检查"	—
4	修理组合仪表接头或更换左转向信号指示灯 维修是否完成	—	至"系统检查"	—
5	修理组合仪表接头和转向信号开关之间的开路 维修是否完成	—	至"系统检查"	—

12. 组合仪表背景灯不工作的故障诊断（见表 8-38）

表 8-38　组合仪表背景灯不工作的故障诊断

步骤	措　施	数值	是	否
1	是否进行过"组合仪表诊断系统检查"	—	至步骤 2	至"系统检查"
2	将点火开关旋到 Start（起动）位置 将车灯开关打到驻车位置 背景灯是否亮	—	至步骤 3	至步骤 4
3	移动变光器控制 观察背景灯是否随着变光器控制的调节而变化	—	系统正常	至步骤 8
4	用数字式万用表检查组合仪表接头（端子 B11）是否有电压	—	至步骤 7	至步骤 5
5	用数字式万用表检查是否变光器控制有电压输出	—	至步骤 6	至"内部照明系统 检查之开关"
6	修理组合仪表接头（端子 B11）和变光器控制之间的开路 维修是否完成	—	至"系统检查"	—
7	更换组合仪表 参见"组合仪表更换" 维修是否完成	—	至"系统检查"	—
8	在组合仪表接头（端子 B11）和变光器控制之间连接一个测试灯泡 测试灯泡是否随着移动变光器控制而闪烁	—	至步骤 7	至"内部照明系统 检查之开关"

13. 远光灯常亮或不工作的故障诊断（见表 8-39）

表 8-39　远光灯常亮或不工作的故障诊断

步骤	措　施	数值	是	否
1	将点火开关旋到 Start（起动）位置 将车灯开关打到近光位置 将开关从近光打到远光位置 远光是否亮了	—	至"系统检查"	至步骤 2
2	用数字式万用表检查组合仪表接头（端子 B1）的电压	12V	至步骤 4	至步骤 3
3	修理近光开关和组合仪表接头（端子 B1）之间的开路 维修是否完成	—	至"系统检查"	—
4	更换组合仪表 参见"组合仪表更换" 维修是否完成	—	至"系统检查"	—

14. 发动机检查指示灯常亮或不工作的故障诊断(见表 8-40)

表 8-40　发动机检查指示灯常亮或不工作的故障诊断

步骤	措　施	数值	是	否
1	将点火开关旋至 Run(运转)位置,让发动机熄火 发动机检查指示灯是否还亮	—	至步骤 2	至步骤 6
2	将点火开关旋至 Start(起动)位置,让发动机起动 在发动机开始运转以后指示灯是否仍常亮	—	至"发动机系统检查之发动机控制模块"	至步骤 4
3	将点火开关旋至 Start(起动)位置,让发动机起动 在发动机开始运转以后指示灯是否闪烁	—	至"汽车防盗模块"	至"系统检查"
4	用数字式万用表检查组合仪表接头(端子 B4)的电压	0伏	至"发动机系统检查之发动机控制模块"	至步骤 5
4	用数字式万用表检查组合仪表接头(端子 B4)的电压	0伏	至"发动机系统检查之发动机控制模块"	至步骤 5
5	更换组合仪表 参见"组合仪表更换" 维修是否完成	—	至"系统检查"	—
6	用数字式万用表检查组合仪表接头(端子 B4)的电压	0伏	至步骤 5	至步骤 7
7	用数字式万用表检查发动机控制模块(西门子发动机端子 A71 或联合电子发动机端子 29)的电压	0伏	至步骤 8	至"发动机系统检查之发动机控制模块"
8	修理组合仪表接头(端子 B4)和发动机控制模块(西门子发动机端子 A71 或联合电子发动机端子 29)之间的开路 维修是否完成	—	至"系统检查"	—

15. 点烟器不工作的故障诊断(见表 8-41)

表 8-41　点烟器不工作的故障诊断

步骤	措　施	是	否
1	检查熔丝 F13 熔丝是否烧断了	至步骤 4	至步骤 2
2	用一个测试灯连接点烟器的正负两端看是否有电 测试灯亮	至步骤 5	至步骤 3
3	点烟器灯是否亮	至步骤 6	至步骤 7
4	更换熔丝	—	至"系统检查"
5	更换点烟器	—	至"系统检查"
6	更换点烟器灯泡	—	至"系统检查"
7	修理接触不良的连接	—	至"系统检查"

二、长安微型客车组合仪表的维修

(一)组合仪表的组成及控制电路

1. 组成

如图 8-74 所示,组合仪表上有冷却液温度表、车速表、燃油表、机油压力报警灯、制动液液位信号灯、充电指示灯、驻车制动信号灯、远光信号灯等。

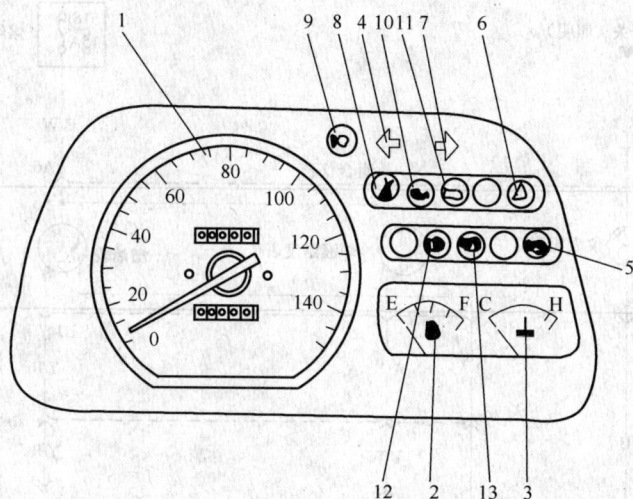

图 8-74　组合仪表的组成

1. 车速表　2. 燃油表　3. 冷却液温度表　4. 左转向信号指示灯　5. ABS 警告灯(若装配有)
6. 危险报警信号灯(若装配有)　7. 右转向信号指示灯　8. 安全带信号灯(若装配有)　9. 远光信号灯
10. 机油压力报警灯　11. 充电指示灯　12. 驻车制动信号灯　13. 制动液液位信号灯

2. 组合仪表连接器端子布置图

组合仪表的连接器有两个。连接器端子 A 的布置见图 8-75,端子含义见表 8-42;连接器端子 B 的布置见图 8-76,端子含义见表 8-43。

图 8-75　连接器端子 A 布置

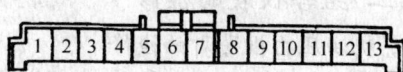

图 8-76　连接器端子 B 布置

表 8-42　连接器端子 A 端子含义

端子号	颜色	说　明
1	白色/蓝色	与熔丝盒相连
2	绿色/红色	与组合开关相连
3	绿色/黄色	与组合开关相连
4、7、9～15	—	空位
5	白色/红色	与发电机相连
6	黑色/白色	与熔丝盒开关相连
8	红色/黄色	与组合开关相连
16	红色	与组合开关相连

表 8-43　连接器端子 B 端子含义

端子号	颜色	说　明
1	黄色/红色	与燃油表相连
2	黄色/黑色	与机油压力开关相连
3	棕色/黑色	与坐椅安全带开关相连
4、8、10、13	—	空位
5	紫色	与驻车制动器开关相连
6	红色/黑色	与制动液液位开关相连
7	棕色/黑色	与点火开关相连
9	红色/蓝色	与 ABS 控制器相连
11	黄色/白色	与 ECT 传感器相连
12	黑色/黄色	搭铁

3.组合仪表控制电路(见图 8-77~图 8-79)

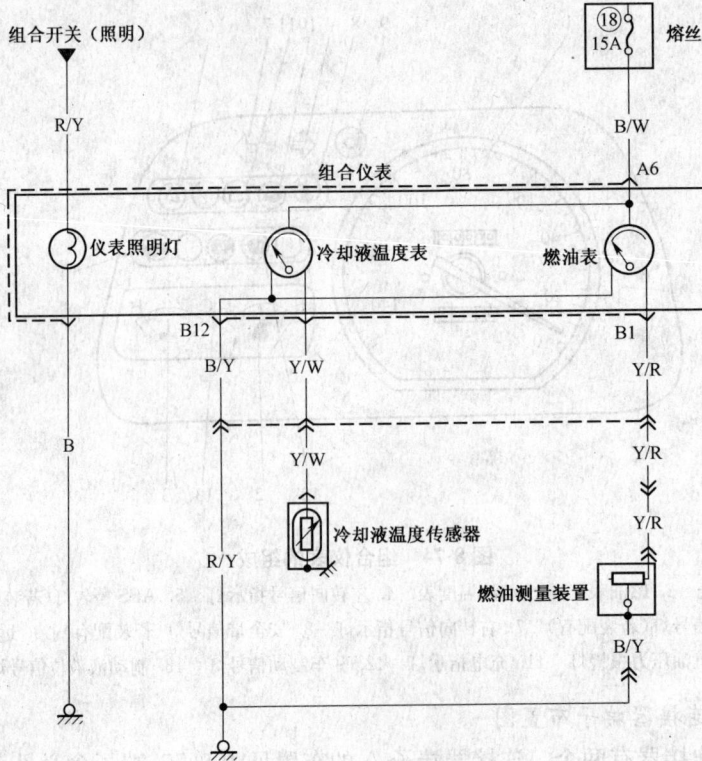

图 8-77　组合仪表控制电路(1)

(二)组合仪表的检修

1. 机油压力报警灯的检修

(1)机油油压开关的检查。测量油压开关对搭铁电阻,在发动机不工作时,电阻应为 0Ω;在发动机工作时,电阻应为无穷大。若电阻不正常,则说明油压开关损坏。

(2)机油压力报警灯常见故障诊断与排除(见表 8-44)。

2.燃油表的检修

(1)燃油表的检查。

①拆开后座,拔下油位传感器连接器。

②在油位传感器连接器上连接可变电阻,然后打开点火开关。

③转动可变电阻,观察燃油表指针位置与电阻之间的关系是否与表 8-45 相符。若相符,则说明燃油表正常,否则,说明燃油表或线路有故障。

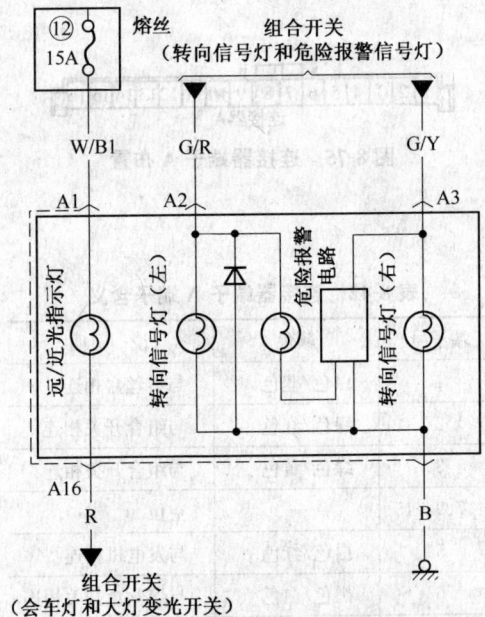

图 8-78　组合仪表控制电路(2)

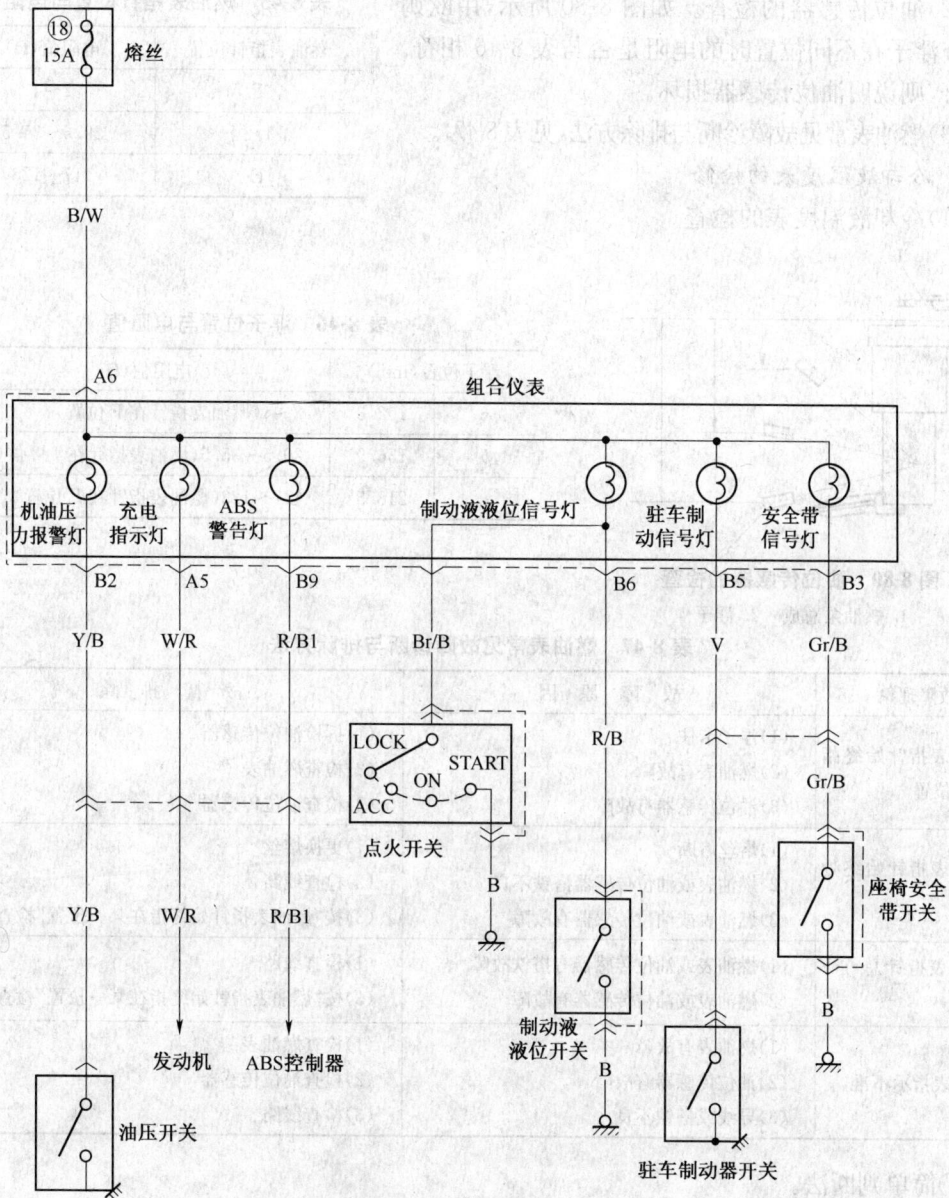

图 8-79 组合仪表控制电路(3)

表 8-44 机油压力报警灯常见故障诊断与排除

故 障 现 象	故 障 原 因	故 障 排 除
机油压力报警灯始终不亮	(1)灯泡损坏 (2)仪表熔丝熔断 (3)有线路故障或搭铁故障	(1)更换灯泡 (2)更换熔丝 (3)检查线路
发动机工作后,机油压力报警灯始终亮	(1)油压开关有故障 (2)机油压力报警灯与油压开关间的线路有短路故障 (3)机油压力过低	(1)检查油压开关 (2)检查线路 (3)检查发动机润滑系统

（2）油位传感器的检查。如图 8-80 所示，用欧姆表检查浮子在不同位置时的电阻是否与表 8-46 相符。若不符，则说明油位传感器损坏。

（3）燃油表常见故障诊断与排除方法（见表 8-47）。

3. 冷却液温度表的检修

（1）冷却液温度表的检查。

表 8-45　燃油表指针位置与电阻值

燃油表指针位置	电阻值（Ω）
F	2～4
1/2	29.5～35.5
E	117～123

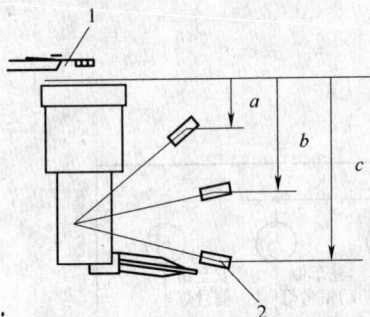

图 8-80　油位传感器的检查
1. 燃油泵总成　2. 浮子

表 8-46　浮子位置与电阻值

浮子位置（mm）	电阻值（Ω）
a	102.3	2～4（燃油表指针在 F 位置）
b	156.9	29.5～35.5（燃油表指针在 1/2 位置）
c	218.5	117～123（燃油表指针在 E 位置）

表 8-47　燃油表常见故障诊断与排除方法

故障现象	故障原因	故障排除
燃油表指针始终指在某一位置	（1）浮子卡住 （2）燃油表有故障 （3）油位传感器有故障	（1）拆检油位传感器 （2）检查燃油表 （3）检查油位传感器
燃油表指针始终处于低位	（1）熔丝熔断 （2）燃油表或油位传感器搭铁不良 （3）燃油表或油位传感器有故障	（1）更换熔丝 （2）检查线路 （3）按"燃油表指针始终指在某一位置"检查
燃油表指针总在 F 位置	（1）燃油表或油位传感器有搭铁故障 （2）燃油表或油位传感器有故障	（1）检查线路 （2）按"燃油表指针始终指在某一位置"检查
燃油表指示不准	（1）燃油表有故障 （2）油位传感器有故障 （3）导线或搭铁不良	（1）检查燃油表 （2）检查油位传感器 （3）检查线路

①简单判断法。

a. 打开点火开关，拔下冷却液温度感应塞连接器，冷却液温度表指针应指在最低位置。

b. 将冷却液温度感应塞连接器搭铁，冷却液温度表指针应指在最高位置。否则，说明冷却液温度表或线路有故障。

②数据判断法。

a. 拔下冷却液温度感应塞连接器，在连接器和地之间串联上可变电阻。

b. 观察可变电阻的阻值与冷却液温度表指示温度之间的关系是否与表 8-48 相符。若不相符，则说明冷却液温度表损坏。

（2）冷却液温度感应塞的检查。

表 8-48　可变电阻的阻值与冷却液温度表指示温度之间的关系

温度（℃）	电阻（Ω）
50	190～260
80	54.2～58.1

①拆下冷却液温度感应塞，放到容器中加热。

②将温度计放到容器中，观察冷却液温度与冷却液温度感应塞电阻之间的关系是否与表 8-48 相符。若不相符，则说明冷却液温度感应塞损坏。

（3）冷却液温度表常见故障诊断与排除方法（表 8-49）。

表 8-49　冷却液温度表常见故障诊断与排除方法

故障现象	故　障　原　因	故　障　排　除
冷却液温度表指针总指在 100℃以上	(1)冷却液温度表与冷却液温度感应塞间的线路搭铁 (2)冷却液温度感应塞内部搭铁 (3)冷却液温度表损坏	(1)检查线路 (2)检查冷却液温度感应塞 (3)检查冷却液温度表
冷却液温度表指针总在低位	(1)熔丝熔断 (2)导线有断路处 (3)冷却液温度感应塞内部断路 (4)冷却液温度表损坏	(1)更换熔丝 (2)检查线路 (3)检查冷却液温度感应塞 (4)检查冷却液温度表
冷却液温度表指针指示偏低	(1)冷却液温度感应塞有故障 (2)冷却液温度表有故障 (3)节温器有故障	(1)检查冷却液温度感应塞 (2)检查冷却液温度表 (3)检查节温器

三、哈飞微型客车组合仪表的维修

（一）组合仪表的组成及控制电路

1. 组成

如图 8-81 所示，组合仪表上有冷却液温度表、车速表、燃油表、机油压力报警灯、制动液液

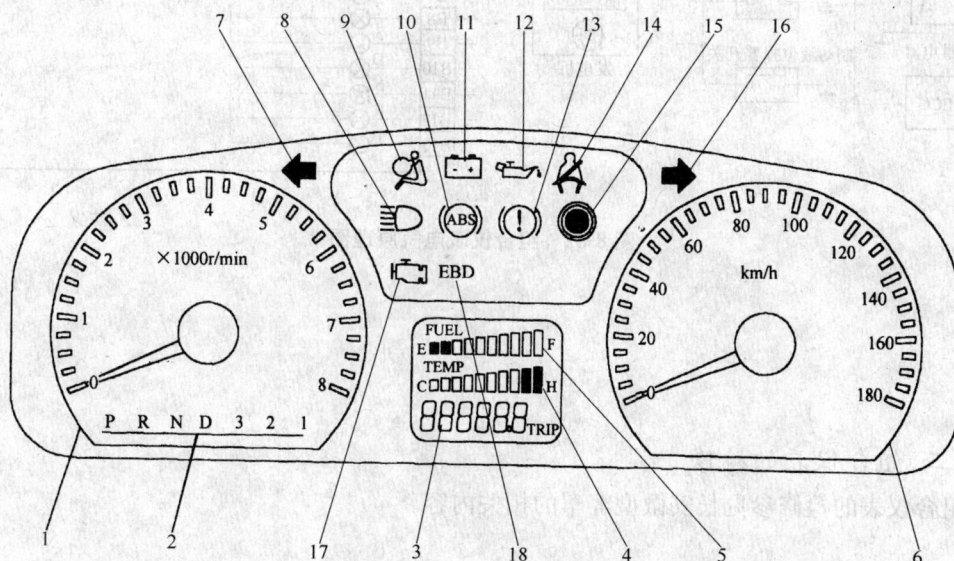

图 8-81　组合仪表的组成

1. 车速表　2. 自动变速器状态指示灯　3. 里程表　4. 水温表　5. 燃油表　6. 发动机转速表
7. 左转向指示灯　8. 远光指示灯　9. 安全气囊警告灯(选装)　10. ABS警告灯(选装)　11. 蓄电池充放电指示灯
12. 机油压力警告灯　13. 制动液位/驻车制动警告灯　14. 座椅安全带警告灯(选装)
15. 防盗系统指示灯(选装)　16. 右转向指示灯　17. 发动机故障指示灯　18. EBD警告灯(选装)

位信号灯、充电指示灯、驻车制动信号灯、远光指示灯等。

2. 组合仪表电气原理图(见图 8-82)

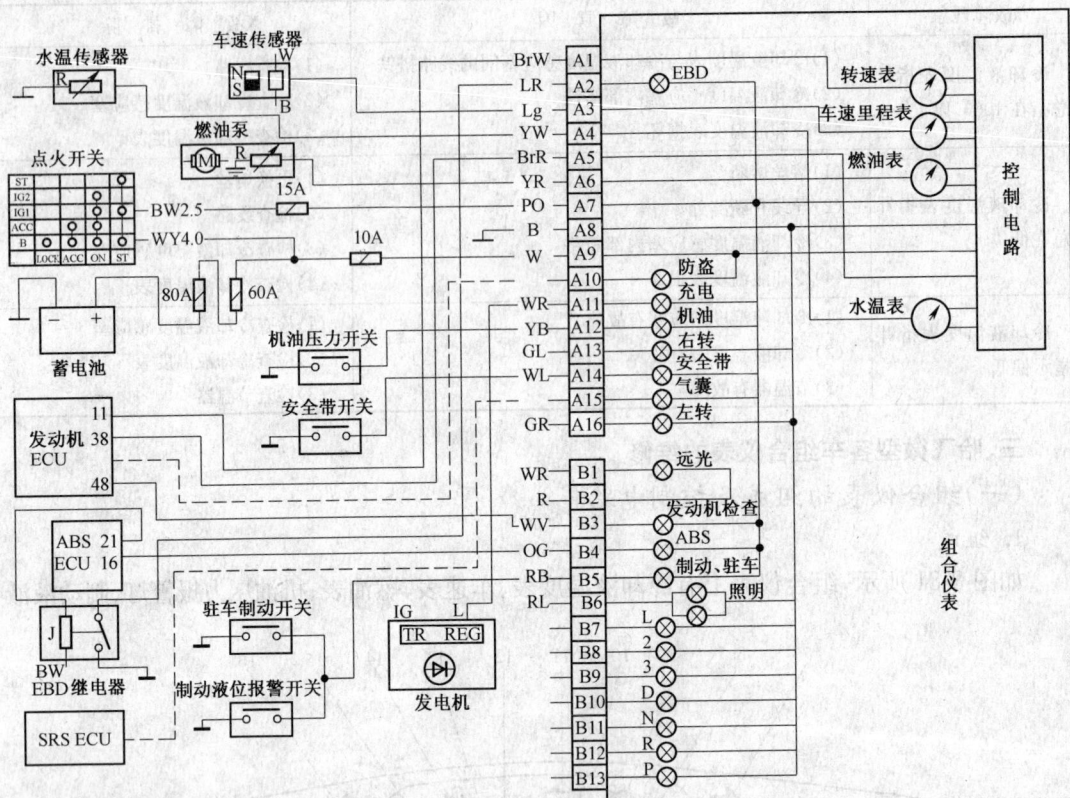

图 8-82 组合仪表电气原理图

(二)组合仪表的检修

组合仪表的检修参见长安微型客车的相关内容。

第八节 刮水器和洗涤器的维修

一、五菱微型客车刮水器和洗涤器的维修

(一)刮水器和洗涤器的控制电路

刮水器和洗涤器的控制电路见图 8-83。

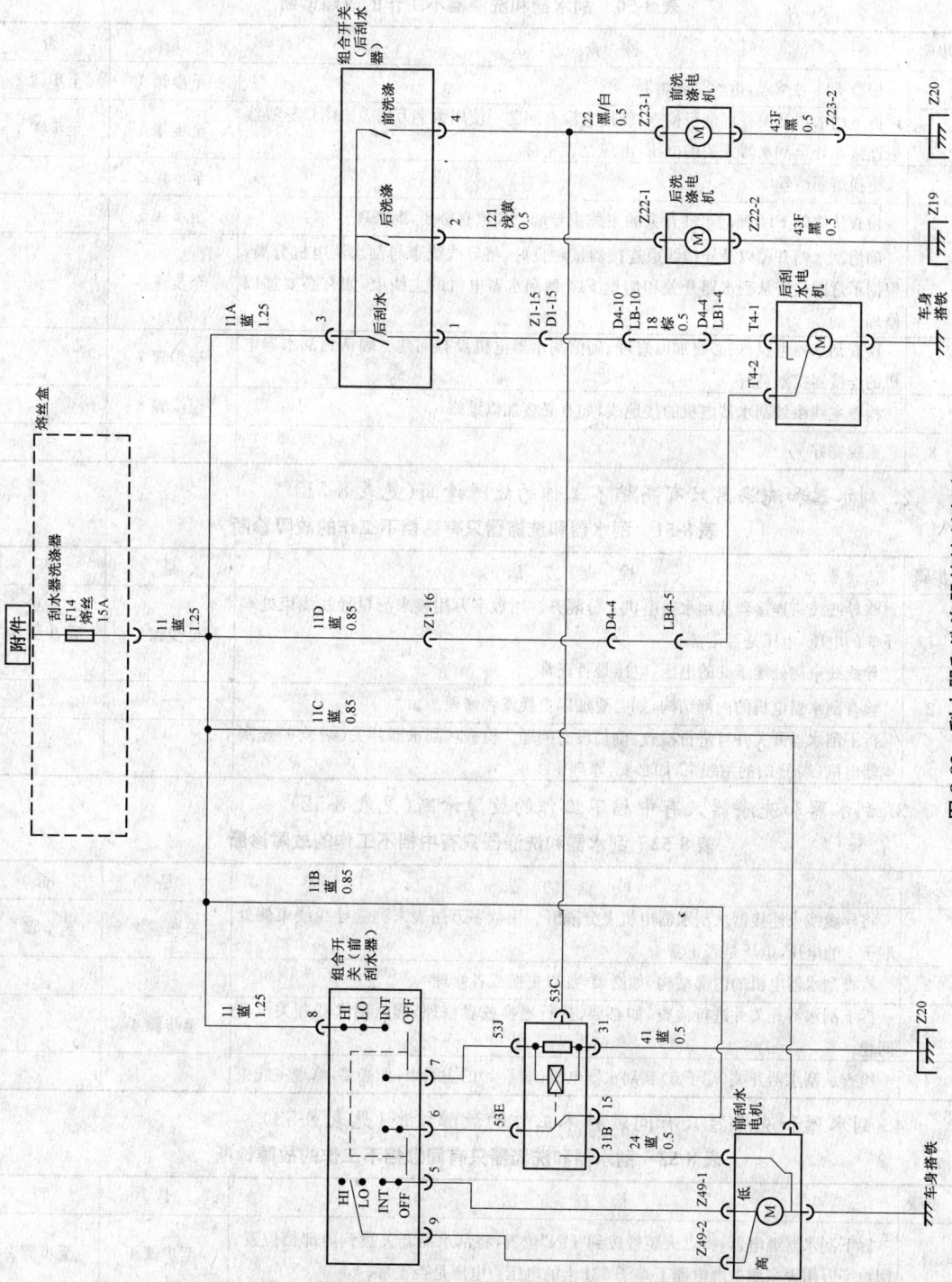

图 8-83 刮水器和洗涤器的控制电路

(二)刮水器和洗涤器的故障诊断

1. 刮水器和洗涤器不工作的故障诊断(见表8-50)

表 8-50　刮水器和洗涤器不工作的故障诊断

步骤	检 查 方 法	是	否
1	检查 F14 号熔丝,熔丝是否熔断	至步骤 3	至步骤 2
2	拆下刮水器开关并且进行检查;确信它没有问题。使用数字万用表来测量导线线束连接器处至刮水器开关的电压,电压是否正常	至步骤 5	至步骤 4
3	更换熔断熔丝	至步骤 2	—
4	检查从熔丝 F14 到刮水器开关的主线束导线。如果有必要,则修理	至步骤 5	—
5	确信刮水器开关以及导线线束连接器接触良好,将导线线束与刮水器电机分离,根据示意图检查从刮水器开关和熔丝 F14 到刮水器电机的主线束,如有必要加以修理	至步骤 6	—
6	检查刮水器电机,如必要加以修理;确信刮水器电机没有问题。确认到刮水器电机的连接器接触良好	至步骤 7	—
7	检查主线束处刮水器电机的接地线,如有必要加以维修	至步骤 8	—
8	系统完好	—	—

2. 刮水器和洗涤器只有高档不工作的故障诊断(见表8-51)

表 8-51　刮水器和洗涤器只有高档不工作的故障诊断

步骤	检 查 方 法	是	否
1	将导线线束连接器从刮水器电机上分隔开。用数字万用表来测量导线线束处端子 9 的电压,电压是否正常 导线线束侧端处端子 9 的电压,电压是否正常	至步骤 2	至步骤 3
2	检查刮水器电机的内部结构,如必要加以更换或者修理	—	—
3	拆下刮水器开关并且进行检查;确信没有问题。检查从刮水器开关(端子 9)至刮水器电机(端子 2)的主线束,如必要,修理主线束	—	—

3. 刮水器和洗涤器只有中档不工作的故障诊断(见表8-52)

表 8-52　刮水器和洗涤器只有中档不工作的故障诊断

步骤	检 查 方 法	是	否
1	将导线线束连接器从刮水器电机上分隔开。用数字万用表来测量导线线束侧处端子 1 的电压,电压是否正常	至步骤 2	至步骤 3
2	检查刮水器电机的内部结构,如必要,加以更换或者修理	—	—
3	拆下刮水器开关并进行检查,如必要,进行更换或者修理,确认刮水器开关没有问题	至步骤 4	—
4	检查从刮水器开关(端子 5)到刮水器电机(端子 1)的主线束;如必要,修理主线束	—	—

4. 刮水器和洗涤器只有间歇档不工作的故障诊断(见表8-53)

表 8-53　刮水器和洗涤器只有间歇档不工作的故障诊断

步骤	检 查 方 法	是	否
1	拆下刮水器继电器,将点火装置拨到"ON"位置,将刮水器开关拨到内部档位置。用数字万用表来测量继电器上端子 53J 上的电压。电压是否正常	至步骤 4	至步骤 2
2	拆下刮水器开关并且进行检查;确认它没有问题。否则,如必要,加以更换或者修理	至步骤 3	—

续表 8-53

步骤	检查方法	是	否
3	检查从刮水器开关(端子 7)到刮水器继电器(53J)的主线束,如必要,加以修理	—	至步骤 7
4	检查继电器(端子 31)处的接地线,该线是否接地良好	至步骤 6	至步骤 5
5	修理接地线,确认它接地良好		
6	更换导线继电器,系统是否完好		
7	检查从刮水器开关(端子 6)至继电器(端子 53E)的主线束,确信它没有问题	至步骤 8	至步骤 10
8	拆下新刮水器继电器;用数字万用表测量继电器上端子 15 的电压,电压是否正常	至步骤 10	
9	检查主线束,如必要,加以修理,确认它没有问题	至步骤 10	
10	检查从继电器(端子 318)到刮水器电机的主线束,如必要,可修理,确认它没有问题。系统完好		

5. 刮水器一直工作的故障诊断(见表 8-54)

表 8-54　刮水器一直工作的故障诊断

步骤	检查方法	是	否
1	检查 F14 熔丝是否完好	至步骤 2	至步骤 3
2	更换受损熔丝	至步骤 3	
3	拆下刮水器开关,用数字万用表测量开关上端子 6 的电压,电压是否正常	至步骤 5	至步骤 4
4	检查从熔丝 F14 到刮水器开关的主线束,如必要加以修理	至步骤 5	至步骤 6
5	检查刮水器开关的内部结构,如必要,加以更换或者修理。确信它没有问题。系统是否完好	—	至步骤 10
6	将连接器从刮水器电机上分开,将点火开关拨到"ON"位置,将刮水器开关拨到高档,用数字万用表测量(导线线束侧)连接器处端子 2 的电压,电压是否正常	至步骤 7	至步骤 10
7	检查从刮水器开关到继电器(53E)的主线束。确信它没有问题	至步骤 8	至步骤 9
8	利用数字万用表确认刮水电机接地线是否接地良好	—	—
9	拆下刮水器电机,对其进行更换或者修理。系统完好		至步骤 10
10	根据电路图检查从刮水器开关到刮水器电机的主线束;如必要,加以修理,确认它没有问题。系统是否完好	—	—

6. 刮水器刮片不能停在原来位置上的故障诊断(见表 8-55)

表 8-55　刮水器刮片不能停在原来位置上的故障诊断

步骤	刮水器刮片不停在原来的位置上	是	否
1	拆下刮水器开关,检查刮水器开关的内部结构。如必要,加以修理或者更换,确信它没有问题	至步骤 2	—
2	断开刮水器电机连接器;用数字万用表来测量导线线束侧端子 3 的电压,电压是否正常	至步骤 4	至步骤 3
3	根据电路图检查熔丝 F14 到刮水器电机主线束,确认它没有问题	至步骤 4	—
4	拆下刮水器电机,检查结构。如必要,加以修理或者更换。系统完好	—	—

7. 洗涤器不工作的故障诊断(见表 8-56)

表 8-56　洗涤器不工作的故障诊断

步骤	检　查　方　法	是	否
1	拆下刮水器/洗涤器开关,将点火开关拨到"ON"位置;使用数字万用表测量开关原位处端子 3 的电压,电压是否正常	至步骤 3	至步骤 2
2	请检查从熔丝 F14 到刮水器/7 洗涤器开关的主线束,如必要,加以修理。确认它没有问题	至步骤 3	—
3	检查刮水器开关的内部结构。如必要,加以修理或者更换,确信它没有问题。系统是否完好	—	至步骤 4
4	安装刮水器/洗涤器开关;将洗涤器电机连接器分开,将刮水器/洗涤器开关拨到"洗涤器"位置。用数字万用表来测量洗涤器电机连接器处(导线线束侧)端子 1 的电压,电压是否正常	至步骤 6	至步骤 5
5	根据电路图检查并且修理从刮水器/洗涤器(端子 4)到洗涤器电机(端子 1)的导线线束	至步骤 6	—
6	根据电路图检查从刮水器电机(端子 1)到刮水器/洗涤器开关(端子 1)的主线束。是否完好	至步骤 7	—
7	更换洗涤器电机	—	—

8. 后刮水器和洗涤器不工作的故障诊断(见表 8-57)

表 8-57　后刮水器和洗涤器不工作的故障诊断

步骤	检　查　方　法	是	否
1	检查熔丝 F14,熔丝是否熔断	至步骤 3	至步骤 2
2	拆下后刮水器开关并且进行检查,确信它没有问题。用数字万用表来测量导线线束连接器处(端子 1)至刮水器开关的电压,电压是否正常	至步骤 5	至步骤 4
3	更换熔断熔丝	至步骤 2	—
4	检查从熔丝 F14 到后刮水器开关的主线束	至步骤 5	—
5	根据电路图检查主线束内从刮水器开关至刮水器后车窗的导线,确认它完好。如有必要,加以修理	至步骤 6	—
6	确保刮水器开关和导线线束接插件接触良好,并且将主线束与后刮水器电机分开,后刮水器开关经过主线束与底盘线束连接器 Z1(端子 15)、底盘线束与左右部线束连接 D4(端子 4、10),检查从刮水器开关和熔丝 F14 至刮水器电机的各线束总成,如有必要,加以修理	至步骤 7	—
7	检查刮水器电机。如有必要,加以修理,确信刮水器电机没有问题。确认到刮水器电机的连接器接触良好	至步骤 8	—
8	检查底盘线束处刮水器电机的接地线以及后刮水器处的车身接地线。如有必要,加以修理	至步骤 9	—
9	系统是否完好	—	—

二、长安微型客车刮水器和洗涤器的维修

(一)刮水器和洗涤器的组成

见图 8-84,刮水器和洗涤器主要由刮水片、刮水器臂、刮水器电机、前洗涤器泵、后洗涤器

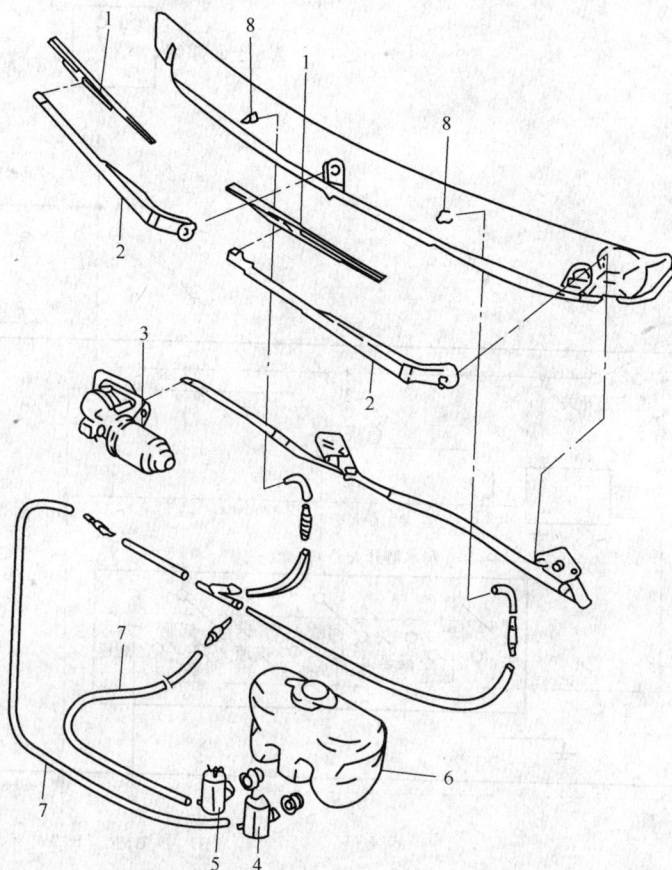

图 8-84 刮水器和洗涤器的结构

1. 刮水片   2. 刮水器臂   3. 刮水器电机   4. 前洗涤器泵
5. 后洗涤器泵   6. 储水罐   7. 喷水软管   8. 前喷嘴

泵、储水罐、喷水软管和喷嘴等组成。

（二）刮水器和洗涤器的控制电路

前刮水器和洗涤器线路见图 8-85,后刮水器和洗涤器线路见图 8-86。

（三）前刮水器和洗涤器的检修

（1）如图 8-87 所示,将蓄电池正极接线柱与前刮水器电机 A 端子相连,将蓄电池负极接线柱与托架相连。若前刮水器电机以 44～52r/min 的转速运转,则表明前刮水器电机正常。

（2）进行高速检查时,应将蓄电池正极接线柱与前刮水器电机 B 端子相连,蓄电池负极接线柱与托架相连。若此时前刮水器电机以 64～78r/min 的转速运转,则表明前刮水器电机正常。否则,说明前刮水器电机损坏,应更换。

（3）前刮水器电机自动回位试验。

①如图 8-88 所示,将蓄电池正极接线柱与前刮水器电机 A 端子相连,蓄电池负极接线柱与托架相连,让前刮水器电机运转。

②从蓄电池上拆下与前刮水器电机 A 端子相连的线,让前刮水器电机停止运转。

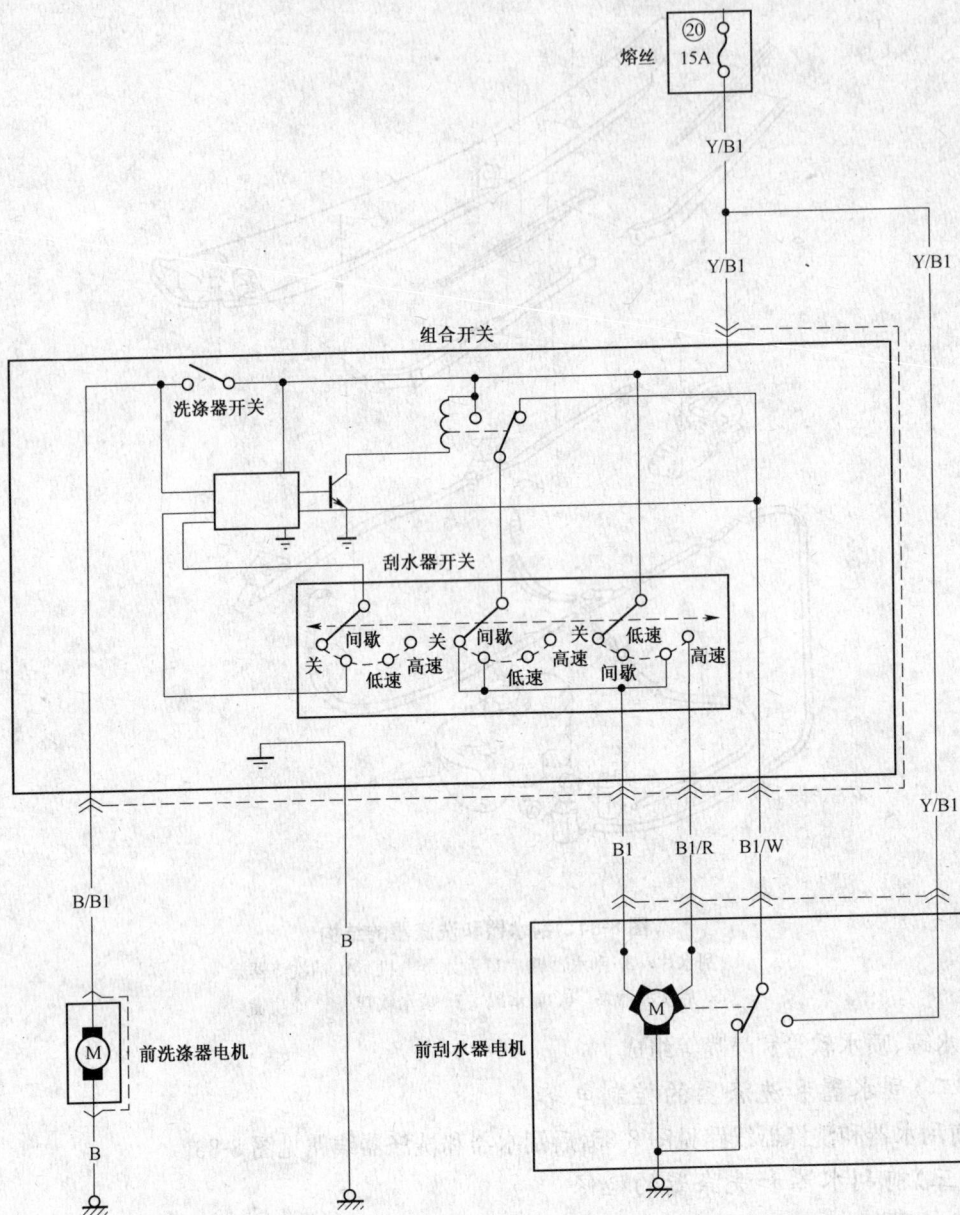

图 8-85　前刮水器和洗涤器控制电路

　　③用跨接线连接前刮水器电机 A 端子和 D 端子,并将前刮水器电机 C 端子与蓄电池正极接线柱相连,再次观察前刮水器电机运转情况。前刮水器电机应在规定位置停机。

　　④重复检查,观察前刮水器电机是否每次都停在规定位置。

　　⑤若不良,则说明前刮水器电机损坏,应更换。

　　(4)洗涤泵的检修。如图 8-89 所示,将蓄电池正极接线柱和负极接线柱分别与洗涤泵正极和负极端子相连,检查洗涤泵的排量。前窗洗涤泵应大于 1.0L/min,后窗洗涤泵应大于 0.72L/min。否则,说明洗涤泵损坏,应更换。

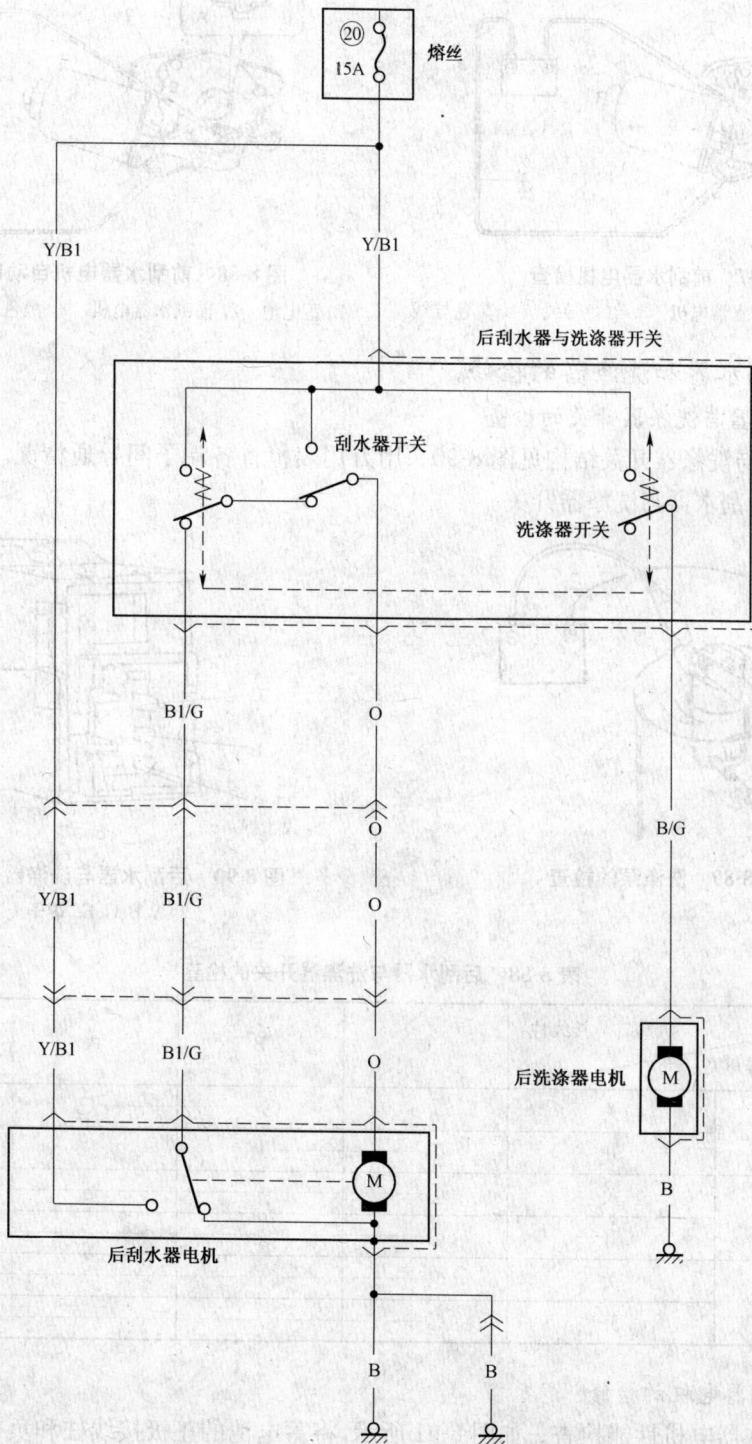

图 8-86 后刮水器和洗涤器控制电路

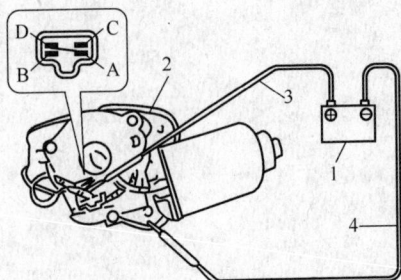

图 8-87　前刮水器电机检查

1. 蓄电池　2. 前刮水器电机　3. 红色导线　4. 黑色导线

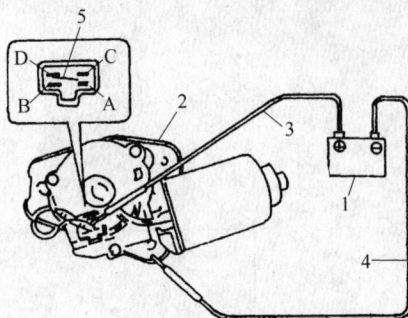

图 8-88　前刮水器电机自动回位试验

1. 蓄电池　2. 前刮水器电机　3. 黑色导线　4. 跨接线

（四）后刮水器和洗涤器的检修

1. 后刮水器与洗涤器开关的检查

后刮水器与洗涤器开关结构见图 8-90。用万用表检查各端子间导通情况。若与表 8-58 不符，则更换后刮水器与洗涤器开关。

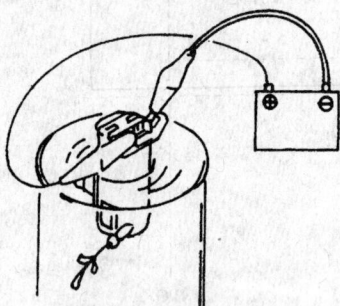

图 8-89　洗涤泵的检查

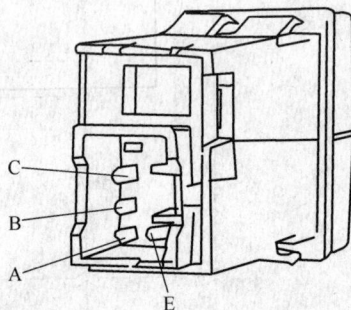

图 8-90　后刮水器与洗涤器开关结构

A、B、C、E. 端子

表 8-58　后刮水器与洗涤器开关的检查

后刮水器与洗涤器开关	接线柱	C	B	A	E
关	关		○———————○		
	开	○———————○			
洗涤器 ON	关	○			○
	开	○———————○			○
开	关	○———————○			○
	开	○			○

2. 后刮水器电机的检修

（1）后刮水器电机性能检查。如图 8-91 所示，将蓄电池的正极接线柱和负极接线柱分别与后刮水器电机 G 端子和黑色导线相连。后刮水器电机应以 $33\sim43\text{r/min}$ 的转速运转。否则，说明后刮水器电机损坏，应更换。

（2）后刮水器电机自动回位试验。

①将蓄电池正极接线柱与后刮水器电机 G 端子相连,再将蓄电池负极接线柱与黑色导线相连,让后刮水器电机运转。

②然后从蓄电池上拆下与 G 端子相连的导线,后刮水器电机停止运转。

③用短接线连接 G 端子和 Y 端子,并将 B1 端子和蓄电池正极接线柱相连,再次让后刮水器电机工作,观察后刮水器电机是否停在规定位置。

④重复上述操作,检查后刮水器电机是否每次均停在规定位置。

⑤若不正常,则说明后刮水器电机损坏,应更换。

（五）刮水器和洗涤器开关的检查

1. 刮水器和洗涤器开关的使用

刮水器和洗涤器开关位于组合开关右侧,形状见图 8-92。将刮水器和洗涤器开关手柄向下依次扳到 INT、LO 和 HI 位置,刮水器分别进行间歇、低速和高速摆动。当将手柄向上抬时,洗涤器就会喷出洗涤液。

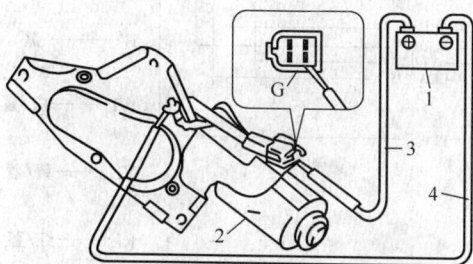

图 8-91 后刮水器电机性能的检查
1. 蓄电池 2. 后刮水器电机 3. 红色导线 4. 黑色导线

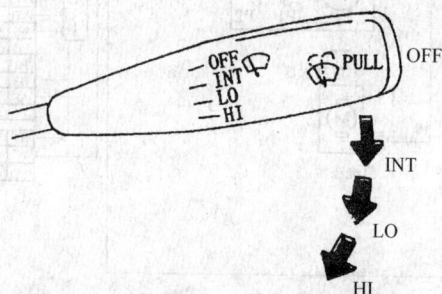

图 8-92 刮水器和洗涤器开关

2. 刮水器和洗涤器开关的检查

刮水器和洗涤器开关连接器与灯光控制开关连接器为同一个连接器,其端子布置见图 8-93。断开连接器后,用万用表检查各端子在不同状态下的导通情况。若与表 8-59 不符,则更换刮水器和洗涤器开关。

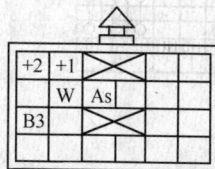

图 8-93 刮水器和洗涤器开关端子布置

三、哈飞微型客车刮水器和洗涤器的维修

（一）刮水器和洗涤器的组成

刮水器分为前刮水器和后刮水器。前刮水器位于前挡风玻璃处,包括 1 个四连杆、2 个刮臂、一个电机,电机为双速电机;后刮水器位于尾门玻璃处,包括一个电机、一个刮臂,电机为单速电机。

洗涤器分为前洗涤器、后洗涤器。前洗涤器的喷嘴装在通风罩饰板上,洗涤液壶位于前隔板上,后洗涤器喷嘴装在尾门右上角处。

表 8-59 刮水器和洗涤器开关端子检查

端子 / 导线颜色 / 刮水器开关	B3	+2	+1	As
	Y/Bl	Bl/R	Bl	Bl/W
OFF(关)			○——○	
INT(间歇)			○——○	
LO(低速)	○——		——○	
HI(高速)	○——	——○		
OFF				
ON				

前刮水器、洗涤器开关在组合开关内;后刮水器、洗涤器开关在仪表板的右侧。

见图 8-84,刮水器和洗涤器主要由刮水片、刮水器臂、刮水器电机、前洗涤器泵、后洗涤器泵、储水罐、喷水软管和喷嘴等组成。

(二)刮水器和洗涤器的控制电路

刮水器和洗涤器线路图见图 8-94。

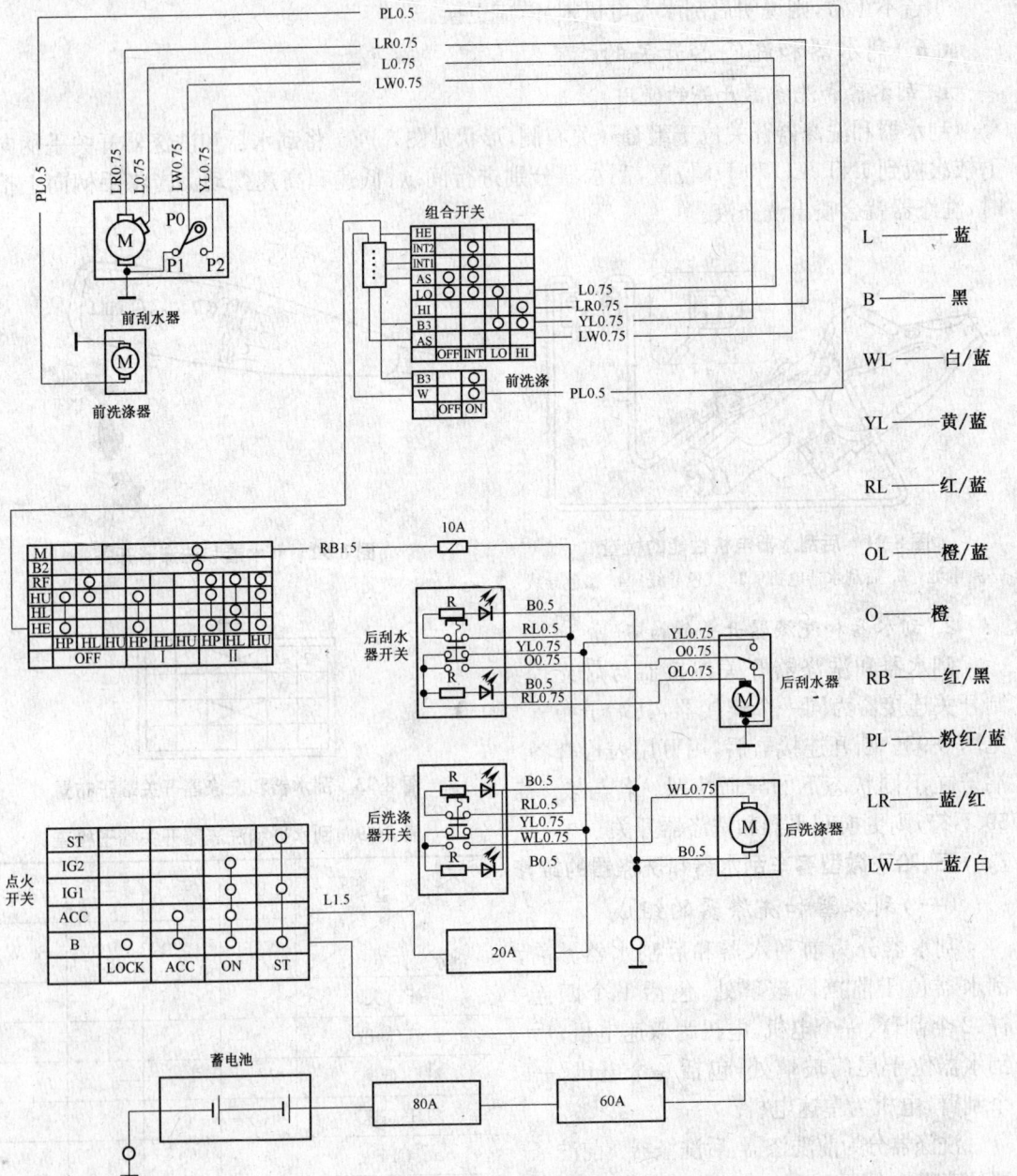

图 8-94　刮水器和洗涤器控制电路

电动刮水器的刮水电机带有一个自动复位装置。当开关转到“OFF”档位置时，这个装置使刮刷自动回到水平位置。当刮水开关打到“ON”位置，并且点火开关处于“IG”档时，由蓄电池向电机提供电流，电机旋转，并带动刮刷摆动。将电机的旋转运动转变为刮刷的摆动是由齿轮机构完成的。在最后一级齿轴上有一个凸轮，这个凸轮使触点 P0 与触点 P2 接触，只有在刮刷停止的位置，触点 P0 和触点 P1 接通，与触点 P2 断开。

在刮水开关处在“ON”位置时，触点 P0 不与其他线路构成回路，所以，不影响电机的旋转；当刮水开关打到“OFF”且刮刷不在停止位置时，电机的电流路径改变（即蓝/白—蓝—前刮水电机或者橙—蓝/橙—后刮水电机），因此，电机继续旋转。

当刮刷回到停止位置时，凸轮使触点 P0 与触点 P1 接通，电机电流被切断。此时，在电枢中产生反向电动势和电流。这个反向电流在电枢上产生与旋转方向相反的作用力，这个反向作用力使电机停止转动，刮刷停在规定的位置上。

（三）刮水器和洗涤器的维修

1. 刮水器的故障判断

当刮水开关位于“ON”位置，电机不转动，检查电线以及插接件的导通性。然后，检查以下项目：

(1)熔丝是否熔断。

(2)刮水开关是否导通。拔下组合开关的插接器，拔下后刮水器、洗涤器开关的插接器，用万用表检查相关端子的导通性。

①前刮水器和洗涤器开关端子导通关系见图 8-95，组合开关端子的排列见图 8-96。

档位		端子号 12	14	13	11	AS	INT1	INT2
刮水开关	OFF		○	—	—	○		
刮水开关	INT		○	—	—	○	○	○
刮水开关	LO	○	○					
刮水开关	HI	○	—	○				
洗涤开关		○	—	—	○			

图 8-95　前刮水器和洗涤器开关导通关系

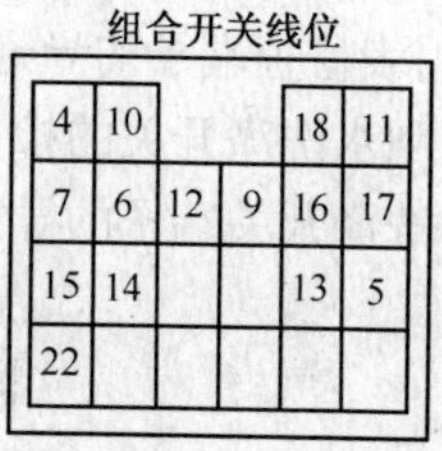

图 8-96　组合开关端子的排列

②后刮水器开关端子导通关系见图 8-97。

开关档位	端子号码 1	4	3	2	ILL	5
OFF		○	—	—	○	○
OFF	○	—	—	○		
ON	○	—	○		○	○

图 8-97　后刮水器开关端子导通关系

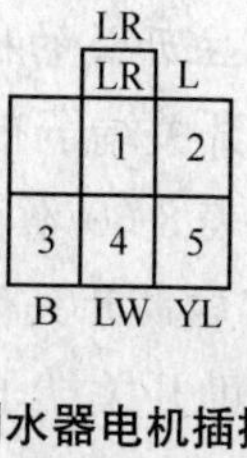

图 8-98　前刮水器电机插接器端子排列

(3)刮水器电机电枢是否损坏,或者换向电刷是否接触不良。

①对于前刮水器电机,检查 3 和搭铁、4 和搭铁的导通性,见图 8-97、8-98。

②对于后刮水器电机,检查 3 和搭铁的导通性,见图 8-97、8-99。

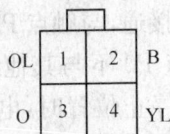

图 8-99　后刮水器电机
插接器端子排列

2. 空载检验

(1)前刮水器。使用 12V 蓄电池,将蓄电池的正极接到 3(见图 8-98),负极搭铁。电机转速应为 48~60r/min(低速)。将蓄电池的正极接到 4,负极搭铁。电机转速应为 65~79r/min(高速)。

(2)后刮水器。将蓄电池的正极接到 3(见图 8-99),负极搭铁。电机转速应为 48~60r/min。

3. 自动复位检查

(1)前刮水器。分别将蓄电池的正极接到 1 上(见图 8-98),负极搭铁,用一个跨接线短接 2 和 3,检查电机轴是否回到规定位置。重复启动、停止电机几次,检查电机是否回到同一位置。

(2)后刮水器。分别将蓄电池的正极接到 1 上(见图 8-99),负极搭铁,用一个跨接线短接 2 和 3,检查电机轴是否回到规定位置。

4. 洗涤开关的检查

用万用表检查端子的导通性。

(1)前刮水洗涤开关的检查见图 8-95。

(2)后洗涤开关端子的导通性检查见图 8-97。

第九节　电动车窗的维修

下面以长安微型客车为例,介绍电动车窗的维修方法。

一、电动车窗的控制电路

电动车窗的控制电路见图 8-100。

二、电动车窗开关的检查

1. 电动车窗主开关的检查

电动车窗主开关端子布置见图 8-101。检查时,用万用表检查电动车窗主开关端子间的导通情况。若与表 8-60 不符,则更换电动车窗主开关。

2. 电动车窗辅助开关的检查

电动车窗辅助开关端子布置见图 8-102。检查时,用万用表检查电动车窗辅助开关端子间导通情况。若与表 8-61 不符,则更换电动车窗辅助开关。

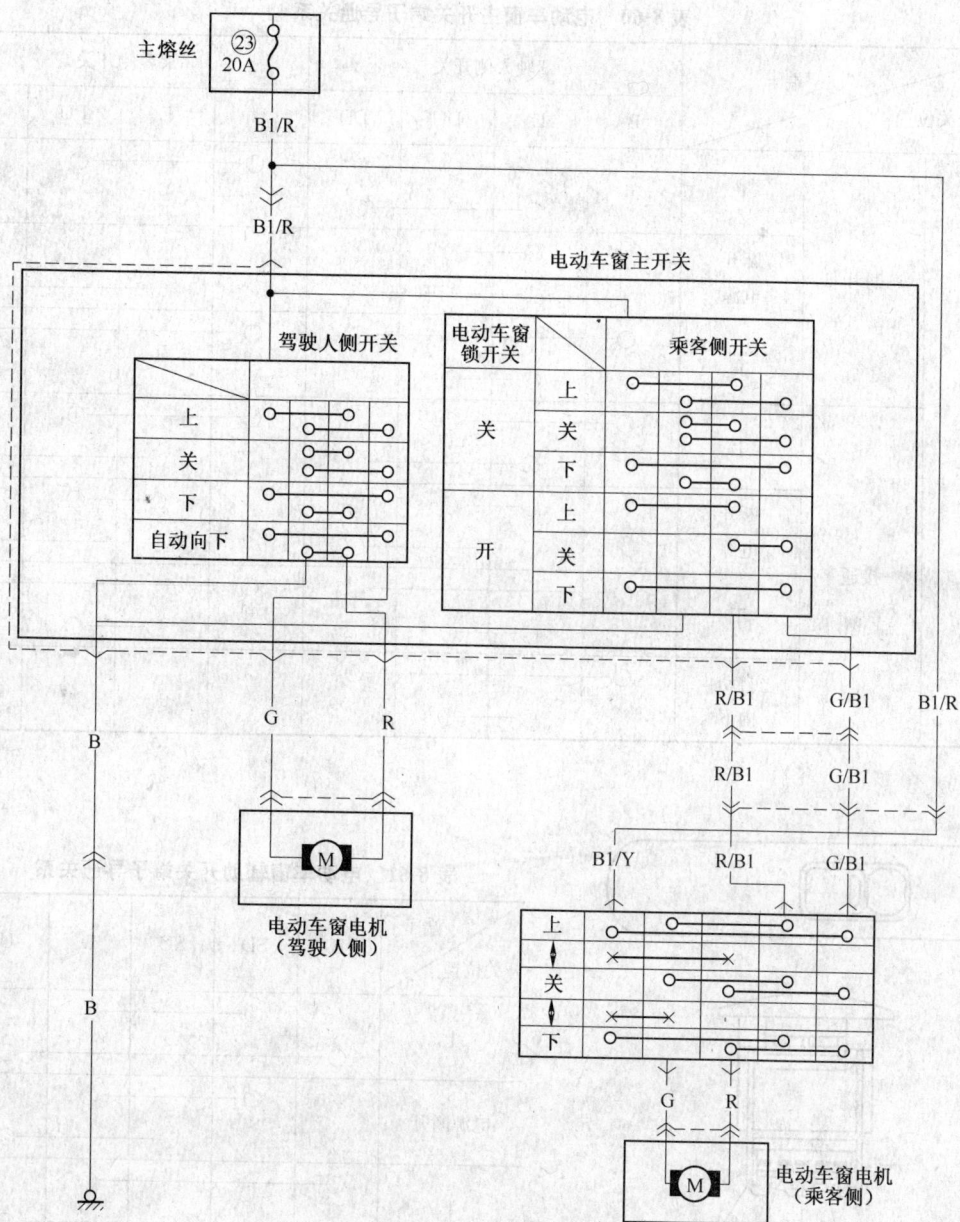

图 8-100　电动车窗控制电路

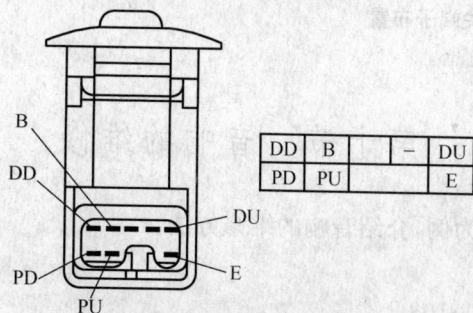

DD	B	−	DU
PD	PU		E

图 8-101　电动车窗主开关端子布置

表 8-60　电动车窗主开关端子导通关系

开关位置 \ 端子			驾驶人侧开关				乘客侧开关			
			B	E	DU	DD	B	E	PU	PD
电动车窗锁开关	断开	上	○	○	○		○		○	
		断开电源		○	○			○		○
		下	○	○	○					○
	接通	上	○	○	○		○	○	○	
		断开电源		○	○			○		○
		下	○	○	○		○	○		
		自动向下	○	○	○					

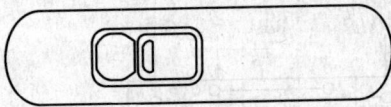

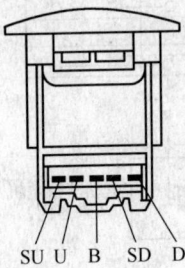

图 8-102　电动车窗辅助开关端子布置

SU　U　B　SD　D

表 8-61　电动车窗辅助开关端子导通关系

开关位置 \ 端子	B	SD	SU	D	U
上			○	○	
	○				○
电源断开		○			
				○	○
下	○	○			
				○	○

第十节　音响的维修

下面以五菱微型客车为例,介绍音响的维修方法。

一、音响的控制电路

音响的控制电路见图 8-103。

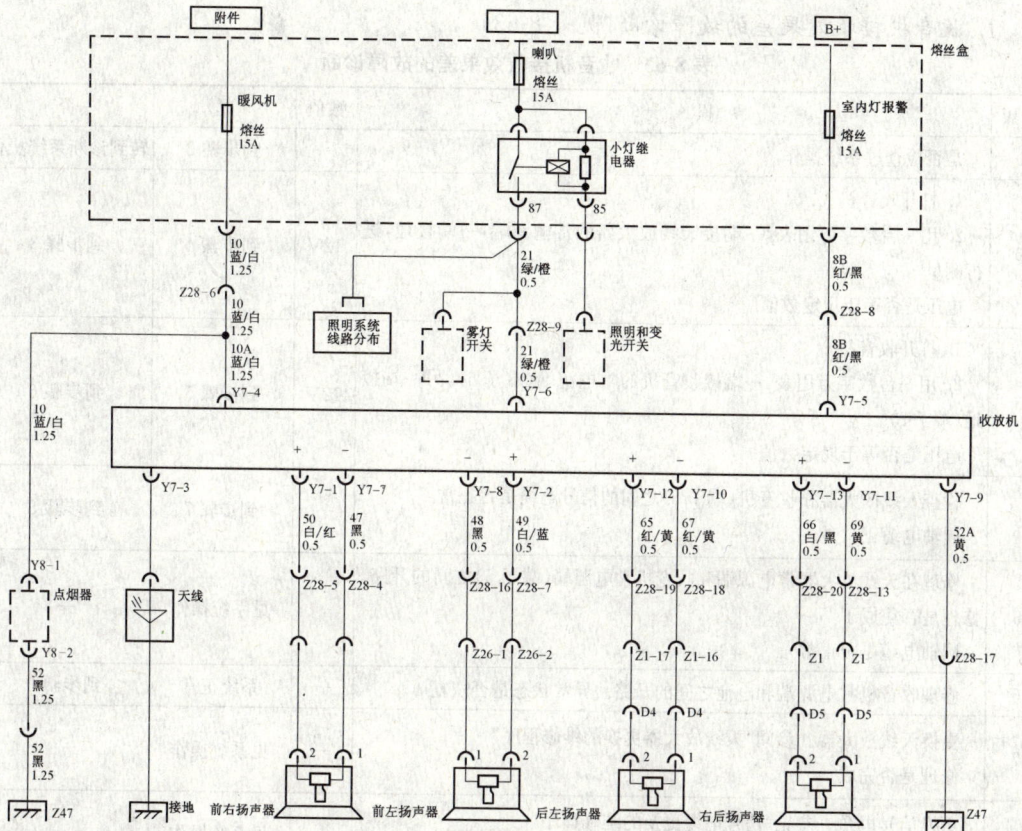

图 8-103　音响的控制电路

二、音响端子含义

音响端子(线号)的排列见图 8-104,含义见表 8-62。

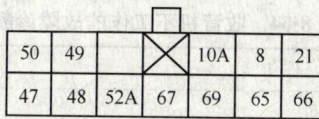

图 8-104　音响端子(线号)排列

表 8-62　音响端子(线号)的含义

线号	导线颜色	功　　能	线号	导线颜色	功　　能
50	白红	右前扬声器(＋)	48	黑	左前扬声器(－)
49	白蓝	左前扬声器(＋)	52A	黑	接地
10A	蓝白	供电	67	黑红	左后扬声器(－)
8	红黑	记忆	69	黄	右后扬声器(－)
21	绿白	照明	65	红黄	左后扬声器(＋)
47	黑	右前扬声器(－)	66	白黑	右后扬声器(＋)

三、音响的故障诊断

1. 收音机接收效果差的故障诊断（见表 8-63）

表 8-63　收音机接收效果差的故障诊断

步骤	操　　作	数值	是	否
1	是否检查过系统操作	—	到步骤 2	转到诊断系统操作
2	1. 打开收音机 2. 用一台数字万用表，一端接天线放大器的常电源端，一端接地，进行测量 电压是否等于规定数值	12V	到步骤 4	到步骤 3
3	1. 打开收音机 2. 用一台数字万用表，一端接收音机的常电源端（端子 5），另一端接地（端子 9） 电压是否等于规定数值	12V	到步骤 5	到步骤 6
4	检查天线放大器和收音机（端子 3）之间的信号电缆是否正常 同轴电缆正常否	—	到步骤 7	到步骤 8
5	修理在天线放大器常电源端和收音机常电源端（端子 5）之间的开路。修理是否完成了 同轴电缆是否正常	—	见系统操作	—
6	修理收音机常电源端和电池之间的开路。异常状态是否恢复	—	系统正常	到步骤 9
7	更换天线放大器。参阅"天线放大器更换的维修程序" 修理是否完成	—	见系统操作	—
8	更换信号电缆。参见"信号电缆更换的维修程序" 修理是否完成	—	见系统操作	—
9	更换收音机。参见"收音机更换的维修程序" 修理是否完成	—	见系统操作	—

2. 收音机不工作的故障诊断（见表 8-64）

表 8-64　收音机不工作的故障诊断

步骤	操　　作	数值	是	否
1	是否检查过系统操作	—	到步骤 2	转到系统操作
2	1. 将大灯开关旋转到"关"的位置，打开收音机 2. 扬声器是否有声音	—	到步骤 3	到步骤 4
3	更换收音机。参见"收音机更换的维修程序" 状态是否恢复	—	系统正常	到步骤 6
4	用一台数字万用表，一端接收音机电源（端子 6），一端接地（端子 9），进行测量 电压是否等于规定数值	12V	到步骤 3	到步骤 5
5	检查熔丝或修理收音机电源和点火电源之间的开路 修理是否完成	—	见系统操作	—
6	检查扬声器和收音机之间的电路。是否断开了	—	到步骤 7	到步骤 8

续表 8-64

步骤	操　作	数值	是	否
7	修理扬声器和收音机之间的开路。修理是否完成了	—	见系统操作	—
8	更换扬声器。参见"扬声器更换的维修程序"	—	见系统操作	—

3. 收音机控制板照明调光器不工作的故障诊断（见表 8-65）

表 8-65　收音机控制板照明调光器不工作的故障诊断

步骤	操　作	数值	是	否
1	1. 将点火开关旋转到"附件"位置 2. 在端子 4 和地之间使用测试灯或背面探测 　测试灯是否亮	—	到步骤 3	到步骤 2
2	修理在端子 4 和点火开关之间的开路 状态是否恢复	—	转到系统操作	—
3	更换收音机。参见"收音机更换的维修程序" 是否修好了	—	转到系统操作	—

4. 收音机存储器不工作的故障诊断（见表 8-66）

表 8-66　收音机存储器不工作的故障诊断

步骤	操　作	数值	是	否
1	在端子 13 和地之间使用测试灯或背面探测 测试灯是否亮	—	到步骤 3	到步骤 2
2	修理端子 13 和电池（＋）之间的开路 状态是否恢复了	—	转到系统操作	—
3	更换收音机。参见"收音机更换的维修程序" 是否修好了	—	转到系统操作	—

5. 磁带放音机不工作的故障诊断（见表 8-67）

表 8-67　磁带放音机不工作的故障诊断

步骤	操　作	数值	是	否
1	把一盒好的磁带放入放音机中 磁带是否声音太弱,走得太慢或跑调	—	到步骤 3	到步骤 2
2	通过磁带门检查磁带放音机是否有障碍物	—	到步骤 4	到步骤 5
3	用来自 J39916－A 用于维修程序的诊断测试磁带进行电机速度测试 电机速度是否正常	—	到步骤 4	到步骤 5
4	1. 去掉上述障碍物 2. 检查运动部件和磁头 3. 清洁运动部件和磁头。参见"磁带放音机保养和清洁的维修程序" 4. 插入一盘清洗带 5. 使用一盘来自 J39916-A 用于维修程序的诊断带 该测试带工作是否正常	—	系统正常	到步骤 5

第十一节　中控门锁的维修

下面以五菱微型客车为例,介绍中控门锁的维修方法。

一、中控门锁的控制电路

中控门锁的控制电路见图 8-105。

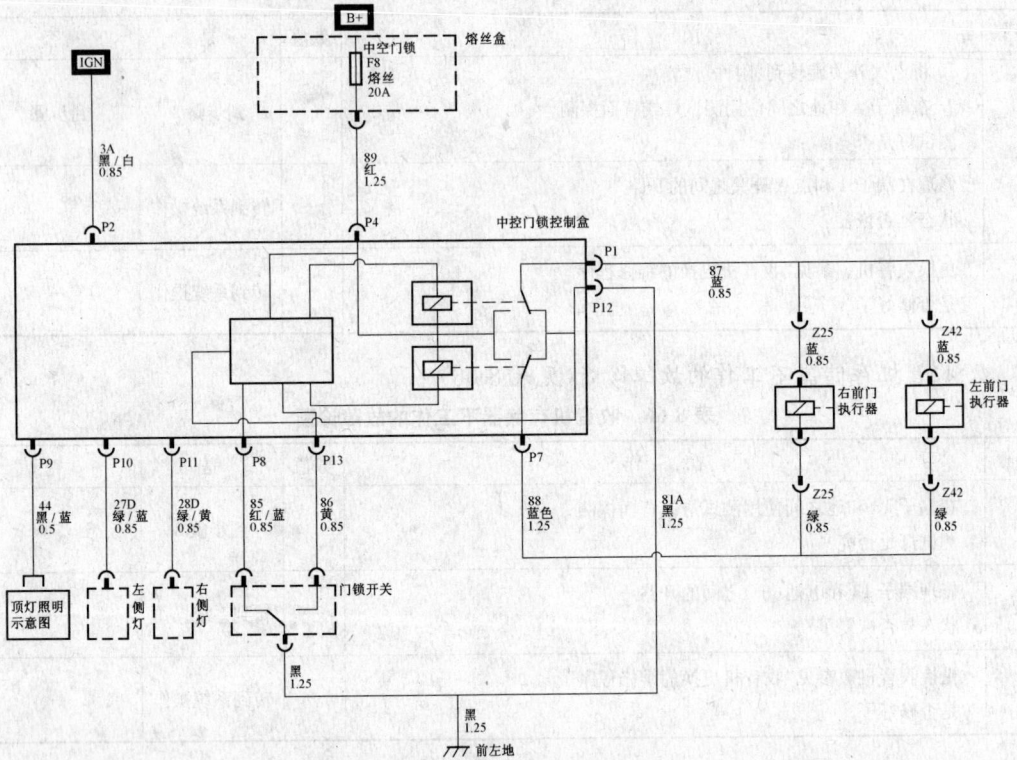

图 8-105　中控门锁的控制电路

二、遥控门锁接收器接插件端子含义

遥控门锁接收器接插件端子排列见图 8-106,端子含义见表 8-68。

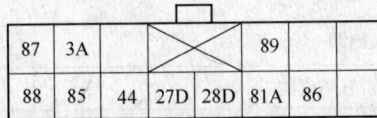

图 8-106　遥控门锁接收器接插件端子排列

表 8-68　遥控门锁接收器接插件端子含义

线号	导线颜色	功　能	线号	导线颜色	功　能
87	蓝	开锁	44	黑蓝	右车窗上移信号
3A	黑白	点火电源	27D	绿蓝	左转向灯
89	红	常通电源	28D	绿黄	右转向灯
88	蓝	闭锁	81A	黑	接地
85	红蓝	开锁开关	86	黄	闭锁开关

三、中控门锁的故障诊断

中控门锁的故障诊断见表 8-69。

表 8-69　中控门锁的故障诊断

现　象	原　因	诊 断 方 法
遥控距离变近	电量不足	如果要靠近车辆才能让发射器起作用,则更换电池
遥控失效	(1)发射器电池没电	更换电池
	(2)发射器失效	更换发射器,重新编码
	(3)接收器失效	更换接收器,重新编码
中控失效	接收器损坏	更换接收器,重新编码

第十二节　熔丝与连接器

一、五菱微型客车熔丝与连接器

1. 熔丝

(1)熔丝盒标签(见图 8-107)。

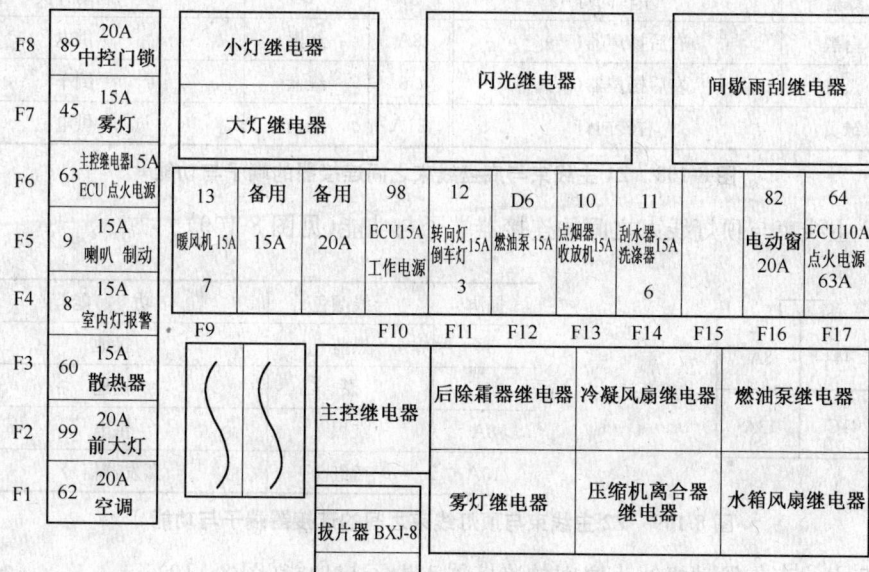

图 8-107　熔丝盒标签

(2)熔丝规格(见表 8-70)。

表 8-70　熔丝规格

熔丝号	额定电流	保护电路	熔丝号	额定电流	保护电路
F1	20A	空调	F10	15A	ECU 工作电源
F2	20A	前大灯	F11	15A	转向灯、倒车灯
F3	15A	散热器	F12	15A	燃油泵
F4	15A	室内灯报警	F13	15A	点烟器、收放机
F5	15A	喇叭、制动	F14	15A	刮水器、洗涤器
F6	15A	主控继电器、ECU 点火电源	F15	20A	备用
F7	15A	雾灯	F16	20A	电动窗
F8	20A	中控门锁	F17	10A	ECU 点火电源
F9	15A	暖风机			

2. 连接器

(1)Z1 主线束与底盘线束之间连接器的端子与功能(见图 8-108)。

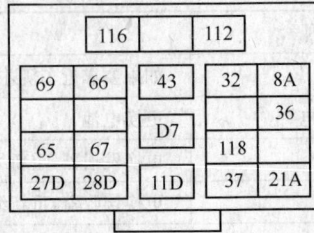

116		112	
69	66	43	32	8A
				36
65	67	D7	118	
27D	28D	11D	37	21A

插脚	导线颜色	功 能	插脚	导线颜色	功 能
116	黑红	后除霜继电器接通信号 (仅豪华型)	43	黑	接地
			D7	黄蓝	油泵继电器接通信号
112	棕黄	后雾灯继电器接通信号	11D	蓝	点火电压
69	黄	右后扬声器(一)	32	黄	燃油传感器
65	红黄	左后扬声器(+)	118	棕	后刮水(仅豪华型)
27D	绿蓝	左转向灯	37	绿	制动开关
66	白黑	右后扬声器(一)	8A	红黑	供电
67	黑红	左后扬声器(+)	36	红蓝	倒车
28D	绿黄	右转向灯	21A	绿白	供电

图 8-108 Z1 主线束与底盘线束之间连接器的端子与功能

(2)Z2 主线束与顶灯线束之间的连接器端子与功能(见图 8-109)。

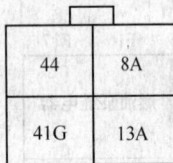

44	8A
41G	13A

插脚	导线颜色	功 能
44	黑蓝	接地
41G	黑	接地
8A	红黑	供电
13A	蓝红	蒸发器信号

图 8-109 Z2 主线束与顶灯线束之间的连接器端子与功能

(3)Z7 主线束与发动机线束之间的连接器 1 端子与功能(图 8-110)。

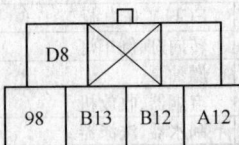

D8	
98	B13	B12	A12

插脚	导线颜色	功 能
D8	黄绿	供电(备用)
98	黑红	供电
B13	黄紫	转速信号
B12	棕黑	供电
A12	黑绿	爆燃传感器

图 8-110 Z7 主线束与发动机线束之间的连接器 1 端子与功能

(4)Z7 主线束与发动机线束之间的连接器 2 端子与功能(图 8-111)。

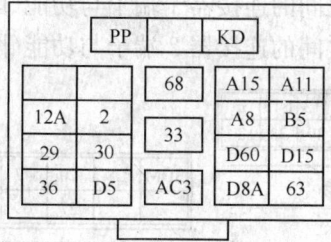

插脚	导线颜色	功　能	插脚	导线颜色	功　能
PP	蓝	车速传感器	A15	白紫	空调温度信号
12A	红蓝	倒车灯开关	A8	棕白	A/C 输出
29	黄绿	制动系统故障指示	D60	黄蓝	空调温度信号
36	红蓝	倒车	D8A	黄绿	供电
2	黑黄	起动电源	A11	灰棕	爆燃传感器屏蔽线
30	黄红	水温指示	B5	棕红	电源输出
D5	灰	发动机故障指示	D15	黄	空调温度信号
68	红绿	接发动机线	63	白黄	接发动机线
33	黄白	充电指示	KD	紫色	安全气囊(仅豪华型)
AC3	白绿	供电			

图 8-111　Z7 主线束与发动机线束之间的连接器 2 端子与功能

(5)Z25 主线束与左前门线束之间的连接器 1 端子与功能(图 8-112)。

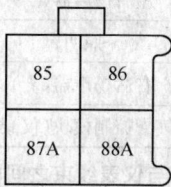

插脚	导线颜色	功　能
85	红蓝	开锁开关
87A	绿	开锁
86	黄	闭锁开关
88A	蓝	闭锁

图 8-112　Z25 主线束与左前门线束之间的连接器 1 端子与功能

(6)Z26 主线束与左前门线束之间的连接器 2 端子与功能(图 8-113)。

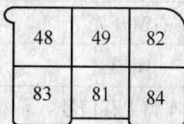

插脚	导线颜色	功　能
48	黑	左扬声器(一)
83	棕	右车窗下移信号
49	白蓝	左扬声器(＋)
81	黑	接地
82	蓝红	门状态开关
84	黄	右车窗上移信号

图 8-113　Z26 主线束与左前门线束之间的连接器 2 端子与功能

(7)Z27 主线束与仪表线束之间的连接器 1 端子与功能(图 8-114)。

(8)Z28 主线束与仪表线束之间的连接器 2 端子与功能(图 8-115)。

| 43C | 42D | | S1 | 31 | ⊠ | 63D | 29A | 113 | B13 | 33 |
| D5 | 32 | 70 | 30 | A8 | 16B | PP | 13 | 40 | 39 | 38 | 120 |

插脚	导线颜色	功　能
33	黄白	充电指示
120	棕白	后雾灯开关电源(输入)
B13	黄紫	接组合仪表
38	蓝黑	暖风机信号
113	白	后雾灯信号
39	蓝黄	暖风机控制信号
29A	黄绿	接组合仪表
40	红黑	开关
13	蓝红	开关
PP	蓝	车速里程表信号
16B	红	接组合仪表
31	黄黑	接组合仪表
A8	棕白	空调控制模块信号
S1	—	
30	黄红	水温指示信号
70	白黑	除霜开关电源(输出)
42D	黑	接仪表
32	黄	燃油传感器信号
43C	黑	接地
D5	灰	接仪表
63D	灰白	车速信号

**图 8-114　Z27 主线束与仪表线束之间的
连接器 1 端子与功能**

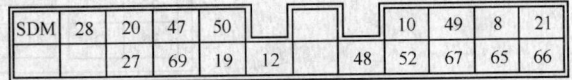

| SDM | 28 | 20 | 47 | 50 | | | 10 | 49 | 8 | 21 |
| | 27 | 69 | 19 | 12 | | 48 | 52 | 67 | 65 | 66 |

插脚	导线颜色	功　能
28	绿黄	右转向信号
20	绿红	转向信号输出
27	绿蓝	左转向信号
47	黑	右扬声器(一)
69	黄	右后扬声器(一)
50	红/白	右扬声器(+)
19	绿	闪光器电源(报警灯开关 OFF)
12	红蓝	闪光器电源(报警灯开关 ON)
48	黑	左扬声器(一)
10	蓝白	供电
52	黑	接地
49	白蓝	左扬声器(+)
67	黑红	左后扬声器(一)
8	红黑	记忆
65	红黄	左后扬声器(+)
21	绿白	照明
66	白黑	右后扬声器(+)
SDM	灰	安全气囊控制模块(仅豪华型)

**图 8-115　Z28 主线束与仪表线束之间的
连接器 2 端子与功能**

(9)Z42 主线束与右前车门线束之间的连接器端子与功能(图 8-116)。

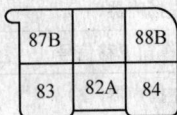

| 87B | | 88B |
| 83 | 82A | 84 |

插脚	导线颜色	功　能
87B	绿	开锁
83	棕	右车窗下移信号
82A	蓝红	右窗开关
88B	蓝	闭锁
84	黄	右车窗上移信号

图 8-116　Z42 主线束与右前门线束之间的连接器端子与功能

(10)D4 底盘线束与左后部线束之间的连接器端子与功能(图 8-117)。

(11)D5 底盘线束与右后部线束之间的连接器端子与功能(图 8-118)。

| 112 | 116 | | | 37 | 11D |
| 65 | 67 | 27 | 43A | 21 | 118 |

插脚	导线颜色	功　　能
112	棕黄	后雾灯继电器接通信号
65	红黄	左后扬声器(+)
67	黑红	左后扬声器(一)
27	绿蓝	左转向灯信号
43A	黑	接地
37	绿	制动开关
21	绿白	供电
118	黑红	后除雾继电器接通信号 (仅豪华型)
11D	蓝	点火电压
118	蓝	后刮水(仅豪华型)

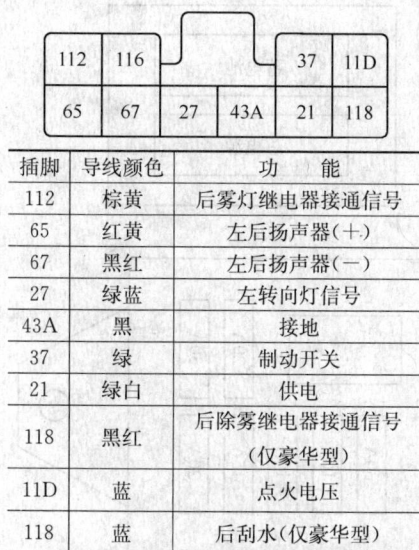

图 8-117　D4 底盘线束与左后
部线束之间的连接器端子与功能

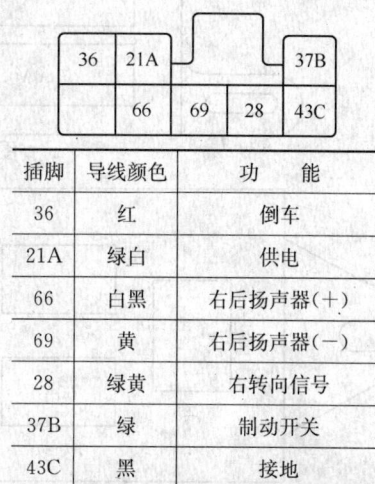

| 36 | 21A | | 37B |
| | 66 | 69 | 28 | 43C |

插脚	导线颜色	功　　能
36	红	倒车
21A	绿白	供电
66	白黑	右后扬声器(+)
69	黄	右后扬声器(一)
28	绿黄	右转向信号
37B	绿	制动开关
43C	黑	接地

图 8-118　D5 底盘线束与右后部
线束之间的连接器端子与功能

(12)T1 左后线束与尾门线束之间的连接器端子与功能(图 8-119)。

(13)数据链接接头端子与功能(图 8-120)。

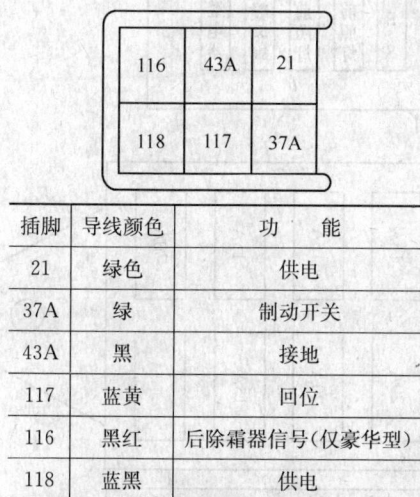

| 116 | 43A | 21 |
| 118 | 117 | 37A |

插脚	导线颜色	功　　能
21	绿色	供电
37A	绿	制动开关
43A	黑	接地
117	蓝黄	回位
116	黑红	后除霜器信号(仅豪华型)
118	蓝黑	供电

图 8-119　T1 左后线束与尾门线
束之间的连接器端子与功能

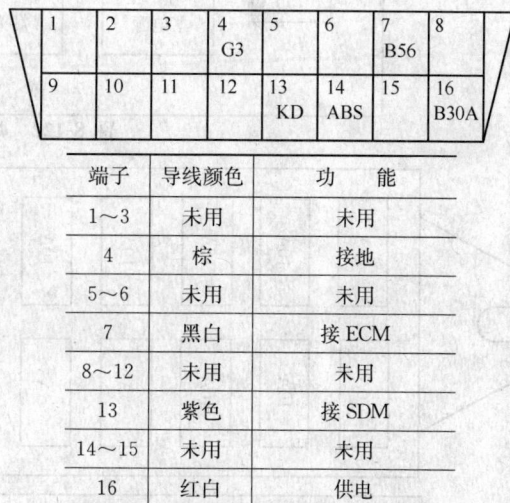

| 1 | 2 | 3 | 4
G3 | 5 | 6 | 7
B56 | 8 |
| 9 | 10 | 11 | 12 | 13
KD | 14
ABS | 15 | 16
B30A |

端子	导线颜色	功　　能
1~3	未用	未用
4	棕	接地
5~6	未用	未用
7	黑白	接 ECM
8~12	未用	未用
13	紫色	接 SDM
14~15	未用	未用
16	红白	供电

图 8-120　数据链接接头端子与功能

二、哈飞微型客车熔丝的布置

1. 熔丝盒

本车采用 3 个熔丝盒,分别为一级、二级、三级熔丝盒。熔丝盒内熔丝的具体位置见熔丝盒盖,如图 8-121、图 8-122、图 8-123 所示。

2. 熔丝的控制(见图 8-124)

| 80A |
| 80A |

| 蓄电池 |
| 总电源 |

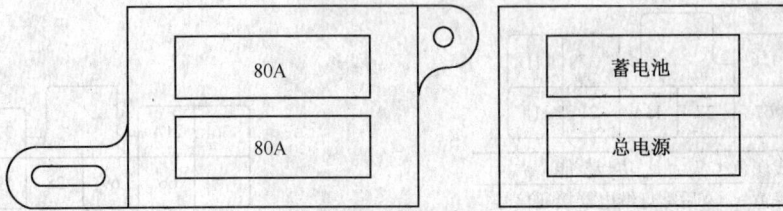

图 8-121　熔丝盒(1)

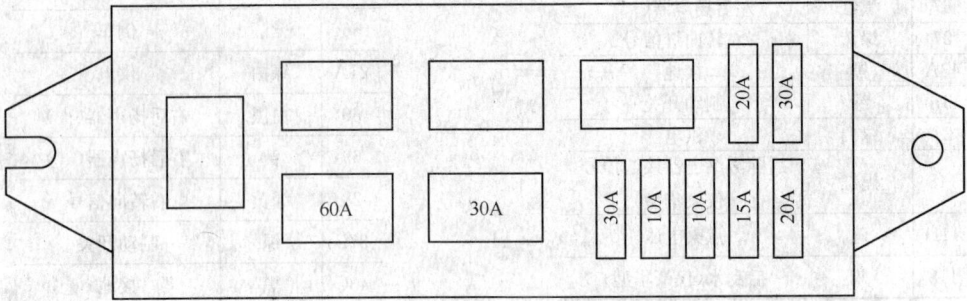

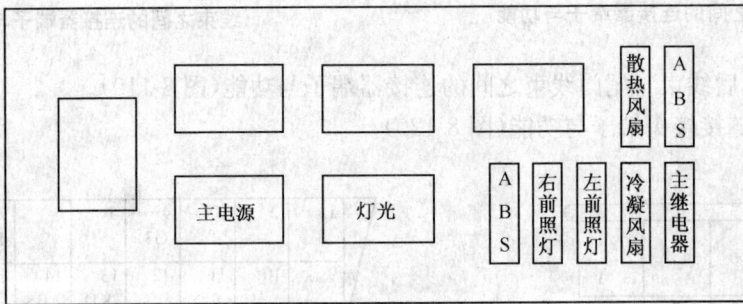

| | | | 20A | 30A |
| 60A | 30A | 30A | 10A | 10A | 15A | 20A |

图 8-122　熔丝盒(2)

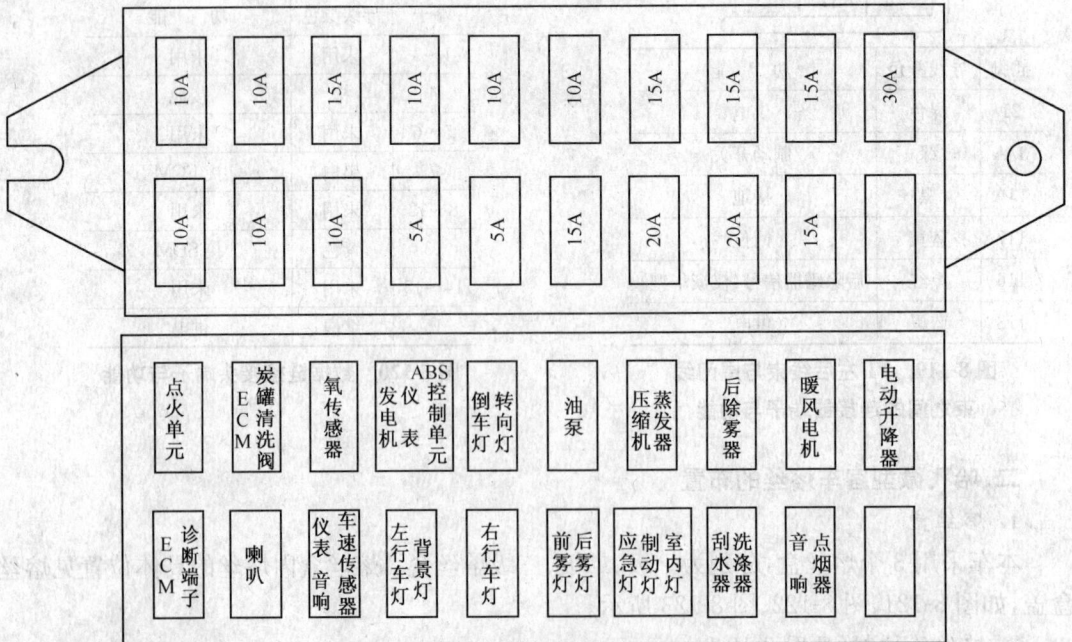

| | | | 散热风扇 | ABS |
| 主电源 | 灯光 | ABS | 右前照灯 | 左前照灯 | 冷凝风扇 | 主继电器 |

| 10A | 10A | 15A | 10A | 10A | 10A | 15A | 15A | 15A | 30A |
| 10A | 10A | 10A | 5A | 5A | 15A | 20A | 20A | 15A | |

| 点火单元 | 炭罐清洗阀 ECM | 氧传感器 | ABS控制单元 仪表发电机 | 倒车灯 转向灯 | 油泵 | 压缩机 蒸发器 | 后除雾器 | 暖风电机 | 电动升降器 |
| ECM 诊断端子 | 喇叭 | 仪表音响 车速传感器 | 左行车灯 背景灯 | 右行车灯 | 前雾灯 后雾灯 | 应急灯 制动灯 室内灯 | 刮水器 洗涤器 | 点烟器 音响 | |

图 8-123　熔丝盒(3)

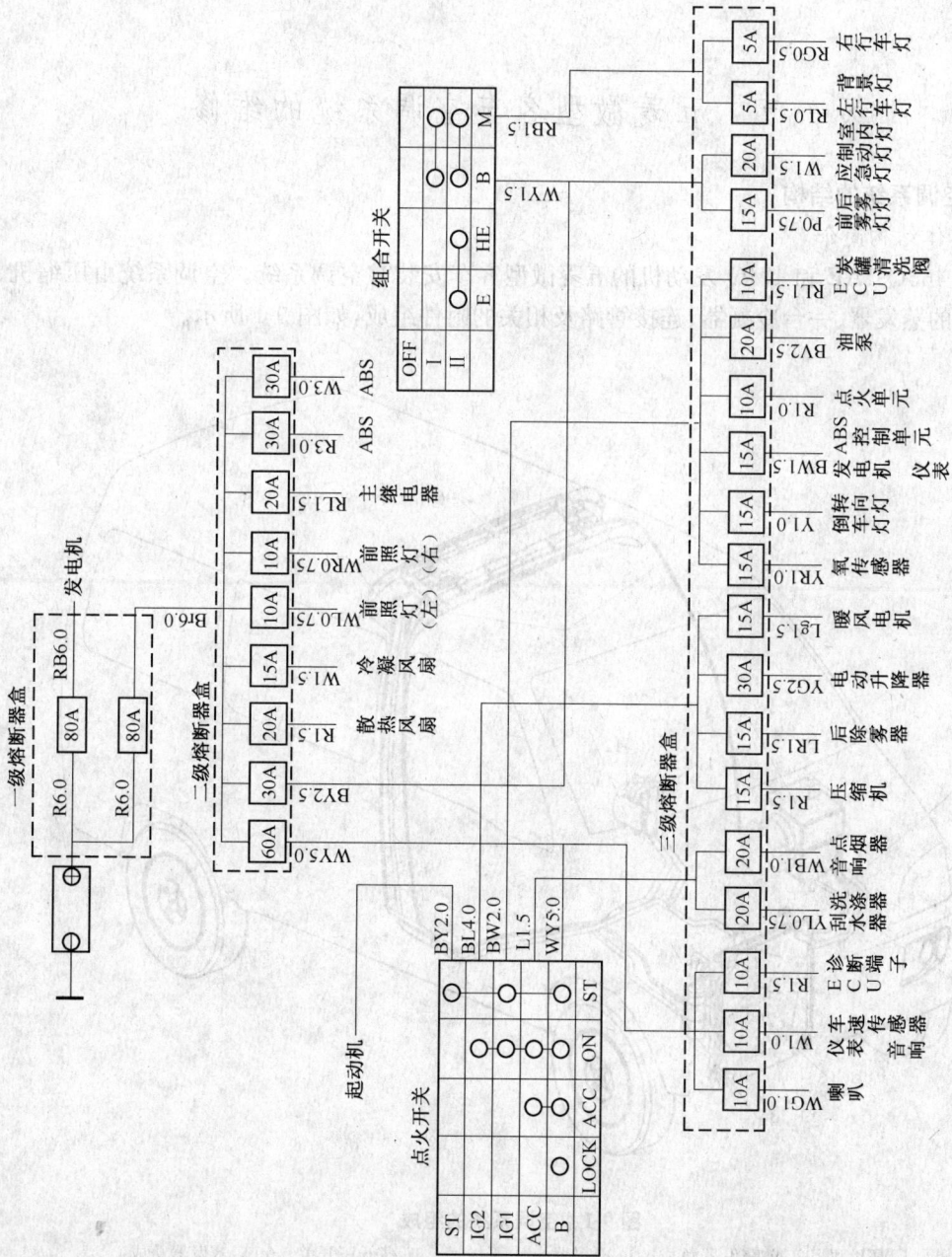

图 8-124　熔丝的控制

第九章　空调系统的维修

第一节　五菱微型客车空调系统的维修

一、空调系统的结构

1. 总体结构简介

使用 465Q-1AE 和 474Q 发动机的五菱微型客车安装有空调系统。空调系统由压缩机、两台并联的蒸发器、一台冷凝器、连接管路及相关的附件组成，如图 9-1 所示。

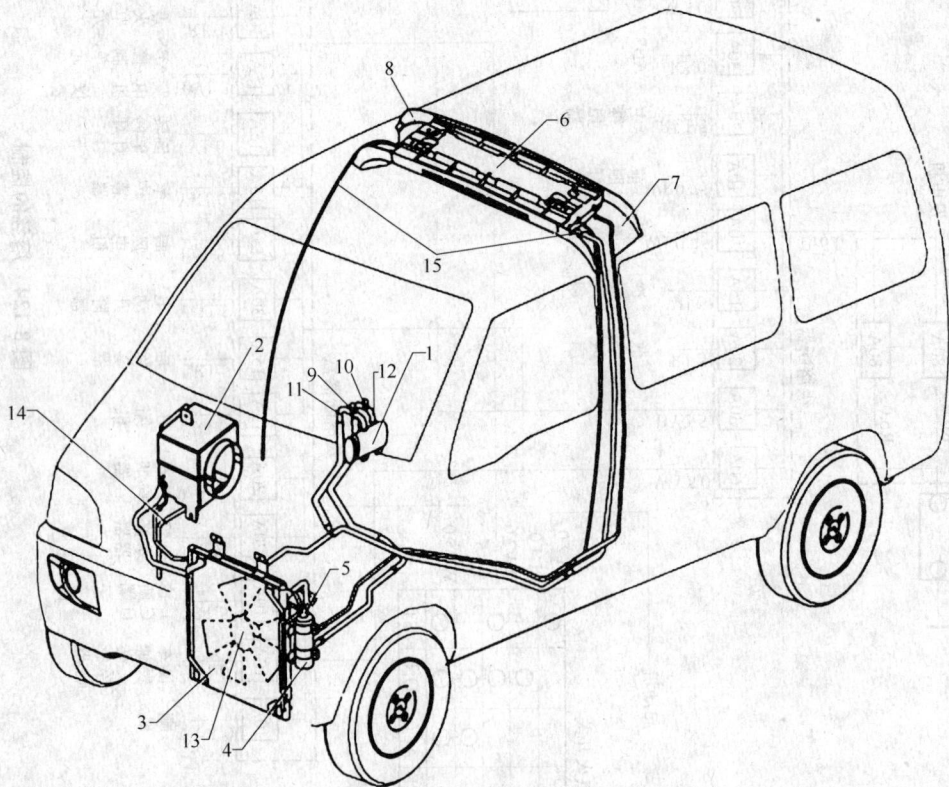

图 9-1　空调系统的组成

1. 压缩机　2. 前蒸发器总成　3. 冷凝器　4. 干燥罐　5. 高低压开关　6. 后蒸发器总成
7. 右边盖　8. 左边盖　9. 低压检修阀　10. 高压检修阀　11. 压缩机吸气软管
12. 压缩机排气软管　13. 冷凝器电子扇　14. 前蒸发器排水管　15. 后蒸发器排水管

2. 压缩机结构

压缩机的结构如图 9-2 所示。

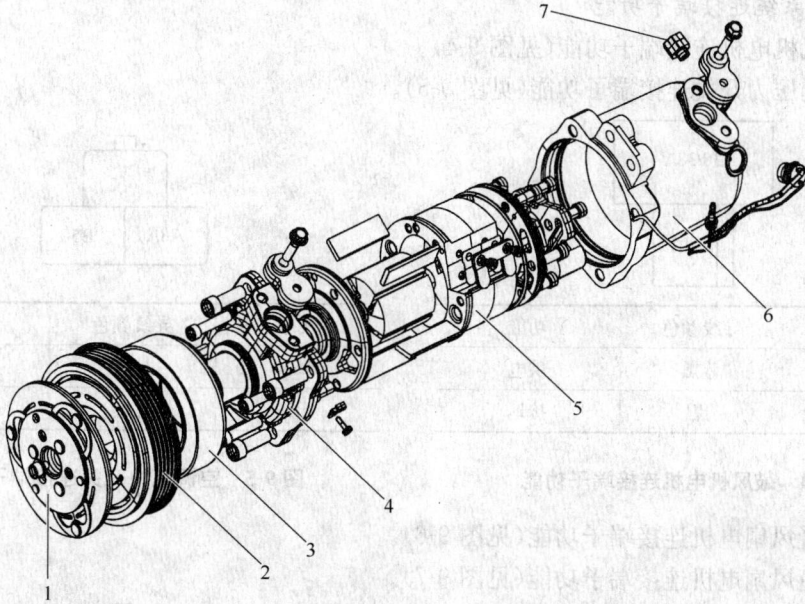

图 9-2　压缩机的结构

1. 离合器驱动盘　2. 皮带轮　3. 离合器线圈　4. 压缩机壳体
5. 压缩机缸轴和导向销总成　6. 压缩机后盖　7. 放油螺塞

二、空调系统控制电路及连接端子功能

1. 空调系统控制电路（见图 9-3）

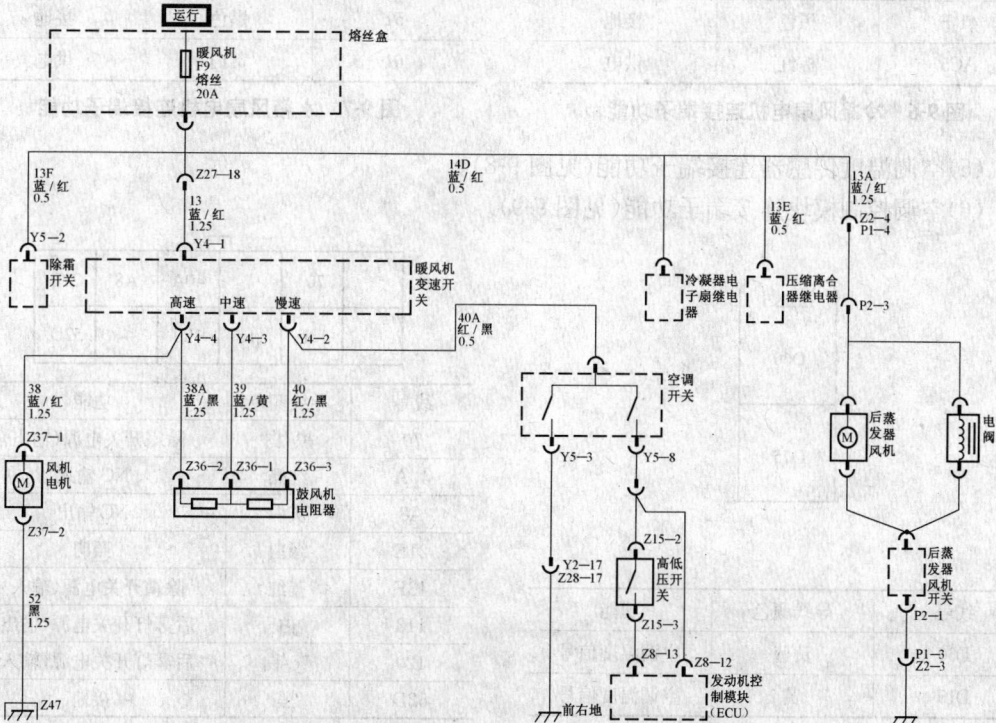

图 9-3　空调系统控制电路

2. 空调系统连接端子功能

(1)鼓风机电机连接端子功能(见图9-4)。

(2)空调压力开关连接端子功能(见图9-5)。

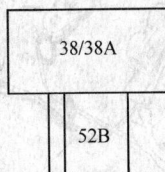

线号	导线颜色	功能
38/38A	蓝黑	供电
52B	黑	接地

图9-4　鼓风机电机连接端子功能

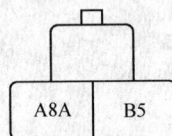

线号	导线颜色	功能
A8A	棕白	电源输入
B5	棕红	电源输出

图9-5　空调压力开关连接端子功能

(3)冷凝风扇电机连接端子功能(见图9-6)。

(4)水箱风扇电机连接端子功能(见图9-7)。

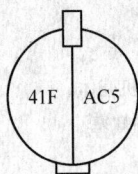

线号	导线颜色	功能
41F	黑色	接地
AC5	棕红	供电

图9-6　冷凝风扇电机连接端子功能

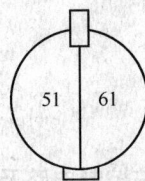

线号	导线颜色	功能
51	黑色	接地
61	黄白	供电

图9-7　水箱风扇电机连接端子功能

(5)空调温度传感器连接端子功能(见图9-8)。

(6)空调控制模块连接端子功能(见图9-9)。

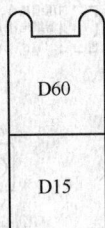

线号	导线颜色	功能
D60	黄蓝	空调温度信号
D15	黄	空调温度信号

图9-8　空调温度传感器连接端子功能

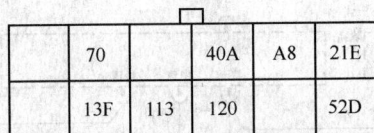

线号	导线颜色	功能
70	黑/白	除霜开关电源(输出)
40A	红黑	NC 输入
A8	灰白	NC 输出
21E	绿白	照明
13F	蓝红	除霜开关电源(输入)
113	白	后雾灯开关电源(输出)
120	灰/白	后雾灯开关电源(输入)
52D	黑	接地

图9-9　空调控制模块连接端子功能

(7)鼓风机风量开关连接端子功能(见图9-10)。

(8)鼓风机电阻连接端子功能(见图9-11)。

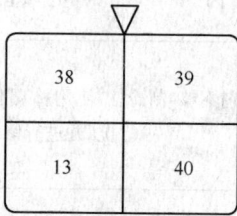

线号	导线颜色	功能
38	蓝黑	2档
39	蓝黄	3档
13	蓝红	供电
40	红黑	1档

图9-10　鼓风机风量开关连接端子功能

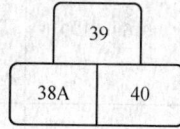

线号	导线颜色	功能
39	蓝黄	中速
38A	蓝黑	高速
40	红黑	低速

图9-11　鼓风机电阻连接端子功能

三、空调系统故障诊断与排除

1. 初步检查

(1)检查空调系统的熔丝,如有必要进行更换。

(2)检查空调系鼓风机的运行,如有必要进行维修。

(3)检查离合器线圈的电气连接,如有必要进行维修。

(4)检查空调V带,如果V带已经损坏,应进行更换。

(5)检查电动冷却风扇的运行,进行必要的维修。

(6)检查冷凝器总成的气流是否受到限制,进行必要的清洁。

(7)检查系统在气流方面是否受到限制。

(8)检查系统压力。如果压缩机的压力等于规定数值,则说明空调系统工作正常。

2. 空调系统制冷剂压力值与故障排除(见表9-1)

表9-1　空调系统制冷剂压力值与故障排除

支管压力表(MPa)		问　题	原　因	处理方法
低	高			
0.15~0.3	1.5~2.0	正常状况	—	—
负压力	0.5~0.8	低压侧读出负压力,高压侧读出极限低压力;干燥器及膨胀阀进出管道周围冻结	膨胀阀内有尘粒卡住或水滴冻结,阻止制冷剂流动,膨胀阀热敏管道漏气阻止制冷剂流动	清洗膨胀阀。如不能清洗则更换,更换干燥罐,重新加注制冷剂
正常:0.15~0.3 异常:负压力	正常:1.5~2.0 异常:0.6~1.0	在空调工作期间,低压侧有时显示负压,有时显示正常压力;高压侧重复显示异常及正常压力	因系统中有湿气,膨胀阀被冻结,并暂时中断制冷循环	更换膨胀阀;更换干燥罐;抽空系统并重新充注制冷剂

续表 9-1

支管压力表（MPa）		问　　题	原　　因	处　理　方　法
低	高			
0.05～0.1	0.69～1.0	低压及高压侧均显示低压读数； 通过观察孔可以看到持续不断的气泡	该系统制冷剂不够（制冷剂泄漏）	使用检漏仪检查泄漏情况，并进行修理
0.4～0.6	0.69～1.0	低压侧压力偏高； 高压侧压力偏低	压缩机内部泄漏	检修压缩机或进行更换
0.3～0.45	1.9～2.5	在低压侧和高压侧上压力均偏高，即使发动机转动缓慢，也看不见气泡	制冷剂充注过量； 冷凝器散热不正常	调整制冷剂到规定量，检查并修理冷凝器
0.3～0.45	1.9～2.5	在低压侧和高压侧上压力均偏高； 低压侧管道摸起来不冷； 通过观察孔可看见气泡	空调系统内存有空气	更换干燥罐； 重新抽空并充注制冷剂

3. 制冷系统的故障诊断（见表 9-2）

表 9-2　制冷系统的故障诊断

故　　障	原　　因	处　理　方　法
不出冷风（空调系统工作不正常）	空调系统不工作 (1)无制冷剂 (2)熔丝烧断 (3)空调及风扇电机开关故障 (4)空调热敏电阻故障 (5)高低压保护开关故障 (6)空调继电器故障 (7)线路或接地故障 (8)空调 ECU 切断开关故障	(1)回收、抽空及充注制冷剂 (2)检查熔丝，检查是否短路 (3)检查空调及风扇电机开关 (4)检查空调热敏电阻 (5)检查高低压保护开关 (6)检查空调继电器 (7)按需要修理 (8)检查空调切断开关信号
	压缩机不工作（不运转） (1)电磁离合器故障 (2)传动皮带松弛或损坏 (3)压缩机故障	(1)检查电磁离合器 (2)拧紧或更换传动皮带 (3)检查压缩机
	冷凝器电子扇不工作 (1)冷凝器电子扇继电器故障 (2)线路或接地故障 (3)空调冷凝器风扇电机故障	(1)检查冷凝器电子扇继电器 (2)按需要修理 (3)检查冷凝器风扇电机
不出冷风或制冷效果不好（空调系统运转正常）	(1)制冷剂补充不足或过量 (2)冷凝器堵塞 (3)蒸发器堵塞或冻结 (4)膨胀阀故障 (5)储液干燥器故障 (6)传动皮带打滑 (7)电磁离合器故障	(1)检查制冷剂量 (2)检查冷凝器 (3)检查蒸发器和热敏电阻 (4)检查膨胀阀 (5)检查储液干燥器 (6)检查或更换传动皮带 (7)检查电磁离合器

续表 9-2

故 障	原 因	处 理 方 法
不出冷风或冷气不足(空调系统运转正常)	(1)压缩机故障 (2)空调系统内有空气 (3)暖风机故障 (4)空调系统中压缩机油过多	(1)检查压缩机 (2)更换储液干燥器并重新充注 (3)检查暖风机 (4)排放空调系统中的压缩机油
冷气时断时续	(1)线路连接有问题 (2)膨胀阀故障 (3)空调系统内湿度过大 (4)电磁离合器故障 (5)制冷剂充注过量	(1)必要时修理 (2)检查膨胀阀 (3)更换储液干燥器并重新充注 (4)检查电磁离合器 (5)检查制冷剂充注量
只在高速运转时出冷气	(1)冷凝器堵塞 (2)制冷剂补充不够 (3)空调系统内有空气 (4)传动皮带打滑 (5)压缩机故障	(1)检查冷凝器 (2)检查补充制冷剂 (3)更换储液干燥器并重新充注 (4)检查并更换皮带 (5)检查压缩机
在高速运转时不出冷气	(1)制冷剂补充过量 (2)蒸发器冻结	(1)检查制冷剂量 (2)检查蒸发器和空调热敏电阻
冷气风力不足	(1)蒸发器堵塞或冻结 (2)暖风机电机故障 (3)线路或接地故障	(1)检查蒸发器和空调热敏电阻 (2)检查暖风机 (3)必要时修理

4. 暖风不足的故障诊断(见表 9-3)

表 9-3 暖风不足的故障诊断

步骤	措 施	是	否
1	(1)检查发动机冷却液液位 (2)检查冷却液泵的传动带张紧力 (3)检查散热器和加热器软管是否有泄漏和弯折 (4)检查散热器盖是否正常	至步骤 2	—
2	(1)把模式设定在 HEAT(暖风) (2)把鼓风机电机的速度设为高速 (3)将温度控制设定到全热 (4)把点火开关转到 ON(打开) (5)检查加热器出风口的气流。气流是否很小或没有气流	至步骤 3	至步骤 7
3	检查除霜器或通风孔出口是否有气流 除霜器或通风孔出口是否气流很小或没有气流	至步骤 4	至步骤 14
4	(1)把模式设定在 DEFROST(除霜) (2)检查除霜器出风口的气流。气流很小或没有气流	至步骤 5	至步骤 15
5	把鼓风机速度从以下位置调到: • OFF(关闭)～1 • 1～2 • 2～3 然后再返回到 OFF(关闭) 当鼓风机速度被调到 3(高速)然后随着开关转到 LO(低速)而降低时,鼓风机电机的速度是否按每个速度等级而下降	至步骤 6	至步骤 16

续表 9-3

步骤	措　施	是	否
6	检查系统的鼓风机进气口和强制通风口是否受到阻塞	至步骤 7	—
7	把鼓风机速度从以下位置调到： ·OFF(关闭)~1 ·1~2 ·2~3 然后再返回到 OFF(关闭) 当鼓风机速度被调到 4(高速)然后随着开关转到 1(低速)而降低时，鼓风机电机的速度是否按每个速度等级而下降？	至步骤 8	至步骤 16
8	(1)把鼓风机电机的速度设为 3(高速) (2)用温度计检查周围的空气温度 (3)以 48km/h 的速度驾驶车辆。最短的发动机预热时间为 20min (4)检查下列的加热器出风口排气温度(环境温度)是否在规定值之内： ·54℃(环境温度为 -18℃时) ·59℃(环境温度为 -14℃时) ·64℃(环境温度为 -10℃时)	至步骤 17	至步骤 9
9	风门执行器是否工作正常	至步骤 10	至步骤 18
10	(1)将温度控制设定到全热 (2)起动发动机 (3)触摸出风口的加热器软管是否感到热	至步骤 13	至步骤 11
11	(1)断开加热器芯体上的加热器软管 (2)检查正确的加热器软管位置 (3)检查冷却液阀门。如果其工作不正常，应更换 加热器软管的位置是否装反	至步骤 19	至步骤 12
12	(1)冲洗加热器芯体 (2)泄放和重新加注冷却液 (3)将温度调节器设定到全热 (4)起动发动机 (5)触摸出风口的加热器软管是否感到热	至步骤 24	至步骤 22
13	检查节温器的安装是否正确	至步骤 21	至步骤 20
14	检查模式风门控制器和拉索	至步骤 24	—
15	检查加热器出口是否受阻	至步骤 24	—
16	检查鼓风机电机	至步骤 24	—
17	(1)检查车辆在以下部位是否泄漏冷气： 1)仪表板 2)加热器箱 3)前通风孔 (2)根据需要进行维修	至步骤 24	—
18	维修或更换风门线缆	至步骤 24	—
19	在正确的位置重新安装加热器软管	至步骤 24	—
20	重新安装节温器	至步骤 24	—
21	更换节温器	至步骤 24	—
22	更换加热器芯体	至步骤 24	—
23	检查系统的鼓风机进气口和强制通风口之间是否受到阻塞	至步骤 24	—
24	进行功能测试	系统完好	—

第二节　长安微型客车空调系统的维修

一、空调系统的结构

1. 总体结构简介

长安微型客车空调系统由压缩机、顶置式蒸发器、冷凝器、连接管路及相关的附件组成，如图 9-12 所示。

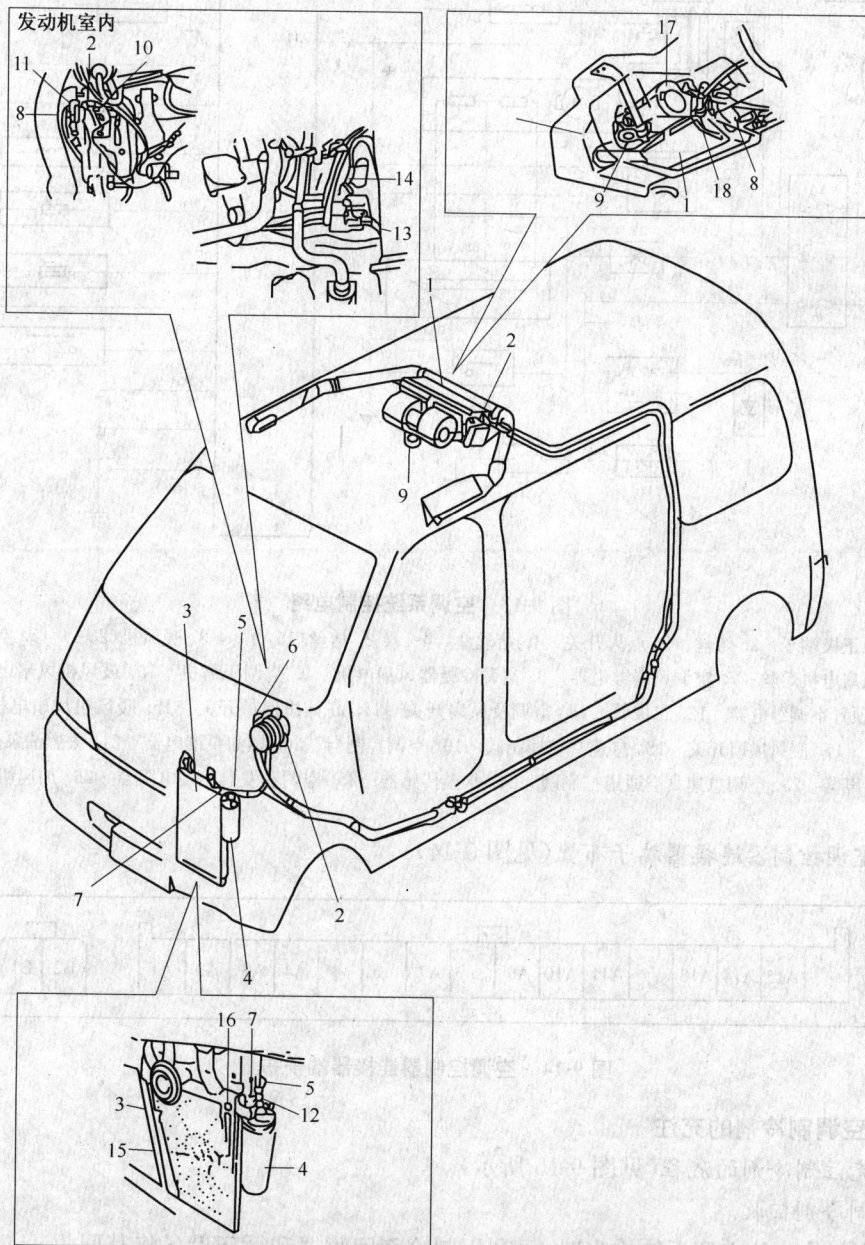

图 9-12　长安微型客车空调系统的组成

1. 顶置式蒸发器总成　2. 压缩机　3. 冷凝器　4. 储液干燥器　5. 高压维修阀　6. 低压维修阀　7. 高低压保护开关
8. 空调控制器　9. 风扇及空调开关　10. 排气软管　11. 吸入软管　12. 储液干燥器流出管　13. 空调怠速真空控制器
14. 水温传感器　15. 冷凝器风扇　16. 冷凝器风扇继电器　17. 风扇电机　18. 空调继电器

二、空调系统控制电路及连接端子布置

1. 空调系统控制电路（见图9-13）

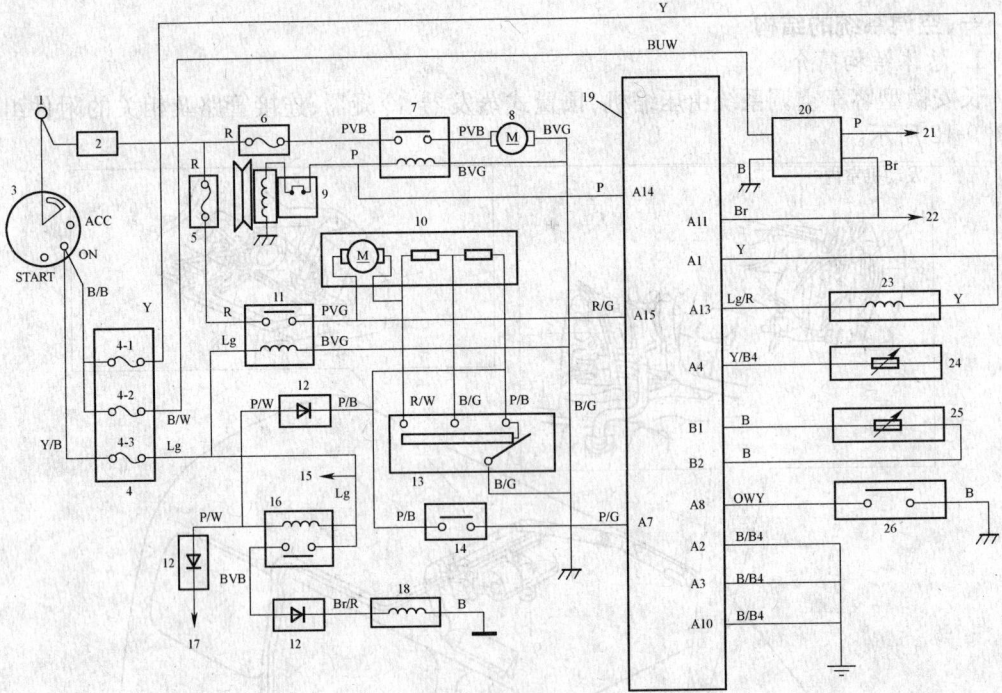

图 9-13　空调系统控制电路

1. 蓄电池正极端子　2. 熔丝　3. 点火开关　4. 熔丝盒　4-1、4-2. 熔丝（15A）　4-3. 暖风机（20A）　5. 空调熔丝　6. 空调风扇电机熔丝　7. 空调风扇继电器　8. 空调冷凝器风扇电机　9. 空调压缩机　10. 鼓风机风扇电机及电阻器　11. 顶置空调继电器　12. 二极管　13. 空调及风扇开关　14. 高低压保护开关　15. 暖风机风扇电机　16. 怠速继电器　17. 暖风风扇开关　18. 怠速真空控制阀　19. 空调控制器　20. 燃油泵继电器　21. 去燃油泵及仪表　22. 消声器　23. 空调怠速真空通道控制阀　24. 水温传感器　25. 空调蒸发器热敏电阻器　26. 加速切断开关

2. 空调控制器连接器端子布置（见图9-14）

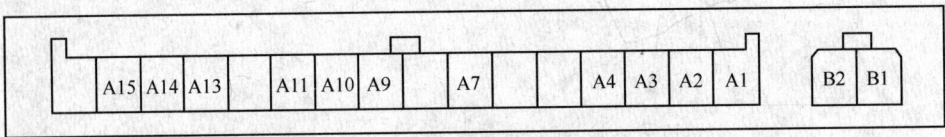

图 9-14　空调控制器连接器端子布置

三、空调制冷剂的充注

1. 充注制冷剂的流程（见图9-15所示）

2. 制冷剂回收

当将制冷剂从空调系统排出时，可利用制冷剂回收器和循环设备将其回收。

说明：将制冷剂排到大气中，会给环境造成破坏。

注意：当处理回收与循环设备时，必须遵守设备说明书的要求。

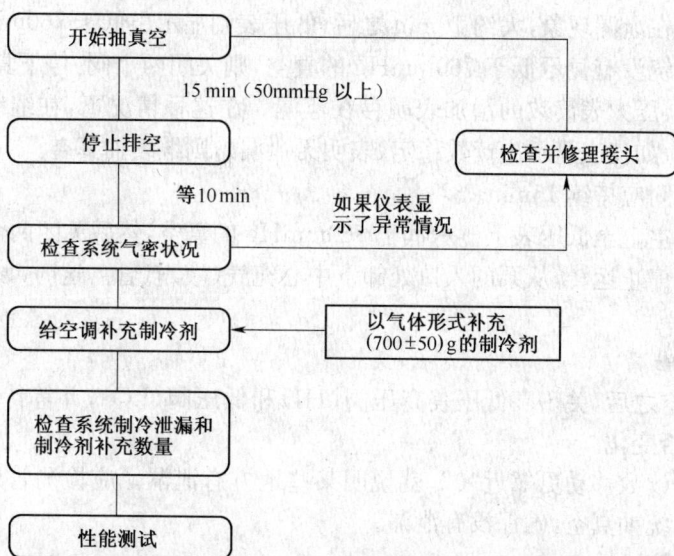

图 9-15　充注制冷剂的流程

3. 空调系统抽真空

注意:无论何时打开(暴露于大气中),空调系统必须用真空泵将其抽真空。空调系统抽真空时应连接高低压表,必须被抽真空约 15min。

小心:在回收系统中的制冷剂之前,不要抽真空。

(1)按图 9-16 所示连接高低压表。

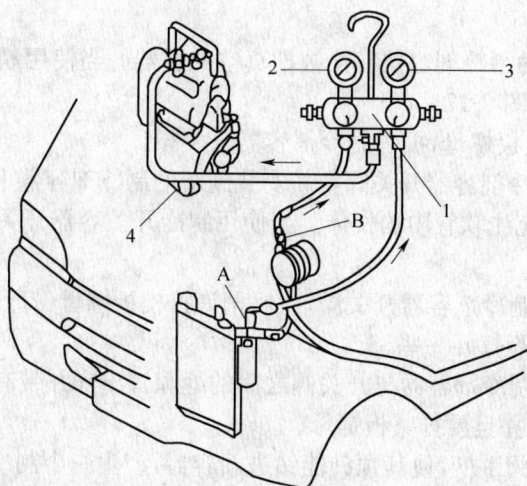

图 9-16　连接高低压表

1. 高低压表　2. 低压表　3. 高压表　4. 回收设备或真空泵

A. 高压维修阀　B. 低压维修阀

(2)将高低压表中间的一根软管接到真空泵上。

(3)操作真空泵,然后打开高低压表吸入侧的阀门。如系统内有任何堵塞,那么,高压表上就有显示。在这种情况出现时,请打开高低压表的另一侧阀门。

（4）只要不存在泄漏现象，大约 10min 之后，低压表则显示出低于 760mmHg 的真空。

注意：如该系统没有显示低于 760mmHg 的真空，则关闭两个阀，停下真空泵并注意观察低压仪表的移动。压力表读数的增加表明存在泄漏。在这种情况下，在继续抽真空之前，必须修理空调系统。如仪表显示出读数稳定（表明无泄漏），则继续抽真空。

（5）抽真空时间应持续 15min。

（6）继续抽真空直至低压表上显示低于 760mmHg 的真空，然后关闭两个阀。

（7）使真空泵停止运转，从泵的入口处卸下中心充气（液）软管。这时，该系统已为充注制冷剂作好了准备。

4. 检查系统泄漏

在完成抽真空之后，关闭高低压表高压阀（HI）和低压阀（LO），并等待 10min，验证一下低压仪表读数是否变化。

注意：如仪表读数移动更靠近"0"，就说明某些地方有泄漏。应检测管道接头，作必要的校正，并再次将系统抽真空，确保没有泄漏。

5. 充注制冷剂

（1）在抽真空该系统之后，必须给软管适当地规定路线。

（2）将高低压表设备连接到位，然后打开制冷剂容器阀，对加注管道进行排气，然后打开低压侧阀门。

警告：务必使高压一侧阀可靠关闭。

（3）起动发动机并保持在 1500r/min，然后打开空调。

（4）给空调系统充注汽态的制冷剂。此时，必须保持和制冷剂容器直立状态。

（5）当制冷剂容器被抽真空时，按下列程序用新的制冷剂容器替换。

①关闭低压阀。

②用已充有制冷剂的制冷剂容器替换被抽真空的容器。当使用制冷剂容器开关阀时，可按下面步骤进行更换，见图 9-17。

a. 退回顶针，拧松其板螺母，拆去制冷剂容器开关阀。

b. 将先前拆除的制冷剂容器开关阀重新安装到新的制冷剂容器上。

③排出存在于中心充注软管中的气体。当使用制冷开关容器开关阀时，可按下面步骤进行排气，见图 9-18。

a. 一次性完全拧紧制冷剂容器开关阀，然后稍许拧松板螺母（打开一小点）。

b. 将高低压表低压阀打开一些。

c. 一旦制冷剂通过制冷剂容器与开关阀之间的缝隙冒出来并带有漏气的声音，要马上拧紧支管压力表的低压阀，并且要拧紧板螺母。

d. 顺时针转动开关阀手柄，使其顶针能钻进新容器，产生一个制冷剂流动的通孔。

（6）在该系统被加注了规定量（650～750g）的制冷剂之后或当低压和高压表分别显示了规定的数值时，关闭高低压表的低压侧阀。此时，观察视液镜并检查里面是否存在气泡。如没有任何气泡，则表明该系统已充足制冷剂，见图 9-19。

低压表：当补充规定量（制冷剂）时为 200～300kPa 绝对压力（气温在 25～35℃）；

高压表：当补充规定量（制冷剂）时为 1370～1670kPa 绝对压力（气温在 25～35℃）。

6. 空调系统泄漏情况的检查

使用电子险漏仪仔细检查该系统泄漏情况，见图 9-20。

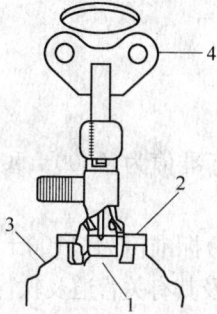

图 9-17　连接制冷剂容器
1. 顶针　2. 板螺母　3. 制冷剂容器　4. 手柄

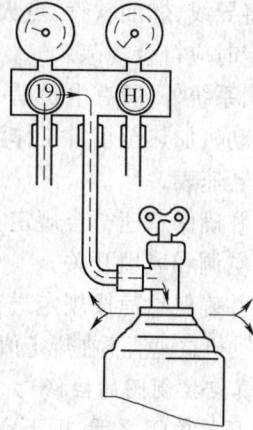

图 9-18　排出气体

图 9-19　观察视液镜并检查
里面是否存在气泡
1. 视液镜　2. 气泡

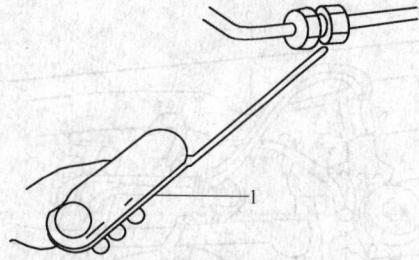

图 9-20　电子检漏仪
1. 电子检漏仪

四、空调系统的检修

维修提示：

若拆除和重新安装空调系统的任何零部件时,以及需拆开和连接制冷剂管时,必须遵守下列规定：

◆当从系统拆开任何管线时,将管端接头或端盖立即安装到此类管道的装配件上。

◆当连接软管及管道时,应预先在连接螺母及"O"形环的底座上滴几滴冷冻机油。

◆当拧紧或拧松安装件时,使用两个扳手,一个用于转动,另一个用于支承。

◆根据下列技术要求拧紧连接螺母：连接螺母拧紧力矩为 8mm 管子 13N·m;14.5mm 管子 32N·m。

1. 空调怠速的检查和调整

提示：在进行怠速检查和调节之前,务必遵守以下几点：

①必须将导线、燃油软管、点火与排气控制系统连接牢固。

②点火定时应符合规范。

③除点火系统外,所有电负荷必须关闭。

(1)将发动机加热至正常工作温度。

(2)调校转速表。

(3)检查并确保怠速符合规定。发动机怠速(空调关闭)标准值为(1000±50)r/min。

(4)打开空调和风扇开关。

(5)检查并确保怠速按规定进行。发动机怠速(空调打开)标准值为(1100±50)r/min。

(6)如发动机怠速值不在规定值内,则检查空调真空控制阀及其有关管道及软管,见图9-21。

2. 空调真空控制阀的检修

(1)点火开关关闭之后,拆下空调真空控制阀连接器。

(2)测量空调真空控制阀的两个端子之间的电阻,见图9-22。标准电阻值为36~40Ω。如符合规定值,则进行下一步检查。如不符合规定值,应给予更换。

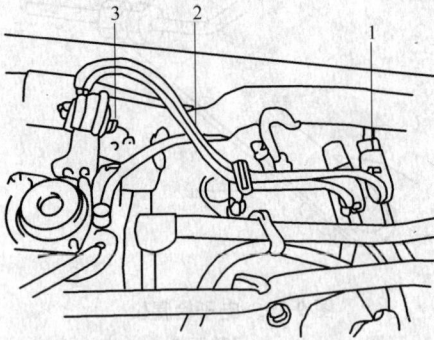

图9-21　检查空调真空控制阀及有关管道及软管
1. 空调怠速真空控制阀　2. 软管　3. 怠速提升装置

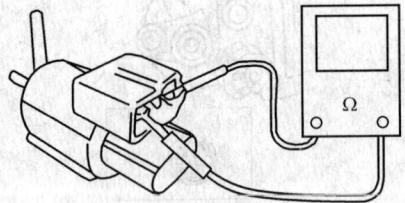

图9-22　测量空调真空控制阀的端子电阻

(3)将发动机加热到正常的工作温度。

(4)发动机运转时,拔下空调真空控制阀上的软管。在这种条件下,检查空调真空控制阀是否工作。

(5)见图9-23,在上述条件下,将蓄电池导线连接到空调真空控制阀端子上,检查空调真空控制阀二个管路是否相通,如不相通,应更换空调真空控制阀。

提示:用于空调真空控制阀的蓄电池通电时间不要超过1s,若时间超过1s,会导致电磁阀烧坏。

3. 空调发动机冷却温度传感器的检修

(1)空调发动机冷却温度传感器位置见图9-24。检查时,先从其上拆去导线。

(2)可从进气支管上拆除空调发动机冷却温度传感器,并按图9-25进行检查。在给水逐渐加热的同时,将传感器的温度传感部分放入水中,并测量传感器的电阻。电阻与温度之间的关系如表9-4所示,如符合,则表明正常,如有故障,请用新传感器更换。

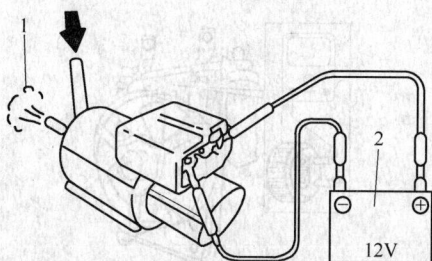

图 9-23 检查空调真空控制阀电路是否导通
1. 空气排放 2. 蓄电池

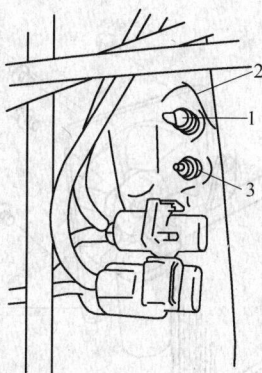

图 9-24 拆掉空调发动机冷却温度传感器导线
1. 空调发动机冷却温度传感器 2. 进气支管
3. 发动机冷却温度传感器(接组合仪表)

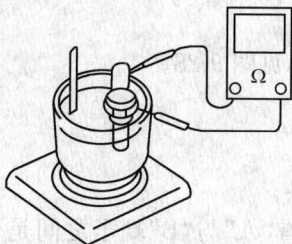

图 9-25 空调发动机冷却温度传感器的检查

表 9-4 空调温度传感器电阻与温度的关系

项目	电阻值(Ω)		
温度(℃)	50	80	100
电阻(Ω)	154	52	27.5

4. 高低压保护开关的检查

(1)当空调系统适量充注了制冷剂和空调系统(压缩机)正在工作时,检查高低压开关在正常温度下是否导通。在这两种情况下,开关都应导通。

(2)当压力在以下规定范围时,开关应不导通:高压侧压力在 200kPa 以下或 3200kPa 以上时,高低压开关不导通

5. 空调冷凝器总成检查

空调冷凝器总成见图 9-26。

检查空调冷凝器总成以下内容:

(1)冷凝器散热叶片是否泄漏、堵塞,以及损坏。

(2)冷凝器装配件是否泄漏。

(3)被阻塞的冷凝器散热叶片必须用水清洗,然后用压缩空气吹干。

注意:小心不要损坏冷凝器散热片。如冷凝器散热叶片弯曲,请用起子或钳子将其弄直;如发现配件或管子有泄漏,应修理或更换冷凝器。

6. 空调冷凝器风扇电机的检修

(1)见图 9-27,用万用表检查空调冷凝器风扇电机两个端子之间是否导通。

如检查结果是导通,请进行下一步检查。否则,应更换。

(2)将蓄电池连接到空调冷凝器风扇电机上,然后检查冷凝器风扇电机工作是否平稳。如果有故障,应更换新件。

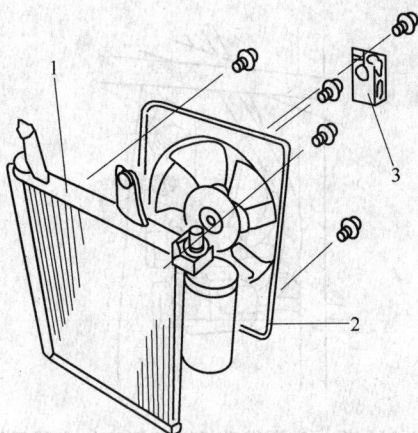

图 9-26　空调冷凝器总成

1. 冷凝器总成　2. 冷凝器风扇　3. 冷凝器风扇继电器

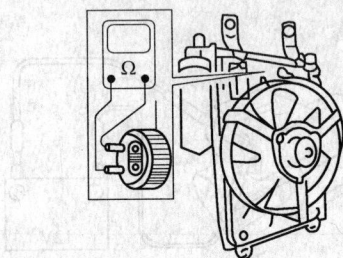

图 9-27　空调冷凝器风扇电机的检查

1. 空调冷凝器风扇电机插头

7. 空调冷凝器风扇继电器的检修

(1)检查空调冷凝器风扇继电器每两个端子之间的电阻,见图 9-28。

"A"与"B"端子之间电阻应为∞(无穷);

"C"与"D"端子之间电阻:20℃时应为 80～100Ω。

如检查结果符合规定,请进行下一步检查。否则,应更换。

(2)见图 9-29,将蓄电池连接到"C"和"D"端子上时,检查"A"与"B"端子之间是否导通。如发现不良,应更换。

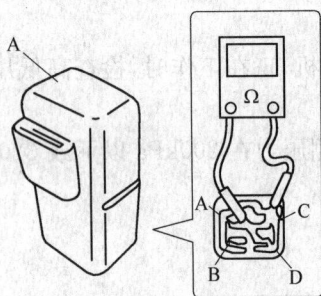

图 9-28　检查空调冷凝器风扇继电器
每两个端子之间的电阻

1. 空调冷凝器风扇继电器　A～D. 端子

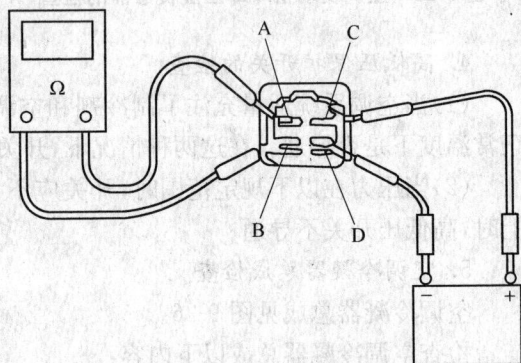

图 9-29　检查端子间的导通性

8. 顶置蒸发器总成的检修

顶置蒸发器总成的分解状态见图 9-30。

(1)风机风扇电机的检修。

见图 9-31,检查两个端子之间是否导通。如检查结果为导通,请进行下一步检查。否则,应更换。

见图 9-32,将蓄电池连接到风机风扇电机上,然后检查风机风扇电机工作是否正常。若不正常,应更换。参考电流:在 12V 时为 4.8～6.0A。

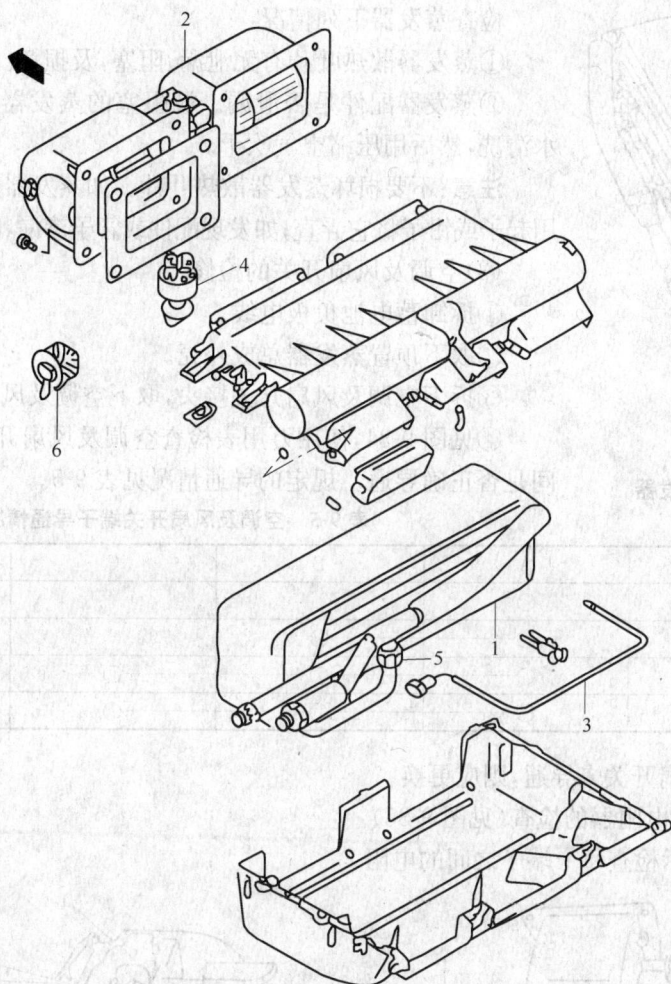

图 9-30　顶置蒸发器总成的分解状态

1. 蒸发器　2. 风机风扇电机　3. 热敏电阻　4. 空调及风扇开关
5. 膨胀阀　6. 风机风扇电阻器

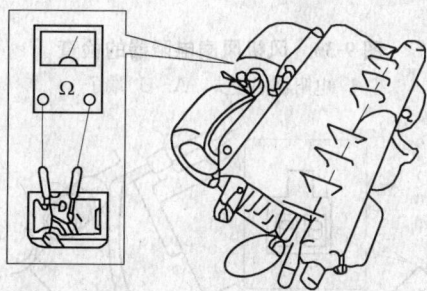

图 9-31　检查风机风扇电机端子导通情况

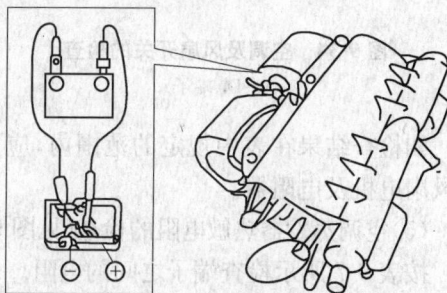

图 9-32　检查风机风扇电机工作情况

（2）蒸发器的检修。

蒸发器外形见图 9-33。

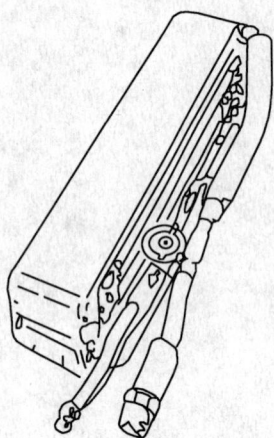

图 9-33　蒸发器

检查蒸发器下列情况：

①蒸发器散热叶片有无泄漏、阻塞，及损坏。

②蒸发器配件是否泄漏。被阻塞的蒸发器散热叶片必须用水清洗，然后用压缩空气吹干。

注意：不要损坏蒸发器散热叶片。如蒸发器散热叶片弯曲，应用起子或钳子将它弄直；如发现配件或管子渗漏，应予修理或更换。

（3）空调及风扇开关的检修。

①拆卸蓄电池负极电线。

②取下顶置蒸发器总成外壳。

③拆下空调及风扇开关接头，取下空调及风扇开关。

④见图 9-34，使用万用表检查空调及风扇开关每两个端子之间是否正确导通。规定的导通情况见表 9-5。

表 9-5　空调及风扇开关端子导通情况

位　置	A	B	C	D
断开	○			
低	○————	————○		
中	○————	————○	○	
高	○————	————○	○	

如空调及风扇开关未导通，则应更换。

（4）风机风扇电阻器的检查（见图 9-35）。

按表 9-6 所示检查每个端子之间的电阻。

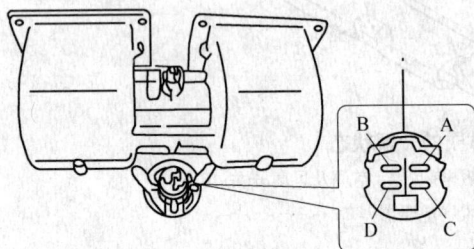

图 9-34　空调及风扇开关的检查

A～D. 端子

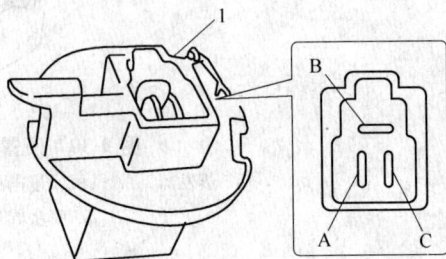

图 9-35　风机风扇电阻器的检查

1. 电阻器插接头　A～C. 端子

如检查结果在表中规定的范围内，应更换风机风扇电机及电阻器。

（5）空调蒸发器热敏电阻的检查（见图 9-36）。

按表 9-7 所示检查端子之间的电阻。

如检查结果不在表中范围内，应更换热敏电阻。

注意：热敏电阻被拆卸后，必须按原位置重新安装。

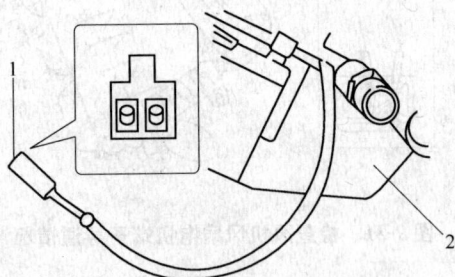

图 9-36　空调蒸发器热敏电阻的检查

1. 热敏开关插接头　2. 顶置蒸发器装置

9. 顶置空调继电器的检修

(1)见图 9-37,检查顶置空调继电器端子之间的电阻。

表 9-6 风机风扇电阻器标准电阻值

端子-端子	电阻值(Ω)
"A"-"B"	1.6~1.8
"A"-"C"	2.8~3.0
"B"-"C"	1.1~1.3

表 9-7 空调蒸发器热敏电阻的标准电阻值

传感器温度(℃)	电阻值(Ω)
0	6.3~7.0
25	1.8~2.2

"A"端子与"B"端子之间的电阻应为∞(无穷);

"C"端子与"D"端子之间的电阻:温度在 20℃时为 80~100Ω。

如检查结果符合规定,则进行下一步检查。否则,应予以更换。

(2)将蓄电池连接到"C"和"D"端子时,检查端子"A"与"B"是否导通。如不导通,应予更换。

10. 空调压缩机的检修(分解图见图 9-38)

(1)故障诊断。

空调压缩机故障主要有以下三种形式:漏气、噪声以及压力不足。在绝大多数情况下,压缩机漏气是由轴密封件引起,当检查漏气时,一般使用漏气测试器,如少量机油从轴密封件漏出,则没有必要更换密封件,设计时允许轴密封件渗漏少量机油。其目的在于润滑,因此,只有当大量的压缩机机油泄漏出来或当用气体测试漏气时,才必须更换轴密封件。

空调压缩机的故障诊断见表 9-8。

图 9-37 顶置空调继电器的检查
1. 顶置空调继电器 A~D. 端子

表 9-8 空调压缩机的故障诊断

故 障	故障可能原因	处理方法
压缩机有噪声	(1)旋转阀产生故障	更换
	(2)轴承阀产生故障	更换
	(3)气缸或轴产生故障	更换
电磁离合器有噪声	(1)轴承产生故障	更换
	(2)离合器损坏	更换
冷气不足	(1)密封垫损坏	更换
	(2)片簧阀产生故障	更换
不旋转	(1)旋转阀锁死以致气缸和/或轴以及片簧阀被锁	更换
	(2)电磁离合器被卡住	更换
	(3)由于机油量不足,旋转部件卡住	更换
机油或液体泄漏	(1)轴密封件损坏	更换
	(2)O 形环损坏	更换

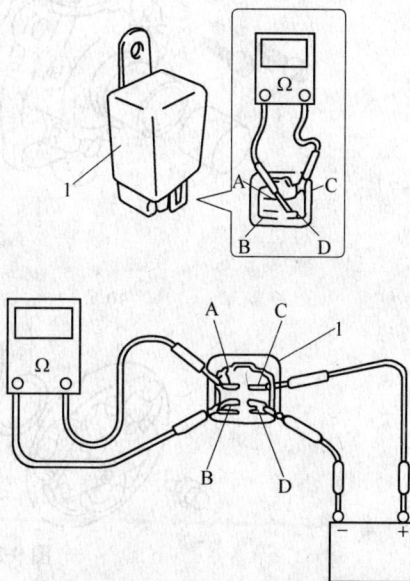

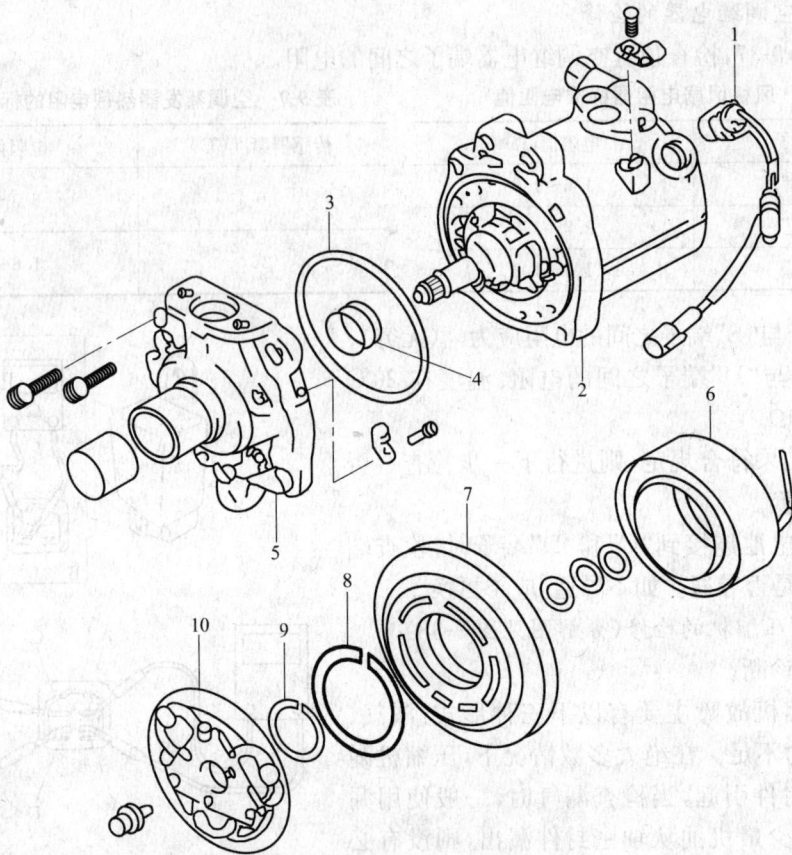

图 9-38　空调压缩机分解图

1. 热敏开关　2. 压缩机　3. O 形环　4. 唇装自紧油封　5. 前端板
6. 离合器线圈　7. 压缩机 V 带轮　8、9. 簧环　10. 电枢板

(2)部件检查。

①分别检查压力板及转子是否磨损和油浸;检查离合器轴承有无噪声、磨损以及润滑脂渗漏。

②见图 9-39,用万用表测量离合器线圈的电阻值,其标准电阻为 2.9～3.8Ω。如被测量的电阻值不符合规定值,则更换线圈。

③见图 9-40,用万用表检查热敏开关是否导通。如未导通,应将其更换。

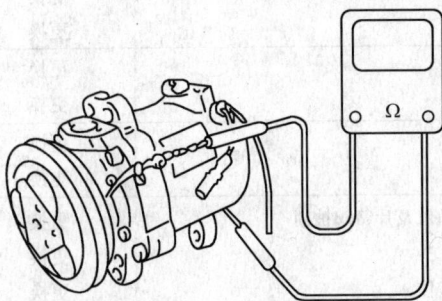

图 9-39　测量离合器线圈的电阻值

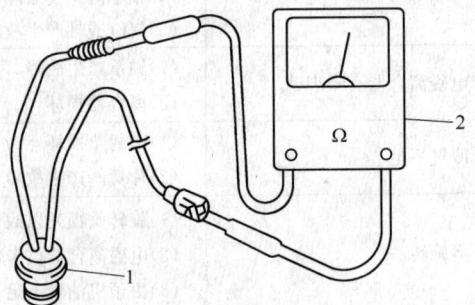

图 9-40　检查热敏开关

1. 热敏开关　2. 万用表

11. 空调压缩机传动 V 带的检修

（1）用大约 100N 的力推动压缩机 V 带轮与曲轴 V 带轮之间的中间点，测量其偏移量来检查 V 带的张紧度，见图 9-41。其正常的挠度为 8～11mm；当更换新的 V 带时，将 V 带张紧度调节至 8～9mm。

（2）检查 V 带是否有磨损及裂纹。必要时，应更换。

12. 通过观察孔检查制冷剂数量

下述步骤能快速检查空调系统充注的制冷剂是否合适。

（1）按下列设定让空调工作几分钟：

①空调及风扇开关位于高位；

②发动机转速为 1100r/min（快转怠速）；

③门：全开。

（2）通过观察孔检查空调系统内的制冷剂情况，见图 9-42，并把观察到的情况和表 9-9 中所示的相比较。

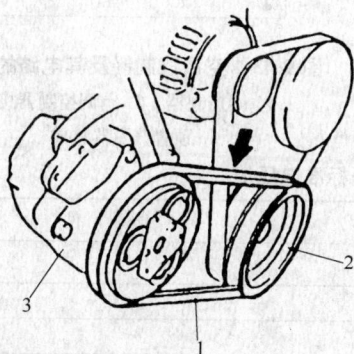

图 9-41　空调压缩机传动 V 带的检查
1. 传动 V 带　2. 曲轴 V 带轮
3. 空调压缩机

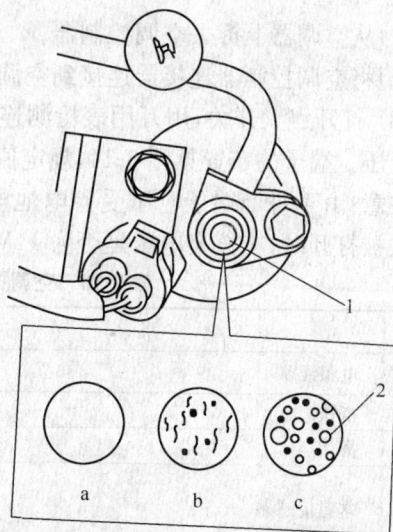

图 9-42　检查空调系统内的制冷剂情况
1. 观察孔　2. 气泡　a. 过量充注或无制冷剂
b. 适当　c. 制冷剂不足

表 9-9　检查空调系统内的制冷剂情况

序号	问　题	原　因	处　理　方　法
1	在观察孔内发现气泡	系统内制冷剂补充不足	用泄漏测试器检查系统是否泄漏
2	在观察孔内未发现气泡	系统内制冷剂已用完或补充不足	参考步骤 3 和步骤 4
3	压缩机入口与出口之间的温度变化不大	系统内无制冷剂或几乎无制冷剂	抽空并对空调系统最新加注然后用泄漏测试器检查泄漏情况
4	压缩机入口与出口之间的温度存在明显的差异	制冷剂适量或过量	参考步骤 5 和步骤 6

续表 9-9

序号	问 题	原 因	处 理 方 法
5	当关闭空调时,观察孔内的冷却剂立即消失,观察孔保持清晰	系统内制冷剂充注过量	排泄过量制冷液,将其调节到规定的充注位置
6	当关闭空调时,观察孔内先产生气泡然后消失	系统内的制冷剂加注适量	无需处理

13. 空调控制器及其电路的检查

空调控制器及其电路可以通过测量空调控制器线路连接器的电压来进行检查,见图 9-43。

注意:空调控制器不能单独地进行检查,严格禁止将电压表或电阻表连接到已与连接器断开的空调控制器上。

电压检查:

(1)从空调器上拆去空调控制器。

(2)将空调控制器连接器连接到空调控制器上。

(3)打开点火开关,用万用表检测连接器的每个端子的电压。端子的布置见图 9-14,规定值见表 9-10。

注意:由于每个端子电压受蓄电池电压影响,当点火开关被打开时,应核实电压是否为 11V 或以上。

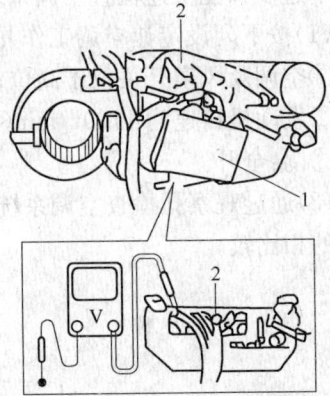

图 9-43 空调控制器及其电路的检查
1. 空调控制器 2. 空调控制器接头
3. 顶置蒸发器总成

表 9-10 空调控制器连接器端子标准电压值

端子	电 路	正常电压(V)	条 件
A1	电源线路	10~14	—
A2	搭铁	0	—
A3	搭铁	0	—
A4	水温传感器	2.3~2.5	当发动机冷却温度为 80℃时
		1.5~1.7	当发动机冷却温度为 100℃时
A7	高低压保护开关	0~1	当空调及风扇开关打开时
		10~14	当空调及风扇开关切断时
A9	加速切断开关	0~1	当加速切断开关打开时
		5	当加速切断开关切断时
A10	搭铁	2	—
A11	消声器	0~12 脉冲信号	当发动机运转时
A13	空调急速真空控制阀	10~14	发动机运转时打开空调及风扇开关
A14	空调压缩机及冷凝器风扇电机	10~14	发动机运转时打开空调及风扇开关
A15	鼓风机风扇电机继电器	10~14	—
B1	空调蒸发器热敏电阻	搭铁	—
B2	空调蒸发器热敏电阻	1.1~1.4	当空调蒸发(器)温度为 25℃时
		2.5~2.7	当空调蒸发(器)温度为 0℃时

14. 鼓风机电阻的检查（见图 9-44）

测量端子与端子之间的电阻值。其标准见表 9-11。

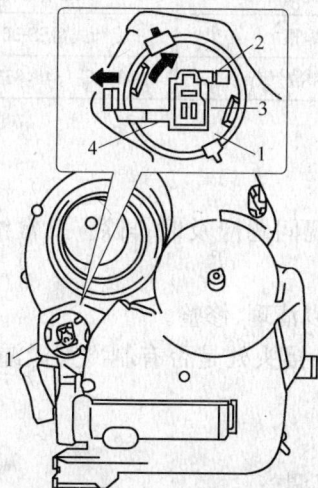

图 9-44 鼓风机电阻的检查

1. 鼓风机电阻 2. M 端子
3. H 端子 4. L 端子

表 9-11 鼓风机端子标准电阻值

端 子	电阻值（Ω）
H-M	1.2
H-L	2.9
M-L	1.7

如测得的电阻不符合标准值，则更换鼓风机电阻。

暖风系统故障诊断见表 9-12。

表 9-12 暖风系统故障诊断

故 障	故障可能原因	处 理 方 法
鼓风机接通电源时仍不能工作	鼓风机熔丝熔断 鼓风机电阻工作不正常 鼓风机电机工作不正常 线路或接地故障	更换熔丝，检查短路情况 检查导通情况 更换电机 必要时进行修理
输出温度不正确	控制拉索破裂或弯曲 空气阻尼器损坏 气管被阻塞 暖风机机芯泄漏或阻塞 暖风机软管泄漏或阻塞	检查拉索 修理阻尼器 修理气管 更换暖风机机芯 更换软管

第三节 哈飞微型客车空调系统的维修

哈飞微型客车空调与暖风系统采用分体式结构，具有除霜、取暖、制冷和通风功能。具体配置参数见表 9-13。

表 9-13 空调与暖风系统配置参数

项　目	形　式	项　目	形　式
暖风机	水暖式	冷凝器	多元平行流式
前蒸发器	层叠式	压缩机	旋叶式（JSS-96HZla）
顶置蒸发器	管片式	制冷剂和数量(g)	HFC-134a,850±20

一、空调系统的维护

1. 空调系统的日常维护

日常维护是外观目测的常规检查，是巡视性的，发现问题应及时排除。日常维护项目如下：

(1)检查冷凝器翅片上是否有污泥、杂物。必要时予以清理、修整。

(2)检查制冷系统管路是否与其他零件发生干涉，各接头处是否有制冷剂泄漏的油迹。必要时予以检修。

(3)检查制冷系统管路和电路接头是否可靠。

(4)检查压缩机皮带的张紧度是否合适。必要时予以调整。

(5)检查压缩机进、排气口管的温度是否正常；由制冷系统排出的冷风来判断冷量是否正常。

(6)从储液干燥器视液玻璃处观察制冷剂量是否充足。

2. 空调系统的定期维护

空调系统定期维护的项目和内容见表 9-14。

表 9-14 空调系统定期维护的项目和内容

维护项目	检 查 内 容	维 护 周 期				
		周	月	季	年	更换时间
制冷剂是否充足	从储液器视液镜处进行观察					
制冷系统管路	检查管路接头处是否有油迹，是否有制冷剂泄漏		●			
	检查管路固定夹是否有松动现象			●		
	检查高低压软管是否有损伤、老化或与其他零件相干涉			●		3 年
冷凝器表面	有无杂物、污泥。若有，应清洁其表面，并修整变形的翅片	●				
鼓风机电机	测量 I、V 是否正常				●	4 年
蒸发器表面	清除污物				●	
膨胀阀	感温包贴紧情况				●	
储液器	检查储液器是否有脏堵，若其干燥剂吸湿能力已经饱和，而且有脏物，则必须更换				●	维修时最好更换
压缩机	轴的油封处是否有泄漏		●			
压缩机安装、调整支架	是否有松动现象		●			
压缩机电磁离合器	电磁离合器工作是否正常，电磁离合器间隙是否正常		●			
压缩机皮带	检查压缩机皮带张力是否符合要求		●			

续表 9-14

维护项目	检 查 内 容	维 护 周 期				
		周	月	季	年	更换时间
制冷剂量是否充足	从储液器视液镜处进行观察					
空调控制元件	检查 A/C 开关、继电器、压力开关、风速开关、风速电阻器的功能是否正常				●	
暖风控制机构	检查模式控制旋钮、温度控制旋钮是否到位				●	
电气线路	检查电气线路的插接件是否插接可靠		●			
空调器壳体	检查其接缝处是否漏气、减振垫是否脱落，壳体是否有裂纹、损坏				●	
暖风导管	检查暖风导管是否有变形、裂坏、损伤				●	

注:●表示需要维护。

二、空调系统检修数据

空调系统的检修数据见表 9-15。

表 9-15 空调系统的检修数据

项 目		标 准 值
怠速转速(r/min)		850±50
空调怠速(r/min)		1000±50
调速电阻电阻值(暖风机电机)(Ω)	H-M	0.8
	H-L	2.5
	L-M	1.7
空调压缩机电磁离合器间隙(mm)		0.3～0.7
压缩机过热保护开关工作温度(℃)	导通	小于 150
	断开	大于 150(OFF 状态下,最低至 120℃)

哈飞微型客车空调系统其他检修与五菱及长安微型客车内容基本相同。

附　　录

附录一　微型客车主要性能参数

(一)五菱微型客车车型主要技术数据

上汽通用五菱汽车公司主要有五菱鸿途、五菱荣光、五菱之光、五菱兴旺、五菱小旋风、PN系列货车等系列车型。现仅介绍五菱鸿途和 PN 系列货车主要技术数据(见附表 1～附表 3)。

附表 1　五菱鸿途主要技术数据

五菱鸿途	6381A-基本型	6381B-基本型	6381B-标准型	6381B-豪华Ⅰ型	6381B-豪华Ⅱ型
尺寸、质量、性能参数					
长/宽/高(mm)	3860/1570/1860				
轴距(mm)	2500				
轮距 前/后(mm)	1280/1290				
最小转弯半径(m)	5				
整备质量(kg)	1065/1095				
乘员数(人)	5～8				
发动机					
型号	LXA	LAQ			
发动机型式	直列 4 缸双顶置凸轮轴 16V 多点电喷汽油机				
排量(ml)	1149	1206			
额定功率(kW/r/min)	60/6000	63/6000			
最大力矩(N·m/r/min)	103/4000	108/4000			
压缩比	9.8∶1				
最高车速(km/h)	≥120	≥135			
油箱容积(L)	40				
排放	国Ⅲ/国Ⅳ				
行驶系统					
变速器型式	5 速,全同步				
轮胎型号	165/70R 130C				
转向、悬架、行驶系统					
转向系统	齿轮齿条式转向机构				
前悬架	麦弗逊式独立悬架				
后悬架	纵置钢板弹簧非独立式悬架			螺旋弹簧半独立悬架	
制动系统	前盘后鼓,双回路液压				
驱动方式	中置后驱动				

附表 2 五菱鸿途主要配置

型号	6381A-基本型	6381B-基本型	6381B-标准型	6381B-豪华Ⅰ型	6381B-豪华Ⅱ型
外观					
铁轮毂带轮罩	●	●	—	—	—
铝合金轮毂	—	—	●	●	●
车内手动可调节外后视镜	—	—	●	●	●
车身同色防擦条	●	●	●	●	●
镀铬前铬栅装饰框、镀铬门把手	—	—	●	●	●
C、D柱贴黑膜装饰件	—	—	●	●	●
全车绿玻	—	—	●	●	●
内饰					
全包豪华内饰	—	—	—	●	●
上下双层套色仪表台	—	—	—	●	●
安全装备					
前、中排安全带	●	●	●	●	●
转向柱锁	●	●	●	●	●
高位制动灯	●	●	●	●	●
中门儿童保护锁	●	●	●	●	●
遥控中控门锁	●	●	●	●	●
后电热除霜+后刮水器	—	—	●	●	●
ABS+EBD	—	—	—	—	●
驾驶人气囊	—	—	—	—	●
座椅					
中排2独立前后调节,可旋转座椅	—	—	—	●	●
可折叠、可翻转连体后排座椅	●	●	●	—	—
带折叠式茶几板后排座椅	—	—	—	●	●
驾驶装备					
发动机转速表	—	—	●	●	●
综合警示灯	●	●	●	●	●
液压助力转向	—	—	●	●	●
角度可调转向管柱	—	—	—	●	●
双蒸发器空调	○	○	●	●	●
前门电动窗	●	●	●	●	●
中门摇窗	●	●	●	●	●
音响					
带USB接口的MP3收放机	●	●	●	●	—
CD播放机	—	—	●	●	●
4个扬声器	—	—	●	●	●

注:●装备;○选装;— 不装备。

附表3 五菱PN(1010)系列货车主要技术数据

尺寸参数	LZW 1010PLNE3	LZW 1010PSNE3	LZW 1020PSLNE3
总长(mm)	3500	3680	4170
总宽(mm)	1395	1395	1395
总高(mm)	1690	1780	1780
轴距	2010	2010	2370
轮距(前轮/后轮)(mm)	1214/1190	1214/1190	1214/1190
额定载人数（人）	2	2+2	2+2
货厢长(mm)	2170	1400	1940
货厢宽(mm)	1330	1290	1330
货厢高(mm)	300	380	300
转向系统			
齿轮齿条式机械转向器			
悬挂系统			
(前)麦弗逊式独立悬架、(后)钢板弹簧			
钢板弹簧片数	—/4,—/5	—/4	—/5
行驶系统			
变速箱	5速,全同步	5速,全同步	5速,全同步
车轮	155R12LT	155R12LT	155R12LT
经济性参数			
直接档50km/h等速百公里燃油消耗量(L)	6.1	6.1	6.1
油箱容积(L)	40	40	40
排放	国Ⅲ	国Ⅲ	国Ⅲ
性能参数			
发动机	LJ465Q3E2	LJ465Q3E2	LJ465Q3E2
排量(L)	0.97	0.97	0.97
压缩比	9.0:1	9.0:1	9.0:1
额定功率(kW/r/min)	34.7/5300	34.7/5300	34.7/5300
最大力矩(N·m/r/min)	71/3000~3500	71/3000~3500	71/3000~3500
驱动型式	后驱动	后驱动	后驱动
质量参数			
整备质量(kg)	760	850	890
额定载质量(kg)	560	340	400
总质量(kg)	1450	1450	1550
制动系统			
方式	前盘后鼓,双回路液压		
动力性			
最高车速(km/h)	98	98	98
通过性			
最小转弯半径	4.75	4.75	5.3
最大爬坡度(°)	≥16	≥16	≥16

（二）长安微型客车车型主要技术数据

长安微型客车包括长安之星 S460、长安之星 6371、长安之星 6363、长安之星 2、长安星光 6395、长安星光 35、长安 CM8 等车型。现仅介绍长安之星 S460 主要技术数据（见附表 4）。

附表 4　长安之星 S460 主要技术数据

车型		SC64088 系列			SC64080 系列		
状态		基本型	标准型	豪华型	基本型	标准型	豪华型
主要参数							
尺寸和质量参数	长/宽/高(mm)	3995×1645/1710×1910					
	轴距(mm)	2605					
	前/后轮距(mm)	1425/1435					
	整备质量(kg)	1100					
	满载质量(kg)	1800					
	油箱容积(L)	40					
	乘员数	5~8					
动力系统	发动机型号	JL465Q 系列			JL474Q 系列		
	发动机型式	直列四缸、16 气门、双顶置凸轮轴			直列四缸、16 气门、单顶置凸轮轴		
	排量(mL)	997			1298		
	最大功率(kW)	51			60		
	最大力矩(N·m)	92/4000			102/3500~4000		
	最高车速(km/h)	120					
	燃油类型	93 号无铅汽油					
	排放标准	欧Ⅲ/欧Ⅵ					
	驱动形式	中置后驱					
底盘系统 变速箱	后悬挂系统	5 片钢板簧					
	前悬挂系统	麦弗逊式独立悬架					
	转向系统	齿轮齿条					
	制动器	前盘后鼓，真空助力					
	轮胎规格	165 R13 LT					
	名称	手动					
	档位个数	5					
	变速箱类型	手动					

（三）哈飞微型客车车型主要技术数据

目前，哈飞微型客车主要有哈飞路尊小霸王、哈飞新中意、哈飞民意金牛版、哈飞民意Ⅱ代、哈飞中意加长单排货车及哈飞中意加长双排货车等车型。现仅介绍哈飞路尊小霸王和哈飞中意加长双排货车主要技术数据（见附表 5、附表 6）。

附表5　哈飞路尊小霸王微型客车主要技术数据

车型			1.0基本型	1.1标准型	1.1豪华型
技术参数	发动机参数	发动机型号	D11		
		发动机型式	8V直列四缸		
		排量(ml)	1051		
		最大功率(kW)	46		
		最大扭力(N·m)	84		
		变速器型式	手动5档		
	整车参数	长×宽×高(mm)	3948×1525×1855		
		前/后轮距(mm)	1300/1310		
		轴距(mm)	2470		
		座位数(人)	5~8		
		整备质量(kg)	1045		
		前悬挂/后悬挂	麦弗逊式独立,钢板弹簧式非独立		
		油箱容积(L)	36		
		最小离地间距(mm)	160		
		最高车速(km/h)	110		
		最小转弯半径(m)	5.25		
车型配置	外观	晶钻前后组合灯	●	●	●
		前雾灯	●	●	●
		镀铬前格栅	黑色	●	●
		大包围保险杠	●	●	●
		车身同色外视镜	黑色	黑色	●
		后除雾、刮水机构	—	—	●
		高位制动灯	—	—	●
	内饰	中/后排座椅把手	●	●	●
		遮阳板	双侧	双侧	双侧
	操控	中央空调			●
		转向柱管锁	●	●	●
		数显收音机(音频输入口)	●	●	●
	座椅	滑动翻转前排座椅	●	●	●
		可折叠翻转前排座椅	●	●	●
		可折叠翻转后排座椅	●	●	●
	安全	前盘式制动器	●	●	●
		后鼓式制动器	●	●	●
		儿童锁	●	●	●
	车轮	钢轮(车轮装饰罩)	●	●	铝
		175/65R14轮胎	●	●	●

注:●配备;—不配备。

附表6 哈飞中意加长双排货车主要技术数据

车 型			1.0 基本型	1.1 标准型
技术参数	发动机参数	发动机型号	D10	D11
		发动机型式	SOHC 8V 直列四缸	
		排量(ml)	970	1051
		最大功率(kW)	35.5	38.5
		最大扭力(N·m)	74	83
		变速器型式	手动5档	
	整车参数	长×宽×高(mm)	4054×1492×1797/1810(安全架)	
		货厢尺寸	2675×1380×319	
		前/后轮距(mm)	1235/1220	
		轴距(mm)	2370	
		座位数(人)	2+3	
		整备质量(kg)	950	
		额定载质量(kg)	535	
		前悬挂/后悬挂	麦弗逊式独立,钢板弹簧式非独立	
		轮胎型号	165/70R13	
		油箱容积(L)	36	
		最小离地间距(mm)	150	
		最高车速(km/h)	95	98
		最小转弯半径(m)	5.1	
车型配置	外观	晶钻组合灯	●	●
		前雾灯	●	●
		钢轮	●	●
	操控	转向柱管锁	●	●
		指针式收音机	●	●

注:●配备;—不配备。

附录二 微型客车常用维修技术数据

(一)五菱微型客车发动机维修技术数据

五菱微型客车发动机维修技术数据见附表7~附表9。

附表7 1.05L 发动机机械系统技术数据

项 目	技 术 数 据
发动机(LJ465Q3-1 AE6 或 LJ465Q3-1 AE2)	
类型	直列式四缸四冲程、水冷、V形8气门、单顶置凸轮轴式
气缸数	4缸
主轴承数	5

续附表7

项　目	技 术 数 据
发动机(LJ465Q3-1 AE6 或 LJ465Q3-1 AE2)	
点火顺序	1-3-4-2
缸径	65.5mm
冲程	78mm
排量	1051cm³
压缩比	9
急速转速	850±50r/min
标定功率	38.5kW/5200r/min
标定力矩	83N·m/(3000~3500)r/min
气缸盖	
缸盖与曲轴箱接触表面的平面度	<0.05mm
缸盖与进、排气支管接合表面的平面度	<0.10mm
摇臂和摇臂轴	
摇臂孔径	φ14.985~φ15.005mm
摇臂轴直径	φ14.965~φ14.980mm
进气摇臂与摇臂轴的间隙	<0.07mm
排气摇臂与摇臂轴的间隙	<0.10mm
摇臂轴的直线度	<0.06mm
气门和气门导杆	
进气门间隙	冷态 0.13~0.18mm;热态 0.23~0.28mm
排气门间隙	
气门导管内径	φ7.000~φ7.015mm
进气气门杆部直径	φ6.965~φ6.980mm
排气气门杆部直径	φ6.955~φ6.970mm
进气门导管配合间隙	<0.07mm
排气门导管配合间隙	<0.09mm
进气门杆端部终端偏斜	<0.12mm
排气门杆端部终端偏斜	<0.16mm
进气气门大端厚度	>0.6mm
排气气门大端厚度	>0.7mm
气门杆端面研磨量	<0.5mm
气门45°锥面径向跳动度	<0.03mm
标准气门阀座45°锥面色带宽度	1.3~1.5mm
气门弹簧	
气门弹簧自由长度	>46.5mm
气门弹簧预负荷	>235.2N(气门弹簧被压缩到 40mm 时)
气门弹簧垂直度	<2.0mm

续附表 7

项　目		技　术　数　据
凸轮轴		
凸轮轴直线度		＜0.10mm
进气凸轮高度		＞36.100mm
排气凸轮高度		＞36.100mm
凸轮轴径向间隙		＜0~15mm
凸轮轴止推间隙		＜0.30mm
进气支管		
真空度		＞0.053MPa(采用 850r/min 时测量的真空数值)
曲轴箱与活塞		
曲轴箱顶平面的平面度		＜0.05mm
任何两个缸孔直径差距		＜0.05mm
活塞标准直径		ϕ65.465mm
气缸直径		ϕ65.500mm
活塞与缸孔的配缸间隙		0.025~0.045mm
气缸压力		＞1.176MPa(采用 300r/min 时测量的数值)
气缸压力差		＜0.098MPa(采用 300r/min 时测量的数值)
活塞环		
活塞环厚	第一道气环	1.47~1.49mm
	第二道气环	1.47~1.49mm
	刮油环	0.45mm
活塞的环槽宽	第一道气环	1.52~1.54mm
	第二道气环	1.51~1.53mm
	刮油环	2.81~2.83mm
槽内的环间隙	第一道气环	＜0.12mm
	第二道气环	＜0.10mm
活塞环开口间隙	第一道和第二道气环	＜0.7mm
	组合油环	＜1.8mm
连杆		
连杆大端止推间隙		＜0.30mm
连杆两端相对弯曲		＜0.05mm
连杆两端相对扭曲		＜0.10mm
连杆小头孔直径		ϕ16.003~ϕ16.013mm
活塞销直径		ϕ15.995~ϕ16.000mm
连杆小头孔与活塞销间隙		＜0.05mm
连杆轴颈与连杆瓦间隙		＜0.08mm

续附表7

项　　目		技　术　数　据
曲轴		
曲轴主轴颈径向跳动		0.06mm
曲轴止推间隙		＜0.30mm
曲轴止推片厚度	标准	2.500mm
	加厚0.0625mm	2.563mm
	加厚0.125mm	2.625mm
曲轴轴颈的椭圆度和锥度(不均匀磨损)		＜0.01mm
主轴颈与主轴瓦的间隙		＜0.08mm
飞轮		
飞轮的表面烧伤厚度		＜0.2mm
起动机		
小齿轮端至小齿轮止动套圈的间距		最小0.6mm
火花塞		
火花塞间隙		0.7～0.8mm
机油泵		
机油泵转速1500r/min时的压力		200kPa
机油泵转速3000r/min时的压力		320 kPa
机油压力		
油压正常值		294.20～441.30 kPa（采用3000r/min时测量的数值）

附表8　发动机(1.3L)机械系统技术数据

项　　目	技　术　数　据
发动机(LJ474Q3E2)	
类型	直列式四缸四冲程、水冷、V形16气门、单顶置凸轮轴式
气缸数	4缸
主轴承数	5
点火顺序	1-3-4-2
缸径	74mm
冲程	76mm
排量	1310cm³
压缩比	9.5
怠速转速	750±50r/min
标定功率	60.5kW/6000r/min
标定力矩	102N·m/3000r/min
气缸盖	
气缸盖与曲轴箱连接表面的平面度	＜0.05mm
气缸盖与进、排气支管接合表面的平面度	＜0.10mm

续附表 8

项　目	技 术 数 据
摇臂和摇臂轴	
摇臂孔径	15.985~16.005mm
摇臂轴直径	15.969~15.984mm
摇臂与摇臂轴的间隙	<0.09mm
摇臂轴的直线度	<0.20mm
气门和气门导杆	
进气门间隙	冷态 0.13~0.17mm 热态 0.17~0.21mm
排气门间隙	冷态 0.23~0.27mm 热态 0.27~0.31mm
进气气门杆部直径	5.465~5.480mm
排气气门杆部直径	5.440~5.455mm
气门导管内径	5.500~5.512mm
进气门导管配合间隙	<0.07mm
排气门导管配合间隙	<0.09mm
进气门杆末端偏移	<0.14mm
排气门杆末端偏移	<0.18mm
气门导管内径应比气门杆大	0.03mm
气门导管凸出高度	11.5mm
进气气门大端厚度	>0.6mm
排气气门大端厚度	>0.7mm
气门 45°锥面径向跳动度	<0.03mm
标准气门阀座 45°锥面色带宽度	1.1~1.3mm
气门弹簧	
气门弹簧自由长度	>36.67mm
气门弹簧预负荷	>93N(气门弹簧被压缩到 31.5mm 时)
气门弹簧垂直度	<2.0mm
凸轮轴	
凸轮轴直线度	<0.10mm
进气凸轮高度	>36.084mm
排气凸轮高度	>35.800mm
轴颈孔直径	28.000~28.021mm
凸轮轴轴颈外径	27.939~27.960mm
凸轮轴径向间隙	<0.12mm
凸轮轴止推间隙	0.1~0.3mm
进气支管	
真空度	58.7~74.7kPa(采用 750r/min 时测量的真空数值)

续附表 8

项　　目		技 术 数 据
曲轴箱		
曲轴箱顶平面的平面度		<0.06mm
缸孔直径极限		74.15mm
缸孔锥度和失圆度极限		0.10mm
活塞与缸孔的配缸间隙		0.020～0.040mm
气缸压力		>1.20MPa(采用 250r/min 时测量的数值)
气缸压力差		>0.1MPa(采用 250r/min 时测量的数值)
活塞环		
槽内的环间隙	第1道气环	0.03～0.07mm
	第2道气环	0.02～0.06mm
活塞环开口间隙	第一道气环	<0.7mm
	第二道气环	<0.7mm
	组合油环	<1.8mm
连杆		
连杆大端止推间隙		<0.35mm
连杆的弯曲度		<0.05mm
连杆的扭曲度		<0.10mm
小头孔直径		ϕ19.003～ϕ19.011mm
活塞销直径		ϕ18.997～ϕ19.000mm
小头孔与活塞销间隙		<0.05mm
连杆轴颈与连杆瓦间隙		<0.08mm
曲轴		
曲轴主轴颈径向跳动		<0.06mm
曲轴止推片的厚度	标准	2.500mm
	加厚型 0.0625mm	2.563mm
曲轴止推间隙		<0.38mm
曲轴轴颈的椭圆度和锥度(不均匀磨损)		<0.01mm
主轴颈与主轴瓦的间隙		<0.05mm
飞轮		
飞轮端面跳动		<0.2mm
起动机		
小齿轮端至小齿轮止动套圈的间距		最小 0.6mm
火花塞		
火花塞间隙		0.7～0.8mm

续附表 8

项 目	技 术 数 据
机油泵	
外转子与壳体之间的径向间隙	＜0.31mm
外转子与壳体之间的侧间隙	＜0.15mm
齿轮和泵盖的距离	0.05～0.12mm
3000r/min 时的压力	470～510kPa
机油压力	
油压正常值	330～430kPa(采用 4000r/min 时测量的数值)

附表 9 B 系列发动机机械系统技术数据(1.1L 发动机)

项 目	技 术 数 据
一般数据	
发动机类型	直列四缸、水冷、双顶置凸轮轴(16 气门)、进气道多点燃油电控喷射,四冲程汽油机
排量	1.149L
缸径	69.7mm
冲程	75.3mm
压缩比	9.8：1
最大功率	60/6000kW/r/min
最大力矩	103/4000N·m/r/min
火花塞间隙	0.8～0.9mm
点火顺序	1-3-4-2
气缸体	
气缸直径	69.7mm
缸孔平面度—最大	0.013mm
缸孔圆柱度—最大	0.013mm
凸轮轴	
凸轮轴轴径	23mm
冷却系统	
容量	3L
曲轴	
连杆轴颈直径	35mm
连杆轴颈失圆度	0.004mm
曲轴端隙	0.08～0.29mm
曲轴主轴承间隙—全部	0.015～0.040mm
曲轴主轴径直径	49mm
曲轴主轴承轴颈失圆度	0.003mm

续附表 9

项　　目	技　术　数　据
气缸盖	
总高	113.5mm
气门导管高度	13±0.2mm
润滑系统	
润滑类型	强制加飞溅
机油容量—带机滤器	2.7L
机油泵	
机油泵压力 4000±40r/min	274.4kPa
机油压力 4000±40r/min	274.4～333±39kPa
活塞环端隙	
活塞环闭口间隙与侧隙	0.15～0.20mm
活塞	
与气缸孔间隙	0.01～0.03mm
活塞直径	69.7mm
活塞凸出量—最大	0.5mm
活塞锥度	0.013mm
活塞销	
活塞销与活塞间隙	0.0035～0.0140mm
活塞销直径	17±0.005mm
活塞销长度	53.5±0.25mm
活塞销偏移量—朝推力侧	0.8mm
气门	
进气门直径	25.9±0.12mm
排气门直径	23.5±0.12mm
气门工作面角度	45°
气门工作面跳动量	0.03mm
进气门座宽度	5.8±0.075mm
排气门座宽度	5.4±0.075mm
进气门杆直径	4.972±0.007mm
排气门杆直径	4.963±0.007mm
气门导管内径	5.000～5.012mm
进气门间隙	0.075～0.125mm
排气门间隙	0.245～0.295mm
气门弹簧	
气门弹簧自由长度	43.67mm
气门弹簧预负荷	210±8.40N/25.7mm
气门弹簧垂直度	2°

（二）五菱微型客车车轮定位参数（无负载）技术数据

车轮定位参数（无负载）技术数据见附表10。

附表10　车轮定位参数（无负载）技术数据

前轮定位项目	规　格	前轮定位项目		规　格
外倾角	$45'\pm30'$	前束		$0\sim5mm$
主销后倾角	$3°15'\pm45'$	车轮最大转角	内轮	$37.2°$
主销内倾角	$9°\pm1°$		外轮	$31.6°$
侧滑（m/km）	$0\sim\pm5m/km$	左右内轮的极限转差值		$\leqslant45'$

（三）五菱微型客车轮胎规格与轮胎充气压力技术数据

轮胎规格与轮胎充气压力技术数据见附表11。

附表11　轮胎规格与轮胎充气压力技术数据

轮胎型号	项　目	技术数据（满载）（kPa）	技术数据（空载）（kPa）
165/70R13C 165/70R13LT	前轮胎	230	230
	后轮胎	230	340
165/70R13	前轮胎	200	200
	后轮胎	200	300

（四）五菱微型客车液压制动系统技术数据

液压制动系统技术数据见附表12。

附表12　制动系统规格技术数据

项　目	技术数据	项　目	技术数据
真空助力器尺寸（直动膜片式）	202mm	制动块厚度（衬片＋制动块钢背）	15mm
制动总泵直径	20.64mm	摩擦块厚度	10mm
主缸与活塞间隙	0.15mm	前轮制动缸内径	50.8mm
助力器推杆至主缸活塞间隙	$0.25\sim0.5mm$	制动鼓内径（领从蹄式）	220mm
制动盘外径	231mm	制动器蹄片尺寸（长×宽×厚）	$176\times40\times5mm$
制动盘内径	144mm	后轮制动缸内径	20.64mm
制动盘厚度	12mm	后轮制动缸活塞与缸体的间隙	0.15mm
制动盘摆动量极限	0.10mm		

（五）哈飞微型客车发动机机械部分的检修数据

哈飞微型客车发动机机械部分的检修数据见附表13。

附表13　哈飞微型客车发动机机械部分的检修数据

检测项目			标准值	极限值
压缩压力	规定值		$1200\sim1400kPa（300r/min）$	$1127kPa（300r/mm）$
	任何两缸之间压力差		不大于98kPa（300r/min）	不大于98kPa（300r/min）
气门间隙	进气门	冷态	0.08mm	—
		热态	0.1mm	—

续附表 13

检测项目			标准值	极限值
气门间隙	排气门	冷态	0.1mm	—
		热态	0.12mm	—
点火提前角			8°～12°(上止点前)	
气缸盖	缸垫表面不平度		0.03mm	0.05mm
	支管座表面不平度		0.05mm	0.1mm
气门与导管	气门导管内径		5.05～5.12mm	—
	导管与气门杆之间的间隙		进 0～0.047mm、排 0～0.027mm	
缸体	缸体上端面的平面度		0.06mm	
	缸筒内径		65.5～65.502mm	—
	不同缸筒直径之差		—	0.05mm
	缸筒磨损限度		—	0.05mm
	缸筒与活塞的间隙		0.04～0.06mm	—
活塞	活塞直径		65.465～65.485mm	—
	活塞环槽宽	一道气环	1.53～1.55mm	—
		二道气环	1.52～1.54mm	—
		油环	2.81～2.83mm	—
	活塞销孔直径		15.99～16mm	—
	活塞销与连杆孔间隙		0.0125～0.0175mm	0.05mm
活塞环	环厚	一道气环	1.47～1.49mm	—
		二道气环	1.47～1.49mm	—
		油 环	0.45mm	—
	环在槽内的间隙	一道气环	0.040～0.075mm	0.12mm
		二道气环	0.030～0.065mm	0.10mm
	活塞环终端间隙	一道环	0.15～0.35mm	0.7mm
		二道环	0.15～0.35mm	0.7mm
		油环	0.3～0.9mm	1.8mm
曲轴和连杆	曲轴第 3 道轴颈跳动量		—	0.06mm
	曲轴曲拐轴颈直径		37.985～38mm	—
	曲轴曲拐轴颈与连杆瓦间隙		0.02～0.043mm	0.08mm
	连杆小端孔径		16.005～16.015mm	—
	曲轴轴颈		49.985～50mm	—
	曲轴轴颈与轴瓦之间间隙		0.022～0.041mm	0.08mm
	连杆大端轴向间隙		0.36～0.59	0.7mm
	连杆	弯曲	0.05mm	0.05mm
		扭曲	0.1mm	0.1mm

附录三　导线颜色识别

导线颜色用英文缩写来表示。英文缩写的中文含义见附表14。

附表 14　导线颜色识别

英文缩写	中文含义	英文缩写	中文含义
B	黑色	Lg	浅绿色
Bl 或 L	蓝色	R	红色
Br	棕色	W	白色
G	绿色	Y	黄色
Gr	灰色	P	粉红色
Lbl	浅蓝色	V	紫色

说明:导线分单色导线和双色导线。单色导线仅用一种颜色代号表示,双色导线用两种颜色代号表示,第一个颜色代号表示导线的底色,第二个颜色代号表示条纹的颜色,例如:Y/Gr,Y 表示导线的底色为黄色,Cr 表示导线的条纹为灰色。

附录四　电气元件符号

电气元件符号见附表15。

附表 15　电气元件符号

蓄电池	接地(搭铁)		熔断器	主电源熔断器
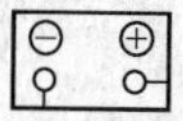				
断路保护器	电磁阀线圈	加热器	灯泡	
				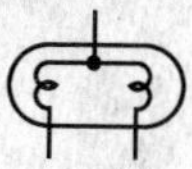
点烟器	电动机	泵	喇叭	扬声器
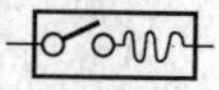				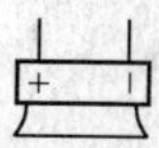
蜂鸣器	音乐提示	电容器	热敏元件	舌簧开关
				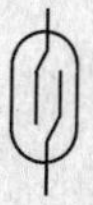

续附表 15

电阻器	可调电阻器		三极管	
			 NPN	 PNP
光敏三极管	二极管	稳压二极管	发光二极管	光敏二极管
压电元件	导线(线束)		继电器	
	 （相连）	 （相交）	 常开继电器	 常闭继电器
插接器	开关		O形接线端	